中欧公共管理项目
China-EU Public Administration Programme

# 政府绩效管理的理论与实践

Theory and Practice of Government
Performance Management

主　编　姜异康　唐铁汉
副主编　薄贵利　陆林祥　哈里·李斯特

国家行政学院出版社

**图书在版编目(CIP)数据**

政府绩效管理的理论与实践/姜异康,唐铁汉主编 .
—北京:国家行政学院出版社,2007
ISBN 978-7-80140-637-8

Ⅰ. 政… Ⅱ.①姜… ②唐… Ⅲ. 国家行政机关－行政管理－研究 Ⅳ. D035

中国版本图书馆 CIP 数据核字(2007)第 146437 号

| | | |
|---|---|---|
| 书　　名 | **政府绩效管理的理论与实践** | |
| 主　　编 | 姜异康　唐铁汉 | |
| 责任编辑 | 任　燕 | |
| 出版发行 | 国家行政学院出版社 | |
| | (北京市海淀区长春桥路 6 号　100089) | |
| | (010)68920640　68929037 | |
| | http://cbs. nsa. gov. cn | |
| 编 辑 部 | (010)68929095 | |
| 经　　销 | 新华书店 | |
| 印　　刷 | 北京金秋豪印刷有限责任公司 | |
| 版　　次 | 2007 年 11 月北京第 1 版 | |
| 印　　次 | 2007 年 11 月北京第 1 次印刷 | |
| 开　　本 | 787 毫米×1092 毫米　16 开 | |
| 印　　张 | 25. 25 | |
| 字　　数 | 401 千字 | |
| 书　　号 | ISBN 978-7-80140-637-8/D・294 | |
| 定　　价 | 51. 00 元 | |

本书如有印装质量问题,可随时调换。联系电话:(010)68929022

Theores and Practices of Government Performance Management

Chief Editor Jiang Yikang & Tang Tiehan

Associate Editor Bo Guili, lu linxiang, Harry list

Contents

## Chapter One  Theoretical Study on Government Performance Management

VStrengthening Government Performance Management &

Deepening the Reform of Administrative Management System

By Tang Tiehan ················· 2

Proper Value Orientation Needed for the Evaluation on

Government Performance Management

By Bo Guili ················· 11

Evaluation on the Performance of Public Organizations:

Reviews and Reflections on the Chinese Practices

By Zhou Zhiren ················· 19

"The Principle of Minimum Misery" and Value Orientation

of Government Performance Evaluation in Ethnic

Minority Regions

By Li Junqing ················· 35

Evaluating by Green GDP and the transformation of local

government economic developing model

By Zhou Pan ················· 44

How to Ensure the Direction and Motivity for Civil Servant

    By Ma Junlin ·················································· 55

On the Value Orientation and Evaluation Indicators for

    the Evaluation on Government Performance in

    Community Public Service

    By Tian Hua ·················································· 59

The Impact Elements and Model Construction of

    Establishing Indicators for Local Government

    Performance Evaluation

    By Zhu Qin ·················································· 66

The Study on the Indicator System for the Evaluation of

    Local Government Public Utility

    Management Performance

    By Peng Guofu ·················································· 78

On the Nature，Method and Indicator System of

    Local Government Performance Audit

    By Wu Juan ·················································· 92

360 Degree Evaluation and Government Performance

    Management

    By Zhu Mengcai ·················································· 103

Strategies on How to Choose the Model of Government

    Performance Evaluation

    By Zang Naikang ·················································· 115

The Relationship Model and Positive Study of Government

    Performance and Leadership Effectiveness

    By Du Juan ·················································· 122

An Subjective Analysis of Chinese

    Government Performance Evaluation

    By Jin Zhuqing ·················································· 133

Positive Analysis of the Mechanism for Local

    Government Performance Evaluation

By Zheng Jiping and You Di ················ 144

The Study on the Framework of Government

　　Performance Assessment

　　By Lui XueTao ···················· 155

The Study on Municipal Performance Evaluation

　　By Wang Lujie,Chen Long and Cui Lei ·········· 169

The Study on the Supervision of Local Government

　　Performance Evaluation

　　By Bao Guoxian and Wang Haoquan ··········· 177

The Theory of Social Capitals and the Research into

　　Government Performance Management

　　By Yang Chao and Ling Xuewu ············· 187

Comparing Government Performance Management in

　　China and Foreign Countries from the Perspective

　　of Administrative Ecology

　　By Yang Yu ······················ 195

## Chapter Two　　Practices of Government Performance
## management in China

Practices and Explorations of Government Performance

　　Evaluation in Futian District，Shenzhen Municipality

　　By Du Ling ······················ 204

Pilot Testing and Application of CAF in Forestry

　　Office of Liaoning Province

　　By Forestry Office of Liaoning Province ·········· 212

Implementing Performance Management and Promoting

　　Scientific Development

　　By Qingdao Municipal Party Committee ········· 232

Improving Performance Management by Balance Score

　　Cards and Promoting Government Innovation in a

Scientific and Sustainable Way

By Hou Yongping ·················································· 238

Adhering to the Conception of Scientific Development

and Improving the Quality of Public Administration

By Target Management Office of Wuhan Municipality ·············· 245

Practices and Probes of Government Performance Evaluation

in Siming District, Xiamen Municipality

By Siming District Government of Xiamen Municipality ·············· 253

The Practices of Implementing Fiscal Performance

Management in Tianjin Development Area

By Tianjin Development Area ·································· 264

Practices of Government Performance Evaluation in

Xuhui District Government of Shanghai Municipality

By Xuhui District Government, Shanghai Municipality ·············· 274

Sticking to the Principle of People First, Implementing

Job Performance Evaluation and Striving to Build

a Long-Term Management Mechanism for

Procuratorial Work

By Ma Lin ·························································· 290

Practical Analysis on Zhenjiang Municipality Advances

Urban Re—Employment Project by

Performance Evaluation

By Ma Guoxian and Peng Duanlian ·························· 299

**Chapter Three    Analysis on Government Performance
Management in Foreign Countries**

Implementing Self—Evaluation and Improving Public

Organizations—The Application of European

Common Assessment Framework

By Nick Thijs and Patrick Staes ·························· 312

Tendencies of and Reflections on the Development of
  Governmental Performance Evaluation in
  Western Countries
  By Xu Xiaoping and Hu Yuexing  ··············· 326
Analysis on the Different Levels of US Federal
  Government Performance Evaluation
  By Zhang Qiang and Han Yingying  ··············· 337
Analysis on Government Performance Legislation:
  Taking US Government Performance and
  Results Act as a Case
  By Wu Jiannan and Wen Tingting ··············· 349
Mechanism of Government Performance Management in
  UK and Several Enlightenments
  By Liao Kunming ··············· 359
European Public Sector Quality Award
  By Sun Yingchun ··············· 374
Government Performance Evaluation in Korea
  By Hu Shuigen,Wang Jing and Piao Zhongguan ··············· 383

Posfscript ··············· 393

Contents

# 目 录

政府绩效管理的理论与实践

## 第一部分 政府绩效管理理论研究

加强政府绩效管理 深化行政管理体制改革（唐铁汉） ……………… 2

政府绩效评估必须确立正确的价值导向（薄贵利） ……………… 11

公共组织绩效评估：中国实践的回顾与反思（周志忍） ……………… 19

"最小痛苦原则"与民族地区政府绩效评估的价值取向（李俊清） ……… 35

绿色GDP的考核与地方经济发展模式的转变（周攀） ……………… 44

怎样确保公务员政绩的指向和动力源泉（马俊林） ……………… 55

论政府社区公共服务绩效评估的价值取向及评估指标（田华） ……… 59

地方政府绩效评估指标制定的影响要素及模式构建（朱秦） ……… 66

地方政府公共事业管理绩效评价指标体系研究（彭国甫） ……………… 78

地方政府绩效审计：本质、方法及评价指标体系（吴娟） ……………… 92

360度考核与政府绩效管理（朱孟才） ……………… 103

政府绩效评估模式的选择策略（臧乃康） ……………… 115

政府绩效与领导效能的关系模型及实证研究（杜娟） ……………… 122

我国政府绩效评估主体分析（金竹青） ……………… 133

地方政府绩效评估机制的实证分析（郑吉萍　攸笛） ……………… 144

政府绩效评估体系的框架研究（刘旭涛） ……………… 155

市级政府绩效评价研究（王鲁捷　陈龙　崔蕾） ……………… 169

地方政府绩效评价监管问题研究（包国宪　王浩权） ……………… 177

社会资本理论与我国政府绩效管理研究（杨超　凌学武） ……………… 187

中外政府绩效管理的行政生态学比较（杨钰） ……………… 195

## 第二部分　中国政府绩效管理实践

深圳市福田区政府绩效评估的实践与探索(杜玲) ……………… 204
CAF 在辽宁省林业厅的试点与应用(辽宁省林业厅) ……………… 212
实施绩效管理,促进科学发展(青岛市委) ……………… 232
以平衡计分卡提升绩效管理,科学持久地推动政府创新(侯永平) …… 238
坚持科学发展观,提高行政管理水平(武汉市人民政府目标
　　管理办公室) …………………………………………………… 245
厦门市思明区政府开展绩效评估的探索与实践(厦门市思明区
　　人民政府) ……………………………………………………… 253
天津开发区构建财政绩效管理框架的实践(天津开发区) ………… 264
上海市徐汇区政府绩效评估实践(上海市徐汇区绩效评估办公室) …… 274
坚持以人为本,实施岗位绩效评估,努力构建检察工作
　　长效管理机制(马林) ………………………………………… 290
镇江市以绩效评价推动城市再就业工程的
　　实践分析(马国贤　彭锻炼) ………………………………… 299

## 第三部分　外国政府绩效管理评析

开展自我评估,改进公共组织[尼克·隋杰斯(Nick Thijs)(比利时)
　　帕特里克·斯达思(Patrick Staes)](比利时) ……………… 312
西方国家政府绩效评估的发展趋势与思考(许晓平　胡月星) …… 326
当代美国联邦政府绩效评估的层级体系分析(张强　韩莹莹) …… 337
政府绩效立法分析:以美国《政府绩效与结果法案》
　　为例(吴建南　温挺挺) ……………………………………… 349
英国的政府绩效管理体制和几点启示(廖昆明) ………………… 359
欧洲公共部门质量奖(孙迎春) …………………………………… 374
韩国政府绩效评估及其评价[胡税根　汪菁　朴钟权(韩国)] …… 383

后　记 ……………………………………………………………… 393

第一部分

# 政府绩效管理理论研究

# 加强政府绩效管理
# 深化行政管理体制改革

## 唐铁汉

继续深化行政管理体制改革,是全面深化改革和提高对外开放水平的关键,也是落实科学发展观、构建和谐社会的重要保障。加强政府绩效管理与评估,是深化行政管理体制改革的重要内容和转变政府职能的必然要求。

## 一、全面实施政府绩效管理与评估的意义

### 1. 落实科学发展观必须树立正确的政绩观

科学发展观是我们全面建设小康社会的根本指针。解决中国的发展问题,实现又快又好的发展,必须坚持以科学发展观统领经济社会发展的全局。但是,科学发展观要由各级党委、政府和各级干部来落实。这里就有一个树立什么样的政绩观的问题,有一个如何评价政绩的问题。现实生活中,一些地方政府部门及领导干部为了追求"政绩",盲目攀比、不切实际地铺摊子、乱上项目;有的热衷于标新立异、贪大求奢或急功近利、做表面文章等等。这些问题,不仅影响了政府部门的形象,而且影响了经济社会的持续协调健康发展。可见,政绩观的问题关系我们发展的指导思想,也关系政府管理的指导思想,这个问题不认真加以解决,实施"十一五"规划,用科学发展观统领经济社会发展全局就是一句空话。

### 2. 加强政府绩效管理和评估是转变政府职能的迫切要求

我们的政府是人民政府,履行政府经济调节、市场监管、社会管理和公共服务职能,其根本目的是满足人民群众日益增长的物质文化需要,提供优质的公共产品和公共服务,而绩效管理与绩效评估则是衡量政府公共服务

是否满足公共需求的重要手段和尺度。也就是说,政府对公民负有公共责任,政府的支出必须获得人民的同意并按正当程序支出,公共资源必须有效率地利用并达到预期的效果。要落实这些公共责任,就必须对政府的作为进行绩效评价,以准确了解政府是否承担起了公共责任。绩效管理的重要特点是公民导向的绩效观,它所追求的是效益、服务质量和公民满意程度;公共部门以提供公共产品与公共服务为基本职责,以公民导向为基本特征的绩效管理有利于提高政府绩效、改善政府形象、提高政府权威,推动经济发展与社会进步。政府绩效评估所采取的界定政府职能、提高服务质量、强调顾客至上和以顾客需求为导向等措施,有利于改进政府公共部门与社会公众之间的关系,有利于建立和发展社会公众对政府公共部门的信任,增强政府公共部门的号召力和凝聚力。

3. 加强政府绩效管理和评估是改进政府管理方式的重要手段

绩效管理有利于建立以结果为导向的公共管理机制。政府绩效管理以提高政府绩效为最终目标,结果为本的绩效意识是绩效管理的基本前提。当代公共管理认为程序和规则固然重要,然而,更为重要的是是否产生好的结果、是否满足公民需求。实践证明,政府绩效管理与评估带来了一系列以绩效为本、以结果为导向的新的管理措施的运用。例如,政府围绕其使命进行绩效管理,采用了目标管理、全面质量管理等手段;实施顾客导向的管理,增加顾客选择的机会,调查和审视社会公众对公共服务的要求和满意程度;建立以绩效为基础的预算制度、实行绩效与财政预算拨款挂钩,从而降低行政成本;改革公务员制度,实行业绩奖励制和绩效工资制,从而增加了政府管理公共事务、提供公共服务的效率与活力。因而,政府绩效管理与评估是改革政府管理的重要环节和有效工具。同时,绩效管理有利于提高行政效率、降低行政成本,通过绩效评估,使政府部门和公务员的激励约束机制有了依据。

# 二、国外政府绩效管理与评估的主要做法与经验

在传统行政模式下,西方国家早期对政府绩效的研究主要受到科学管理运动和一般管理理论的影响,大多采用基于技术效率(机械效率)的研究

方法。第二次世界大战以来至 20 世纪 70 年代,西方国家对政府绩效的理论研究和实践进入了一个新的阶段,政府绩效问题的焦点由组织特别是由结构与过程转移到公共项目及其所产生的结果上来。政府绩效评估在 20 世纪 80 年代进入了一个新的高潮,绩效管理成为西方各国行政改革的一个重要组成部分,战略管理、全面质量管理、标杆管理、目标管理、绩效预算、人力资源开发与管理技术等绩效管理技术纷纷得到应用。进入 20 世纪 90 年代,政府绩效评估的焦点逐渐转向了效益和"顾客满意",质量被提到了重要地位。目前,西方各主要国家都在政府管理和市政管理中实行了绩效评估的技术和方法,绩效管理评估的理念、方法和技术已经成为一种世界性的潮流。

西方国家政府绩效管理与评估具有一些值得借鉴的做法与经验:

### 1. 注重完善政府绩效管理与评估的法律体系

推行西方发达国家在全面实施政府绩效管理与评估的过程中,很注意完善政府绩效管理与评估的法律框架,用法律手段规范政府绩效管理与评估体系。如英国,1983 年颁布了《国家审计法》,把审计中央政府资金的职责和权限授予了主计审计长,并规定成立国家审计署以确保主计审计长履行其职责,首次从法律的角度表述了绩效审计;1997 年颁布的《地方政府法》也规定,地方政府必须实行最佳绩效评价制度,各部门每年都要进行绩效评估工作,要有专门的机构和人员及固定的程序。美国于 1993 年 7 月颁布了《政府绩效与结果法案》,规定"每个机构应提交年度绩效规划和报告",财政预算要与政府部门绩效挂钩。1999 年 4 月,日本内阁会议根据《中央省厅等改革关联法案》的相关措施为内容,制定了《关于推进中央省厅等改革的基本方针》,将总务省的行政监察局改为行政评价局,行政评价局可超越各府、省的界限,行使包含政策评价职能在内的行政评价和检查职能;2002 年他们又出台了《政府政策评价法》,在整个政府范围内实施。根据这项法案,内阁和政府的各个部都被要求在其权限范围内实行政府评价。

### 2. 注重完善政府绩效评估的指标体系

美国政府早在 20 世纪 40 年代就着手构建政府绩效评估体系。20 世纪 60 年代,美国审计总署率先把对政府工作的审计重心从经济性审计转向了经济性、效率性和效果性并重的审计(即"3E 审计"),后又扩展到"5E 审计"。2002 年，美国总统管理及预算办公室提出了针对联邦行政机关和部门的通用绩效指标，为五个跨部门的政府职能开发了统一的评价指标或称"通用衡量标准"。2003 年预算中，总统管理及预算办公室制定了评级制度（红、黄、绿）来评价联邦机构执行总统管理议程的工作成果。

　　3. 将绩效管理与战略规划及公共预算改革结合起来，注重形成政府绩效管理的制度体系

　　西方国家在实施绩效管理的过程中，注重将政府战略规划与绩效管理过程结合起来，力求形成制度化、规范化与科学化的绩效管理与评估体系。如 1993 年，美国政府颁布了《政府绩效和结果法案》，要求联邦政府各机构制定五年战略规划，制定实现战略目标的绩效管理年度计划，定期测定部门工作绩效并向国会和公众提供绩效报告。1993 年 8 月 3 日，在时任总统克林顿大力支持并在美国管理及预算局（OMB）和国会的推动下，《政府绩效和结果法案》顺利通过立法，从而使美国政府绩效管理走上了制度化轨道。另外，许多国家将绩效管理与公共预算改革结合起来，推广绩效预算管理。改革的方向是在资金分配上强化绩效，将公共预算拨款与各机关单位的绩效联系起来，按效果而不是按投入拨款；在公共预算执行上将效果与拨款挂钩，根据绩效来分配预算。同时，在公共预算管理过程中，变传统的"过程管理"为"结果管理"，对绩效好的部门给予奖励，对于指标完成不好的部门，则在议会中公布、撤职、削减，直至取消这项公共预算。目前，绩效预算已成为西方国家主要的公共预算管理模式，世界上近 50 个国家采用了绩效预算，如英国、瑞典、日本、加拿大、法国、巴西、印度等国。

　　4. 以公共支出评价为手段，注重政府绩效审计

　　加强对政府公共支出的评价，是当代政府改革的重要内容。公共支出评价是随着绩效管理和绩效预算而出现的，它是政府公共管理的重要工具之一。公共支出评价就是评估政府支出是否有效，效果在哪里，在哪些方面应当改革，以进一步提高绩效。西方国家公共支出评价的主要目的是为政府工作和议会公共预算案的讨论和通过提供基础材料；同时，在支出评价中，还能发现政府工作漏洞并加以改进。另外，西方国家普遍重视发挥独立审计机构在政府绩效管理中的作用。

1997年,英国国家审计署(NAO)首次发布了《绩效审计手册》,其目的是确保绩效审计能够遵循审计标准。2003年,又对该手册行进了新版,指出:国家审计署"要对议会(从而对纳税人)负责。通过绩效审计,确保公共资源得到合理运用。绩效审计的根本目标在于促进审计单位改善管理,提高效益。"具体目标则包括:促进审计单位提高服务质量、以较低的成本实现既定目标、节省资金、改进工作方法、避免浪费等。

5. 将全面质量管理的理念融入绩效管理,确立以质量为核心、以顾客为导向、以服务为目标的绩效管理模式

20世纪90年代,全面质量管理运动引入公共行政领域,其核心特征是顾客信息反馈与评估、雇员参与质量改善、目标管理等。它强调顾客导向在公共行政中的重要地位,强烈关注行政活动的质量与效果,这也导致人们对绩效的强烈关注。如美国商务部于1987年设立了国家质量奖;1988年,联邦质量学会开始对政府部门颁发总统质量奖。总统质量奖的七项原则是:领导水平、信息分析、战略质量规划、人力资源发展和管理、过程质量管理、质量及运行结果、顾客焦点和满意度。

6. 不断完善绩效评估的方式与方法,提高绩效评估的质量与水平

在绩效管理实践的过程中,西方国家绩效评估的主体逐步多元化。在评估过程中有公民和服务对象的广泛参与,由单纯的政府机关内部的评估发展到由社会机构进行评估。如美国民间机构锡拉丘兹大学坎贝尔研究所自1998年以来就与美国《政府管理》杂志合作,每年对各州或市的政府绩效进行评估,并发布评估报告,引起了政府和民众的广泛关注。一些州政府在对其部门年终业绩进行评估时,也往往请专门的社会评估机构参与。2001年1月,日本设立了政策评价和独立行政机构评价委员会,对行政评价局实行政策评价进行必要的协商并将意见提交给总务省和邮政省等部门。这一委员会由民间的独立专家组成,行政评价局充当政策评价和独立行政机构评价委员会的秘书处。20世纪90年代以来,有关质量和顾客满意度指标在评估指标体系中大幅度增长,加拿大等国家还进行大范围的政府顾客满意度调查,将提升顾客的满意度作为政府绩效的目标。同时,政府绩效评估技术不断成熟,信息技术、量化技术、针对不同部门不同的评估方式和方法技

术广泛应用,绩效评估的科学化水平不断提高。

## 三、我国政府绩效管理与评估的实践、问题与对策

我国自改革开放以来,一直非常重视政府的行政效率问题。早在 1980 年,邓小平在关于《党和国家领导制度的改革》等一系列讲话中就尖锐地指出了官僚主义所带来的机构臃肿、办事拖拉、不讲效率等弊端,强调通过抓住机构改革和行政管理体制改革解决"活力、效率、积极性"的问题。20 世纪 80 年代,我国恢复行政学以来,行政效率始终是行政学研究的一项重要内容。20 世纪 90 年代以来,在借鉴当代西方国家行政改革理论的基础上,政府绩效概念开始逐渐引入我国公共行政学研究领域中。在建立社会主义市场经济体制和推进现代化的进程中,党中央在 1982 年、1988 年、1993 年、1998 年和 2003 年以来的行政管理体制和政府机构改革中,都注意把提高行政效率作为重要内容和目标。党的十五大也提出,要认真解决机构庞大、人员臃肿、政企不分、官僚主义严重的问题,按照社会主义市场经济的要求转变政府职能,建立办事高效、运转协调、行为规范的行政管理体系。党的十六大、十六届二中、三中、四中全会,对深化行政管理体制改革进一步提出了要求,这就是按照完善市场经济体制和推进政治体制改革的要求,坚持政企分开,精简、统一、效能和依法行政的原则,进一步转变政府职能,改进管理方式,推进电子政务,提高行政效率,降低行政成本,形成行为规范、运转协调、公正透明、廉洁高效的行政管理体制;强调落实科学发展观、提高党的执政能力,必须树立正确的政绩观,并且要求建立政府绩效评估的指标体系。党的十六届五中全会把推进行政管理体制改革放到了更加突出的位置,并且作为全面深化改革和提高对外开放水平的关键,强调实现"四个分开"、履行"四项职能"、建设法治政府和服务型政府,切实解决政府部门之间职责不清、管理方式落后、办事效率不高的问题。

从政府绩效管理和评估的实践看,近年来,随着我国行政体制改革的不断深入,一些地方政府及部门开始进行政府绩效的管理和评估活动。如福建等地进行的机关效能建设、南京等地进行的"万人评议政府活动"等。一些地方将绩效评估作为政府管理机制中的一个环节,运用目标责任制、社会服务承诺制、效能监察、效能建设、行风评议等方式对政府进行绩效评估,如

河北省实行的干部实绩考核制度,对干部实绩的考核包括经济建设、社会发展和精神文明建设、党的建设三大方面,其中经济建设下列 9 大项指标、社会发展和精神文明建设下列 12 大项指标、党的建设下列 5 大项指标。一些政府部门在政府组织内部开展了绩效评估措施,一些研究机关还对政府绩效管理的指标体系进行了探索,提出了政府绩效评估的指标体系。

但是,我国政府绩效管理与评估还很不成熟,目前存在的主要问题包括如下方面:一是绩效管理与评估尚未全面推开,还只是停留在个别省市、个别部门的分散试验阶段,没有一个统一的规划和安排。二是绩效管理与评估缺乏法律规范,尚未形成一种法治化、系统化、科学化的绩效评估制度与体系。三是还没有建立全面科学的政府绩效评估指标体系,往往将经济指标等同于政府绩效的评估指标。四是绩效管理与评估尚未与公共支出评价、绩效预算管理结合起来,缺乏独立的绩效审计。五是绩效评估的科学化程度不高。绩效评估的主体主要是上级行政机关,社会公众、社会组织还没有真正成为评估的主体;评估的操作过程没有规范化和程序化,存在很大的随意性;评估的方法多为定性方法,较少采取定量方法,多为"运动式"、"评比式"、"突击式"评估,而对政府绩效的持续性测定较少;评估的过程具有封闭性、神秘性,缺乏透明度、公开性与公平性,缺乏媒体监督。针对我国政府绩效管理与评估中存在的这些问题,迫切需要我们加快政府职能转变步伐,完善政府绩效评估指标体系,实现政府绩效管理与评估的法治化、系统化与科学化。

### 1. 全面建立法治化、系统化与科学化的政府绩效管理体系

一是完善政府绩效管理与评估的法规体系。要尽快将我国目前的各种绩效管理与评估措施纳入到法治化的轨道,切实加强对绩效管理与评估的立法保障工作,加强对政府绩效管理与评估的统一规划和指导,逐步形成标准化、系统化的绩效管理与评估体系,从而使政府绩效管理与评估工作走向法治化、系统化与科学化。

二是完善政府绩效管理的制度与机制。有效的绩效管理,以有效的绩效管理组织、绩效管理机制为前提。在深化行政管理体制改革中,要逐步建立和完善政府绩效管理制度,有专门机构和人员负责绩效管理。同时,健全绩效管理机制,包括目标管理机制、标杆管理机制、质量管理机制、顾客导向

机制等,特别要将质量管理机制引入我国政府管理,在政府部门中推行全面质量管理。

三是提高政府绩效评估的科学化水平。政府绩效评估的主体应多元化,绩效评估的方式应该多样化。要建立多重绩效评估机制,要将政府自我评估、上级评估与专家评估、社会公众评估相结合。政府绩效评估要贯彻顾客导向的原则,评估的内容、标准和指标体系的设计要从为公民服务的立场出发,同时在评估过程中要有公民的广泛参与,建设人民满意的政府;要通过社会调查、民意调查等方法,定期调查公众对政府施政的满意程度,以此作为政府绩效评估的重要依据。政府绩效评估要公开透明,要做到内容标准公开、过程公开、评估结果公开;同时要科学地使用评估结果,将政府绩效评估与奖惩制度结合起来,建立以绩效评估结果为基准的奖惩制度。

### 2. 探索完善我国政府绩效评估的指标体系

要结合我国国情,从有利于改进组织管理、改造业务流程、关注绩效结果三个方面入手,建立我国政府绩效评估的经济指标、效率指标、效益指标相结合的指标体系。我国地区差异较大,政府绩效评估的指标设计也应有所不同,要根据不同地区、不同层级、不同部门设计出最能测量政府工作成果的指标体系。

我们认为,我国政府的宏观效益指标应包括:一是政府部门为社会经济活动提供服务的数量和质量,包括政府直接投资兴建的基础设施数量,政府颁布实施维护经济秩序的法令法规,政府对主导产业的支持程度等。二是政府管理目标的实现情况,包括是否充分就业,物价是否稳定,经济是否持续增长,收支是否平衡,资源配置是否合理,国民财富是否增加等。三是财政政策的公平程度,如税收总收入、直接税、间接税、社会保险缴款占 GDP 的比重、员工的社会保障缴款占 GDP 的比重等指标。四是政府管理效益,包括税收总额占 GDP 的比重,政府支出占税收总额的比重,政府支出增长率与经济增长速度之比,人才吸引情况,外地企业和外资企业投资总额等。五是政府管理社会的效果,包括公民对社会公平和公正是否充满信心,每 10 万居民中严重犯罪人数,人们对人身、财产安全受到保护的程度是否满意等。

我国政府的微观效益指标主要包括:一是效益技术指标。产出质量指标,如差错率、准时率、合格率、优秀率;社会效果测定,如缉毒效果指标中的与吸毒相关的死亡人数、吸毒入院人数指标等;顾客满意度指标,如抱怨与投诉率、公共服务网点的分散程度和服务半径等。二是公共部门行为合理化水平指标。如公共决策是否科学;民主监督是否有效;是否廉洁、勤政、高效;政府能否将政策有效运用于经济;立法活动能否满足经济和社会发展的要求;政治体制能否依据经济与社会的需要而及时变革等等。三是公共部门机关效能指标。包括是否有合理而完善的制度,如岗位责任制,首长责任制,服务承诺制,限时办结制,同岗替代制,联合办公制,效能考评制和失职追究制等;能否依法行政;是否推行政务公开,是否公示机关各部门的职责、权限、审批程序、时限、承办人姓名和审批结果等;能否提高办事效率,用科技手段提高办公自动化程度等。

### 3. 加快建立绩效预算制度与绩效审计制度

要建立绩效审计制度,从而更好地对政府绩效进行监督。当前,我国政府管理效率低下问题突出,政府成本过高,成为阻碍经济社会发展的主要障碍。政府成本过高,突出表现在行政管理费用不正常增长,浪费型公共支出过多。因此,必须采取坚决的措施加以抑制。要实行政府支出绩效审计制度,实行财政财务收支的真实合法审计与效益审计并重,逐步加大效益审计分量;要压缩和控制行政事业费支出占政府总支出的规模,力争将行政事业费支出的规模控制在占政府总支出 15% 的水平(中等收入国家水平),确保政府支出更多地用于公用事业与教育、社会保障事业。同时,要建立和完善以公共服务为取向的政府业绩评价机制和公共服务责任机制。

(唐铁汉:国家行政学院原副院长、中国行政管理学会副会长,研究员)

# 政府绩效评估必须确立正确的价值导向

薄贵利

政府绩效评估作为政府管理科学化、规范化的重要手段和工具,在我国,已经由理论研究层面开始进入实际操作层面。国家行政学院政府绩效评估中心于 2006 年在深圳市福田区、辽宁省林业厅、吉林省公路管理局等地方和系统开展了政府绩效评估试点。试点经验表明,要充分发挥政府绩效评估在政府管理创新中的作用,就必须确立正确的价值导向。

## 一、政府绩效评估价值导向的重要作用

在任何国家,政府绩效评估都有一个价值导向的问题。价值导向是否正确,不仅直接影响到政府运行的方向和政府管理的效能,而且也直接关系到政府绩效评估的成败。

### (一)政府绩效评估的价值导向直接影响到政府的运行方向

目前,我国正处在体制转轨和社会转型时期。在这一时期,政府的作用是不可低估的。而政府绩效评估的价值导向就如同指挥棒,这一指挥棒指向何处,政府就会向什么方向运行。例如,过去,由于片面的政绩观,导致许多地方政府把发展简单地等同于经济增长,采取各种手段,追求 GDP 的增长率,结果不仅导致经济发展与社会发展、城市发展与农村发展和东西部发展的严重失衡,而且造成了严重的环境污染和资源破坏,其教训是极其沉痛的。进入新世纪,随着中央提出的科学发展观日益深入人心,一些地方开始调整发展思路,将以人为本、全面协调和可持续发展提到了重要的议事日程。2006 年 12 月,深圳市委、市政府提出了《深圳市民生净福利指标体系》,

将正确的政绩观具体化,并将这一指标体系作为深圳市党政领导干部工作决策的"指挥棒"、考察各级领导班子工作业绩的标尺和检验是否为民办实事的标准。这一指标体系的颁布和实施,促使深圳市各级政府更加认真地贯彻落实科学发展观,将深圳市的发展引导到以人为本、全面协调和可持续发展的正确轨道。正反两方面的实践都证明,政府绩效评估的价值导向直接影响到政府运行的方向,也直接间接地影响到经济社会发展的结构、水平和质量。

(二)政府绩效评估的价值导向直接影响到政府的工作重点

政府管理千头万绪。在政府绩效评估中,不可能将政府的各项工作平分秋色,而必然要有所侧重,突出重点。政府绩效评估的价值导向正确,就能够将政府工作的真正重点放到重要位置,从而引导政府管理突出重点,以重点工作的开展来带动其他工作的开展。相反,如果政府绩效评估的价值导向不正确,不仅可能导致政府管理脱离正确轨道,而且还有可能扰乱政府的正常管理,使政府难以集中主要精力抓主要工作。其结果,政府绩效评估不仅不能成为政府管理的动力和助力,还可能给政府工作添乱。

(三)政府绩效评估的价值导向直接关系到政府绩效评估的内容、范围和重点,关系到政府绩效评估的成败

在政府绩效评估实践中,政府绩效评估的内容、范围和重点的确定、政府绩效评估指标体系的设计、政府绩效评估主体和评估方法的选择以及政府绩效评估结果的使用等,都与政府绩效评估的价值导向密切相关。政府绩效评估的价值导向正确,政府绩效评估的内容、范围和重点的确定就会比较正确,政府绩效评估指标体系的设计就会比较科学,政府绩效评估主体和评估方法的选择就会比较合理,政府绩效评估的结果也会得到科学合理的使用。相反,如果政府绩效评估的价值导向错误,那么,政府绩效评估的内容、范围和重点的确定都不可能正确,最终必然导致政府绩效评估的失败。

目前,我国政府绩效评估在价值导向上存在一些值得重视和警惕的倾向。一是一些地方领导将政府绩效评估当作新的政绩工程,热衷于搞花架子和媒体的宣传炒作,而没有将政府绩效评估作为政府管理诊断的工具,通过全面、客观、公正和实实在在的评估,找出政府管理上的差距,进而去改进

政府管理。这种倾向十分危险,也十分有害。它不仅会严重损害政府绩效评估的声誉,同时也会助长一些地方的形式主义和弄虚作假之风。二是将政府绩效评估仅仅看成是提高政府执行力的一种手段。这是一种片面认识。不错,通过科学有效的政府绩效评估,确能提高政府的执行力。但这只是问题的一个方面。在我国,政府绩效评估还有更高的价值追求,即认真贯彻落实科学发展观,促进政府转变职能,降低行政成本,提高政府效能和政府能力。忽视了这些更为重要的价值目标,政府绩效评估的结果很可能是捡了芝麻,丢了西瓜。三是将政府绩效评估看成是打分排队的一种手段。例如,当某研究机构宣称已开发出适用于中国地方政府绩效评估的指标体系后,一些人翘首以望:今后几年能否根据一套指标体系来对各地政府像大学排行榜一样排个队吗?这是对政府绩效评估的严重误解。可以肯定,科学的政府绩效评估,确实能够评出政府绩效的优劣好坏。但评估不是目的,而是手段。政府绩效评估的真正意义和主要目的不在于根据政府绩效的优劣好坏而对政府进行打分排队,而在于通过评估,找出政府管理中存在的问题,促进政府体制改革和管理创新,以不断提升政府的绩效水平和管理能力。

## 二、当前我国政府绩效评估应确立的价值导向

在体制转轨和社会转型时期,我国政府绩效评估应确立的价值导向是:促进政府认真贯彻落实科学发展观,转变政府职能,降低行政成本,提高行政效能和加强政府能力建设。一句话,就是促使政府管自己应该管的事,管好自己应该管的事。

(一)促进政府认真贯彻落实科学发展观,真正实现以人为本、全面协调和可持续发展

科学发展观是我国当前和今后经济社会发展的科学的战略指导理论,其核心是以人为本、全面协调和可持续发展。认真贯彻落实科学发展观,实现以人为本、全面协调和可持续发展,是各级政府的首要职责,也是我国开展政府绩效评估的核心价值导向。

在我国政府绩效评估中认真贯彻落实科学发展观,就必须准确理解科

学发展观的深刻内涵和基本要求。对此,胡锦涛同志在《在中央人口资源环境工作座谈会上的讲话》中作了精辟的阐述,指出:"坚持以人为本,就是要以实现人的全面发展为目标,从人民群众的根本利益出发谋发展、促发展,不断满足人民群众日益增长的物质文化需要,切实保障人民群众的经济、政治和文化权益,让发展的成果惠及全体人民。全面发展,就是要以经济建设为中心,全面推进经济、政治、文化建设,实现经济发展和社会全面进步。协调发展,就是要统筹城乡发展、统筹区域发展、统筹经济社会发展、统筹人与自然和谐发展、统筹国内发展和对外开放,推进生产力和生产关系、经济基础和上层建筑相协调,推进经济、政治、文化建设的各个环节、各个方面相协调。可持续发展,就是要促进人与自然的和谐,实现经济发展和人口、资源、环境相协调,坚持走生产发展、生活富裕、生态良好和文明发展道路,保证一代接一代地永续发展。"①

为了贯彻落实科学发展观,在政府绩效评估中,必须坚持全面的观点、实践的观点和群众的观点。所谓全面的观点,即在政府绩效评估中,既要有经济指标,又要有社会指标、人文指标和环境指标;既要看城市变化,又要看农村发展;既要看当前的发展,又要看发展的可持续性;既要有经济总量增长的指标,又要有人民群众生活质量改善的指标;既要看经济发展,又要看社会稳定和社会和谐;既要看"显绩",又要看"潜绩";既要看政府的主观努力程度,又要看客观条件。所谓实践的观点,即在政府绩效评估中,要考察和评估各级政府是不是重实干、办实事、求实效,各级政府的绩效要经得起实践的检验和历史的检验。所谓群众的观点,即在政府绩效评估中,要把群众作为政府绩效评估的重要主体,倾听群众的意见和呼声,对政府的各项工作,要看群众拥护不拥护、赞成不赞成、高兴不高兴、答应不答应。② 如果群众不拥护、不赞成、不高兴、不答应,说明政府的工作脱离实际、脱离群众。对政府工作存在的问题,要在政府绩效评估中实事求是地指出来,并敦促政府采取有效措施切实加以改进。

---

① 《人民日报》2004年3月11日。

② 参见温家宝:《提高认识,统一思想,牢固树立和认真落实科学发展观》,中组部干部一局编:《干部综合考核评价工作指导》,党建读物出版社2006年9月第1版,第30页。

(二)促进政府全面履行公共管理和公共服务职能

现代政府管理遵循两大原则,即政府要管自己应该管的事,政府要管好自己应该管的事。政府绩效是政府履行职能的表现,政府绩效评估就是依据科学的政府绩效评估指标体系、运用科学的程序和方法,对政府履行职能的情况进行全面、客观和公正的评价。因此,政府绩效评估的基础和前提,是对政府职能进行科学合理的定位。

我国在20多年的行政体制改革中,政府职能转变虽然取得了积极的进展,但时至今日,一些政府仍然管了许多不该管、管不了和管不好的事,而应该由政府管的事,存在着管理缺位和管理不到位的现象。政府权力越位和政府职能缺位、不到位,不仅严重损害了政府形象,降低了政府的公信力和执行力,同时也对我国全面协调和可持续发展产生了严重的消极影响。因此,在现阶段,我国政府绩效评估的价值导向之一,就是以绩效评估为手段,积极推动政府职能的转变。为此,必须从建立和完善社会主义公共行政体制的新视角来重新审视和定位政府职能。

在我国,随着社会主义市场经济体制的不断完善、民主政治建设的稳步推进和和谐社会建设的全面展开,迫切要求建立和完善社会主义公共行政体制。所谓公共行政体制,即执行公共意志、行使公共权力、制定公共政策、管理公共事务、生产公共物品、提供公共服务、满足社会公共需求的政府组织体系和管理制度。

在公共行政体制下,各级政府必须从那些不该管、管不了和管不好的事务中跳出来,管好公民、企事业和社会团体不该管、管不了和管不好的事,即社会公共事务。同时,政府要生产公共物品,公平高效地为社会提供公共服务。在现代社会,政府所承担的社会公共管理和公共服务职能是相辅相成、缺一不可的。而经济调节、市场监管、社会管理等职能,实际上是属于政府社会公共管理职能的范畴。

合理定位政府职能,还要在明确政府基本职能的同时,进一步明确各级政府的职能。各级政府之间的职能分工应遵循以下原则:

第一,能由基层和地方办的事情尽量由基层和地方去办,以缩短政府与公民社会的距离,提高政府公共管理和公共服务的效能。

第二,当下级政府履行某种职能实现不了规模效益或出现严重的外部效应的情况下,该项职能应由上一级政府承担。

第三,当地方政府履行某种职能也实现不了规模效益或出现严重的外部效应的情况下,该项职能应由中央政府承担。

在对政府职能进行科学合理定位的基础上,政府绩效评估可通过政府绩效评估指标体系的设计、权重系数的设定以及多元主体参与评估等多种途径,促进政府转变职能。例如,凡属于政府职能范围内应由政府管的事情,列入政府绩效评估的指标体系,并对政府履行职能的情况进行定期评估,以检测政府是否认真、积极、主动、高效地履行了职能。凡不属于政府职能、不该由政府管的事情,不列入政府绩效评估范围。如果政府越位行使权力,管了自己不该管的事,在政府绩效评估中,视其对其他主体权益的侵犯程度,予以扣分。对于当前政府应加强的职能,如完善公共服务等,则加大相关指标的权重。这样,政府绩效评估就自然成为促进政府职能转变的有力工具。

## (三)促进政府降低行政成本,提高行政效能

降低成本,提高效能,是所有管理工作的永恒主题,也是衡量管理工作成功与否的重要标志。在发达国家的政府管理中,引入绩效评估这一管理工具,其中一个重要目的就是为了降低行政成本。

我国政府在管理实践中,长期不重视行政成本。由于观念陈旧、法制不健全以及体制上的漏洞和管理上的粗疏,导致行政成本长期居高不下。如许多政府追求办公条件的"现代化",一些政府的办公大楼甚至比星级宾馆还要豪华。公款吃喝、公款旅游、公款出国、公车消费,每年耗资巨大,浪费了大量的公共资源,也拉大了政府与人民群众的心理距离。显而易见,不堵塞体制的漏洞,不克服这种陈规陋习,不降低行政成本,就不可能提高政府效能,也不可能改善政府形象。

党的十六大报告明确提出降低行政成本的改革任务。为了实现这一改革目标,就必须把降低行政成本、提高行政效能作为政府绩效评估的重要的价值导向。以此为指导,通过相关指标体系的设计和评估,引导和促使各级政府降低行政成本,节约和有效利用公共资源,建立节约型、廉价型和效能型政府。

## （四）促进政府改进管理，提高行政能力

政府绩效评估不是目的，而是手段。通过政府绩效评估，目的是促进政府不断改进管理，提高民主行政、依法行政和科学行政的能力，以便使各级政府更好地履行职能。政府绩效评估的真正意义和价值正在于此。因此，必须把改进政府管理、加强政府能力建设作为政府绩效评估的重要的价值导向。

为了实现改进政府管理、加强政府能力建设这一目标，有必要将政府绩效评估上升到政府绩效管理，即：将政府绩效目标的实现看作是一个管理过程，既要关注对政府绩效结果的评估，同时也要关注对政府管理过程的分析和诊断，通过政府体制改革、管理流程再造和公共资源的有效配置，不断提高政府的行政能力，进而不断提高政府的绩效水平。

## 三、确立政府绩效评估正确导向的主要对策

在我国民主政治不够完备、法制建设不够健全的情况下，树立正确的政府绩效评估价值导向需要采取以下对策：

### （一）转变领导观念，树立正确的政绩观

同发展观一样，政绩观也具有重要的导向作用。政绩观不正确，就必然导致政府绩效评估的扭曲，甚至引导政府走向错误的方向。在这方面，我们已经有过深刻的教训，不能再重蹈覆辙。为此，各级领导必须转变观念，真正树立正确的政绩观。

正确的政绩观与科学发展观紧密相连。科学发展观是正确的政绩观的基础和核心，不坚持科学发展观，就不可能树立正确的政绩观。正确的政绩观必须与科学发展观相适应，必须充分体现科学发展观的深刻内涵和基本要求。各级政府所创造的政绩，应是为了贯彻落实科学发展观，以人为本，实现经济社会的全面协调和可持续发展，而不是片面地追求经济增长，更不是脱离经济社会发展的实际，搞所谓的"政绩工程"、"形象工程"。

转变领导观念，树立正确的政绩观，既要靠学习讨论，端正和提高各级

领导干部的思想认识,更要靠科学合理的体制和机制建设。没有后一条,转变观念,树立正确的政绩观都将是一句空话。因此,必须改革一切与贯彻落实科学发展观和正确政绩观不相适应的管理体制和管理机制,建立健全符合科学发展观和正确政绩观要求的管理体制和管理机制。通过管理体制和管理机制的硬约束,强力促使各级领导转变观念和树立正确的政绩观。

### (二)坚持政府绩效评估的公开原则

在现代社会,对政府绩效进行公开评估,不搞暗箱操作,是一个基本常识,同时也是必须坚持的一项重要原则。这里的公开,既包括评估结果的公开,也包括评估过程的公开。通过公开评估,既可以满足公民的知情权,促进社会各界的广泛参与,又可以有效防止和及时纠正政府绩效评估过程中可能出现的偏差,确保正确的价值导向始终贯穿于政府绩效评估的全过程。

### (三)加强对政府绩效评估的监督

为了防止和克服政府绩效评估在价值导向、评估过程、评估结果等方面可能出现的扭曲和偏差,必须加强对政府绩效评估的监督。第一,在正式开展政府绩效评估之前,组织评估主体和评估对象进行相应的培训,用政府绩效评估的正确的价值导向统一大家的思想认识。第二,对政府绩效评估的每一阶段进行必要的监控,一旦发现问题,要及时地加以控制、调整和纠正。第三,实行政府绩效评估的控告、申诉和责任追究制度,严防评估中弄虚作假、行贿受贿或评估不准、脱离实际等现象的发生。对于评估中弄虚作假和行贿受贿等严重违纪、违法行为,要追究相关责任人的行政责任和法律责任。

(薄贵利:国家行政学院公共管理教研部主任,国家行政学院
政府绩效评估中心常务副主任,教授,博士生导师)

# 公共组织绩效评估：中国实践的回顾与反思

## 周志忍

改革开放以来，为建立"办事高效、运转协调、行为规范的行政管理体系"，我国进行了行政管理体制的持续改革。在变革观念、转变职能、调整组织结构、改革行为方式的同时，借鉴和引进国际流行的新的管理机制、管理技术和工具，努力提高政府的效能。被誉为政府官员手中"最有效管理工具"①的公共组织绩效评估，由此走上了我国的舞台。

本文立足于实践，对改革开放以来我国的公共组织绩效评估进行系统回顾和评价。第一部分涉及绩效评估实践的历史沿革、主要类型和基本特征等，为随后的讨论提供背景。第二部分描述我国公共组织绩效评估的主要形式以及各自的特点。第三部分着力分析目前绩效评估实践中值得关注和思考的几个问题，旨在推进绩效评估实践的健康发展。

## 一、绩效评估实践的历史沿革、主要类型和基本特征

### 1. 组织绩效评估发展的三个阶段

评估是绩效管理的一个关键环节。要改进绩效，必须首先了解目前的绩效水平是什么，不测量就无法改善②。如果这意味着绩效评估是一种需求

---

① Executive Session on Public Sector Performance Management, John F. Kennedy School of Government, Harvard University. Get Results Through Performance Management: An Open Memorandum to Government Executives [R]. State and Local Version, 2001

② Armstrong, Michael. Performance Mangement [M]. London: Kogan Page Limited, 1994:60-61.

导致的必然活动,那么可以说,绩效评估是任何组织都无法回避的,区别只在于评估的科学性和合理性程度。这一结论对我国同样适用。在计划经济时代,我国的政府管理具有某种运动式特征,部门目标明晰化不足且经常变化,加上薄弱的信息基础,实施科学的组织绩效评估不大现实。因此,这时的绩效评估主要针对领导者个人,其特点包括非经常化、上级评估下级、评估主要基于个人经验和主观判断,等。

现代意义的组织绩效评估进入中国是在改革开放时期,其发展大致经历了三个阶段。第一阶段从 20 世纪 80 年代中期到 90 年代初期,组织绩效评估主要在"目标责任制"的旗帜下实验,并构成目标责任制的重要组成部分。这一时期目标责任制的实施具有自愿性质,中央没有提出统一要求,也没有相应的规范和实践指南。

20 世纪 90 年代初期,我国政府绩效评估实践进入第二阶段,持续大约十余年。这一时期的实践具有两个特征:(1)目标责任制依然是绩效评估主要的载体之一,但采取了自上而下系统推进的方式,关注焦点是经济增长;(2)政府改革和创新的努力加上国际经验的影响,各种类型和方式的组织绩效评估相继出现,呈现出某种百花齐放的态势(具体参见第二部分的讨论)。

进入 21 世纪后,随着最高领导集体的更替,我国政府的施政理念发生了明显变化。新施政理念要求政府治理模式的转型,组织绩效评估由此进入了发展的第三阶段。响应高层领导"构建科学的政府绩效评价体系"的要求,学术界和实践界付出巨大努力,构建能体现科学发展观的评价体系:"绿色 GDP"、"小康社会"评价指标等的学术研究,走出象牙塔并逐步在实践中得以体现;人事部课题组提出了由三个一级指标、33 个二级指标构成的比较系统的"地方政府绩效评价指标体系"[①]。可以说,新施政理念和治理模式转变不仅明确了组织绩效评估的地位,而且带来评估模式、实施机制、关注重点和覆盖范围的重大变化。我国的组织绩效评估由此进入了一个新的发展阶段,并将形成一个具有特色的中国模式。但是,由于现有基础薄弱和实施的时间很短,这一新模式还处在萌芽和试验阶段。

---

[①] 张楠:《绿色 GDP》,《经济日报》2004 年 4 月 15 日;国务院发展研究中心:《解读全面建设小康社会指标体系》,《经济参考报》2004 年 3 月 15 日;刘世昕:《中国政府绩效评估指标浮出水面》,《中国青年报》2004 年 8 月 2 日。

2. 我国公共组织绩效评估的实践可以大致划分为三种主要类型

第一种类型是"普适性"的组织绩效评估。普适性组织绩效评估有两个特征：（1）绩效评估不是独立存在、独立实施的，而是作为特定管理机制或管理技术中的一个环节，实践中的例证包括目标责任制、社会服务承诺制、效能监察、效能建设、行风评议等；（2）随着特定管理机制的推广和普及，其中的绩效评估成分被广泛应用，而且应用于多种公共组织和部门。

第二种类型称为"行业组织绩效评估"。行业组织绩效评估应用于某个行业内部，一般具有自上而下的单向性特征，即由政府主管部门设立评价指标体系，组织对所属企事业单位进行组织绩效的定期评估。实践中的例证包括卫生部为医院设立的绩效评估体系，教育部门为各级各类学校设立的绩效评估体系（如普通中小学教育质量综合评价、成人中等专业学校评估体系、大学本科教育合格评价体系等），财政部、国家经贸委、劳动和社会保障部、国家计委联合推出的企业绩效评价系统等。

第三种类型是"专项组织绩效评估"。绩效评估针对某一专项活动或政府工作的某一方面。实践中的例证如教育部门的普通中小学全面实施素质教育评价，科技部制定的"高新区评价指标体系"，北京市的机关网站政务公开检查评议，江苏省纪委的"应用指标分析方法对反腐败五年目标实现程度的测评"，珠海市的万人评政府，深圳市的企业评政府，山西省运城市的机关工作效率标准等。

值得说明的是，三种类型的组织绩效评估在实践中有一定程度的交叉，类型划分并非泾渭分明。

3. 迄今为止，我国公共组织绩效评估实践呈现出几个比较明显的特征

（1）评估的"内向性"。即组织绩效评估主要是一种政府的内部行为，由政府部门发动和实施，评价结果主要用于"内部消费"。从政府/社会关系的视角来看，政府绩效评估的内向性也就是对社会的相对封闭性。虽然近年来对顾客满意度日趋重视，但这种形式的公民参与范围有限且明显具有被动性；评估过程和结果利用的透明度不足，问责和公众监督作用还没有得到有效发挥；社会团体作为第三方对政府部门独立进行绩效评估刚刚起步，而

且评价的影响和作用相当有限①。

(2)评估的"单向性"。从政府层级关系看,绩效评估主要是上级对下级的评估;从行政机关与其他公共部门的关系来看,重视政府主管部门对所属企事业单位的评估,忽视企事业单位对各自主管部门的评估。简言之,绩效评估的"单向性"主要体现为自上而下。

(3)评估的"控制取向"。政府组织绩效评估虽然服务于多重目标,但可以划分为"外部责任"和"内部控制"两种基本类型。发达国家的政府绩效评估偏重于外部问责即报告绩效水平以推动公民监督,我们的政府绩效评估则更多着眼于内部控制和监督。这一目标定位,必然会在评估主体、内容和侧重点、评估过程和结果利用等方面相应得到反映。

(4)评估的"自发性"。组织绩效评估是部门和地方政府提高绩效的努力和尝试,其实践相应呈现出多样化的趋势,迄今未能形成一个统一的模式和实施规范。这种意义上的自发性在发展初期是不可避免的。但由于自发性,我国组织绩效评估实践的连续性明显不足,评估内容框架、侧重点、实施程度、结果利用方式等方面处在不断变化之中。此外,领导特别是一把手高度重视是评估实践得以推行的必要条件,但不同领导者的不同偏好又给连续性带来巨大影响,使绩效评估的统一和规范化更加困难,最终影响到评估的科学化和效果。

## 二、实践中的组织绩效评估的主要形式及特点

总结和评价必须立足于基本事实,因此有必要对组织绩效评估的多样化实践进行系统的描述。由于三种类型的组织绩效评估在实践中相互交叉,各地的具体做法差别较大,加上绩效评估缺乏连续性,对这些实践进行系统概括还相当困难。因此,本部分集中于"普适性"绩效评估,选择具有代表性的实例,对实践中的具体做法作简要介绍和描述。

---

① 零点调查公司:《中国居民评价政府及政府公共服务研究报告》,2004 年;袁岳、范文等:《中国公共政策及政府表现评估领域的零点经验——独立民意研究的位置》,《美中公共管理》2004 年第 1 期。

1. 目标责任制与组织绩效评估

目标责任制在我国始于 20 世纪 80 年代中期,是国际流行的"目标管理"(MBO)技术在我国的变通应用。目标管理包括组织目标的确立、目标的分解、目标进展状况的监测反馈、目标完成情况的考核评估等多个环节,而目标完成情况的考核评估实际上就是绩效评估。从技术角度看,目标管理中的绩效评估与现代意义上的组织绩效评估有着明显的不同:组织目标分解具体到各个工作岗位,目标完成情况的考核相应针对各个工作岗位,实际上考核的是岗位任职者对组织目标的贡献,而不是组织绩效状况的系统评估。不过在我国,目标责任制更多采取"首长目标责任制"的形式,而首长的目标责任与所有政府层级或部门的目标责任基本一致,因此,首长目标完成情况的考核与组织绩效评估又有很大的相似之处。

1988 年中国城市目标管理研究会成立时,共有 13 个大中型城市参加①,表明目标责任制在我国的应用比较普遍。作为其中的一个必要环节,组织绩效评估随目标责任制的广泛实施而应用到许多政府层级、部门和政府工作的诸多领域。遗憾的是,除了少量简评性质的文章外②,这一时期目标责任制的实施情况缺乏完整的记录和描述,难以对其进行系统的总结和评价。

与 20 世纪 80 年代的实践相比,90 年代的目标责任制具有两个明显特征:自上而下的系统推进;关注焦点是经济增长。中央和上级机关制定各项数字化的经济增长目标,以指标和任务的形式分派给下级单位,形成一个目标的金字塔结构;这些指标、任务的完成情况是评价、考核政绩的主要依据;下级单位与官员的升迁、荣辱都和上级单位下达指标的完成情况挂钩。层层经济目标责任制推动了我国经济的快速增长,但也带来了一些值得注意的问题。

进入 21 世纪以后,目标责任制在我国依然被广泛应用。实践中的最大变化是,目标设定和绩效评估的内容得到扩展,突出了社会职能和公共服

---

① 曾宪金:《加强督促检查是推动城市目标管理实施的有效方法》,见侯永平:《城市目标管理与竞争力论坛论文汇编》。(青岛)中国城市目标管理研究会秘书处,2002 年。

② 乌杰:《目标管理与领导科学》,《科学管理研究》1986 年第 4 期;曹可营:《目标管理责任制的实践与启示》,《中国人事》1990 年第 24 期;任君达:《地方行政机关目标管理体系初探》,《中国人事》1990 年第 24 期。

务,体现新一代领导集体提出的新施政理念,并通过目标责任制推动新理念的贯彻落实。以青岛市为例,按照2002年开始实行的《青岛市目标责任制管理实施细则》,政府机构目标责任的内容涉及两大类:一类是市委、市政府部署的重点工作任务,具体包括经济社会事业发展、党风廉政建设、精神文明建设、维护社会稳定等方面;另一类是有关职能部门的目标和责任,具体包括年度重点工作目标、经济责任、重点建设项目、公务员管理与队伍建设等,还包括部门在履职过程中的依法行政、政务公开、工作效率、服务态度和服务质量等方面的要求。从全国情况看,各地都把工作目标和责任进一步分解为详尽程度不等的具体指标体系,并给不同类指标赋以不同的权重。

目标完成情况监测和考核是目标责任制的一个关键环节,也是组织绩效评估在目标责任制中的主要体现方式。还以青岛市为例,这一工作采用"监控督查"和"年终考核"两种主要形式,监控督查又分为日常监控、季度调度和半年督查。年终考核由市目标管理委员会统一领导,市目标考核办公室具体实施,参与考核的单位和部门进行了明确的职责分工。考核结果分为优秀、良好、合格、基本合格、不合格五个档次。完成年度工作目标的优秀单位将受到精神和物质奖励,对当年未完成工作目标的单位的主要领导实行诫免,连续两年未完成工作目标的单位,其主要领导将被降职、免职或责令辞职。为了突出某些工作,考核时实行了一票否决制。

### 2. 社会服务承诺制度与组织绩效评估

社会服务承诺制度源于1991年英国的"公民宪章"运动①。1994年6月,山东省烟台市建委借鉴英国和香港的经验,率先在烟台市建委系统实施社会服务承诺制度。1996年7月,在总结烟台市社会服务承诺制度经验的基础上,中宣部和国务院纠风办决定"把宣传和推广社会服务承诺制度,作为今年下半年加强行业作风和职业道德建设,推进社会主义精神文明建设的一项重点工作"。随后,社会服务承诺制度在全国范围和多种行业普遍推开②。

社会服务承诺制度的基本内容是:公开办事内容、办事标准和办事程

① 周志忍:《当代国外行政改革比较研究》,国家行政学院出版社1999年版。
② 宗新,刘林:《承诺制遍地开花》,《北京青年报》1996年8月21日。

度,确定办事时限,设立监督机构和举报电话,明确赔偿标准,未实现承诺的责任单位和责任人要按规定给当事人以赔偿①。社会服务承诺制度中的绩效评估的主要特点是公众导向:承诺制度应用于公用事业和窗口行业,与公民的日常生活密切相关;绩效标准设立立足于公众,以公众满意为目标;绩效评价以公众为主体,即广泛的公众介入、公众评价、公众监督。但是,社会服务承诺制度中的绩效评估属于合格评价,只有低于预先确定的标准的事件发生时才会启动纠正机制,这点与一般意义上的绩效评估明显不同。

### 3. 效能监察与组织绩效评估

效能监察在我国始于 1989 年。1989 年 12 月举行的第二次全国监察工作会议提出:行政监察机关的基本职能"既包括效能监察,又包括廉政监察"。从效能监察入手,目的在于把监督的关口前移,加强事前、事中监督,做到防范在先,使纪检监察工作紧贴改革和经济建设中心,更好地为经济建设服务。到 1999 年,全国已有 23 个省市不同程度地开展了效能监察工作②。

效能监察就是对效能的监督检查活动,其主体是党和政府的纪检和监察部门,对象是党政机关和国有企事业单位,内容是管理和经营中的效率、效果、效益、质量等。从实践来看,各地的效能监察在内容和侧重点上存在着差别。黑龙江省把管理作为效能监察的重点:"围绕管理问题立项是效能监察工作的着眼点;从管理入手查找问题是效能监察的切入点;解决管理上的问题是效能监察工作的着力点;加强管理整章建制是效能监察的落脚点。"③北京市的效能监察旨在提高行政效率,保证政令畅通,重点在行政审批中的不规范行为,行政执法中的滥用权力,行政不作为问题,行政机关工作作风方面的突出问题④。

---

① 胡宁生等:《中国政府形象战略》,中共中央党校出版社 1998 年版。
② 何勇:《在中国监察学会效能监察理论暨工作经验座谈会上的讲话》,见彭吉龙:《效能监察:理论研究与实践》,中国检察出版社 2001 年版。
③ 黑龙江省纪委监察厅:《关于效能监察几个问题的调查与思考》,见彭吉龙:《效能监察:理论研究与实践》,中国检察出版社 2001 年版。
④ 北京市监察局:《开展行政效能监察,促进勤政廉政建设》,见彭吉龙:《效能监察:理论研究与实践》,中国检察出版社 2001 年版。

作为对组织履职和管理活动的效率、效果、质量等的考察和评价,效能监察是组织绩效评估的一种特殊形式。它与一般意义上的组织绩效评估具有几个方面的区别:效能监察以发现组织中存在的违纪、违规行为和浪费、低效、低质量等为着眼点,而组织绩效评估则着眼于组织绩效的客观、准确的评价;由于问题导向,效能监察必然选择中心工作、热点问题和问题比较多的领域和环节立项,覆盖面积比较小,而组织绩效评估则是对组织绩效的系统全面的评价。

**4. 效能建设与组织绩效评估**

效能建设于20世纪90年代中期发端于福建省漳州市等地,后在福建省委、省政府的指导和推动下,在福建全省乡镇以上各级机关和具有行政管理职能的单位全面展开。

作为一种综合性的管理机制,效能建设的领域十分广阔,内容非常丰富。首先,各单位各部门根据各自的工作职责加强制度建设:以岗位责任制来明确工作职责,以服务承诺制来规范管理和服务要求,以公示制来推行政务公开,以评议制来强化民主监督,以失职追究制来严肃工作纪律。第二,强化内部管理规范,严格依法行政,同时优化管理要素,简化工作程序,提高办事效率。第三,树立服务意识,努力提高服务水平。具体措施包括首问责任制、否定报备制、一次性告知制、限时办结制等。第四,强化监督机制,严肃行政纪律。最后是科学规范绩效考评,并将考评结果与奖惩相结合,与干部使用相联系,增强部门、单位及其工作人员的责任感和紧迫感。显然,绩效考评是效能建设的一个重要组成部分。在实践中,各地各部门根据行业特点和具体业务工作实际,制定科学、量化的绩效考评标准,对机关工作人员目标完成情况、政策执行情况、制度落实情况、工作作风和效率状况实施考评,并运用考评结果,落实奖惩措施。福建省效能建设办公室会同人事厅等部门制定了《机关效能建设工作考评办法(试行)》等,推动了绩效评估的规范化。

与效能监察相比,效能建设中的绩效评估特点有三:属于组织绩效的全面评价,而不像效能监察那样着眼于发现组织中存在的违纪、违规行为和浪费、低效等行为;组织绩效评估的覆盖面比较宽,而不像效能监察那样选择中心工作、热点问题和问题比较多的领域和环节;组织绩效评估的主体多元化，即"在党委统一领导下，党政齐抓共管，纪检监察组织协调，部门各负其责，群众广泛参与"，而不像效能监察那样基本上是纪检监察机关"孤军奋战"。

从上面的讨论可以看出，在我国行政管理现代化过程中，各级政府都在进行管理创新。创新形成的多种新管理机制中，以公共组织为对象的绩效评估成为一个不可侵害的组成部分，随着这些管理机制的普及而普遍应用于多种公共组织。除了这种普适性的组织绩效评估外，面向行业的组织绩效评估和专项活动绩效评估也得到长足进展。

## 三、绩效评估实践中值得关注和思考的问题

从仅关注公务人员的个人业绩考评到以组织为对象的绩效评估，从经验式的主观评判到客观评价体系的建立，我国公共组织绩效评估从无到有，在内容和重点选择、绩效指标体系设计、绩效评估程序和方法、绩效评估结果利用等方面取得了明显的进展，为"建立办事高效、运转协调、行为规范的行政管理体系"，做出了一定的贡献。

但是，与发达国家相比，我国的公共组织绩效评估的规范化程度明显不足，缺乏统一规划和指导，分散在多种管理机制中并由多元主体实施，由此带来了评估内容和侧重点上差别大、评估标准不统一、评估程序和方法不一致等特点，构成了公共组织绩效评估科学化的障碍，影响了评估在实践中的效果。绩效评估技术层面的上述问题，又与管理理念和机制等有着密切的联系。为推动我国公共组织绩效评估的系统化、规范化和科学化，充分发挥其在政府管理现代化中的作用，有必要从价值、理念、制度和技术等多个层面，对我国公共组织绩效评估实践中的主要问题做系统的反思和分析。

### 1. 政府角色与组织绩效评估

政府部门角色的合理定位，是科学的组织绩效评估的前提。绩效评估评什么？当然是评政府该做的事情；绩效评估适用于哪些领域或活动？当然适用于政府部门份内事或法定职责。在政府越位基础上实施组织绩效评估，是我国绩效评估实践中存在的一个值得关注的问题。在目标责任制、效能监察和效能建设等管理机制中，组织绩效评估的一个显著特点是围绕中

心工作展开,而不少地方政府和部门确定的中心工作,并不一定属于政府的份内职责。比如,有的地方把农业产业化作为政府的份内职责。又如,有的地方把农业产业化作为振兴农业的突破口,有的地方则立足于科技兴农,多数采取了强制推广某种经济作物或兴办科技示范的形式,列为政府中心工作,严格绩效考评。其结果是,在所有政府部门的绩效考评中,推广种植某种经济作物就成为一个重要指标;几乎所有政府部门,都用股份制形式投入到兴建科技示范园或示范点的活动中①。这不仅违反了中央关于党政机关不得经商办企业的规定,而且用行政手段剥夺农民的经营自主权,无疑是一种政府角色的越位。

另外,招商引资目标考核,凡完不成招商指标的部门和官员将面临着通报批评、扣发补贴、离岗、引咎辞职的处理②。当面临巨大的招商压力时,部门难免会利用自己掌握的权力进行交易:法院可以给商户提供偏袒的许诺或某种默契;治安警察可给商人提供特殊安全保护;交警可以赠予交通违规的免罚权;教育部门在子女上学上可以提供特殊照顾;劳动部门对恶劣劳动条件或欠付工资与保险睁一只眼闭一只眼;土地管理部门可以提供用地方面的优惠……在一个为招商引资而展开政策拍卖或优惠竞赛的大环境下,政府部门会成为"公正仲裁者"或良好市场秩序的缔造者吗? 政府角色越位基础上的绩效评估不仅起不到应有的积极效果,而且会妨碍政府职能转变,扭曲政府部门的行为,造成政府与群众的矛盾,损害政府形象和政治合法性。

2. 政府管理方式与组织绩效评估

"运动式行政管理"是我国政府管理方式的特点之一。改革开放以前,运动式行政管理表现为频繁的政治运动和大规模的公众动员。改革开放以来,运动式行政管理则表现为管理的被动性和防御性,当某一方面的问题成堆,社会反应强烈时,才采取诸如"严打"、大检查、专项调查、大评比等方式谋求纠正。运动式管理存在的成本高、资源浪费、问题反复和成果难以巩固等弊端已广为人知③,更重要的是,运动式行政管理实际上是一种奖励失败

---

① 于振海,帅政:《荒唐的"科技大跃进"》,《北京青年报》2001 年 2 月 5 日。

② 评论员:《法院引资 2009 万》,《南风窗》2003 年 4 月下期,第 12 页。

③ 文森特·奥斯特罗姆著,毛寿龙译:《美国公共行政的思想危机》. 上海三联书店1999 年版。

的机制。以公共安全为例,只有当犯罪率上升,治安成为公众关注的焦点问题时,政府才会发动"严打"之类的运动,警方由此获得更大的权力、更有力的政治支持、更多的资金及其他资源。奖励失败的结果是产生荒谬的刺激,导致组织绩效每况愈下①。

作为一种管理工具,组织绩效评估的目的是通过科学的监测、评价和反馈,实现组织绩效的持续性改进。换句话说,"持续性改进"是组织绩效评估的目标和精髓,这有利于纠正我国长期存在的运动式行政管理的弊端。但在我国的实践中,运动式行政管理依然相当普遍,组织绩效评估围绕领导确定的"中心工作"或社会热点问题展开,就从克服运动式行政管理的有效方法演变成阶段性突击方式解决问题的工具。更值得关注的是,"严打"、大检查、专项调查、大评比等活动往往备受重视并高调推进,对活动效果的评价相应受到高度重视,组织绩效评估就"嫁接"在运动式管理活动之上,不仅有悖于绩效持续性改进的宗旨,而且会成为组织绩效持续性改进的障碍。

### 3. 绩效评估与组织使命的相关性

作为推动政府机关有效履行职责的一种管理技术,组织绩效评估的内容和侧重点必须严格围绕组织使命和法定职责。其中最重要的是,绩效目标必须与组织使命保持高度一致,绩效评估指标必须与组织的任务高度相关。然而,在我国公共组织绩效评估的实践中,绩效指标与组织使命和任务脱节甚至冲突的情况时有发生。

绩效目标与组织使命不一致甚至完全冲突的例子实践中比比皆是:交通警察的使命是创造并维持良好的公共交通秩序,但主管部门为交警单位确定罚款额指标的现象时有发生;环保监察目的是为了环境质量的改善,但许多部门确定罚款额指标、考核排污费征收率的做法实际上给企业传达了一个错误的信息,即足额交纳排污费后可以放心排污。这不是目标主次位置的颠倒,而是目标对使命的错位。在绩效目标与组织使命不一致的情况下,组织绩效评估会成为组织使命和核心价值实现的障碍。

绩效目标与组织使命冲突的危害性已为人们所认识,并在采取措施逐

---

① Osborne, David, Ted Gaebler. Reinventing Government[M]. Reading, Mass.: Addison-Wesley, 1992.

步解决。但是,具有同等危害性却难以被人们认识的问题是,绩效指标与组织任务和责任的脱节。最典型的例证表现在处理政府和市场的关系上。人们都认为,经济体制转型期政府的主要责任是培育市场、服务市场、规范市场,但长期以来这些责任领域的绩效目标并不明确甚至不存在,GDP 增长率实际上成了衡量地方政府绩效的主要的甚至唯一的刚性指标。从理论上说,这种做法有悖于管理市场经济的客观规律:既然市场经济下政府的主要经济职能是规范和服务市场,那么政府绩效指标就应围绕市场的规范程度和服务优劣来设计;既然政府的职责是为所有企业提供良好经营和公平竞争的环境,那么其绩效就不应仅仅体现在所属企业的经济效益之上;市场经济要求国内市场一体化和企业的横向联合,以经济增长率为核心的绩效评估则立足于地域或部门经济,因而带有明显的计划经济的痕迹。从实践看,在地方财政利益和官员"政绩"意识的驱动下,绩效评价标准单一性已经产生了"诸侯经济"的严重后果;封锁市场,排斥外来竞争,导致市场割裂、行政垄断、市场失范……显然,绩效评价指标与组织任务和责任的脱节产生了南辕北辙的后果,应该引起高度重视,并采取措施加以纠正。

4. 绩效评估中的价值取向

政府的职责千差万别,部门履职归根到底都是为社会和公民提供公共服务。因此,绩效评估中应坚持公民导向的原则。在迎接入世挑战、推动管制型行政向服务型行政转变的时期,绩效评估中的公民导向尤为重要。公民导向,首先要求公共组织绩效评估必须立足于公民,评估内容、标准和指标体系设计应从公民的立场出发,坚持从群众中来的原则。前已提及,我国绩效评估的特点之一是围绕政府的中心工作展开,各地所确定的中心工作是否从群众中来,是否切实反映了人民群众的要求和愿望,目前还存在一些值得深入思考的问题。在笔者看来,与老百姓的要求和愿望相比,"政绩工程"、"形象工程"、"首长工程"更有可能成为地方政府的中心工作。克服这种状况,不仅需要领导者理念的转变,更重要的是制度建设,即建立公民需求的评价机制,以保证绩效评估的内容和侧重点与公民需求有机衔接。

绩效评估中的另外一个重要理念是"结果导向"。哈佛大学教授巴达赫(Bardach)说过,作为当代政府改革的实践指南,新公共管理"最核心的观点是为结果而管理(managing for results),而不是努力去完成那些被期望做的事;最重要的结果之一则是使'顾客'满意"①。反观我国的绩效评估,投入和过程导向依然是其特征之一。以治理超载为例,出动了多次警力,设立了多少个检查站,检查时间从过去的××小时延长到 24 小时,发现并处罚了多少个违规车辆等,都是成绩汇报的着力点。投入和过程导向正在固化成一种模式:领导重视、组织保障、组织的活动、服务对象得到的实惠,各占四分之一的比重。问题在于:领导重视也好,组织保障或组织的活动也好,都属于部门的投入或付出的努力,如果没有落脚到服务对象受益这一结果上,它们的意义到底体现在什么地方? 如果说高绩效政府是我们追求的目标,那么用最少的投入获取最大可能的效果,就是高绩效政府的真谛。当投入和付出的努力占据了绩效评估 75% 比重时,它所鼓励的只能是形式主义。

5. 评估的公开性与结果利用

从评估活动的性质和所要达到的目标来看,公开性应是公共组织绩效评估的重要特征之一。公开性既包括评估内容和标准的公开,也包括评估过程的公开,还包括评估结果的公开。与发达国家的实践相比,公开性与透明度不足是我国公共组织绩效评估中的一个值得关注的问题。即使是中央大力推动、各级政府普遍实施的领导岗位目标责任制,其考核的过程和结果同样存在透明度和公开性不足的问题。这不仅剥夺了公民的知情权和监督权,造成民众对目标责任考核的冷漠,而且影响了目标责任制的效果。

公共组织绩效评估服务于多样化目的,评估结果的利用相应采取多样化的形式。在我国的实践中,需要关注并避免绩效评估结果利用中的两个极端:一是评估结果束之高阁,与干部任用、奖惩和资源配置相互脱节;二是绩效评估结果利用上急功近利,不分场合地推行"一票否决"、"末位淘汰"等貌似激进、实则不尽科学的制度。从实践及其发展趋势看,第二种倾向更值得警惕。

国际公共管理实践表明,把奖惩作为评估结果利用的惟一形式,简单化的"荣光或现丑"(fame or shame)之类的排行榜,会导致相关人员对组织绩

---

① Bardach, Eugene. Getting Agencies to Work Together: The Practice and Theory of Managerial Craftsmanship[M]. Washingtion D. C. : Brookings Institution Press, 1998; 周志忍:《当代政府管理的新理念》,《北京大学学报》2005 年第 3 期。

效评估的抵触情绪,加剧弄虚作假和"玩游戏"的行为,形成"破坏性竞争",抵消组织绩效评估的效果①。这就是早期的"荣光或现丑"策略日益被建设性策略所取代的原因。学术研究中,绩效评估的"3D模式"——即诊断、发展和设计(diagnosis,development and design)日益受到推崇②。从实践来看,发达国家实施的"责任与灵活性交易"就是一种系统化设计,通过授予高绩效单位或部门更大的管理自主权,调动其提高绩效的积极性;另外一种信息利用的策略是绩效预算,其目的是打破传统管理中"奖励失败"的做法,把绩效水平和预算拨款有机地联系起来③。有学者把这归结为一句话:绩效评估就是要"欢呼成功,原谅失败"④。

我国的公共组织绩效评估处于初级阶段,在基本理念、实施原则、评估能力和操作技术层面存在着诸多不足。尽管绩效信息质量存在着缺陷,但评估结果的高调应用似乎毫不含糊,"一票否决"、"末位淘汰"等着眼于处罚,而且相当严厉。高压之下,部门和官员往往靠杜撰假数据、假信息来应付。笔者始终坚持一个观点:当某种不良行为非常普遍的时候,我们不能仅仅从个人身上找原因,更应该做的是审视有关的制度。甘肃省几个缉毒警察为摆脱末位排名,竟设套陷害百姓,致使三个普通百姓成为"毒枭"并被判死刑(后来被无罪释放)的案例,更向我们敲了警钟⑤。绩效评估是为了提高政府绩效,政府绩效的核心是人民满意。如果绩效评估导致了类似祸国殃民的犯罪行为,会令每个推动者汗颜,那还不如不搞。政府管理要创新,创新需要脚踏实地,不能着眼于轰动效应,更不能成为另一种形式的形象工程。

## 四、结论与建议

根据上述的回顾和评价,我国公共组织绩效评估的实践,可得出如下结

---

① Behn,Robert. Why Measure Performance? Different Purposes Require Different Measures[J]. Pulblic Administration Review,2003,63(5).

② 邓国胜:《非营利组织评估》,中国社会科学出版社2001年版。

③ 周志忍:《发达国家政府绩效管理》,北京图书馆出版社2005年版。

④ Hatry,Harry. Performance Measurement:Getting Results. [M]. Washington,DC:Urban Institute,1999.

⑤ 成功,廖明,郝东白:《三名"毒贩"被追回的生命》,《南方周末》2004年11月4日。

论:(1)作为政府现代化努力的一部分,公共组织绩效评估随着我国的改革开放走上实践舞台。(2)公共组织绩效评估在我国经历了三个发展阶段,有关实践可划分为三种类型,其中普适性组织绩效评估的应用最为广泛。(3)公共组织绩效评估为提高政府效能做出了一定的贡献,但与发达国家的实践相比,我国的公共组织绩效评估的规范化程度明显不足。(4)技术层面的种种问题,又与政府管理理念、机制等有着密切的联系。(5)从管理理念和机制角度看,组织绩效评估实践中需要思考和改进的问题有:政府角色定位以保证绩效评估切实评价政府该做的事;政府行为方式变革以促进组织绩效的持续性改进;保证绩效评估与组织使命的相关性;组织绩效评估中突出公民为本和结果导向;评估的公开性与评估结果的合理利用。

我国政府绩效评估实践中的种种问题,迫切需要深入研究,从理论上探讨解决方案,使有关实践有一个高的起点并建立在先进理念的基础上,避免重蹈昙花一现的覆辙。

应加强对公共组织绩效评估理论和实践的研究。我国公共组织绩效评估实践中的种种问题,都与有关方面的研究不足有着密切的关系。由于缺乏系统深入的研究,学界关于公共组织绩效评估的基本概念范畴、作用机理、操作原则等,还没有形成共识,组织绩效评估与公务员考绩混为一谈,政府绩效的不同层次没有明确区分,对国外公共组织绩效评估的理念与实践也缺乏系统的介绍和研究。理论研究的落后是公共组织绩效评估实践中盲目性和出现偏差的重要原因。从发展角度看,推动我国公共组织绩效评估的规范化将是一个重要任务,而规范化的前提是深入研究。根据发达国家的经验,许多学者提出通过立法来推动组织绩效评估的普遍化和规范化。问题在于,在缺乏科学研究的基础上实施统一规划和指导,只能固化目前存在的问题。

绩效管理理论研究的深入,需要从三个方面着力:(1)绩效管理的内涵及基本范畴。绩效管理是舶来的新生事物,其基本内涵和范畴国际上也存在不同看法。如何结合我国国情和学术研究的现状,构建一个合理的绩效管理的研究范畴和内容框架体系,依然是面临的一项基本任务。(2)需要对绩效管理的性质及其在政府管理中作用做科学定位。绩效管理被视为提高政府绩效的"最有效的工具",但毕竟是一种技术工具。任何技术都不能决定自身的发展路径,也不能保证被理性使用,更不可能决定应用技术时人们追求的价值和目标。目前有种拔高的倾向,比如"绩效管理有利于实现从'全能政府'向'有限政府'的转变,有利于实现从'管制政府'向'服务政府'的转变"云云,显然颠倒了技术和制度之间的因果关系。其危险性在于,给公民和社会的承诺和期望越高,达不到时人们的失望程度就越高,绩效管理名誉扫地的可能性就越大。(3)需要分门别类,聚焦于特定领域踏踏实实研究一些具体问题。仅以政府部门绩效目标的确定为例,如何建立一种公民愿望和需求的确认机制,确保政府部门的目标与公民需求衔接?怎样保证部门目标与组织的职责和使命相一致?如何克服模糊性达到目标的可测定?如何在目标的"挑战性"和"可行性"之间实现合理的平衡?类似的具体问题在绩效管理的每个环节都大量存在,需要认认真真做深入研究。

同时,需要大力推动学术界和政界的交流与合作。行政管理学的实践性、应用性很强,公共组织绩效评估尤为如此。这要求学术界和政界的交流与密切合作。发达国家学术界与政界的交流与合作的主要形式之一是经常性的人员流动,这一点是我国目前无法比拟的。这要求强化其他形式的交流与合作,而目前的情况并不令人满意。在公共组织绩效评估领域,可以说学术界和实践界在话语系统上都存在巨大的差别,其他方面的情况可想而知。这既不利于学术研究的深入和本土化,也难以充分发挥公共组织绩效评估的作用,推进我国政府绩效的持续性改进。加强学术界和政界的交流与合作并不能满足于号召,而应该建立一套有效的机制。

(周志忍:北京大学政府管理学院教授,博士生导师)

# "最小痛苦原则"与民族地区政府绩效评估的价值取向

李俊清

　　近年来,作为一种新的政府治理工具,政府绩效评估,无论在理论还是实践层面上都受到了高度重视。全国许多政府部门都在积极探索实施绩效评估以提高行政效率、改善行政效能的途径和措施。相关的理论研究也在不断深入,据统计,目前已出版专著15部,发表论文670余篇,[①]研究内容涉及政府绩效评估的理论基础、结构体系、程序方法等诸多方面的问题。

　　然而,中国是一个统一的多民族国家,民族区域自治地方的面积占到国土面积的64%,自治地方人口约占全国总人口的14%。民族自治区域土地辽阔,资源丰富,战略地位十分重要。民族自治地方政府不仅在国家的统一领导下承担着发展本地区经济、文化和各项社会事务的职责,还担负着依法推行民族区域自治制度、加强民族团结、维护国家安全与稳定的重要责任。在中国的政府体系中,155个民族自治地方政府(5个自治区、30个自治州、120个自治县),占有着特殊的位置。民族区域自治地方政府既有一般地方政府的共性,又有其自身独具的特点,其法律地位、职责权限、行政环境等与其他地方政府相比,有着很大的差异。但遗憾的是,目前关于民族地区政府绩效评估的理论研究成果尚不多见,相关的试点推进工作,也基本上没有展开。故本文试结合民族自治地方政府的特点以及民族地区经济社会发展的现状,就民族地区政府绩效评估的价值取向问题作一些初步的探索。

---

①　彭国甫:《中国政府绩效评估研究的现状及展望》,载《中国行政管理》2006年第11期。

## 一、作为一种价值保障机制的绩效评估

所谓"绩效",顾名思义就是"成绩"、"功绩"和"效果"或"效率"、"效益"等含义的合成。在英文中,"绩效"(performance),也有"行为"、"表演"、"成绩"等诸多含义。对政府部门及其工作人员的效率与成就进行考核,在中国有着悠久的历史,传说在尧舜时代就已经实行了"三载考绩,三考黜陟";战国以降一直至隋,考课官员的主要形式是"上计";隋唐时期,吏部专设考功司负责考核,考核的标准是"四善二十七最",对不同职责的岗位分类制定了考核标准;明代文官考核有"考满"和"考察"两种形式;清代考核京官称"京察",考核外官称"大计"。现代意义的政府绩效评估源自于西方,是20世纪70年代以来兴起的"新公共管理运动"所倡导的核心管理工具之一。关于政府绩效评估的含义,《美国标杆管理研究报告》认为,"绩效评估是评价达到预定目标的过程,包括以下信息:资源转化为物品和服务(输出)的效率,输出的质量(给顾客的效果,顾客满意程度)和结果(与所望目的相比项目活动的后果),政府在对项目目标特定贡献方面运作的有效性。"[①]美国《政府绩效与结果法案》虽然没有给绩效评估进行定义,但是在描述法案的目的时说:"本法案的目的是:(1)通过制度使联邦部门负责任地达到项目成果,以提高美国人民对联邦政府的信心;(2)启动项目绩效改革,在设定项目目标、按照目标衡量项目的绩效、公开报告进度方面采取一系列试点措施;(3)将重点放在关注成果、服务质量和用户的满意度,改善联邦项目的效果和公开性;(4)通过要求制定项目目标计划和为其提供有关项目成果和服务质量的信息,帮助联邦管理者改进所提供的服务;(5)提供更多关于达到法定目标方面的信息,以及有关联邦项目和支出成效及效率方面的信息,改善国会的政策制定;(6)改进联邦政府的内部管理。"[②]中国学者对此也有多种定义,蔡立辉认为"概括地说,政府绩效评估就是根据管理的效率、能力、服务质量、公共责任和社会公众满意程度等方面的判断,对政府公共部门管理过程中投

---

① 转引自:范柏乃《政府绩效评估:理论与实践》,人民出版社2005年版,第33页。
② 引自:http://www.crifs.org.cn/0416show.asp? art_id=45,余小平 译。

入、产出、中期成果和最终成果所反映的绩效进行评定和划分等级。"①卓越教授认为："公共绩效可以定义为公共部门在积极履行公共责任的过程中，在讲求内部管理与外部效应、数量与质量、经济因素与伦理政治因素、刚性规范与柔性机制相统一的基础上，获得的公共产出最大化。"②中国行政管理学会课题组完成的《政府部门绩效评估研究报告》对政府绩效的定义是："其字面意义是指政府所做的成绩和所获得的效益的意思，但其内涵非常丰富，既包括政府'产出'的绩效，即政府提供公共服务和进行社会管理的绩效表现；又包括政府'过程'的绩效，即政府在行使职能过程中的绩效表现"。③

虽然这些定义在具体细节上有所差别，但其中有一点是共同的：绩效评估作为一种政府管理工具，其目的是确保政府更好的达到组织目标，实现组织自身价值。而政府行为的价值取向决定了政府需要在哪些方面做出绩效，需要达到什么目标。这些需要做出绩效，需要达到一定目标的事项，就是绩效评估体系的来源。从这个意义上来说，不论如何设计指标和制度，绩效评估体系，都是一种价值保障机制，它通过各种量化的考核指标，通过形式多样的评估制度和奖惩制度，来进一步确认政府要实现的价值，来保障政府各部门及其工作人员的工作目标都自觉朝向既定的价值方向，来确保整个政府组织更快更好的实现其价值。因此，政府行为的价值取向，是讨论绩效评估体系的理论基础，"如果要搞政府绩效评估，首先要明确哪些事情是政府该做的"④。

## 二、政府行为的两种价值取向

关于政府行为的价值取向，是政治学与行政学研究中一个恒久的命题，概略而言，可分为两大派别。一派是坚持最大幸福原则，以让最大多数人的

---

① 蔡立辉：《政府绩效评估的理念与方法分析》，载《中国人民大学学报》2002 年第 5 期，第 39 页。

② 卓越：《公共部门绩效评估初探》，载《中国行政管理》2004 年第 2 期。

③ 中国行政管理学会课题组：《政府部门绩效评估研究报告》，载《中国行政管理》2006 年第 5 期，第 3 页。

④ 桑助来：《就〈中国政府绩效评估体系〉答记者问》，载《中国青年报》2004 年 8 月 2 日，第二版。

幸福最大化作为政府行为的根本原则,在此基础上讨论其他有关政府的理论,包括政府绩效评估体系的理论;另一派是坚持最小痛苦原则,以让尽可能多的人从现实的、具体的苦难中解脱出来,作为政府行为的根本原则,并在此基础上讨论包括绩效评估在内的其他有关政府的理论。

最大幸福原则,首先是由哲学家边沁(Jeremy Betham)系统提出,是用来说明人民为什么要服从国王(在边沁的著作中,"国王"在多数语境中是指政府,下同)的一种解释,以及国王制定法律、管理社会时应遵循的原则。最大幸福原则在边沁那里经典的表述是:在人民方面,许诺全体服从国王;在国王方面,许诺始终以一种特定的,即有助于人民幸福的方式来治理人民。①这种理论,后来成为许多国家制定政策的价值基础,特别是一些奉行强力干预经济政策的国家。然而,最大幸福原则本身却存在着致命的缺陷,使之在理论上受到了越来越强烈的批判,在实践领域也带来了非常严重的问题。从理论上来说,这一原则的根本缺陷是,它将一种不可能用任何量化指标衡量的东西量化了,幸福本身不是一个可以量化的概念,那什么是最大幸福?什么情况是幸福的最大化? 功利主义思想家们无法合理解释这一问题,就采用了简单化的处理方法,把幸福简单的等同于经济利益,等同于物质财富。而在实践领域,这一原则最致命的缺陷,是它无法提供一个实现最大多数人幸福最大化的途径,因而使得本来复杂的政治——社会管理问题,被迫以简单化的方式来实现。在追求达到所谓的最大多数人幸福最大化的同时,忽视甚至无视少数人的特殊要求,以虚假的整体观念否定任何特殊性。因此,对于经济总量与发展速度的过度追求,对于整体的过分强调,对于结果的过度关注成为其特色。

正是由于这些理论的与实践的缺陷,使得功利主义不断的受到批判与质疑,最大幸福原则因此也逐渐地被修正。而修正的一个结果,就是最小苦难原则的提出。最小苦难原则的倡导者是卡尔·波普尔(Karl Popper),其核心内容是政府工作的目标,应当是消除社会中最重大和最急迫的具体苦难和罪恶,而不是追求最大的终极的善。② 不要求政府主动采取措施去代替社会及个人追求幸福,但也不像早期自由主义经济学家那样要求政府完全

---

① 边沁著,沈叔平等译:《政府片论》,商务印书馆 1995 年版,第 18 页。
② 卡尔·波普尔:《历史决定论的贫困》,华夏出版社 1987 年版,第 70 页。

被动的做一个消极的"守夜人"角色,而是在承认政府能力有限的前提下,将政府的角色定位为一个社会、个人苦难的排除者。政府由于自身的能力局限,无法代替社会和个人追求幸福,但是,政府却可以用它所掌握的资源,它所具备的能力,帮助那些遭受苦难的人消除苦难,帮助那些在追求幸福过程中受到各种各样制约的人减少外在的约束,从而使得社会及社会中的每一个人,都能够更加自由的追求自己的幸福。

坚持最小痛苦原则对政府角色的定位,有利于科学界定社会主义市场经济条件下的政府职能。在 2005 年《政府工作报告》中,温家宝总理首次明确提出了我们要努力建立一个服务型政府,而服务型政府就是"寓管理于服务之中,更好地为基层、企业和社会公众服务"的政府。服务型政府的根本任务不是政府代替社会追求经济的发展,不是政府代替人民选择追求幸福的路径,而是政府为社会、为人民创造一个和谐的环境,使人们能够更好的从社会的发展中,从对利益的追求中获得幸福。温家宝同志指出:要"抓紧研究建立科学的政府绩效评估体系……不搞劳民伤财的'形象工程'、'政绩工程'"。在当前和今后相当长的一段时间里,政府的根本任务就是全面推进社会主义和谐社会的建设,使"社会主义民主法制更加完善,依法治国基本方略得到全面落实,人民的权益得到切实尊重和保障;城乡、区域发展差距扩大的趋势逐步扭转,合理有序的收入分配格局基本形成,家庭财产普遍增加,人民过上更加富足的生活;社会就业比较充分,覆盖城乡居民的社会保障体系基本建立;基本公共服务体系更加完备,政府管理和服务水平有较大提高;全民族的思想道德素质、科学文化素质和健康素质明显提高,良好道德风尚、和谐人际关系进一步形成;全社会创造活力显著增强,创新型国家基本建成;社会管理体系更加完善,社会秩序良好;资源利用效率显著提高,生态环境明显好转;实现全面建设惠及十几亿人口的更高水平的小康社会的目标,努力形成全体人民各尽其能、各得其所而又和谐相处的局面。"[①]从这些目标和要求中可以看出,其中主要的内容,并不是追求经济的增长,而是让尽可能多的人从社会的进步中受益,是为人们提供更加好的社会环境。

---

① 《中共中央关于构建社会主义和谐社会若干重大问题的决定》,人民出版社 2006 年版。

改革开放以来,民族地区(指5个自治区和云南、贵州、青海3个多民族省)经济与社会有了快速的发展,2005年GDP已超过16 000亿元,"十五"期间年均增长速度11％左右,高于"九五"期间2.4个百分点。2005年内蒙古、广西、西藏、青海、宁夏、新疆等6个省区的人均GDP均超过1 000美元。①但是,由于历史、地理等多种原因,我国民族地区经济社会发展仍然存在诸多困难和问题,2004年末,全国农村绝对贫困人口2 610万人,其中少数民族地区贫困人口1 246万人,占47.7％,贫困发生率高达7.8％,比全国高5个百分点。2005年民族地区地方财政收支差额达2 130亿元,比"九五"末增加1 277亿元。② 急待发展的社会公共事业巨大的资金缺口和入不敷出的地方财政,使民族地区各级政府几乎都面临着如何统筹解决温饱问题和全面建设小康社会、维护社会稳定和加快经济发展的矛盾与压力。于是迅速发展经济、壮大社会财富总量、并在此基础上增加政府财政收入以提升政府能力,就成为缓和矛盾化解压力的首要选择。政府全力以赴拼经济,为了振兴地方经济而不惜代价,甚至直接以公共权力介入微观经济领域,就成为不少民族自治地方政府的政策选择。这种选择的突出表现是:

(一)政绩考核中经济指标占有压倒性的权重

以最大幸福原则为取向的政绩考核指标,经济内容必然占据主导地位。在功利主义的鼻祖边沁那里,幸福就被简单的理解为利益了。边沁说,"契约是由国王(政府)和人民缔结的。它的条款规定要达到的结果是:在人民方面,许诺全体服从国王;在国王方面,许诺始终以一种特定的,即有助于人民幸福的方式来治理人民。"③而幸福是什么? 边沁没有回答,但是,他在论述人民服从政府的理由时,却提出,"到底是根据什么理由,人们应该遵守诺言呢? 当前被提出的可以理解的理由是:正是为了社会利益。"④这里的利益主要是指物质财富,因此GDP成为绩效指标体系中的核心内容,也正是这种价值取向背后潜在的逻辑。

① 根据《中国统计年鉴》(2005)有关资料整理。
② 根据《中国财政年鉴》(2005)有关资料整理。
③ 边沁著,沈叔平等译:《政府片论》,商务印书馆1995年版,第18页。
④ 边沁:《政府片论》,第23页。

(二)以总量——增量为主要内容的政绩指标设计

既然幸福被简单化的理解为利益,即物质财富、经济指标,那么,促进人类幸福的手段被简单化理解为促进物质利益的增长也就不可避免了。但是,由于最大幸福原则追求的是整体幸福,而非个体幸福,因此它不可能关注每一个个体具体的财富增长了多少,只能关注总体的财富增长了多少。社会整体财富的增长,就被想当然的等同于社会总体幸福的增长。在这种理解下,以最大幸福原则为指导的政绩考核体系,其指标设计基本上都是以总量——增量作为内容。因此,GDP 总量,财政收入总量,就成为政绩考核指标的主体内容,而通过总量对比得出的增量,就成为彰显政府每一阶段工作的成就的亮点。

(三)以内部过程为主要特色的政绩考核程序

以最大幸福原则指导的政绩考核体系,不可避免地会使绩效评估过程内部化。目标由政府内部提出,指标由政府内部设计,各种考核与奖惩制度也完全由政府内部设定。最大幸福原则追求的是总体幸福,即总体利益的增长,它几乎可以忽略个体的感受与需求。除了享有公共权力的政府,任何其他社会组织或个人,都不可能搜集到关于社会总体的信息,都不可能从总体上对社会发展进行规划和引导。在这种情况下,政府很容易就会陷入到一种自我假设中去:只有政府能够代表社会总体利益,而且政府义不容辞的应该代表社会总体利益。既然这样,那么只有政府能够提出公共目标,并且根据这个公共目标设计绩效评估体系。而这个绩效评估体系的运行,其他组织由于得不到充分的信息,不享有足够的权威,影响力极其有限,所以整个过程也只能由政府主导。

最大幸福原则指导下的政绩考核价值取向,突出地表现在每年各地的政府工作报告中最主要的内容都是各种反映经济建设成就的内容,而其中表达成果的方式,也无一例外的以总量——增量为主,各种目标的提出都来自于上级政府或者本级政府,绩效评估过程内部化倾向严重。

以最大幸福原则为指导的绩效评估体系,使得政府几乎把所有的力量都集中到了经济建设中,谋求经济发展速度的提升。不可否认,大部分民族自治地方,在这种绩效体系的约束和引导下,确实也取得了经济发展的巨大成就。然而,这些成就与服务型政府的目标,与社会和谐的目标相比,却并不一定协调。实际上,过于关注经济,过于关注总量——增量的政绩评估体系,带来了许多发展问题:

首先是快速发展与可持续发展的矛盾日益突出。由于以经济指标为核心的政绩考核体系带来的巨大压力,使得追求经济发展速度成为各级地方政府的根本任务。各地为了追求经济发展,达到政绩指标的要求,或取得优良政绩,不约而同地将主要的精力都集中到直接的经济建设领域中,扶持重点企业、大力招商引资、大规模兴建开发区、不遗余力地增加各项建设投资、全力以赴开发境内自然资源。这种求发展的模式,带来的却是不可持续的发展,虽然经济发展指标短期内迅速攀升,但是其代价却非常高昂。以资源利用率为例,中科院发布的《2006中国可持续发展战略报告》显示,当前中国已经成为世界上资源利用率最低的国家之一,整体资源利用率在世界59个主要国家中排名第54位。而可持续发展指数和资源节约指数国内各省区排名,8个民族省区(5个自治区加青海、云南、贵州3省)都在最后十位之列。①在不少民族自治地方,为了获取外来投资,为了换得GDP总量和财政收入的大幅增长,不惜以超低的价格出让宝贵的自然资源和土地资源。在辉煌的经济增长数据背后,是当地的环境急剧恶化,人的生存空间日益狭窄,未来发展前景暗淡的代价。

其次,经济增长与社会的全面进步存在着某种程度的脱节。单纯追求经济发展,追求总体财富增加,带来的其实未必是社会的幸福。目前在一些民族地区生存困难的群体仍然非常庞大,中国农村极端贫困人口的80%以上都集中在中西部民族地区,贫困发生率高于东部地区4到5个百分点。民族地区的基础设施相当薄弱,教育、医疗、卫生等公益事业发展滞后,社会保障覆盖面窄,据统计,少数民族和民族地区尚有2570万人、2893.6万头(只)牲畜饮水困难,在少数民族比较集中的贵州仍有8000多个村不通公路,1045个村不通电,37个乡镇没有卫生院。②因而尽管近年来民族地区扶贫

---

① 中科院《2006中国可持续发展战略报告》,引自《新京报》2006年3月1日,第二版。

② 《中国目前的贫困群体及突出问题》,www.china.com.cn/zhuanti2005/txt/2005-12/01/content_6047440.htm。

工作有了重大进展,但由于缺乏可持续发展的基础条件,因而有数目庞大的群体多年来始终徘徊在脱贫与贫困的边缘,返贫率极高。经济增长与社会全面进步未能密切关联的一个极端事例,就是民族地区某旗,其 GDP 总量和财政收入总量进入了全国百强县行列,是西部省区中三个达到全国百强的旗县之一。然而,该旗却始终未能摆脱贫困县的帽子,与丰富的资源、富有的财政相伴的却是数十万的贫困人口。①

再次,政府行为不断出现偏离服务型政府要求的倾向。为了实现政绩,政府不得不全神贯注于经济发展,从而在具体的公共管理过程中,极易出现违背服务型政府要求的方向偏差。为了完成政绩指标,政府将主要精力投入到招商引资、开发区建设等等方面,对基础教育、公共卫生、环境保护等公共事业重视不够。政府与企业的关系,也不是服务者与被服务者的关系,不少企业必须完成政府交付的产值和纳税增长的任务,以满足政府对 GDP 总量增长和财政收入增长的政绩要求,而服务反倒成为政府与企业交易的筹码。甚至在有些地方,政府与重点企业签有协议,企业承诺实现在一定时期内产值与纳税额的增长,以此换取政府给企业提供各种有违市场经济原则的便利和支持,服务蜕变为交易。

总之,实现民族地区经济与社会的协调发展,关键在于全面落实科学发展观,而科学发展观的践行,必须有正确价值观指导下的政府绩效评估体系作为保障。价值取向是制度的灵魂,既是制度内在价值精神的集中体现,也是该制度运行的原则和依据。而以最小痛苦原则为指导的绩效评估体系,其作为政府管理工具的效用显然优于以最大幸福原则为指导的绩效评估体系。坚持这一价值取向的意义在于,不能够想当然地认为政府可以代替社会及人民追求幸福,从而使政府向提供社会发展基础平台、消除社会成员发展障碍的应然角色回归,并在此基础上构建政府绩效评估体系。

(李俊清:中央民族大学管理学院院长,教授,博士生导师)

---

① 《"富财政穷百姓"现象:"百强县"竟是贫困县》,《瞭望新闻周刊》2006 年 5 月 21 日,第 12 页。

# 绿色 GDP 的考核与地方经济发展模式的转变

## ——从中央与地方的博弈来考察

周　攀

绿色 GDP 原本舶来品，其由来在于修正 GDP 之不足。国外尚未正式公布绿色GDP的核算报告，却已被我国赶超。其中原因是要通过扭转 GDP 的盲目崇拜，来树立科学的政绩观，进而转变地方经济发展模式。但遗憾的是，这种思路仍旧是经济总量考核的办法，实施下去不但达不到目的，还可能加剧环境污染问题。因为这种思路首先忽视了环境的非竞争性和非排他性，会使得绿色 GDP 考核在实际执行中彻底走样；其次，忘记了地方经济发展粗放的根源在于政府与市场关系的扭曲，故而积极转变政府职能才是解决问题的根本出路。

本文主要从中央与地方利益博弈的角度构造一个经典的"囚徒困境"，来具体考察绿色 GDP 考核之下地方政府会做出怎样的选择，然后就转变地方经济发展模式的直接措施和根本措施提出理论建议。

## 一、绿色 GDP 的背景和实质

GDP（国内生产总值）是指一个国家或地区中所有常住居民在一定时期内所创造的最终产品和劳务的市场价值总和，是社会总产品价值扣除中间产品价值之后的余额。建立在市场交易价格基础上的 GDP 指标能够毫无争议地衡量经济活动的产出，从而成为国民经济宏观测量和调控的一项重要指标，并被经济学家萨缪尔森在其《经济学》教材中誉为"20 世纪最伟大的发明之一"。特别是在冷战时期，GDP 更是演化为衡量各国经济社会进步程度最重要的指标[①]。

但是到了 20 世纪 60 年代,随着能源危机、环境污染等问题愈演愈烈,促使学术界开始讨论 GDP 所固有的重大缺陷。也正是从这个时候开始,人们注意到 GDP 的统计显然忽视了经济发展所造成的环境污染,把无法进入市场交易的自然资源看成是"免费午餐",从而导致在国民经济核算的账面上虚增了社会财富,没有考虑日后处理这些污染所要耗费的资金。例如:有一家造纸厂一年产值 1 000 万元,但是要治理造纸厂所带来的污染必须投入 1个亿。那么,实际上这家造纸厂并没有为社会财富作出任何贡献,相反还要扣减 9 000 万元。具有讽刺意味的是,从 GDP 的统计方式来看,社会财富却因为污染而增加了 1.1 个亿。两相比较,传统的 GDP 指标背离社会真实财富的程度有多么严重,而沉浸在 GDP 指标上的荣耀又是多么的虚无。

尽管如此,学界的忧思并没有产生太大的实际影响,GDP 仍旧受到东西方阵营的追捧。直到 1992 年里约会议以后,国际社会才普遍接受了可持续发展理念,开始积极实践并探索更加合理的国民经济核算体系,力图剔除传统 GDP 指标中的"水分",获得一个更加真实可靠的社会财富总量指标,也就是我们通常所说的"绿色 GDP"。

从理论上讲,绿色 GDP 不仅仅需要扣除经济活动所造成的环境污染等事项,还要考虑社会因素(例如:贫富分化、犯罪和失业等)所造成的危害。但在实践中,社会成本的统计还不具有可操作性,因而 1993 年联合国推出的环境经济账户体系只是考虑了经济活动的环境成本。西方发达国家也先后开始绿色 GDP 的核算,但是大多停留在实物账户阶段,因为自然资源无法交易,从而难以确定其价值。当然,也就没有一个西方国家以政府名义正式发布绿色 GDP 的核算报告。

其中缘由除了技术难题而外,更重要的还是在于 GDP 指标的负面效应并没有泛滥成灾,达到难以控制的地步。因为西方政府与市场的关系很规范,官员没有权力去直接干预市场的运作。政府预算也受到议会强有力的监督,也就不存在政府官员能够为了仕途顺利而去肆意铺张浪费,甚至大搞"政绩工程"来人为操纵 GDP 的现象。所以,GDP 指标虽然问题多多,但是只用作宏观经济调控的参考数据也就无伤大雅,更何况还有其他环保指标作为补充。

---

① 海因茨,沃尔夫岗,阿恩特:《经济发展思想史》,商务印书馆 1997 年版。

我国是在 1992 年与国际接轨开始统计绿色 GDP 指标的,到 2006 年
9 月 7 日正式发布《中国绿色国民经济核算研究报告 2004》[①],前后也不过
14 年的时间而已。这样的发展不可谓不快,但也恰好反映了中国国情的特
殊。在改革开放的初期,刚刚打开大门的中国并不明确前进的具体方向。
我们只能"摸着石头过河",只是清楚地知道要国富民强就必须告别落后的
计划经济体制,就必须放权让利,给企业和农民松绑来调动生产的积极性。
但是,在我国条块分割的体制下,松绑并不是一件容易的事情,必须调动各
级地方政府的改革热情,使他们乐于挣脱旧体制、旧框框的束缚,敢于不断
探索新的政府管理模式。

为此,中央不断下放权力,从 1980 年的财政"分灶吃饭"到 1994 年的分税
制改革,基本奠定了中央与地方之间的财政分权的格局。这使得地方政府不
但可以自主决定本地经济发展策略,还可以分享到当地经济增长所带来的财
政收益。与此同时,中央为了督促地方官员"抓住机遇,加快发展"[②],在官员绩
效考核中加大了 GDP 指标的分量。由此,财政利益的诱导和官员升迁的竞争
促使各级地方官员展开了一场残酷的经济增长速度大比拼,神州大地也就掀
起了一浪高过一浪的市场热潮。私营经济得到迅速发展,国有企业的改革也
日见成效,GDP 的增长更是维持了"连续四年两位数飞奔"[③],在国际上的排名
更是一日千里,甚至有西方评论家认为,中国的发展正在实现毛泽东想做而又
没有做到的宏伟设想——"大跃进"。

但不幸的是,今天的发展不仅仅在经济成就上实现大跃进,就连今天所
面临的生态灾难也似曾相识。其背后都可以感受到那种熟悉的狂躁气息[④],

---

① 据国家环保总局网站于 2006 年 9 月 7 日公布的新闻《环保总局国家统计局发布
绿色国民经济核算研究成果》称:"研究结果表明,2004 年全国因环境污染造成的经济损失
为 5118 亿元,占当年 GDP 的 3.05%。虚拟治理成本为 2874 亿元,占当年 GDP 的
1.80%"。http://www.zhb.gov.cn/xcjy/zwhb/200609/t20060907_92529.htm . 2007-3-15。

② 1992 年党的十四大会议上江泽民在题为《加快改革开放和现代化建设步伐,夺取
有中国特色社会主义事业的更大胜利》的报告中总结了十一届三中全会以来 14 年的实践
经验,决定抓住机遇,加快发展。

③ 《GDP 连续四年两位数飞奔》,《中国证券报》,2007 年 1 月 26 日。

④ 《贫困县逼官招商、层层摊派 安监局长为何被停职》,《南方周末》2006 年 12 月
21 日。

《嘉禾拆迁标语:谁影响嘉禾一阵子 我就影响他一辈子》,新华网:http://
news.xinhuanet.com/newscenter/2004-05/28/content_1495514.htm . 2007-03-15.

二者的差别也许只在于：对政治口号的狂热被换成了对 GDP 指标的痴迷。因为把地方经济增长与官员切身利益挂钩的做法，在政府与市场的关系还很混乱的背景下，毫无疑义地会让中国社会为 GDP 的飞舞而支付高昂的代价。而所谓的绿色 GDP 考核的设想——无非是在 GDP 的指挥棒上涂抹上了一层"浅绿色"而已[①]——只会让这种代价水涨船高。

从后文所设计的博弈模型来看，绿色 GDP 会直接迫使那些即便怀揣了绿色梦想的地方官员也陷入这样的困境：要么排污换取政绩，要么被淘汰出局。难怪富有责任心的官员开始大声疾呼，要求取消 GDP 考核了[②]。更有部分先知先觉的官员投入到环境治理中[③]。但是，自然环境所固有的非排他性和非竞争性，会使得中央无法公允地衡量每个县市的具体污染责任，从而无法阻止"搭便车"的现象，使得治理污染变得费力不讨好还可能要受罚，那么理性的地方政府只好远离如此不划算的"生意"。

要深入追寻地方经济发展粗放的原因，还是要回到官员行为背后的利益机制上来。财税体制改革在赋予地方相对独立的财政利益的同时，也把大量的公共开支项目转移到了县市一级的地方政府[④]。地方财政开始了自收自支的生涯，再加上 GDP 指标的胁迫，地方官员当然更加乐于把有限的财政资金投入到能产生经济效益的项目上，而对于公共开支项目的增长需求则是王顾左右而言他[⑤]。更有不少官员为了刺激地方经济增长而无所不

---

① 据国家环保总局网站于 2006 年 9 月 7 日公布的新闻《环保总局国家统计局发布绿色国民经济核算研究成果》称："此次核算没有包含自然资源耗减成本和环境退化成本中的生态破坏成本，只计算了环境污染损失。环境污染损失成本包括 20 多项，此次核算仅算了其中的 10 项"。http://www.zhb.gov.cn/xcjy/zwhb/200609/t20060907_92529.htm. 2007-03-15.

② 《中国应取消 GDP 核算制度》，《新京报》2007 年 3 月 15 日。

③ 《青海省省长宋秀岩表示：三江源取消 GDP 指标考核》，《京华时报》2007 年 3 月 16 日。

④ 世界银行早在 2003 年 4 月的《东亚城市的转型》报告中已经指出：在中国，69％的公共开支发生在地方政府，其中又有 55％以上的公共支出发生在省级以下政府。中国的许多市县提供了近 100％失业保险和社会保障福利支出，县乡两级政府也提供了大部分重要的公共服务，包括 70％的教育预算支出，和 55％～60％的医疗卫生支出。

⑤ 2005 年 9 月 3 日《中国青年报》新闻《山西审计报告显示 56 县市挪用 3 457 万元环保资金》指出："审计部门经对山西省 11 个市、86 个县区排污费分配使用情况的审计调查发现，有 79 个市、县财政部门存在违反规定安排环保部门自身建设经费的问题，占调查市县总数的 81％；有 56 个市、县环保部门将污染治理资金 3457 万元挪用于本部门经费支出，占拨付环保部门污染治理资金总额的 50％。"

用其极,不惜一切代价也要招商引资,也要尽可能多开办工厂,而不去顾虑这样的增长是粗放式①的还是集约型的,也不去理会烟囱里面冒出来的烟有多黑②,也不在乎每一吨煤炭上洒下了多少工人的血泪③,更不会顾及生态环境的脆弱④。只要GDP的数据好看,哪怕是把市政广场拆了又修、修了又拆也在所不惜⑤。无所不用其极的程度堪比"大跃进",所差者也许就剩"砸锅卖铁"了。如此急功近利当然为中国经济的可持续性埋下了深重的隐患:环境的污染和资源的浪费势必会使得中国本就贫乏的人均资源更加迅速的捉襟见肘,近年的能源危机⑥已经为此亮起了红灯;而不断加剧的社会矛盾更会危及政局的稳定。

---

① 我国人均资源占有量远低于世界平均水平,但是浪费惊人。2005年10月18日新华社评论员文章《粗放型的经济增长方式该终结了》指出:"2003年我国GDP约占世界的4%,但资源消耗占世界的比重,石油为7.4%、原煤为31%、钢铁为27%、氧化铝为25%、水泥为40%。我国用水总量与美国相当,但GDP仅为美国的1/8;消耗每吨标准煤实现的GDP,仅为世界平均水平的30%"。

② 国家统计局和国家环保总局发布的《中国绿色国民经济核算研究报告2004(公众版)》第11页指出"在现有的治理技术水平下全部处理2004年排放到环境中的污染物,约需要一次性直接投资10 800亿元……占当年GDP的6.8%"。

③ 国家安全生产监督管理总局发布的统计数字表明:2006年,煤矿事故死亡4 746人,实现了历史性的突破。煤矿百万吨死亡率为2.041,达到了历史最高水平。

④ 2005年11月14日冉永平在《人民日报》第十三版发表文章《为什么要提出这一指标》中报道:"人均资源占有量则迅速滑到世界的第五十三位。更不乐观的是,我国一些重要资源的人均占有量在世界的排序就更靠后了:比如石油、天然气、铜和铝等重要矿产资源的人均储量仅分别相当于世界人均水平的10%、4.1%、25.5%和9.7%左右。土地、耕地、森林等均排在100位以后。"

"对环境欠账的恶果已经开始显现,我国水土流失、土地沙化、草地退化在加剧,1/3的国土被酸雨污染,主要水系的2/5成为劣五类,上亿农村人口喝不到干净的水。城市比农村也好不到哪里,据环保部门对国内500个城市的调查结果显示,2004年有290个城市空气质量达不到国家标准,119个城市超过三级标准。一亿多城市居民呼吸不到清洁的空气。据世界银行计算,2020年之后,我们仅为燃煤造成的疾病就将支付3 900亿美元的费用。"

⑤ 2005年11月7日《新民晚报》报道:甘肃省玉门市2003年8月刚投巨资建成的世纪广场,因领导认为标准还不够高,在今年10月中旬又扒掉地面彩砖重新建设,其新建总投资达1 500万元。

⑥ 2004年12月9日《中国工业报》报道,国家发改委能源局长徐锭明指出"从长远来看,到2020年,我国石油进口量预计将达到2.5亿吨,对外依存度超过55%。为了维持2020年全国煤炭和电力的需求,在今后的16~17年,我国需要建设一个相当于美国规模的煤炭工业和两个相当于日本规模的电力工业"。

绿色 GDP 在这样的时代背景下登场,难免会让人们寄予过高的期望。因为人们往往被绿色 GDP 的技术合理性所迷惑,而忽视了 GDP 崇拜为祸甚烈的根本原因在于政府与市场之间的关系不恰当。只有切实转变政府职能,斩断官员与经济活动之间的直接利益关联,让政府不再充当"经济推手",回归"公共利益守护神"的位置,才有可能树立起科学的政绩观,促使地方经济走上可持续的发展道路。否则,只是一味沿用过往的经济总量考核思路,妄图用绿色 GDP 来约束官员的行为,只会把发展的问题复杂化,任由各种"形象工程"泛滥成灾,继续扭曲政府与市场的关系,那么完善的社会主义市场体系就将永远停留在纸面上、口头上来供人消遣。

## 二、地方经济发展模式的抉择

正如改革初期的成功来自于经济增长与官员利益的高度关联一样,今天的环保理念要引起官员们的重视也必须是因为环保事业的进展能够使其获得上级的赏识。也就是说,新的官员绩效考核机制必须恰好使得环保事业与官员利益基本一致才行。但是,在绿色 GDP 的考核面前,地方官员很快就会发现事实上并非总是如此一致,甚至多数时候是背道而驰的。

这主要是因为治理污染的好处总是不可避免会被邻近地区所分享,严重的时候甚至会让自己得不偿失。所以,在财政自收自支的地方政府看来,治污的好处是难以保障的,而排污来加速发展的好处却是非常明确的,那么发展的好处抵扣排污的损失之后,在绿色 GDP 的指标上的表现依旧是非常喜人的,远比老老实实治理污染换来的低速发展合算千百倍!不言而喻,治污行动必然陷入你推我挡的太极推手中动弹不得。

那么治污的好处是否会被他人所分享,也就成为了影响官员行为的重要因素。我们不妨以此为据划分为两种情况来讨论:

### 1. 不能分享的情况

例如:只流淌于一个地方行政区域内的河流湖泊。这种情况下,治理污染的成本和收益就非常明确了,都落在了当地财政的账上。此时,只要中央严格采取一些监督措施,例如:定期、不定期抽查甚至卫星遥感监测,就可以基本保证当地水污染数据的真实性。那么,此时的绿色 GDP 考核无疑是非常管用的。通过指标的层层分解、步步紧逼,地方政府除了适当牺牲一些眼前利益来换取水资源的清洁而外,是不可能有其他选择的。

**2. 能够分享的情况**

本文做出如下假设来构造一个中央与地方的行为博弈模型,依此具体考察在绿色 GDP 的考核机制下,绿色发展模式是否会成为优势策略,也就是地方政府在促进当地经济发展的同时是否会积极治理污染。

假设:

(1)位于同一个湖泊两岸的 A 市和 B 市有两个理性且完全同质的地方政府,且都属于政府主导型市场经济,两市政府各自独立做出经济发展决策,并且互相不知道对方的决策(因为同时决策,且博弈一次);

(2)中央政府会根据 A、B 两市的相对治理绩效进行奖惩,衡量治理绩效的标准是当地的经济总量增加值扣除湖泊的污染指数增加值,增长幅度大的市政府会得到奖赏,反之要受处罚;

(3)中央政府采取了定期、不定期抽查以及卫星遥感等必要措施,确保了湖泊污染数据的真实性和可靠性;

(4)城市的经济增长会使当地政府获益,同时也会污染湖泊里的水资源,导致湖泊退化,其损失也由两个城市共同承担。同样,治理水污染的益处也由这两个城市分享。但是治理水污染的城市会因为需要关停并转一批污染企业,而造成自身的经济增长速度放慢;

(5)排放污染使当地经济指数增长 6,湖泊污染指数增长 2,当地治理绩效为 6-2=4;治理污染,使当地经济指数只增长 4,湖泊污染指数增长-2,当地治理绩效为 4-(-2)=6。(参见表 1)

**表 1　A 市和 B 市的行动、结果和治理绩效**

| 行 动 | | 总 体 结 果 | 治理绩效 | |
|---|---|---|---|---|
| A 市 | B 市 | | A 市 | B 市 |
| 排污 | 治污 | 两市经济平均增长 5,湖泊污染指数增加 0 | 6 | 4 |
| 排污 | 排污 | 两市经济平均增长 6,湖泊污染指数增加 4 | 2 | 2 |
| 治污 | 排污 | 两市经济平均增长 5,湖泊污染指数增加 0 | 4 | 6 |
| 治污 | 治污 | 两市经济平均增长 4,湖泊污染指数增加-4 | 8 | 8 |

经济要发展总会带来污染问题,关键在于发展的过程中是否及时有效的治理了污染,如果治理了就可以获得永久的发展,否则环境的毁坏殆尽必然招致经济的崩溃。所以,对于这两个临湖而居的城市来说,就面临着在求发展的同时如何治理污染的问题。湖泊既是两个城市经济发展的源泉,也是这两个城市的公共物品,即:无论排污还是治污,其后果都将由这两个城市来共同面对,但是排污的好处(高增长的 GDP)是独享的,治污的成本也需要自掏腰包。中央政府的考核则是坚持结果导向,而不问其缘由,即:只用这个城市的 GDP 增加值扣除湖泊的污染增加值,而不问污染是由谁造成的,也不在两个城市之间分摊污染增加值。因为中央政府困于信息劣势,难以准确判断污染源头和每个城市的排污程度,而详加追问则只会增加两个城市之间的推诿扯皮,无助于绩效考核。当然污染指数的分摊也就无从谈起。理性的中央政府只有一个选择:结果导向。

这就构成了一个经典的囚徒困境。尽管两个市的政府都知道可持续发展的重要性,但是湖泊的污染治理并非单独一个城市能够解决的,更何况治污会导致当年经济发展放缓,双方都不相信对方会主动治理污染,因为主动治理污染会面临对方"搭便车"的问题。这就直接导致这两个理性的市政府会把排污作为最优策略。

因为如果 A 市选择治污,而 B 市选择排污,就会导致 B 市"搭便车",坐享 A 市治理污染的成果——环境污染指数零增长,导致 B 市的治理绩效为6,而 A 市绩效为4,治理了污染的 A 市反而要受到中央政府的惩罚。反之亦然,如果 B 市主动选择了治污,而 A 市不予配合,那么最终受罚的将是 B 市。故而,在 A、B 两市之间没有建立合作互信的机制以前,面对上级的政绩考核和经济增长的诱惑,A 市和 B 市之间的非合作博弈必然导致(排污,排污)成为最优策略组合,那么最终出现的纳什均衡也必然是排污均衡(2,2),而非最受人们期待的治污纳什均衡(8,8),见表2所示。

表2　A 市和 B 市博弈的绩效矩阵

| A 市 | | B 市 | |
| --- | --- | --- | --- |
| | | 排污 | 治污 |
| | 排污 | 2,2 ※ | 6,4 |
| | 治污 | 4,6 | 8,8 ※ |

(※:纳什均衡)

很显然,试图通过绿色 GDP 考核来贯彻绿色发展理念的中央政府要大失所望了。

## 三、问题的根源和对策

绿色 GDP 的失败直接源于各个县市所应该承担的治污责任无法公允的分摊。这就使得各个县市的治污责任变得模糊化、弹性化。首先,指望不上地方政府会如实申报本地污染数据[①];其次,中央也不可能全天候监控全国多达三千多个县市的污染问题,顶多只能掌握整体的污染情况,可是如何公允的分摊到各个县市呢? 这就使得污染具备了可以商量、可以谈判的操作空间了,也就无可挽回地要陷入推诿扯皮的"漩涡"了。

究其本质,绿色 GDP 考核只是换汤不换药,仍旧是在考核地方经济活动的总量,只不过在这个总量当中加入了一个可以谈判的扣除项目而已。这种考核方式仍旧会把地方政府推入经济利益角逐的大潮中,而不是把他们拉上公共利益的海岸。

在改革初期,通过 GDP 考核来迫使地方政府锐意改革,亲自下海去为企业和农民解套,启动市场经济,推动基础设施建设,为国民经济长期的高速增长做出了重大贡献。但是到了改革攻坚阶段,前期发展所积累的环境问题、社会问题凸显,时代在呼唤政府上岸,回到各阶层利益协调人的位置上来。

也就是说,随着社会主义市场经济体制的初步建立,政府已经完成了启动市场的历史任务,现在应该把政府的经济职能局限在维护市场秩序、提供公共物品和宏观调控等有限的几个方面,而不能再延续过去直接干预的做法。经济活动的规模只能由市场主体自行决定,商业项目的效益高低也必须通过市场的自由竞争来优胜劣汰,而不是听凭长官意志的决断,更不能把这些市场活动纳入官员的绩效考核体系。一旦官员的前途被绑在了经济活动的规模上,那么投资项目是否可行就要最终取决于官员的利益,而非经济效益,至于污染问题就更不可能放在眼里了。

---

① "地方 GDP 总和大幅超过全国 GDP 数据几乎成了惯例。去年,二者之差接近 14 000 亿元"。引自傅勇:《财政分权对地方政府的诱导》,载《经济学消息报》第 6 版,2006 年 12 月 8 日。

所以，我们应该继续深入贯彻"十一五"规划所提出的方针，坚决淡化 GDP 指标，把它归入预期性指标，只用于宏观调控，而真正考核官员的八大约束性指标则是关于单位产值的能耗以及污染物排放等方面，这才是可以用来促进地方发展模式转型的直接措施。

当然，这还需要进一步采取根本性措施——推进政府职能转型，理顺政府与市场的关系——才能彻底解决这个困扰已久的老大难问题。很显然，斩断政府与市场活动之间的直接利益关联，才有可能指望地方政府能够切实履行环保职责，也才有可能在长远利益和短期利益之间、个体理性和集体理性之间等诸多矛盾冲突中指望政府能够扮演好协调人的角色，进而从根本上促进社会整体利益的持久增长，构建一个更加公正和谐的社会。

## 后记

经济发展过度所导致的环境退化，以及地方政府的特殊作用，曾经使我纠缠于"公用地灾难"模型而不得要领。幸得罗振宇教授的反复点拨，我才警惕到了其中的中国特色，并猛然发觉自己是在滥用理论模型，不由感叹理论与现实的差距何等微妙！在此衷心感谢罗振宇教授的悉心指导。

本文的写作离不开学校领导的高度重视和支持，以及同事们的关心鼓舞，在此一并致以最诚挚的谢意！

## 参考文献

1. V·奥斯特罗姆. 制度分析与发展的反思——问题与抉择[M]. 北京:商务印书馆,2001

2. 格雷特·哈丁. 公用地灾难[J]. 科学,1969(12)

3. [英]戴维·皮尔思等. 世界无末日——经济学、环境与可持续发展[M]. 北京:中国经济出版社,1996

4. 王小鲁,樊纲. 中国经济增长的可持续性——跨世纪的回顾与展望[M]. 北京:经济科学出版社,2000

5. 谢识予. 有限理性条件下的进化博弈理论[J]. 上海财经大学学报,2001(5)

6. 张维迎．博弈论与信息经济学[M]．上海：上海三联书店，2004

7. 吕昭河，陈瑛．"公用地灾难"与人口资源环境行为[J]．社会学研究，2004(6)

8.[英]戴维·皮尔思．世界无末日——经济学、环境与可持续发展[M]．北京：中国经济出版社，1996

9. R·科斯，A·阿尔钦，D·诺斯等．财产、权利、缺席变迁[M]．上海：上海三联书店，2002

10. 许正中．苑广睿．孙国英．财政分权：理论基础与实践[M]．北京：社会科学文献出版社，2002

11. 周业安．地方政府竞争与经济增长[J]．中国人民大学学报，2003(1)

12. 周文兴，章铮．中国财政分权对经济增长的影响：一个假说及检验[J]．制度经济学，2006(8)

13. 苏明吾．产业结构调整与地区利益障碍[J]．中州学刊，2001(3)

（周攀：四川省行政学院公共管理教研室教师）

# 怎样确保公务员政绩的指向和动力源泉

## ——由古来政绩"八难"看科学评价
## 公共部门政绩的"尺子"

### 马俊林

树立正确的政绩观,已成为举国上下新的话题之一。实际上,关注什么是政绩、怎么评价政绩以及如何创造政绩的问题,是一个历史悠久的话题。从历史上看,政绩的来源总是与公共权力部门和管理领域相联系,而且它是政府和公职人员行为的中心职责和方向指南。人类社会追求政绩,是因为政绩与发展相联系——没有与发展相对立的政绩;同时,政绩也与执政队伍的执政能力相联系——有没有政绩是有没有执政资格、执政能力水平的证明。因此,政绩问题是公共权力部门和管理领域时刻存在和面对的问题。

但是,政绩问题也是理论与实践常常相脱节和背离的问题。人类社会有政府就有政绩目标,就有为民创政绩、为社会创政绩的千年定训。但是,专制体制下,由于政绩的中心内容是利益,是为己谋利还是为他人谋利,理论和行为表现总是屡屡相脱节和背离,成为困扰人们的难题之一。

明代官员谢肇淛在《五杂俎》一书中,根据几千年专制王朝里各州府县官十分头疼的政绩评价与考核问题,归纳为八个方面。他说:"为令者有八难:勤瘁尽职,上不及知,而礼节一疏,动取罪戾,一也。百姓见德,上未必闻,而当道一怒,势难挽回,二也。醇醇闷闷,见为无奇,而奸黠蜚语,据以为实,三也。凋剧之地,以政拙招尤,荒僻之乡,以疏逖见弃,四也。上多所喜,多见忌于朋侪,小民所天,每见仇于蠹役,五也。茧丝不前,则责成捆至,苞苴不入,则萎菲傍来,六也。宦成易怠,百里半于九十,课最易盈,衔蹶伏于康庄,七也。剔奸厘弊,难调龃龉之口,杜门绝谒,不厌巨室之心,八也。"简洁地解释和分析,第一难和第二难来自于上下关系方面的脱节:认定和评价政绩,勤恳工作不如与上级礼节密切重要;为百姓干好事不如上级喜怒重要;第三难来自于说与做的关系的脱节:憨厚实干抵不住流言蜚语;第四难来自于主观努力与客观条件方面的脱节:在客观条件差的地方任职不出成果常归罪于人不行,在荒远不便的地方任职常被上级遗忘;第五难来自于内部关系的矛盾性:干上级喜欢的事情大多受同事们嫉恨,让老百姓拍手称快,就得罪吏役们;第六难和第七难来自于自己本身和协办者工作动力演变效应的矛盾性:自己裹足不前作茧自缚问题就会成堆,不让帮随者收受好处办事就消极;当官长了就产生惰性,对能创业的年富力强者求全责备而使他们没机会和台阶;第八难来自于行为作风与演变效应的矛盾性:力除弊端从没有人人称好的结果,不接他人来访和不谦恭求教于豪强,就留下了不和谐的根苗。

应该说,谢肇淛指出的古代官场"八难",存在了数千年,也困扰人们数千年,而且是至今仍不断再现的政绩难题! 你看,政绩是离不开"勤瘁尽职"的,但光勤职没用;政绩应该是"百姓见德"的,但百姓不决定自己的荣辱;政绩大小有无,客观条件因素常被忽略;创造政绩离不开领导支持、同事帮助、部属配合、群众拥护,但几方愿望不一致而呈现两难境地;创造政绩既需要自我奋发积极作为,又要激发群体干劲,但动力源泉难保障;干好事创政绩不会人人叫好,不搞庸俗关系学,便失去支持的人际环境。这难道不难么?

如果说,有上级评价下级之难,那么,上级对下级行使评价权力的感觉如何? 对此谢肇淛还指出上级对部下评价也难:"监司之臧否属吏,盖亦难矣。粉饰者见赏,则暗修者弗庸;迎合者受知,则骨梗者蒙弃;搏击者上考,则长厚者无称;要结者得欢,则孤立者无誉;畔援者承旨,则寒微者自疏。至于资格一定,则舍豺狼而问狐狸;意见稍偏,则盼夜光而宝燕石。故下吏之受知长官,有难于扣九阍者。"即上级评价下级难处是,对会作表面文章的人奖赏,那么就有在这方面做手脚的一批人得到不平凡的评价;拍马逢迎者成为领导的知己,有倔强性格的人就遭冷落一旁;争强好胜的人评为优秀,对量宽行缓者评价一定不高;拉帮结派的人有呼应局面而受赏识,特立独行者就没有人说好;有背景、有关系的人被上级重用,出身贫寒者就疏远。由此,在谢肇淛看来,下级被上级认识,比抵达重重门禁的宫殿还难。

怎样才能破解这个困扰千年的难题? 怎样才能使政绩"八难"今天不再重现? 评价政绩历来是艰难的事。现代政治已找到了破解这个困扰千年难题的钥匙——"群众满意度"。温家宝总理最近指出,必须用全面的、实践的、群众的观点看待政绩,同时指出,衡量干部政绩,最根本的是看人民群众拥护不拥护、赞成不赞成、高兴不高兴、答应不答应。

为什么把群众满意度当作评价政绩的最根本的"尺子"？以往政绩问题理论与实践的背离的根本原因，是在评价制度上，总以少数的、单个人去评价他人、认识他人，存在着民众缺位或忽视政绩真正主体评价的现象。从个人认识机理和人的行为社会表现机理上说，人作为社会群体中的成员，只有集中群体的反映，才能全面反映一个人的整体全貌，同时，人在社会中随社会变化而变化的特点，只有群体性，才能以不间断的连续过程认识，反映一个人的整体全貌。当今社会分化、细分、节拍快速化和人们日常活动的多样性决定，特定个人所具有的才能、品性的显露，有特定的领域和特定的时间，而不可能使"伯乐"个人同时认识和发现；特定"伯乐"也只能在认识和掌握某个特定领域的事物方面具备知识、经验、远见，而不能成为所有人、所有时间、所有发展可能上有准确的预见和判断。相反，长官评定下级政绩体制，使上级满意和高兴成为追求政绩的出发点和落脚点。因此说，旧体制里的政绩方向偏离和动力匮乏弊端，恰恰来源于群众没有认定政绩的发言权。

古人说："虽官有百职，职有百务，要归于养民。"按着人民群众创造历史的观点，创造政绩的核心力量是群众，谋划政绩的主体也是群众。人民群众是历史的创造者，也是政绩的享用者，以群众满意为标准，是衡量政绩的根本尺度。政绩是对他人和社会有好处的劳动成果，但归根结底要看对人民群众有没有好处、有多大好处。领导作为服务者和公仆，他们政绩的大小、虚实，群众眼睛最亮，也看得最清。正因如此，党中央提出树立把群众受益放在第一位的"群众利益无小事"和"权为民所用，情为民所系，利为民所谋"的政绩观。

审视政绩树立群众观念，就要虚心听取群众的意见，急群众之所急，想群众之所想，自觉接受群众监督。所谓"金杯银杯不如老百姓口碑"，"金奖银奖比不上群众夸奖"。需要说明的是，评价政绩以历史的观点和实践的观点，最终都要统一到群众利益上。历史的观点是，搞短期的、一时的、中看不中用的"形象工程"必定使群众利益受损，搞虎头蛇尾、劳民伤财的"半截子工程"和虚假景观，最终使群众利益受损；实践的观点是，在实践中创实绩、干实事，看实际效果，达到形式与结果的统一，以哗众取宠之心创出的业绩，是怕阳光和实践检验的，这样的政绩越大，危害性也就越大，最终损害的仍是民众利益。因此，评价政绩不能以内部机制和人员积极性程度为尺子，而应更关注公民的满意评价。

从存在与意识的关系看，政绩观和发展观是世界观的一部分，世界观是人的主观意识，主观意识的内容、来源和存在长短，不能化为人的天性而长存，而是反映客观并随客观变化而变化。因此，正确政绩观的确立和长期坚持，更根本、更重要的是现实制度的导向，是评价尺度的导向。实践证明，评价的人民性（即群众认可）才是正确政绩观的根本导向。离开群众认定政绩的体制设计，实践证明会一而再、再而三地重现旧的弊端。看一个干部的政绩，让群众打分，客观上群众评价机制既解决政绩的指向问题，又解决领导者、公共权力机关团体的政绩动力问题。一旦以民众为评价政绩的主体，沿存几千年来的政绩难题，才能根本破解。因此，群众满意度是破解政绩难题的"神器"。

（马俊林：内蒙古自治区行政学院教授）

# 论政府社区公共服务绩效评估的价值取向及评估指标

田 华

政府公共服务绩效评估是根据政府公共服务的效率、能力、质量、公共责任和社会公众满意程度等方面的分析与判断,对政府部门公共服务过程中投入产出、中期成果和最终成果所反映的绩效进行评定和划分等级的过程。政府社区公共服务绩效评估是判断和确认政府在特定社区范围内投入公共服务的质量、效果、效益的过程,目的是使政府在一定社区内公共服务的供给情况得到全面、综合、科学、公正的评估和考核,形成政府与社区的良性互动,以更好地为社区提供公共服务和公共产品。

## 一、政府社区公共服务绩效评估问题的凸现

随着政府职能的转变和社会力量的成长,以满足社区公共需求为核心的、涉及社区公共利益的社区公共服务日显重要,社区公共服务成为社区服务未来发展的重点领域。社区公共服务是以服务形式体现的社区公共事务,也是以社区为单位提供的社会公共服务。政府社区公共服务指政府以公共利益为目标、依托社区公共资源并以直接的公共管理方式提供的服务和管理,如供水、供气、供电等公用服务,绿化、环卫、环保、园林、公共广告等公共设施,社区就业、社会保障、社区卫生和计划生育、社区文化、社区教育、社区体育、社区流动人口管理、社区安全等专业服务。

社区公共服务体系建设是政府公共服务职能在社区的具体化,它的成长将政府社区公共服务职能前所未有的凸现出来,表现为:首先,社区公共服务需求的增长对政府社区公共服务供给提出了更多的要求。当居民在日常生活服务方面的需求得到一定满足后,他们对如改善社区公共环境、加强

公共治安、优化公共设施等方面的需求进一步提高,这些具有公共事务特点的服务需求要求由社区以更加公共化的方式来提供,而在中国社区力量的薄弱使得政府在相当程度上成为满足社区公共服务需求的主导角色。其次,服务型政府的建设和社区服务目标的调整强化了政府在社区中的服务角色。提供社会公共服务是服务型政府的重要职责,政府在社区公共服务提供中的主导角色是由公共服务的本质特征决定的,作为国家公共部门典型代表的政府向社会提供公共服务不仅是其基本职能,而且也是其不可让渡的基本责任,社区公共服务正是政府公共服务职能在社区的具体化。政府要让公共服务覆盖到基层社区,越来越要求或希望社区组织在提供公共服务和解决社会问题方面发挥重要的作用,并鼓励和帮助社区组织建立社区的公共服务事业。而社区服务在发展方向上也放弃了过去商业化的目标,普遍地转向了向社区居民提供一些公共服务。由此,政府不但要承担社区公共服务的规划、组织、安排、提供、协调的责任,而且社区与政府在公共服务供给上的合作越来越多。

社区成为政府公共服务提供与消费的基本单元之后,政府社区公共服务绩效评估的问题随之凸现,政府社区公共服务绩效评估成为政府绩效评估的一个重要组成部分。目前我国政府绩效评估主要分为三种类型:普适性的政府机关绩效评估(绩效评估作为特定管理机制中的一个环节普遍应用于多种公共组织,如目标责任制、社会服务承诺制、效能监察、效能建设、行风评议等)、具体行业的组织绩效评估(应用于某个行业绩效的定期评估,如卫生部为医院设立的绩效评估体系,教育部门为各级各类学校设立的绩效评估体系)、专项绩效评估(针对某一专项活动或政府工作的某一方面),以社区为单位的进行的政府绩效评估还不多。在一些发展相对成熟的社区如江汉等社区,开展了一些对政府的评议或测评,但还不是严格意义上的政府服务绩效评估。开展政府社区公共服务绩效评估的意义在于:(1)有助于促进政府提升对社区公共服务供给能力。政府及职能部门应该而且只能以居(村)民自治方式,将公共服务转换为社区公共服务,才能使公共服务覆盖到基层社区,这是公共服务领域改革的基本方向。公共服务社区化打破了政府公共服务机构的垄断性,形成公共服务供给的竞争和压力机制,必然对政府和公务员的管理能力提出挑战。政府社区公共服务绩效评估为公共服务供给部门(包括政府公共组织、社区私营组织和社区非盈利组织)之间展开竞争、创造市场动力、利用市场机制解决政府管理低效率问题提供了有效途径。(2)有助于加强政府与社区的沟通,赢得民众对政府的信任与支持。由于社区公共服务除了具备公共服务一般特性外,还具有鲜明的"社区性",即社区公共服务在特定的收益范围——社区内具有非排他性,但超出社区领域即具有消费的排他性。社区居民往往对本社区的公共利益表现出更多的关注,更容易以政府在本社区的服务形象来决定对政府的认同程度。政府社区公共服务绩效评估能促进政府与社区的参与合作关系,有利于增强公民对社会的责任感和参与程度。

## 二、政府社区公共服务绩效评估的核心价值理念

在具体的评估体系建立过程中,首先要解决的是深层次的价值体系问题。作为评估主体在评估过程中对政府绩效价值的判断、选择和确认是政府绩效评估框架体系的灵魂和核心,它从深层次决定了绩效评估的目的、过程和合理性。只有寻求政府绩效评估合理的核心价值,才能建立科学的绩效评估标准。政府社区公共服务绩效评估的价值系统从内容上包括了核心价值系统和工具性价值系统两大部分,核心价值系统确定政府社区公共服务评估的核心价值取向,工具性价值系统则确定具体的评价指标和操作技术以体现和保障这一价值取向。

政府社区公共服务绩效评估的核心价值系统是政府对其在特定社区服务行政终极目的的基本价值判断、价值确认和利益选择。对政府活动评价的基本价值判断和确认由政府职能定位决定。不同的政府职能定位,决定了不同的评价价值取向和具体的指标设计,因为政府职能的合理定位是政府绩效产出最大最优的关键,政府绩效实质上就是政府基于一定的能力在履行政府职能中的投入和产出比率。在政府的职能转变上,一方面,注重履行社会管理和公共服务职能,提高政府的公共服务水平,促进经济发展与社会进步协调一致,建设公共服务型政府是当前中国政府职能转变的核心内容。另一方面,社区是最能体现公共服务型政府"以人为本"的价值观和施政思路的载体。随着政企分开、政社分开、政事分开,大量的社会服务得以释放,最终落到社区层面。在社区服务工作中,政府不仅承担着宏观规划、组织保障、管理监督的作用,还承担着提供公共服务的责任。政府主要通过

合作、协商、伙伴关系、确立认同和共同目标等方式实施对社区公共事务的管理,提供公共服务。因此,公共服务型政府建设与创新中的以服务为政府行政管理导向、以公众满意度为政府行政质量考核尺度的价值取向同样适用于政府在社区的服务行为。政府社区公共服务绩效评估的核心价值就是社区服务的理念及与之紧密联系的以社区居民为本的理念。

所谓社区服务理念,即政府借助社会公共权力不断增进社区公共利益,为社区提供各种公共服务,进行公共事务管理。社区服务理念要求利用竞争的机制打破政府对公共服务的垄断,促使政府增强服务意识、降低服务成本,改善服务方式,提高服务效率,增强服务能力。通过开展卓有成效的服务职能活动,为社区公众和社区各类组织提供优质的服务。社区考核政府行为绩效主要集中体现在政府为社区居民提供公共服务的质量和水平。政府在社区的主要职责不仅在于管理,更大程度上在于为社区公众提供公共服务,政府被定位于服务者的角色上。

以社区居民为本的理念即政府服务以社区居民为中心,包含了以下内涵:政府在社区的服务行政行为评估的公众导向;公共服务提供数量、类型以社区居民需求为基本依据;更加注重对社区居民需求的回应性;注重调查和明晰服务质量以及对服务的满意度;将服务水平和评估结果告知社区居民;为社区居民提供选择公共服务的机会;建立便于社区居民参与和反馈意见的信息系统和服务系统等。

社区服务及以社区居民为本的核心理念在价值取向层面则体现为效益、质量、居民满意度、公平等。

三、政府社区公共服务绩效评估的评估指标

政府公共服务绩效评估核心价值必须通过一定的指标体系来实现,包括评估指标系统、评估项目和绩效等级划分标准等。体现政府社区公共服务绩效评估的核心价值理念的工具性价值系统包括了指标系统和技术系统。从内容来看,政府社区的公共服务具体包括了社区就业、社区保障和救助、社区卫生、社区文化、教育、体育、社区安全等,因此,社区政府公共服务绩效评估的指标系统和技术系统即围绕这些内容展开。

由于社区具有各自的不同特性和复杂性,政府对社区的公共服务投入会因社区性质不同而表现出不同的服务重点、服务项目和服务方法,对政府

的服务绩效评估的具体内容也会有所区别,但基本的指标系统应该包括以下方面:

## (一)体现经济——效率价值取向指标

经济是考核政府的首要指标,即政府实现公共利益的过程中是低成本的政府。效率标准指政府在投入的人力、物力和财力与所取得的成果之间的比率关系。"经济—效率"指标的价值表明政府在提供社区公共服务的过程中既是经济的,又是有效率的。要求在政府部门树立浓厚的成本意识,不仅政府工作需要降低成本,节约开支,花较少的钱办更多的事,还包括降低公共服务消费者所要支付的成本。体现经济价值取向的指标应包括社区教育经费投资、社区公共卫生保健支出、社区环境保护投资、社区基本建设和更新改造投资等财政投入,也应包括政府对社区建设规划方面的政策投入和指导等。体现效率价值取向的指标包括政府公共服务投入、运作及其社会效果等产出的数和量方面的测定指标,如社区幼儿园、社区服务站、社区卫生服务设施、社区道路、水电等基础设施等硬性指标,社区居民人均受教育程度、社区秩序维护、社区居民就业率、政府信息公开等软性指标。

## (二)体现质量价值取向的指标

有别于传统公共行政只计投入不计结果的评价标准,服务质量是衡量公共服务型政府服务水平的关键。要求在评估中不仅要关注服务提供的过程,更要看服务的最终结果。体现质量价值取向的指标应包括社区公共服务决策的质量指标和具体服务供给的质量指标,如服务内容的确定程序、服务内容的及时与准确、服务态度的好坏、服务承诺的实现、服务的透明度、服务速度、服务品质、服务人员素养等。

## (三)体现满意价值取向的指标

政府绩效评估尽管也要考虑成本与产出等经济指标,但政府提供的毕竟是公共产品与公共服务,不同于企业私人产品与私人服务,它必须以确保社会公共利益的实现为己任,以公众满意为根本价值取向。社区公众满意度既是政府社区公共服务的基本行政准则,也是社区对政府绩效评估的重要评估向度,要求评估绩效的参照系是社区居民而不是政府及其工作人员,绩效评估所依据的绩效示标,应当从社区居民的立场和价值选择予以确定。体现满意价值取向的指标包括居民对社区治安状况、社区生态环境、社区医疗保健、社区文化体育、社区社会保障、社区公共设施、社区人际关系方面的服务综合体验满意率等正指标,也包括居民投诉次数或上访次数等负指标。

(四)体现公平价值取向的指标

服务型政府必须体现出保证社会公正、公平的内涵,充分实行一视同仁原则,不是对某个特定的群体服务,而是为社区所有的主体提供良好的服务。当前评价政府社区公共服务公平性的指标主要集中在社区公共教育和义务教育服务、社区社会保障服务、社区公共医疗卫生服务、科技服务以及区域公共基础设施等和社区居民基本利益和基本权利密切相关的领域。体现公平价值取向的指标应包括社区学龄儿童入学率、社会保障覆盖率、社区失业率、社区再就业培训率、社区老人与残疾人照顾、社区贫困家庭救济等。

体现政府社区公共服务绩效评估的核心价值理念的评估指标确定后,在技术操作层面要注意:

(一)短期评估与长期评估的统一

政府社区的服务行政有短期效益和长期效益之分,有时服务的短期行为可能暂时满足了社区的需要,但长期效益却不清甚至会损害社区利益。有时服务行政的短期效果并不显著,但对社区发展的长期效益却非常巨大。必须把短期评估与长期评估统一起来,以防止评估中出现偏差。

(二)定性与定量手段的结合

包括公平、民主、服务质量以及公众满意度等一些定性的分析的方法直接反映社区居民服务需求的满足程度和对政府社区服务提供的认可程度,因此在评估中占有重要地位。此外,还需要在对社区公共服务内容的分解基础上,用统一指标逐项进行评定,进行定量的实测和核算,以定性与定量的测量方式结合形成综合的评估结果。

### (三)内部评估与外部评估的补充

评估不仅应包括政府机关的自我评估、上级评估,还应当包括社区居(村)委会、社区议事委员会、社区居(村)民代表大会、业主委员会等社区自治组织评估,更重要的是引进社区公众评估,逐步实现部门单位评估与社区评估并重。社区评估通过社会调查、民意测验等方法,定期征求社区公众对政府工作的满意程度,最终以此作为对政府绩效评价的依据。社区居民满意度可以直接测定,也可以间接测定。直接测定即通过民意调查形式了解社区居民对特定公共部门和特定服务的主观感受和评价。间接测定即设计一些标准或使用特定的方法来测定顾客满意程度,这种测定不是单纯地依赖社区居民个体,还要有科学的标准和方法。

### (四)局部与全局的兼顾

政府在社区内提供的公共服务内容是多方面的,服务内容之间有着密切的联系,并且往往会涉及许多跨社区性公共服务。在评估过程中,要防止以点代面、以偏概全的情况。既要有对各项社区服务内容的绩效考核,又要综合跨社区公共服务的整体提供情况来确定评估结果。

## 参考文献

1. 曹闻民. 论公共服务改革中的政府责任[J]. 中国行政管理,2004(10).

2. 张定安. 转型期的中国城市社区行政[J]. 中国行政管理,2001(4)

3. 陈家刚. 转型期我国公共行政的价值取向及目标模式[J]. 中国行政管理,2001(7)

4. 莘小龙. 关于公共服务社会化之我见[J]. 理论文萃,2004(2)

(田华:云南省行政学院公共管理教研部副教授)

# 地方政府绩效评估指标制定的影响要素及模式构建

朱　秦

随着经济全球化、政治民主化、科技信息化的兴起,全球政府改革浪潮此起彼伏。为应对各种挑战和压力,提高政府效率和公共服务质量,建立和发展公共责任机制,改善公众对政府部门的信任,增强其满意程度,以公共责任和顾客至上为理念的绩效评估,已成为政府改革的一项重要内容。在我国,传统的政府管理已不适应行政职能及环境的变化,尽快改进评估方法,完善评估内容,建立科学合理的政府绩效评估体系,不仅是国际公共管理发展的大趋势,也是推动我国政治体制改革的重要环节。在社会资源有限、社会分层明显、利益殊异、社会急剧变化、社会问题凸显的条件下,建立社会各界对政府绩效评估指标的共识,是社会利益之所在,更是政府扩大其社会认同性的重要前提。

## 一、影响政府绩效评估指标设定的要素分析

20世纪90年代初,人们开始认识到绩效并不是一个单一的政府效率概念,也不仅仅是传统意义上的直接行为结果,而是包括那些与组织目标有关的行为过程,如政府成本、政治稳定、社会进步、可持续发展等。作为全面评价组织表现和状况的概念工具,绩效反映了组织的总体发展成就和效果,是组织整体内聚力、结构、功能、运转过程、发展战略、组织文化、系统环境状况的综合。进行政府绩效评估实质上是对政府的成绩和效果进行综合评价,其最关键也是最困难的是制定科学的评估指标体系。传统的政府绩效评估中最大的弊端,是既没有明确的价值导向,也没有科学的评价标准,更没有相应的激励和约束办法。评估指标是由政府所处的国内外环境、时代背景

和政府自身发展规律决定并最终体现在政府行为中的,归纳起来影响政府绩效评估指标设定的要素有:

(一)人类社会发展导向和国家战略目标

对政府绩效的评价,应"集中在那些能够满足需要的目标上——不只是国家自身的需求,能使国家得以维持的需求,而是人类自身的需求。满足人类的需求,政策才对人类具有价值,政策才能证明其存在的合理性"。[①] 因此,评估绩效的指标取决于人类社会发展导向和国家战略目标。改革开放以来,我国经济发展取得了巨大成就,但发展不够全面协调,城乡间和区域间差距拉大、就业压力增加、资源短缺、生态环境遭到破坏、社会发展明显滞后于经济发展等一系列矛盾突出,国家的持续发展能力较弱。全面、协调、可持续发展、以人为本的科学发展观正是在这样的背景下提出的,它要求经济与社会、人与自然、城市与农村、东部与西部、国内和国外等保持协调发展。政府的目的是实现社会公众的根本利益,解决公众最关心的公共问题,因此政府是推进社会发展战略的先行者和组织者。评估其绩效必须按照科学发展观的新理念和新要求,从经济、社会、人口、自然以及人的全面自由发展等方面,多层次多角度全方位进行,改变以传统单一的 GDP 作为评估指标。我国 20 多年的经济高速增长,很大程度上是建立在资源过度消耗甚至浪费的基础之上,以牺牲环境为代价,靠牺牲后代的发展机会获得的。以反映经济、社会和人的全面发展的综合性指标体系为基础进行政府绩效评估,不仅能促进政府管理体制的变革和创新,而且能从组织和机制上实现社会全面发展的目标。

(二)政府的职责和功能定位

在政府系统外,政府与企业承担不同的角色,政府解决社会公共问题并维护社会公平,企业生产利润,创造效率。在政府系统内部,不同的部门也承担着不同的职能。这反映了社会组织的分工和合作关系,是社会有序运行和发展的基础。社会系统的有机性越高表明其社会组织的职能定位越清

---

① 蔡立辉:《政府绩效评估的理念与方法分析》,《中国人民大学学报》,2002 年第 5 期。

晰,运行越有效率,组织绩效也越高。相反,如果组织的功能定位不准确,该管的事管不好,不该管的事即使管得很好,也不能认为其绩效高。由此,政府的绩效在本质上并不仅仅在于或者并不主要在于政府行为结果的数量,而重要的在于是否正确履行好了自己的职能。绩效是以职能为基础的,没有职能的划定,政府的绩效就无从谈起。因此,绩效评估是指向某一级政府或某一个政府部门所具有的特殊职能,任何一种绩效评估都会有自己的评估指标体系、评估项目划分与绩效等级划分标准。这个指标体系所包含的量的规定性和质的规定性两方面内容都是政府职能的具体体现。①

过去由于政府职能不明确,没有科学的职能目标,制定的评估标准不完全符合工作要求,评估项目、体系不明确具体和科学合理,绩效评估从指标到内容都比较随意,常常以上级主管单位的意志为基调来确定评估内容。随着政府由管制型转向服务型,政府职能履行是否到位,提供的公共服务是否满足公众要求,已成为评估政府绩效的重要参数。以职能为基础的评估体系使政府走近了社会的选择,也走近了公众的利益需求。

(三)治理社会的效率与效果

绩效是成绩和效果,是政府治理社会的经济性、效率、效益和效果,它不仅包含技术效率,也包含社会效率。从技术效率看,效率是政府治理社会的支出与收入的比较,政府管理作为公共管理,是管理社会成员不愿管、不想管、不能管的事务,因而无法用营利作为其行为的依据。但在现代政府管理中,政府结构日益庞大,追求一种高效率低成本的管理,已经成为各国政府的重要宗旨。从社会效率看,人均 GDP 的增长、公民政治权利与社会权利的实现程度、治安状况与犯罪率、社会福利指数、公共教育普及率、规章制度的实施、路桥修建、文化设施等,都可以被视为政府效率范畴,可效率的标准设定本身往往需要人的主观设定,因此政府治理社会的效率与效果标准本身也成为影响政府绩效的重要内容。当然,政府在一段时期投入的人力和财力,付出商品与服务、税收与收费等行政成本后,其"产出"的效率不一定能够在短时间内被认定,这又给评估政府绩效带来了相当大的难度。

---

① 蔡立辉:《政府绩效评估的理念与方法分析》,《中国人民大学学报》,2002 年第 5 期。

(四)社会公众对政府治理的认同度和满意度

政府绩效最终目的是要得到公众的认可,政府的高品质公共服务、工作适应能力、重视法规制度以及良性的社会运转机制等,是其获得合法性、认同性和支持度的依据,是政府绩效的体表特征,这种绩效不仅满足了公众的利益需求,而且符合政府应遵循的行政道德和法律规范。因此,社会公众对政府治理的认同度和满意度与政府绩效具有密切关系。评价政府绩效,公众的满意度是最具说服力的。

## 二、制定地方政府绩效评估标准的原则和要求

现实中政府绩效的评估更多限于工具性改进,且更多是针对公务员的个人绩效,从制度上对传统行政模式进行调整和改革的促进作用还远未达到。对中国这样一个处于发展关键期的国家来说,经济和社会环境变化、政府功能的转变和重新定位、公众的利益格局调整等,都需要从根本上将科学合理和有效的绩效评估作为政府系统变革的着眼点。为此,在评估标准的制定上应遵循一系列的原则和要求。

(一)评估指标统一性与差异性相结合

当前,对不同职级、不同类型、不同岗位的政府进行评估,用的是同一个标准、同一把尺子,缺乏科学的分级分类评估,不能真实反映政府的管理服务水平、主观努力程度和潜在成绩,某种程度上挫伤了条件和基础差的地方政府的工作积极性。为此,需要根据政府的不同职责和任务、不同的基础和条件,对不同时间、不同地区和不同社会历史条件下的政府划分不同的评估项目,突出重点进行绩效评估。如,在老工业基地,重点评估居民的就业情况、生活水平以及社会保障制度的完善;在资源开发与发展型的地区,重点评估其经济发展中资源使用和环境保护状况;沿海与中西部地区,面临的发展问题起点不同,考核的标准也有所侧重。沿海发达地区,应突出人民生活水平的提高,人口、资源、环境和发展的协调,将传统的 GDP 指标改为绿色 GDP 指标,以经济规划和建设的水平和质量,公共基础设施的完善程度,环

境绿化、美化的程度,科技、文化、教育和社会公用事业的发达程度,以及公民文明素质和地区现代化水平等为重要指标;而欠发达地区,则更多偏向于城乡居民收入的增加、公共教育状况以及物质和文化生活设施的改善等。这样做有两大好处,一是更加实事求是、公平合理,符合不同地区发展的需要,体现了特殊性、差异性;二是有利于形成不同政府间的互相监督和制约。

### (二)评估指标的规范化和制度化

政府不仅要把服务作为原则和宗旨,而且应根据企业和公民的需求制定出公共服务的质量标准,并以立法的形式予以颁布,以相应的制度和法律作保障。政府绩效评估是政策性很强的工作,发达国家的经验表明以立法的形式建立一套评估责任机制,能够增强评估的组织化、制度化和长效化。美国1993年颁布了《政府绩效与结果法案》,将"绩效评估"提升到了法律层面,规定每个机构应提交年度绩效规划和报告,提高公共服务水平和质量;要评估各地政府的战略目标是否准确,自身职责的履行究竟如何;要针对当地经济、社会、生态等各方面的发展进行评估;对评估的结果,中央政府跟各地政府的财政预算挂钩;绩效评估不仅要定期进行,还要定期向社会公开公示,形成强大的社会公众舆论压力,利于此后的监督和激励。英国1997年颁布的《地方政府法》也规定地方政府必须实行最佳绩效评价制度,各部门每年都要进行绩效评估工作,要有专门的机构和人员及固定的程序。其《公民宪章运动》条例,还将公共部门服务的内容、标准、责任、绩效目标等公之于众,接受公众监督。

相关的政府绩效评估制度,如政府信息公开制度、听证会和新闻发言人制度、政府绩效审计制度、结果反馈制度、结果公示制度的建立,不仅可以明确政府的基本职责、服务标准,使公众了解政府服务项目的收支情况,及遵照该制度可以得到的服务,而且使审计局对政府部门的年度工作目标完成情况、行政成效等情况进行全面审计,置政府绩效于社会各界监督之下,促进政府改进服务。对绩效评估监督的规范化,要重点建立和完善两项制度:一是评估责任追究制度。按照绩效评估所需业务,建立专门的绩效考评机构,对评估者资格进行审定,并对其进行评估程序、方法等的培训,提高评估者素质和绩效评估质量。评估者应在规定的权限范围内独立自主行使自己的职责,对不能很好履行职责,提供虚假情况使评估结果失真、失实的评估人员,应根据情节轻重给以处分,对出现重大失误、触犯刑律的,要依法追究刑事责任;二是评估监督制度。应充分发挥国家权力机关对政府的监督作用,把评估的结果同政府组成人员的任免结合起来,增强监督实效。还要拓宽社会监督渠道,强化公众和舆论监督力量,开通监督举报电话和信箱,将评估内容、过程和结果挂在网上,增加评估的透明度,形成公众认可的社会化的绩效评估运行机制。

### (三)评估指标的明确性和可行性

对政府绩效的评估是一项专业性非常强的工作,评估标准的明确和可行,是准确进行政府绩效评估的条件。但在制定绩效评估标准的过程中,由于行政内容的复杂性和公共产品或服务的价格难以通过市场来衡量,做到评估指标的准确、可行,是非常不易的。从定量化评估分析,很多事务难以量化,即使投入可计算出来,但其产出、效率和性质就不是简单的数据能准确定断的了。如经济结构调整、教育、建广场、修马路等。政府的服务绩效不仅要关注经济、效率、效果,也要关注品质,大多数公共服务的品质是难以用具体数据来测定的;在质的标准确定上也存在困难,如衡量社会治安管理的标准,是抓到犯罪的数量呢? 还是犯罪率的减少? 这些至多也是不完全的参照数据,居民的生命和财产安全度的提高才是最终目标,但在治安管理与安全度的提高之间事实上还存在很多需要做的工作,每一项工作的衡量又需要很多更具体的标准,如工作的准确性和及时性、工作的能力和技巧、决定和判断的周密性等,以此途径来说明政府绩效的质会显得非常复杂。为克服评估结果片面化、复杂化带来的不准确,将定性和定量相结合,保证评估的准确和可行,是政府绩效评估标准制定中需要加紧研究的。

### (四)评估指标具有社会公信度

目前对政府绩效的评估还没有形成一套完善的制度化的组织和途径,没有明确的评估机构和程序,更多的停留于政府内部的诸如“先进集体、先进支部、先进单位”等评优活动上。实现社会公众利益是政府绩效的根本目的,把社会公认作为评价绩效的标准才具有意义。有的地方虽然也扩大了评估政府绩效的范围,如民意测验等,但公众对政府的决策、工作内容、成员的素质及构成、工作程序、工作目标和绩效等与评估相关的信息知情得并不全面和深入,不可能对政府公共服务支出的有效性进行客观评价,也不可能对政策执行和服务是否实现效益和资金使用价值最大化进行科学评价,在评估中难免带有一定的主观性和片面性,只见收益不见成本,其弊端之一就是鼓励政府追求产出而不考虑项目的合理投入及行政成本,谋求表面和眼前的绩效,对长远的和本质性的公共管理品质缺乏动力,结果反而阻碍公共服务绩效的改进。因此,建立公众认可而又科学合理、简便易行的社会化绩效评价指标势在必行。这就需要依据社会发展的总任务和总要求,结合政府部门的职能,吸收熟悉经济、社会发展的专家进行论证,对事关经济和社会发展的重要指标还应进行听证,在集思广益的基础上,确保政绩评估指标既符合国民经济发展总体目标和社会发展要求,又被社会公众所认可。

(五)评估指标具有激励性

地方政府绩效平平,不造成重大责任事故,相关负责人都能正常晋升,必将导致一些政府缺乏改进行政绩效的动力;相反,若将绩效评估不合格的政府向社会公开公示,要求它在限定的期限内纠正缺点和不足,将评估结果与政府成员的发展前途和物质利益挂钩,就能够使评估具有内部激励性。这是以结果为导向的绩效管理,它使评估指标、评估过程与评估结果的关联性大大增强,对政府行为的控制作用更加明显,能提高评估者与被评估者执行绩效评估制度的自觉性和主动性,使绩效评估得以长期进行。

## 三、地方政府绩效评估体系构建的模式

(一)建立多层次评估主体群

近年来,西方国家公私部门流行一种立体评估法,即 360°评估,就是将被评估者置于一个假设的圆圈中心,由其职能发挥相互关联的人员包括上级、下级、同事、本人和顾客等一起来评估其绩效。这种方法能从多角度提供全面的绩效信息,故评估结果信度和效度较高。借鉴这种方法对政府进行评估,则政府的评估主体应是多元化、多层次的,不仅应有政府组织的自体评估,还应有社会的评估。既然绩效是政府满足社会公众需求而做出的

成绩,那么对政府绩效评估的主体就应主要是社会公众,要通过强化"社会认可"机制,扩大政府绩效评估工作的社会基础。其评估主体可以有几方面:(1)政府自我评估。这是一种管理评估和程序评估的途径,是政府围绕绩效评估标准,对政府的目标、组织、实施、程序运行及效果进行自评并打分。(2)有关职能部门的评估。这是政治评估途径,由人大牵头,人大、纪检、人事、信访、政协、发改委、财政、统计、审计、环保等有关部门共同参与、分头负责、联合评估的主体体系,在政府述职、调查核实、听取意见的基础上进行打分,对政府的绩效作出裁决。其中包括根据宪政程序和要求,由人大代表在人代会期间对政府工作进行审议。这将会激励政府对职能的高质量履行。(3)社会各界代表和知名人士(人大代表、政协委员、特邀监督员、知名企业家、离退休老干部、民主党派人士、下属单位人员代表、公共服务对象和基层公众代表等)对政府绩效进行综合评价。这是公众参与评估的途径,以此了解社会各界对政府的满意程度。(4)上级考核组的综合考评。上级考核组根据个别谈话、调查核实、听取意见的情况,进行考核打分。(5)权威性中介专业机构的评估。运用专业调查方法(如随机抽样调查),客观中立公正地对政府绩效进行科学分析评价。最后将五个方面考评分数进行综合相加,即为政府绩效考核的分数。

通过评估主体群的科学评估、依法评估、民主评估,实现政府评估在体系内和体系外的有效交流与结合,变单一考核为联合考核,变平面考核为立体考核,充分保障国家发展战略目标和社会发展需求在政府绩效评估中的有效执行,既增强绩效评估的合法性,又避免评估中的歪风邪气,充分体现"以人为本"的执政理念及评估的科学性和时代性。

## (二)探索多样化的评估方法和规范化的评估程序

科学的方法和程序是正确评估的保障。评估方法很多,这里阐述两种常用方法,应根据不同类型、不同级别评估对象的特点灵活采用。

1. 定量和定性相结合的方法。定性和定量方法各有其优缺点,因此常将两者结合使用。对地方政府的综合经济发展指标、社会综合发展指标和自然与环境指标、行政执行成本等情况进行量化评价,应根据各评估主体对政府的"知情度、关联度、责任度"按权重划分分值,如政府自评占10%,有关职能部门评估占30%,社会各界代表测评占30%,上级考核组的综合评估占

20%,权威中介专业机构评估占 10%。通过定量测评使各方面的意愿都能得到有效反映,在加权各方分值基础上进行综合判断,作出符合政府实际的定性评估。

2. 社会调查评议的方法。对关系社会公众切身利益的民生问题评价,可运用问卷调查、媒体公示、民意调查、网络测评等方式,直接听取公众意见,以此作为评估政府绩效的重要依据。社会调查意见表如表 1 所示:

表 1　政府部门绩效评估社会调查意见表①

| 评价要素 | 满意 | 比较满意 | 一般 | 不满意 |
|---|---|---|---|---|
| 家庭收入状况 | | | | |
| 住房情况 | | | | |
| 饮用水情况 | | | | |
| 电力燃气供应状况 | | | | |
| 道路交通改善情况 | | | | |
| 环境卫生改善状况 | | | | |
| 学生入学与收费情况 | | | | |
| 居民就医与收费情况 | | | | |
| 机关效率和服务态度 | | | | |
| 公共安全情况 | | | | |
| 食品安全情况 | | | | |
| 执法公正情况 | | | | |

就评估程序而言,制度化和规范化是实施政府绩效评估的重要保证。为科学评估政府绩效,促进政府问责性、政府能力和绩效的提高,增强透明度、避免随意性、减少主观性,应坚持图 1 所示基本流程:

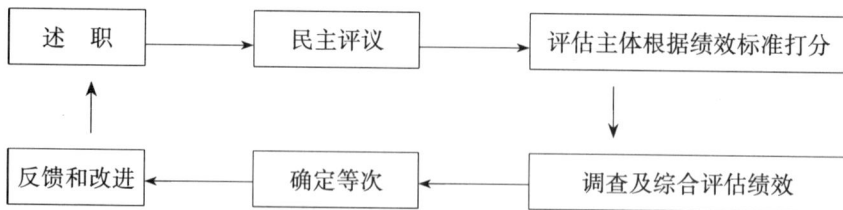

图 1　绩效评估流程图

评估程序的制度化和规范化,最终将引导评估结果走向客观化和科学化。

---

① 资料来源:中组部 2004 年重点调研课题:《党政领导班子和领导干部政绩考核评估标准体系研究》。

(三)地方政府绩效评估指标体系设计

评估是依据特定的标准进行的,指标体系设计得是否科学合理,直接关系着绩效评估的成效。政府绩效评估是社会公众表达意志的一种方式,是将公众需求作为政府存在、发展的前提和政府改革的目标,其评估标准的设定可以以目标为导向、以行为为导向、以业绩(结果)为导向、以社会为导向和以市场为导向等,这里主要研究两种基本的评估标准,即行为导向的标准和业绩导向的标准。

1. 政府行为导向的标准。这类标准侧重测评政府的行为表现与方式,它以政府职能特点、工作任务目标、工作作风转变、工作绩效水平、公共服务质量等为依据尺度,具有较高的信度和效度。以政府行为导向为绩效评估的标准,主要是针对经济社会发展和可持续发展中的一些不便于进行量化的政府行为方面设计的评价指标,按照抽样方法进行调查和量化赋分。这种标准有利于对政府行为的动态过程和表现加以定量化评定,不仅评价政府行为的客观结果,而且评价政府行为的主观表现。行为导向的政府绩效评估指标如表2所示:

表2 行为导向的政府绩效评估指标(100分)[①]

| 考核要素 | 优秀 | 良好 | 一般 | 较差 |
|---|---|---|---|---|
| 工作态度(10%) | 10~9 | 8~7 | 6~5 | 4~0 |
| 公共服务水平(10%) | 10~9 | 8~7 | 6~5 | 4~0 |
| 依法行政(10%) | 10~9 | 8~7 | 6~5 | 4~0 |
| 清正廉洁(10%) | 10~9 | 8~7 | 6~5 | 4~0 |
| 履行工作职能、完成目标任务(20%) | 20~16 | 15~10 | 9~5 | 4~0 |
| 政府决策水平、执行力(10%) | 10~9 | 8~7 | 6~5 | 4~0 |
| 公正性、行政效率(10%) | 10~9 | 8~7 | 6~5 | 4~0 |
| 主观努力和关键时刻表现(5%) | 5~4 | 4~3 | 3~1 | 1~0 |
| 信息公开度、公众参与度(5%) | 5~4 | 4~3 | 3~1 | 1~0 |
| 公众满意度(10%) | 10~9 | 8~7 | 6~5 | 4~0 |
| 合　　计 | | | | |

[①] 资料来源:(1)中组部2004年重点调研课题:《党政领导班子和领导干部政绩考核评估标准体系研究》。

(2)《昆明市县(市)区党委、政府领导班子工作实绩考核表》。

主观努力:指针对地区经济发展水平、工作基础和主观努力的差异,区分政府的具体作用。对地方政府的"三个变化"进行评估:即对较差基础的地方政府,评估其工作发展变化;对一般基础的地方政府,评估其工作开拓创新;对较好基础的地方政府,评估其工作巩固提高。

2. 政府业绩导向的标准。这类标准侧重于政府的产出业绩,以预定的期望绩效为标准来衡量政府的工作业绩,具有具体明确、操作性和可测性强、易于量化的特点。一个地方的发展状况是各种因素综合作用的结果,因此,既要重点反映地方的工作是否符合全面、协调、可持续发展的要求,又要体现是否关心社会公众的切身利益和合法权益。评估结合政府的基本职能进行,包括经济增长、社会发展、文化建设等内容。业绩导向的政府绩效评估指标如表3所示:

表3 业绩导向的政府绩效评估指标(100分)①

| 一级指标 | 二级指标 | 三级指标 | 分值 |
|---|---|---|---|
| 经济职能指标 | 经济增长指标 | 固定资产投资<br>重大项目建设<br>工业增长情况<br>地区国民生产总值 | 5 |
| | 收入增长指标 | 地方财政收入<br>政府负债率<br>城乡居民人均纯收入增长 | 5 |
| | 经济管理指标 | 经济结构调整<br>市场监管<br>市场制度完善 | 10 |
| 社会职能指标 | 社会发展指标 | 人口与计划生育<br>社会保障体系(失业、医疗、养老、救助)<br>再就业工作与登记失业率 | 15 |
| | 协调发展指标 | "三农"问题<br>资源环境保护(污染物排放、饮用水达标率)城乡统筹发展及城市化水平<br>安全生产管理 | 15 |
| | 公共服务指标 | 依法行政情况<br>职能转变情况<br>工作成本与工作效率<br>群众满意度 | 15 |
| | 社会稳定指标 | 社会治安综合治理群众满意率<br>刑事案发率<br>公众上访次数和规模 | 15 |

续表

| 一级指标 | 二级指标 | 三级指标 | 分值 |
|---|---|---|---|
| 文化职能指标 | 科教发展指标 | 科技对经济社会发展贡献率<br>公共教育经费占财政支出比例<br>教育"两基"(基本普及九年义务教育、基本扫除青壮年文盲)的达标率 | 10 |
|  | 文化建设指标 | 文化阵地建设<br>文化事业发展 | 10 |
| 合　计 |  |  |  |

政府绩效评估指标的开发和设计,仍是一项具有探索性的发展中的课题,无论采用何种导向设计政府绩效评估指标,有一点是不变的,即以公众满意作为根本标准,真正让公众有充分的发言权,而非以完成指标为唯一标准、以组织满意为唯一尺度。唯有如此,才能通过评估机制的完善,实现从个体绩效到组织绩效,从绩效评估到绩效管理的过渡,从而为解决政府财政赤字、提高政府公共服务的品质、增强政府的社会回应力打造制度性基础。

(朱秦:云南省行政学院公共管理教研部副教授)

# 地方政府公共事业管理绩效
# 评价指标体系研究

彭国甫

地方政府公共事业管理绩效评价指标是指用来反映和概括地方政府公共事业管理绩效水平的概念和具体示标。评价指标体系的构建是地方政府公共事业管理绩效评价的一项基础工程，是地方政府公共事业管理绩效评价的一个难点和焦点[1]。目前，国内外学术界进行了不少相关研究。世界银行《2001年世界发展指标》中与政府公共事业管理绩效相关的指标有十大类[2]。国家行政学院李军鹏先生依据政府公共产品的主要类别，提出政府公共供给指标体系由八大类33个指标组成[3]。国内外政府公共事业管理绩效评价指标体系已有的研究成果来之不易，很有价值。但是，现有的相关研究成果没有形成一个全面、系统、科学的评价指标体系，大多只是从社会评价和经济测量的角度，将地方政府公共事业管理绩效评价指标分散在社会发展评价指标和政府公共供给指标体系之中，而作为地方政府公共事业管理绩效评价指标体系的整体性、系统性和相对独立性不强。现有的相关研究成果缺乏对绩效评价指标体系设计的技术平台研究，使得指标体系的设计流于拍脑袋和满足于对已有指标体系的修补上，没有将地方政府公共事业管理绩效评价指标体系的设计与当前我国政府绩效信息统计工作联系起来，没有充分利用和挖掘现有的相关数据信息存量，使得设计出来的指标可测性不强。本文在阐述我国地方政府公共事业管理绩效评价指标体系构建

---

① 彭国甫：《地方政府公共事业管理绩效评价研究》，湖南人民出版社2004年版。

② 包括社会类指标、卫生类指标、教育类指标、社会保障类指标、环境保护类指标、公共财政类指标、公共治理类指标、公共基础设施类指标、信息化指标、科技类指标。参见陈潮升：《政府改革与经济治理》，四川科学技术出版社2004年版，第171～172页。

③ 李军鹏：《政府公共供给指标体系研究》，《行政论坛》2003年第9期。

的影响因子的基础上,构建指标的甄选模型,在此基础上提出一个比较完整、合理的地方政府公共事业管理绩效评价指标体系。

# 一、地方政府公共事业管理绩效评价指标体系的影响因子

地方政府公共事业管理绩效评价指标体系构建的权变因子是指影响地方政府公共事业管理绩效评价指标体系构建诸种因素的总和。在地方政府公共事业管理绩效评价过程中,应根据绩效评价的特点,重点分析绩效评价目的、地方政府职能、地方政府的主客观条件及评价所需信息的数量和质量四大权变因子对地方政府公共事业管理绩效评价指标体系及其构建的影响。

## (一) 绩效评价目的因子

构建地方政府公共事业管理绩效评价指标体系,首先必须找到其依据,这个依据就是地方政府公共事业管理绩效评价的目的。绩效评价的目的决定绩效评价指标的选择。政府公务员的工作绩效评价与政府组织管理绩效评价所选择的指标之间存在着本质的差别。致力于绩效改进的地方政府公共事业管理绩效评价,在指标体系构建上比单纯的绩效评价更应注意影响绩效的潜在因素和改进方面的分析。事实上,能够用于评价地方政府或者地方政府某一个部门、某一个岗位的绩效的指标是多种多样、数量可观的,但进行地方政府公共事业管理绩效评价时,不可能也没有必要面面俱到,只能选择那些以绩效评价目的为依据的评价指标进行评价,否则,不仅绩效评价没有可操作性,而且也会失去意义,没有什么评价的价值①。

## (二)地方政府职能因子

从本质上说,绩效就是政府职能履行的程度和质量。地方政府公共事业管理绩效评价指标体系的构建,要立足于地方政府公共事业管理的职能;不同的职能重点,决定不同的指标内容,不同的职能关系,决定不同的指标结构。我们在构建地方政府公共事业管理绩效评价指标体系时,应全面、准

---

① 彭国甫:《价值取向是地方政府绩效评估的深层结构》,《中国行政管理》2004 年第 7 期。

确地把握地方政府公共事业管理职能的基本内容①。从宏观上分析,一级地方政府具有教育、科技、文化、卫生、体育、基础设施建设、环境保护等公共事业管理职能,履行这些职能就会产生政府相应的教育事业管理绩效、文化事业管理绩效、体育事业管理绩效、基础设施建设管理绩效、环境保护管理绩效等。因而,我们就可以根据不同的职能及相应的绩效门类来设置评价指标。同时,不同的地区由于受自然条件和历史因素的影响,导致地方政府在管理公共事业上存在着显著的差异。所以,构建指标体系时,应充分考虑不同职能对指标设置的决定性作用和影响,要设置一些通用指标,也要考虑一些特殊指标,或是运用数量分析技术,尽量缩小地区间职能差异给绩效评价指标体系构建与绩效评价带来的负面影响和误差。

### (三)地方政府主、客观条件因子

不同地方政府,有不同的主、客观条件,对其公共事业管理绩效评价的指标设定也就不一样。地方政府主、客观条件包括三个方面的内容:一是上级要求,即上级制定的总目标,下达的任务、指令、计划及有关政策、法规、条例等;二是本地区的经济、社会发展的水平和质量及上期目标的实现程度、人员素质、管理水平等情况;三是外部环境,即相关区域、部门、单位的发展速度、发展质量等因素。考虑和反映地方政府的主、客观条件是构建绩效评价指标体系的前提和基础。只有实事求是地、全面系统地、具体深入地分析探究和掌握运用这些主、客观条件,才能确保地方政府公共事业管理绩效评价指标体系的合理性和可行性。

### (四)评价所需信息的数量和质量因子

从信息管理的角度来讲,地方政府公共事业管理绩效评价就是一个信息的搜集、处理过程。信息是否充足、准确、真实、及时,直接影响到绩效评价指标能否具有可测量性及在多大程度上生效。为了保证地方政府公共事业管理绩效评价指标体系的有效性,在构建地方政府公共事业管理绩效评价指标体系时,必须充分考虑评价所需信息的数量和质量。一是要系统分

---

① 彭国甫:《地方政府绩效评估程序的制度安排》,《新华文摘》2005年第8期。

析和把握地方政府公共事业管理绩效评价信息的主要来源。地方政府公共事业管理绩效评价的信息源与绩效评价目的、评价对象密切相关,评价的目的和对象不同,评价信息源也就不一样。一般来讲,评价信息源主要有自我评价、群众评价、同行评价、领导评价、社会评价以及有关的各种资源和数据[①]。二是要科学运用绩效评价信息搜集的方法,使搜集到的绩效评价信息符合评价对象实际的评价标准。三是要根据可搜集到的信息的数量和质量调整和建立地方政府公共事业管理绩效评价指标体系。

## 二、地方政府公共事业管理绩效评价指标体系甄选模型

### (一)地方政府公共事业管理绩效评价指标体系构建的原则

构建地方政府公共事业管理绩效评价指标体系必须遵循一定的原则:

1. 目标一致性原则。目标一致性原则要求地方政府公共事业管理绩效评价指标体系、被评价对象的战略目标、绩效评价的目的三者一致。一方面,绩效评价的目的就是引导、帮助被评价对象实现其战略目标以及检验其战略目标实现的程度。因此,设定和选择绩效评价指标时,应从地方政府的战略目标出发,根据战略目标来设定和选择绩效评价指标。另一方面,地方政府公共事业管理绩效评价的目的就是引导、帮助和督促被评价对象实现其战略目标。而战略目标的实现是通过一层一层的层级分目标的实现来保证的。因此,地方政府公共事业管理绩效评价的目的也是分层级的。这就客观要求一定层级的绩效评价指标必须与同一层级的绩效评价目的相一致,要服从、服务于同一层级绩效评价目的的达成。

2. 可测性原则。地方政府公共事业管理绩效评价指标的可测性主要包括绩效评价指标本身的可测性和指标在评价过程中的现实可行性。绩效评价指标本身具有可测性是指评价指标可用操作化的语言定义,所规定的内容可以运用现有的工具测量获得明确结论。不能量化的指标,定性描述也应该具有直接可测性;不具有直接可测性的内容,应通过可测的间接指标来测量。绩效评价指标在评价过程中的现实可行性有两方面的要求:一是能

---

① 吴钢:《公共事业评价》,上海教育出版社 2003 年版,第 123 页。

不能够获取充足的相关信息;二是评价主体能不能做出相应的评价。

3. 整体性原则。首先,整体性原则要求指标体系内指标全面、系统地反映地方政府公共事业管理绩效的数量和质量要求。它要求指标体系不遗漏任何一项重要指标,通过各项指标的相互配合,全面、系统体现地方政府公共事业管理绩效的数量和质量要求。其次,指标体系中的各个具体指标之间,在其涵义、口径范围、计算方法、计算时间和空间范围等方面,要相互衔接,综合、系统地反映地方政府公共事业管理绩效各构成要素之间的数量关系、内在联系及其规律性。再次,指标体系要有统一性。一方面,就绩效评价指标体系的内部关系来说,同一评价指标的涵义、口径范围、计算方法、计算时间和空间范围等必须是统一的;另一方面,就绩效评价指标体系与外部的关系来说,必须与其相对应的计划指标等具有统一性。

4. 可比性原则。首先,指标体系中的指标要具有相互独立性,同一层次上的指标之间必须相互独立,不能交叉重迭,否则就无法比较。其次,指标必须反映地方政府公共事业管理绩效的共同属性,反映地方政府公共事业管理绩效属性中共同的东西。只有在质相一致的条件下,才能比较两个具体评价对象在这一方面量的差异。在不同地区之间进行比较时,除指标的口径、范围必须一致外,一般用相对数、比例数、指数和平均数等进行比较才具有可比性。为保证同一单位不同时间上的可比性,设计地方政府公共事业管理绩效评价指标时,既要充分体现当时当地的实际需要与客观条件的相对稳定性,又要对未来的近期发展有所预见而力求保持一定的连续性。

5. 可行性原则。可行性原则对地方政府公共事业管理绩效评价指标体系构建做出两个方面的规定性。一是指标要有针对性。根据特定地方政府的职能和绩效目标来设定绩效评价指标,做到有的放矢。既要全面反映特定地方政府的职能和绩效目标,又要突出特定地方政府职能和绩效目标的重点,突显特定地方政府公共事业管理绩效的特色和优势。二是评价指标要有可操作性。能够量化的指标尽量量化,不能量化的指标,尽量使用如"优"、"良"、"一般"、"较差"、"差"等多阶段标准。同时,指标也不是越多越好,越繁越好,能精简的尽量精简,能简化的尽量简化,做到以精取胜、以质取胜。

(二)地方政府公共事业管理绩效评价指标体系构建的总体框架

平衡计分卡是从企业发展战略出发,将企业的目标分解成财务状况、顾客服务、内部经营过程、学习和成长指标组成的多元绩效评价系统。鉴于地方政府公共事业管理与企业管理的本质区别,在借助平衡计分卡设计地方政府公共事业管理绩效评价指标体系时,必须按照公共部门的逻辑和内在规律修正和整合平衡计分卡的指标内容及其结构关系①。

基于平衡计分卡的地方政府公共事业管理绩效评价指标体系结构,应调整为地方政府公共事业管理业绩、地方政府公共事业管理成本、地方政府内部管理三个指标。

(1)提供优质的公共产品和公共服务是地方政府重要的职能。地方政府公共事业管理绩效最核心、最本质的表现就是其管理的公共事业发展水平和满足社会公共需求与经济社会发展需要的程度。因此,地方政府公共事业管理业绩计分卡应成为评价地方政府公共事业管理绩效最重要的指标。

(2)财务与成本是绩效评价实践关注的最基本的指标。绩效在某种程度上就是组织或个人的行为效果与其成本的比率。当今西方发达国家普遍实行的公共服务市场化和公共服务绩效管理,就是为改善政府公共服务,降低公共服务的政府成本而采取的两项措施。

(3)良好有序的政府内部管理是保证政府绩效水平优良的关键。应该从政府公共事业管理内部制约绩效水平的因素出发,把政府的内部运行状况与外部反映状态、动态运行评价与静态结构评价有机地结合起来。

(三) 地方政府公共事业管理绩效评价指标体系构建的思路

借鉴国内外已有的研究成果,遵循政府公共事业管理绩效评价指标体系构建的原则,根据地方政府公共事业管理绩效评价指标体系的权变因子,以平衡计分卡方法为分析框架,本文的研究从地方政府公共事业管理的业绩、成本及其内部管理三个维度构建地方政府公共事业管理绩效评价指标体系,探究地方政府公共事业管理绩效评价指标体系的内部结构。从宏观上,本文把地方政府公共事业管理绩效评价指标按平衡计分卡的结构划分为业绩、成本和内部管理三个功能模块。

在具体设置每个功能模块及其具体指标内容时,本文又选择了按照地

---

① 彭国甫,盛明科,刘期达:《基于平衡计分卡的地方政府绩效评价》,《湖南社会科学》2004 年第 5 期。

方政府公共事业管理职能和具体工作部门来设计。首先应界定地方政府公共事业管理的基本职能和工作目标,然后层层分解关键成功要素,在此基础上设计各模块的具体指标。在地方政府公共事业管理绩效评价中存在着定性和定量两种不同的指标类型。不同性质的指标,其评价标准、指标处理的方式与方法也不相同。因此,在指标设计思路上,应增加定性—定量指标维度,为后面对评价指标的计算处理提供依据。地方政府公共事业管理绩效评价指标甄选模型如图1所示。

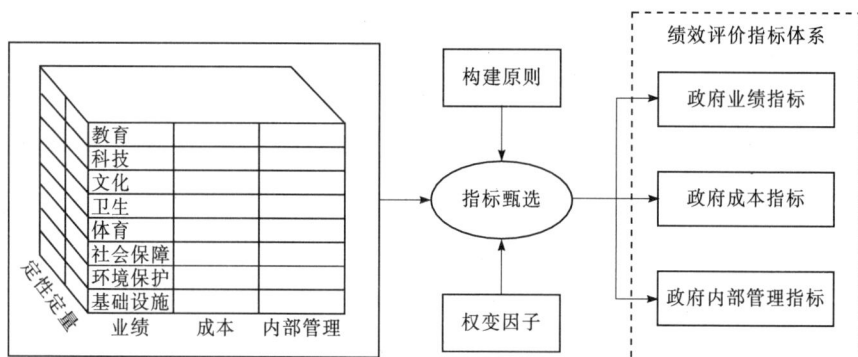

**图1　地方政府公共事业管理绩效评价指标甄选模型**

设计指标体系时,一些指标本身具有不可测性,可以将这些指标分解成若干个子指标,从而形成结构合理的递阶结构。指标的第一层即目标层指标为综合评价指标;第二层即因素层指标为分类评价指标;第三层即子指标层指标为单项评价指标。一般而言,单项评价指标具有结构单一、简明可辨、容易测量等特征。综上所述,地方政府公共事业管理绩效评价指标体系的总体框架如图2所示。

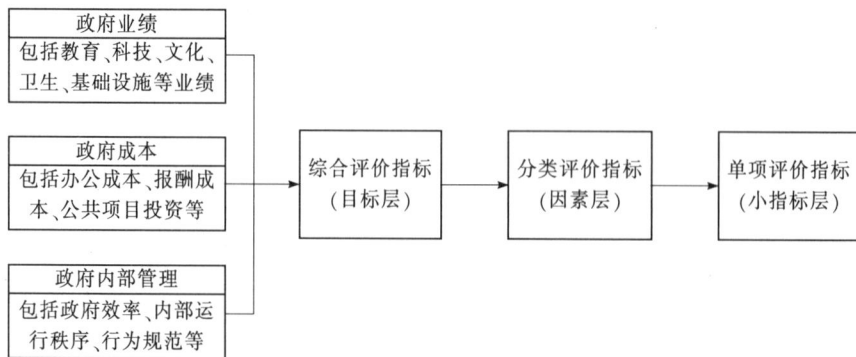

**图2　地方政府公共事业管理绩效评价指标体系总体结构与层次**

# 三、地方政府公共事业管理绩效评价指标体系的主要内容

## （一）管理业绩指标体系的构成

地方政府公共事业管理的业绩指标是指地方政府在管理公共事业过程中的有效产出和成绩。地方政府公共事业管理绩效评价业绩指标必须根据其具体管理职能和公共事业的具体门类来甄选。因此，地方政府公共事业管理绩效业绩评价指标就由教育事业管理业绩指标、科技事业管理业绩指标、文化事业管理业绩指标、卫生事业管理业绩指标、体育事业管理业绩指标、社会保障事业管理业绩指标、环境保护业绩指标和基础设施建设业绩指标这八大分类评价指标构成。

1. 教育事业管理业绩指标。包括教育事业费用占 GDP 比重；在校学生每百人拥有专任教师数；大学生毛入学率。地方政府财政支出中，教育事业费用比重的增长，突出地反映了该地方政府教育事业业绩的不断增长。教育具有鲜明而严密的序级（初、中、高等教育）。评价地方政府教育事业的管理业绩，应该采用反映各序级和教育业绩发展总体特征的综合指标。当前，我国不同层级的地方政府花费了很大的人力、物力和财力来推进不同层次教育资源和设施的改善，因此，选择在校学生每百人拥有专任教师数指标具有较强的针对性和较好的代表性。大学生毛入学率这一指标进一步平衡了对不同层次教育事业业绩水平的评价，增强了业绩评价的整体性。另外，该指标还具有较强的国际通用性。

2. 科技事业管理业绩指标。包括 R&D 公共支出占 GDP 比重；专利申请量（件）。一个国家或一个地区 R&D 经费占 GDP 的比重，是衡量这个国家或地区科技创新水平和科技事业发展水平的重要指标。世界发达国家的实践表明，一个国家或地区的 R&D 占 GDP 的 1％以下，该国家或地区处于开发实用技术阶段；在 1％ ～2％的，处于引进消化创新为主的阶段；只有在2％以上才能进入完全自主创新的阶段。20 世纪 90 年代以来，发达国家一般大于 2.2％。专利申请量往往反映地方政府在建立科技创新体系、科技创新机制以及鉴定、奖励和推广科技成果等方面业绩水平的高低。

3. 文化事业管理业绩指标。包括人均公共图书馆藏书量；广播人口覆

盖率、电视人口覆盖率;本文评价地方政府文化事业管理绩效水平时,采用了国际上通用的"人均公共图书馆藏书量"和国内通用的"广播人口覆盖率、电视人口覆盖率"指标。人均公共图书馆藏书量反映的是地方政府在指导、规划地方文化艺术设施建设,推进图书文献资源的建设、开发和利用等方面的工作业绩。广播人口覆盖率和电视人口覆盖率,是衡量居民文化娱乐生活和文化设施最基本的指标。

4. 卫生事业管理业绩指标。包括公共卫生事业支出占 GDP 比重;每万人拥有病床数;每万人拥有医生数。自改革开放以来,我国的公共卫生医疗事业取得了长足的发展,公共医疗卫生支出占 GDP 的比重不断增长,医疗资源建设得到加强。我们选用了公共卫生事业支出占 GDP 比重、每万人拥有病床数、每万人拥有医生数来衡量地方政府卫生事业管理业绩。

5. 体育事业管理业绩指标。包括县级以上运动会举办次数。体育事业管理业绩的提升直接地体现在地方政府体育设施的建设、体育运动会的举办、运动会的夺金次数等方面。综合考虑到指标规模与指标的易获取性,我们决定选择县级以上运动会举办次数来评价地方政府体育事业管理业绩。

6. 社会保障事业管理业绩指标。包括社会保障支出占 GDP 比重;社会救济总人数;收养收容性社会福利事业单位个数。目前,随着经济政治体制改革的深入开展和企业经营机制的转换,社会保障指标成为评价地方政府在维护社会稳定、改善人民生活等方面工作效果的重点。地方政府社会保障事业管理的主要职能是贯彻执行劳动和社会保障工作的方针、政策、法律和法规,建立健全就业服务体系和组织再就业培训,负责组织制定并实施养老、失业、医疗、工伤和生育等社会保险政策和社会救济事业等。当前,我国正处在社会保障体制转轨和制度改革时期,很多项目的统计信息和统计口径并没有完全建立和统一起来,给地方政府社会保障事业评价指标的选择带来了困难。这里,我们选取较为科学和系统的社会保障支出占 GDP 比重、社会救济总人数、收养收容性社会福利事业单位个数三个指标。

7. 环境保护业绩指标。包括城市维护费占 GDP 比重;固体废弃物综合利用率;工业废水排放达标率。地方政府对城市维护费的财政投入占 GDP 比重的高低,是评价其环境保护业绩的核心指标。该指标具有较强的可比性和易测性。固体废弃物综合利用率是反映地方政府环境治理绩效水平的重要指标。工业废水排放达标率是衡量地方政府监测环境质量能力、治理环境工作绩效的主要指标,工业废水排放达标率必须根据环境污染标准来测量。

8. 基础设施建设业绩指标。包括人均道路面积;人均地下排水管道长度;人均园林绿化面积。这里的基础设施仅指狭义的城市公用事业。衡量基础设施建设的指标有很多,考虑到指标值的易测性和指标的通用性,我们选择人均道路面积、人均地下排水管道长度、人均园林绿化面积这三个有代表性的指标。

## (二) 管理成本指标体系的构成

地方政府公共事业管理成本是指地方政府在管理公共事业和提供公共服务过程中所耗费的支出,包括地方政府管理内部成本和地方政府外部成本。政府成本是影响一个地区经济社会发展的极其重要的因素,是影响和制约其管理绩效的重要方面。

1. 内部成本指标。包括国家机关在岗职工年工资总额占地方财政支出比重;行政管理费用占地方财政支出比重。国家机关在岗职工年工资总额是用于支付公务人员的工资、补贴和劳保等各项支出。行政管理费用是维持政府机关自身运转的一切有形、无形成本的总和,是地方政府管理公共事业最基本的物质基础。在评价地方政府公共事业管理绩效时,应予以考虑。

2. 外部成本指标。包括公共事业管理公共财政支出;特定公共项目投资。外部成本是政府向社会和公众提供的公共产品及公共服务总支出。它包括两部分:一部分是例行的公共财政支出,另一部分是特定的公共项目投资。前一种具有确定性、常规性,后一种投资则具有不确定性。

## (三) 内部管理指标体系的构成

平衡计分卡在评价企业绩效时,十分关注内部经营过程与学习和成长指标,把企业的内部评价与外部评价、短期评价与长远评价两者结合起来。在地方政府公共事业管理内部,政府内部管理状况是制约其绩效水平的重要方面。由政府自身内部人力资源开发、政府自我改革与学习带来的政府管理长远动力和潜在因素也是绩效评价必须关注的要点。因此,政府内部管理综合指标体系可分为勤政廉政状况、行政效率、人力资源状况三个分类评价指标。

1. 勤政廉政状况指标。包括腐败案件涉案人数占行政人员比例;机关工作作风;公众满意度。勤政廉政状况是衡量政府内部管理状况的最基本的指标。勤政廉政状况通过政府内部工作人员的工作作风、廉洁状况反映出来。在测度该指标时,一方面可以直接统计政府腐败案件涉案人数占行政人员比例和调查机关工作作风来评价,另一方面,可以通过测量地方政府公共事业管理的公众满意度来实现。

2. 行政效率指标。包括行政人员占总人口的比重;信息管理水平。在政府管理任务一定的情况下,行政人员占总人口的比重越小,其行政效率就越高。因此,可以通过统计行政人员占总人口的比重来反映政府的行政效率。政府管理的过程在某种程度上可以看作是信息的收集、处理和利用的过程。信息管理水平的高低,直接影响行政效率,是衡量地方政府管理水平和行政效率的一个重要指标。

3. 人力资源状况指标。包括行政人员本科以上学历者所占比例;领导班子团队建设;人力资源开发战略规划。人力资源是组织发展的第一资源。在政府组织内部,人力资源状况,特别是行政人员的知识水平和业务素质、领导班子团队建设情况以及组织内部人力资源开发战略,是制约其管理绩效最重要的潜在因素。因此,我们选择行政人员本科以上学历者所占比例、领导班子团队建设、人力资源开发战略规划,从人力资源状况的角度来衡量地方政府内部管理情况。

地方政府公共事业管理绩效评价指标构成体系如表1所示。

表1　地方政府公共事业管理绩效评价指标构成

| 综合评价指标 | 分类评价指标 | 单项评价指标 |
|---|---|---|
| 地方政府公共事业管理业绩指标 | 教育事业管理业绩指标 | 教育事业费用占 GDP 比重(%) |
| | | 在校学生每百人拥有专任教师数(人) |
| | | 大学生毛入学率(%) |
| | 科技事业管理业绩指标 | R&D 公共支出占 GDP 比重(%) |
| | | 专利申请量(件) |
| | 文化事业管理业绩指标 | 人均公共图书馆藏书量(册) |
| | | 广播人口覆盖率(%) |
| | | 电视人口覆盖率(%) |

| 综合评价指标 | 分类评价指标 | 单项评价指标 |
|---|---|---|
| 地方政府公共事业管理业绩指标 | 卫生事业管理业绩指标 | 公共卫生事业支出占 GDP 比重（%） |
| | | 每万人拥有病床数（张） |
| | | 每万人拥有医生数（人） |
| | 体育事业管理业绩指标 | 县级以上运动会举办次数（次） |
| | 社会保障事业业绩指标 | 社会保障补助支出占 GDP 比重（%） |
| | | 社会救济总人数（人） |
| | | 收养收容性社会福利事业单位个数（个） |
| | 环境保护事业业绩指标 | 城市维护费占 GDP 比重（%） |
| | | 固体废弃物综合利用率（%） |
| | | 工业废水排放达标率（%） |
| | 基础设施建设业绩指标 | 人均道路面积（$m^2$） |
| | | 人均地下排水管道长度（m） |
| | | 人均园林绿化面积（$m^2$） |
| 地方政府公共事业管理成本指标 | 内部成本 | 国家机关在岗职工年工资总额占地方财政支出比重（%） |
| | | 行政管理费用占地方财政支出比重（%） |
| | 外部成本 | 公共事业财政支出占地方财政支出比重（%） |
| | | 特定公共项目投资（万元） |
| 地方政府公共事业内部管理指标 | 勤政廉政状况 | 腐败案件涉案人数占行政人员比例（%） |
| | | 机关工作作风 * |
| | | 公众满意度 * |
| | 行政效率 | 行政人员占总人口比重（%） |
| | | 信息管理水平 * |
| | 人力资源状况 | 行政人员本科以上学历者所占比例（%） |
| | | 领导班子团队建设 * |
| | | 人力资源开发战略规划 * |

注：指标后打 * 的为定性指标。

# 四、地方政府公共事业管理绩效评价指标的合理性求证

在绩效评价指标体系构建成以后，我们要对评价指标体系进行检查和修正。通常，衡量指标体系合理科学与否的是指标体系的效度与信度。可以通过计算指标体系的效度与信度来评价指标体系的完备性、科学性和可行性[①]。

---

① 彭国甫：《对地方政府绩效评估几个基本问题的反思》，《湘潭大学学报（社科版）》2004 年第 3 期。

（一）评价指标体系效度的检测

评价指标体系的效度是指评价指标在多大程度上描述了评价对象的特征范畴并反映了评价目的，即评价指标反映评价对象客观要素的准确性程度。在地方政府公共事业管理绩效评价中，如果确立的指标不能反映或不能完全反映地方政府公共事业管理绩效这一评价对象的特性要求，那么，该指标体系就不具有较高的效度。如在设计指标体系时，只关注地方政府管理的经济绩效，而忽视地方政府管理的社会绩效，只关注地方政府的眼前绩效，而忽视潜伏的政府绩效，都是不科学的。评价指标效度的评定主要通过经验判断进行，可以请一些熟悉该测量内容的人员来评判，并确定指标与所需测量的内容范畴之间关系的密切程度。评价指标体系效度的评定常用"内容效度比"来表示，缩写为 CVR。它的计算公式为：

$$CVR = \frac{ne - N/2}{N/2} \qquad (1)$$

式中的 $ne$ 为评价主体中认为某指标很好地表示了测量对象范畴的评价人数；$N$ 为评价主体的总人数。这个公式表明，当认为指标体系适当的评价人数不到半数时，$CVR$ 是负值；如果所有评价者都认为内容不当时，$CVR = -1$；当评价者中认为指标项目合适和不合适的人数对半时，$CVR = 0$；而当所有评价者都认为指标项目内容很好时，$CVR = 1$。对于本文所提出的指标体系，我们征询了 10 位有关专家的意见，通过统计算出了各个指标与地方政府公共事业管理这一评价对象之间关系的密切程度，即内容效度比 $CVR$，将专家们的意见统一起来，得到了各指标的内容效度比值，约有 87% 的指标的效度比值在 0.6 以上。因此，该指标体系具有较高的效度，大部分指标很好地反映了测量对象的主要范畴。

（二）评价指标体系信度的检测

评价指标体系的信度是指指标数值在观测中测量结果的可靠性程度。地方政府公共事业管理绩效评价指标是一个由多项指标要素组成的体系。高信度的指标体系应该是指标之间独立、内部结构良好、指标关系一致的体系。在检测过程中，可以通过对评价指标计算克朗巴赫（Cronbach）内部一致性系数来观察评价指标信度。克朗巴赫内部一致性系数——$\alpha$ 系数，能够准确地反映出评价指标的一致性程度和内部结构的良好性,它是目前使用最广泛的信度评价方法。克朗巴赫 $\alpha$ 系数计算公式为:

$$\alpha = \frac{k}{k-1}\left|1 - \frac{\sum S^2}{S^2}\right| \tag{2}$$

式中,$k$ 为指标体系所包含的指标个数。当指标体系包含若干个子指标层时,$k$ 为子指标层所含的指标个数;$S_i$ 为各指标的标准差,$S_i^2$ 是第 $i$ 个指标的方差,$S^2$ 即是总分的方差。克朗巴赫内部一致性系数计算比较方便,关键是要求所测量的指标体系具有较好的内部结构基础。

(彭国甫:湘潭大学党委书记,教授,博士生导师)

# 地方政府绩效审计:本质、方法及评价指标体系

吴 娟

## 一、引言

20 世纪以来,随着企业管理理念向政府管理领域渗透与延伸,西方国家传统的行政管理模式受到了普遍质疑。20 世纪 70~80 年代,新西兰、英、美等西方发达国家的政府纷纷更新政府管理理念,实施"以市场为基础、政府企业化"的改革,普遍采用企业的管理技术,强化政府服务及顾客导向,并在公共行政体系内引入市场机制及竞争功能,同时大力推行以新公共管理(New Public Management)为核心的政府行政管理改革,即把一些科学的企业管理方法,如目标管理、绩效评估、成本核算、绩效审计等引入公共行政领域。同时,政府以及公众开始重视公共服务的质量、效率与效果,政府需要满足公民对"政府再造"与"高效政府"的客观要求。1979 年,英国著名的"雷纳评审"[①]使政府部门正式确立了绩效意识。1993 年,美国国会颁布《政府绩效与结果法案》,则标志着政府绩效评价与审计正式以法律的形式得到确立。此后,政府绩效评估、政府绩效审计进入各国政府关注的视野并日益得到理论研究者的重视。

从我国政府审计的发展情况来看,经过 20 年发展,我国政府审计进入了

---

① 雷纳评审主要是指 1979 年撒切尔夫人主政后成立了一个效率小组,由雷纳爵士担任效率顾问,负责对政府各部门活动的经济性与效率性进行全面、深入地调查,目的在于通过评审来阻止和避免那些不理想的状态,比如不合时宜的工作任务,无效率的工作程序和方法等。在提高政府效率、节省政府开支方面,雷纳评审取得了巨大的成就(卓越,2004)。

转型过渡期,即由财务审计为主向财务审计与绩效审计并重的转型。根据"十一五"规划的总体目标和战略任务,《审计署 2006～2010 年审计工作发展规划》提出了"全面推进效益审计"和"逐步完善经济责任审计制度"的重要任务,这是迈向政府绩效审计的重要一步。同时,我国基本国情决定了地方政府绩效审计不能照搬西方模式,同时需要与绩效预算、绩效评估、问责制度相衔接。以往文献的理论研究与实务探索,尚未形成本质、目标、方法、评价体系相结合的系统化模式。因此,本文针对这些不足,初步探索地方政府绩效审计的相关理论与实务问题。

## 二、文献评论

在 20 世纪 80～90 年代,绩效审计在政府公共管理中广为运用。Johnsen(2001)发现在芬兰和挪威,绩效审计确实是一个有用的、合理的公共管理工具。Churchill and Cyert(1966)则提出,应将绩效审计的重点放在产生管理业绩的方法上,而不是结果上。

从目前国内的研究现状看,有关绩效审计的研究还基本停留在国外绩效审计的介绍或嫁接上(吴建南等,2004;厉国威,2006),集中在国际比较的研究(厉国威,2006)、绩效审计目标(施青军,2006)、存在问题及对策(张友伟,2006)、政府绩效审计的实施框架(余玉苗等,2005)等方面。同时与绩效审计相关的绩效预算(白景明等,2005)、政府绩效及地方政府绩效评估(蔡立辉,2003;罗中枢等,2006;崔述强等,2006)、政府问责制度(黄健荣等,2004)等也涌现了丰富的研究成果。

从目前审计实践的研究成果来看,深圳市政府与浙江省政府在实践中不断探索绩效审计的理论体系。2001 年 2 月,深圳在宪法、审计法确立的审计监督制度框架内,颁布了《深圳经济特区审计监督条例》,在全国率先建立以投资项目审计为重点的政府绩效审计制度,并进行了成功的实践,形成了深圳政府绩效审计模式。同时,浙江省审计厅课题组(2006)对浙江省的绩效审计模型进行了探索,认为 2006 年浙江省经济社会发展迅速,已经到了人均生产总值从 3000 美元到 5000 美元跨越的发展阶段,初步具备了开展绩效审计的条件,并指出需要探索中国特色的绩效审计新路,同时提出了侧重宏观管理型的,以结果为导向的,真实、效益、合法相统一的,以政府性资金为主的绩效审计模式。但是该课题研究仅仅对绩效审计的目标、工作任务、相关的举措进行分析,并未形成系统的绩效审计本质、目标、方法、标准相结合的系统化理论。

从国内外的文献分析中,我们可以看出,虽然国外的政府绩效审计实务开展比较早,而且有很多的操作经验,但是毕竟由于政府体制、机构设置、法律环境等诸多方面的差异,全盘模仿西方的政府绩效审计模式是不恰当的。而在国内,理论研究往往局限于绩效审计的目标、存在问题以及相关对策上面,并未能将政府绩效的理论与审计实务进行有效的结合。本文则从政府失灵、地方政府责任等方面出发,探索地方政府绩效审计的相关理论与实务问题。

## 三、地方政府绩效审计的必要性

据资料显示,目前,英国、澳大利亚、芬兰等国家的绩效审计已经占其审计资源的 60%～80%,美国则达到 85% 以上。目前,我国处于经济发展、社会和谐的稳定环境中,这个时期也是一个经济增长方式加快转变、经济体制加快转轨、社会结构加快转型的关键时期。因此,引入地方政府绩效审计意义重大。

从理论层面讲,地方政府绩效审计因为三个方面的原因而显得必要。

### (一)存在政府失灵

同市场失灵一样,政府也会失灵(Government Failure)。第一,由于公共产品具有外部性,容易产生搭便车(Free-rider)行为,从而造成公共产品供给不足。第二,政府干预的范围和力度超过了弥补"市场失灵"和维持市场机制正常运行的合理需要,或干预的方向、形式失当,政府过度干预也能造成政府失灵。第三,根据布坎南提出的公共选择理论,政府的行为总是需要通过政府官员来实现,政府官员的行为也会不时地偏离公共利益目标,比如,挪用、侵占、转移、私分财政资金,形成政府资金运用的效率损失,政府行为目标偏离。因此,政府绩效审计有利于纠正政府失灵,及时调整政府行为,有利于实现行政资源的优化配置与有效使用。

（二）政府承担公共受托责任

政府是社会公众的代理人,负有公共受托责任。由于政府的支付大部分来自政府税收,纳税人依法交了税金,他们有权利知道这些资金的使用效率,也就是政府活动的效率。Watts(1986)指出会计和审计都是基于受托责任而产生的。既然政府是社会公众的代理人,负有公共受托责任,政府绩效审计就是题中应有之义了。

从委托—代理理论来看,作为代理人的政府与委托人目标的不一致及信息的不对称就导致了代理人的"道德风险"(Moral Hazard)和"逆向选择"(Reverse Select),也就产生了Jensen and Meckling(1976)所说的代理成本(Agency Cost)。为了避免政府机构或政府官员作为代理人牺牲委托人利益的行为,有必要形成一种机制、利用一种手段对政府运行中的资源耗费、运行结果进行监督。因此,政府绩效审计是减少代理成本的一种重要制约机制。

（三）地方政府是政府活动的基本单元和重要体现

地方政府的职能是"经济调节、市场监管、社会管理、公共服务",在市场经济条件下地方政府的最主要职能应该是提供公共服务。地方政府是整个政府活动的基本单元,与中央政府相比,地方政府活动是否高效是政府能否很好履行社会公众代理人、公共服务提供人责任的关键。因此,对地方政府进行绩效审计,更能体现市场经济中政府改革、转型的探索意义,这是与新公共管理理论、公共财政理论所强调的"政府绩效管理"、"公共支出管理"相一致的。

从我国实际的政府改革目标来看,为了实现我国政府改革的目标,地方政府绩效审计显得尤为必要。党的十六届三中全会提出"科学的发展观",因此,需要树立以绩效为导向的行政理念,建立科学的政府绩效评估制度,地方政府绩效审计是落实科学发展观、转变政府职能的重要环节。党的十六届四中全会给审计工作提出了新的任务,要求审计机关通过建立健全经济责任审计制度,加强对权力运行的制约和监督,保证把人民赋予的权力用来为人民谋利益。地方政府绩效审计是健全经济责任审计制度、加强权力使用监督的必然选择。党的十六届五中全会进一步强调要"推进财政税收体制改革、加快公共财政体系建设",地方政府绩效审计是构建公共财政体系的重要监督制度保证。党的十六届六中全会将"资源利用效率显著提高,生态环境明显好转",作为到 2020 年构建社会主义和谐社会的目标和任务之一。围绕这一目标和任务,地方政府需要树立科学的政绩观,需要深化经济责任审计。以效益论高低,依政绩用干部。地方绩效审计就是对领导干部用权合规与用权效果,对地方政府部门行使公共权力的有效性、利用公共资源的经济性情况的审计和考核。

因此,地方政府绩效审计的相关问题研究可以为地方政府履行"经济调节、市场监管、社会管理、公共服务"等政府职能时所取得的成绩和效益进行过程监控与结果评估,并对于落实科学的发展观,科学的政绩观,构建公共财政体系,建设和谐社会,具有重要理论与现实意义。

## 四、地方政府绩效审计的本质

虽然各国都在开展绩效审计,但提法不一致,该术语源自 1986 年悉尼召开的最高审计机关十二届国际会议的文件《关于绩效审计、公营企业审计和审计质量总声明》。会议文件关于绩效审计的表述中指出:"最高审计机关的传统任务是进行合规性审计,包括遵守法律和规章以及财务责任的所有方面;除了合规性审计,还有另一种类型的审计,它涉及对公营部门的经济性、效率性和效果性的评价,这就是绩效审计。"绩效审计是以经济性、效率性和效果性为核心(即3E)。经济性是前提,效率性是过程,效果性是目的,经济性、效率性都应与效果性相一致(厉国威、安玉琴,2005)。

研究地方政府绩效审计,应该对地方政府绩效审计的本质作一科学的把握和合理的分析。结合以往的文献以及政府审计的实际情况,我们认为,地方政府绩效审计是对地方政府及其公共部门履行职责管理和使用公共资源的真实性、合规性、经济性、效率性、效果性进行检查和评价,提供地方政府及其公共部门经济责任履行情况的信息,促进公共资源的管理者、使用者改进工作,更好地履行经济责任。政府绩效审计的一般目标是审查、评价政府及其公共部门履行职责管理和使用公共资源的真实性、合规性、经济性、效率性和效果性,出具独立审计意见,并依法将审计结果向立法机构及社会公众公告，为纳税人、立法机构和社会公众等深入了解政府活动的运作和成果提供可靠的信息。政府绩效审计是当代各国政府审计的主流和发展方向。

## 五、地方政府绩效审计的目标与方法

### (一)地方政府绩效审计的对象与目标

根据党的十六大精神，政府职能应该是经济调节、市场监管、社会管理和公共服务。政府职能决定着绩效审计的目标，而对于地方政府，其职能重点在于社会管理与公务服务，比如，就业，社会保障，公共教育，基础科学研究，基础设施的建设和供给，环境保护等等。因此，地方政府绩效审计的对象是地方政府提供公共服务、公共基础设施建设和领导干部的权力运用等。

政府绩效审计的职能应该包括监督地方政府财政资金的运用效率、效果，监督领导干部的权力运用；评价绩效结果、服务质量、顾客满意度等，改进地方政府活动的效果和公共责任；提供客观信息，帮助地方政府改进服务，帮助立法部门改进决策。总之，政府绩效审计的功能是监督、评价、提供信息。

总结以往的相关研究，我们认为，绩效审计目标主要体现在五个方面：真实性、合规性、经济性、效率性、效果性，即在 3E 的基础上，增加了真实性、合规性，这也体现了我国政府审计的本质特征。真实性是指政府活动以及行为客观存在，活动及行为结果真实有效。真实性是审计的基础，这是政府绩效审计的出发点，只有活动存在、结果真实，审计评价才有意义。合规性是指地方政府的行政行为、领导干部的权力运用应该符合相关规范的要求，行政行为合法，权力运用合法，工作程序合法。经济性是指政府活动在达到目标状态下所耗费资源的最小化，它主要关注的是投入和整个过程中的成本。效率性是指投入资源和产出的产品、服务或其他成果之间的关系以及政府配置资源的效率。效率性可以看作是成本既定条件下的效益最大化，或者效益既定条件下的成本最小化。效果性是指目标实现的程度和从事一项活动时期望取得的成果和实际取得的成果之间的关系。它主要包含两部分内容：其一，政府的政策目标是否得到了实现？其二，所发生的结果是否全部可以归属于所使用的政策？

### (二)地方政府绩效审计的方法

绩效审计方法包括传统的审计方法以及可以应用的管理方法,比如满意度调查方法、质量分析方法等。下面仅仅论述满意度调查方法在绩效审计上的应用。满意度原本是衡量顾客对企业产品和服务的认可程度。政府是为公众和企业提供公共物品和公共服务的主体,从这个意义上讲,公众和企业可以被看作为是政府的顾客,所以测量公众满意度是地方政府绩效审计的一种有效方法。在公众满意度评价的相关理论中,比较常用的评价方法有层次分析法和模糊综合评价法。层次分析法主要是根据问题的性质和所要达到的目标,将问题分解为不同层面的因素,并按照这些因素间的关联影响与隶属关系,将因素按不同层面聚集组合,形成一个多层次的结构模型。公众满意度评价指标体系中多为定性指标,应用层次分析法来分析,有利于将定性指标量化,使之真正地可以被测量。模糊综合评价法是指评价主体从影响评价指标的主要因素出发,根据判断对评价指标作出不同程度的模糊评价,然后通过模糊数学的方法进行运算,得出定量综合评价结果的一种分析方法。在公众满意度评价的实际运用中,往往将两种方法综合起来运用,对公众满意度评价指标中的单指标应用模糊综合评价法来测量,而对公众满意度评价的整个指标体系应用层次分析法来分析。

## 六、地方政府绩效审计的评价指标体系

除了审计方法之外,地方政府绩效审计还需要建立一个评价指标体系而作为审计的技术标准。这个体系是体现地方政府绩效审计的本质特征,并与其目标相一致的。地方政府绩效审计的评价指标体系并不是政府绩效的评价体系,但是绩效审计是需要建立在政府绩效评价体系之上的。绩效审计的评价指标体系就是按照怎样的指标来评价政府活动的适当性,以实现政府绩效审计的目标。根据审计目标,以结果为导向,具体评价指标可以分为五项,见下表。

绩效审计评价指标

| 序号 | 实现目标的评价 | 评价指标 |
|------|----------------|----------|
| 1 | 真实 | 真实性程度指标 |
| 2 | 合规 | 采用遵守法律法规的指标;<br>行政行为的程序性合规指标,等 |
| 3 | 经济 | 成本与投入的比率;<br>人均开支测定;<br>资源浪费测定,等 |
| 4 | 效率 | 投入产出比例;<br>平均办理时间;<br>突发紧急事件的反应速度,等 |
| 5 | 效果 | 政府目标完成情况;<br>公众的满意度、社会影响,等 |

1. 真实性测定。采用政府审计的真实性程度指标。

2. 合规性测定。合规性测定的目的在于确保地方政府的活动有法可依,促进领导干部依法用权,促进政府部门依法行政。合规性测定主要采用法律法规的遵守情况、违规违纪的举报情况、行政行为的程序性合规情况等来体现。

3. 经济性测定。经济性测定的目的在于促使地方政府树立成本意识,降低成本,节约开支,实现"资金的价值"。在实践中,经济性测定主要采取成本与投入的比率、行政开支与业务开支的比率、人均开支测定、单位成本测定、经济改进余地测定及资源浪费测定几种形式。具体说,经济性测定时,关注的中心问题是,在所处的政治和社会条件下,资源的采购、维持和应用是否经济? 所选方式是否代表了对政府资金的最经济(或至少是最合理)的应用?

4. 效率性测定。它涉及的是投入与产出的比率。在政府管理实践中,一般应建立应用效率指标,包括单位成本、平均个案处理时间、反应速度等,它们是组织效率的量化显示。对效率性的审计包括:人、财、物和信息资源等是否得到有效应用、政府服务是否及时提供、政府项目目标的实现是否符合成本—效益原则,等等。

5. 效果性测定。它关注组织产出的质和社会效果。通过效益测定,促使公共部门树立服务意识。在实践中,效益测定包括对产出的质量、公共部门活动的社会效果、公民的满意度等一系列要素的测定。在检查效果性时,一般需要评价政府活动的结果或社会影响,尤其是负面的影响,并且要求分析造成这种影响的原因以及与政府行为的关系。

同时,应该采用多重标准来衡量政府活动,主要包括:一是项目测量,即提供一项公共服务的具体投入与产出的量化信息。一般来说,项目测量可以由以下五个方面的测量组成:工作量或产出量、单位成本或效率测量、结果测量或有效性测量、服务质量测量、公民满意度测量。二是综合测量,即一种对于项目全面的评价,包括:副作用测量,测量非预想的结果;分配测量,关注某个项目对该项目收益者以及该成本承担者所产生的差别影响;无形测量,试图定性地而不是定量地报道项目的各种社会层面。因此,绩效审计指标内容可以按照经济效益、生态效益、政治绩效和社会效益进行综合性评价。另外,采用多重标准来衡量政府活动。

## 七、结语

地方政府绩效审计既涉及制度构建、制度协调、机制设计等宏观方面的问题,也涉及目标定位、方法运用、指标合理等实际操作层面的问题,是一个复杂的政府审计系统,但却是政府审计的未来方向。地方政府绩效的研究同时需要考虑政府绩效审计与现有的其他管理手段的关系,比如绩效预算与绩效审计的协同问题,绩效审计中的权力使用评价与政府问责制度相辅相成问题等。

目前可以通过加强研究分析政府绩效审计与政府绩效预算的关系入手,探索适合我国实际情况的政府绩效审计制度体系。世界银行专家沙利文认为:绩效预算是一种以目标为导向、以项目成本为衡量、以业绩评估为核心的一种预算体制,具体来说就是把资源分配的增加与绩效的提高紧密结合的预算系统。政府绩效预算与政府绩效审计发挥着同样的管理作用,但同时绩效预算还是绩效审计的对象范围,所以应该处理好二者的关系,发挥好二者的有效作用。

## 参考文献

1. 白景明等. 绩效预算与政府绩效评价体系的要点. 财政部科研所报

告,http://www.crifs.org.cn,2005-07-05

2. 财政部财政科学研究所《绩效预算》课题组. 美国政府绩效评价体系[M]. 北京:经济管理出版社,2004

3. 蔡立辉. 西方国家政府绩效评估的理念及其启示[J]. 清华大学学报(哲学社会科学版),2003(1):76~84

4. 曹满云. 构建科学发展观导向的地方政府绩效评估体系[J]. 云南省行政学院学报,2006(1)

5. 陈希晖. 平衡计分卡在绩效审计评价标准中的应用[J]. 山东工商学院学报,2006,20(4):62~68

6. 崔述强,王红,崔萍,闫明,陈明. 中国地方政府绩效评估指标体系探讨[J]. 统计研究,2006年第(3):28~31

7. 郭开怡,陈颖. 绩效评估与审计:政府效能提升的新策略[J]. 重庆社会工作职业学院学报,2005,5(2):22~32

8. 厉国威. 西方国家开展政府绩效审计情况及对我国的启示[J]. 经济问题,2006(8):31~32

9. 厉国威,安玉琴. 新公共管理背景下的政府绩效审计[J]. 财务与会计,2005(5):48~50

10. 罗中枢,周斌. 论科学发展观视野下的地方政府绩效评估体系创新[J]. 社会科学研究,2006(5):13~16

11. 孙平. 绩效审计国际比较及对我国的启示[J]. 财会月刊,2006,(6):49~51

12. 王良健,侯文力. 地方政府绩效评估指标体系及评估方法研究[J]. 软科学,2005(4):11~13

13. 王光远. 受托管理责任与管理审计[M]. 北京:中国时代经济出版社,2004

14. 吴建南,温挺挺. 政府绩效立法分析:以美国《政府绩效与结果法案》为例[J]. 中国行政管理,2004(9):90~94

15. 余玉苗等. 核心效用观下政府绩效审计的实施框架. 审计研究,2005.3.

16. 张友伟. 绩效审计实践及其难点与问题[J]. 江苏经贸职业技术学院学报,2006(1):24~26

17. 浙江省审计厅课题组. 浙江绩效审计模式探索(上)[J]. 中国审计，2006(8):49~51

18. 浙江省审计厅课题组. 浙江绩效审计模式探索(下)[J]. 中国审计，2006(9):46~48

19. 卓越. 公共部门绩效评估[M]. 北京:中国人民大学出版社,2004

20. Churchill and Cyert，An experiment in management auditing, The Journal of Accountancy，Feb,1966

21. Johnsen，Performance auditing in local government：an exploratory study of perceived efficiency of municipal value for money auditing in Finland and Norway，European Accounting Review，10(3)，2001.

(吴娟:辽宁省审计厅审计科研所所长)

# 360 度考核与政府绩效管理

## 朱孟才

近些年来,我国政府日益开始关注政府部门的绩效问题。2006 年 9 月 4 日温家宝总理在加强政府自身建设推进政府管理创新电视电话会议上强调指出,要提高行政效能,建设效能政府,这就使得政府绩效管理构成了政府自身建设和管理创新的重要内容。360 度考核(360－degree feedback)作为绩效管理的一种评价方法,最早由英特尔公司提出并加以实施,目前正在被越来越多的国际知名大企业所运用。据悉,在《财富》排出的全球 1000 家大公司中,90％以上在职业开发和绩效考核中应用了 360 度考核法,[①]并都取得了成功,有力促进了这些企业的变革和发展。360 度考核在企业绩效管理中取得的巨大成功,引起了许多政府机构和公共部门的密切关注,并以积极的姿态将 360 度考核法引入政府绩效管理中。本文将尝试探讨 360 度考核在政府绩效管理中的应用。

## 一、360 度考核的涵义及其项度

360 度,顾名思义,就是多角度或全视角。360 度考核,又称为"360 度反馈"或"全方位考核法",是运用"多方反馈"(multiple-source feedback)技术,由与被评价者有密切关系的人,包括被评价者的上级、同事、下属和服务对象匿名对其进行评价,被评价者自己也对自己进行评价。然后,由专业人员根据有关人员对被评价者的评价,对比被评价者的自我评价向被评价者提供反馈,用于对员工的提升、工资确定或绩效考核,也可以用来帮助被评价

---

① 胡亚莉:360 度考核为何"水土不服",《组织人事报》第 1272 期。

者提高其能力水平和业绩。

从国内外现有的考核工具看，360 度考核是其中相对客观、全面、科学的一种方法。360 度考核的理论基础是当代心理测量学中的真分数理论（True Score Theory）。真分数理论中最重要、最基本的关系式可以用如下的数学模型表示：

$X = T + e$（$X$ 为实得分数，$T$ 是真分数，$e$ 是误差分数）

对于 360 度考核而言，由于考核着眼于各个不同的侧面，这样在一个团队中，对任何一位组织成员都经过多次测量，平均误差 $E(e)$ 渐趋于零，测量误差的变异数也趋于零，实得分数就会趋于真分数。也就是说，360 度考核与其他方法相比，具有较高的信度与效度。

传统的考核，大多采取自上而下，由上级主管对下属工作进行单向评定的方法，而 360 度考核是一种从不同层面的人员中收集考评信息，从多个视角对员工进行综合绩效考评并提供反馈的方法。这种方法的出发点就是从所有可能的渠道收集信息，是一种基于上级、同事、下级、客户及自我等信息资源的收集信息、评估绩效并提供反馈的方法。以下仅就此五个评估项度的内容来扼要说明：

（一）自我评估

自我评估是指员工对于自己的工作表现进行的评估。这种评估可以降低员工对绩效评估的抗拒心态，并减少员工和上级对于员工工作在认知上的差距，且在自我评估的过程中，最不易产生晕轮效应误差，因此自我评估可作为衡量员工实际绩效的评估项度。

（二）直属上级评估

直属上级最有可能拥有最佳的机会来观察员工的实际绩效，通过上司的评估，员工可以了解自身在工作部门、在工作中的重要性。不过如果直属上级的属下过多，会导致其观察员工实际表现的机会减少，则上级可能无法真正评估出员工的实际绩效。

（三）下级评估

下级评估是指员工个人的工作表现，由其下属来加以评估的一种考评项度。因为下属经常直接观察到主管的管理行为,所以他可以提供关于主管的管理行为回馈给主管作为参考。此外,当有些领导行为只发生在下属与管理者之间时,下属的评估就显的更为重要,所以向上评估对于个人与组织发展的过程越来越得到重视。

## (四)同事评估

同事评估是指员工个人的绩效由其同事进行评估。同事是指员工在同一工作团队或单位的同事,或是同一组织中彼此职位、职级相近的其他员工。就某些工作而言,工作绩效一般很难由上级来加以正确地评估,而同事由于与受评者间有较为密切的互动关系,应较能够了解其工作性质与工作绩效,所以同事的评估可提供员工的绩效较为适宜的观点及项度。

## (五)客户评估

客户最清楚员工在客户服务关系、沟通协调等方面的表现与态度如何。所以,在对从事服务业、销售业的人员的绩效进行评估时应将客户的评价列入评估系统之中。

上述五个评估项度中不同考核者的优缺点,如下表所示:

**不同考核者的优缺点**

| 考核主体 | 优　点 | 缺　点 |
|---|---|---|
| 本人 | 意愿强,认识自己的长处与不足,可提高自我管理意识 | 一般人对自己的评价都高于他人 |
| 上级 | 目标导向明确、了解业务内容 | 易受考核者个人主观影响 |
| 同事 | 共事时间长,相互了解,评价较客观,利于增强协调团结 | 有时个别人会故意贬低被考核者 |
| 下属 | 可使上级对组织的管理风格进行诊断,获得来自下属的反馈信息 | 有个别人会故意贬低被考核者 |
| 客户 | 可以获得来自组织外部的信息,考核结果较为公正 | 实际运用时往往难以获得客户的支持 |

## 二、360 度考核的优点与不足

### (一)360 度考核的优点

1. 从任何一个方面去观察人做出的判断都难免片面,而 360 度考核具有全方位、多角度的特点,考评者来自不同层面,每个层面的考核者都有若干名,信息渠道多。并且除了上级对下级的评估无法实现保密之外,其他的评估项度都采取匿名方式,人们往往愿意提供更为真实的信息,这样得到的考评信息更准确、全面、客观,更易于被考评者接受。

2. 不同的考核者(上级、下级、同事、客户)分别分配有不同的考核权数,并且考核结果取其平均值,从统计学的角度看,评估的结果更接近于客观情况。

3. 员工全员参与考核,在一定程度上会增强员工的归属感和自信心,增加他们的自主性和对工作的控制,其积极性会更高,对组织会更忠诚,进而会提高员工的工作满意度,增强团体凝聚力,促进组织变革与发展。

4. 较为全面的反馈信息有助于被考核者多方面能力的提升。针对不同的被考核人使用不同的考核量表,会对员工的职业发展提供非常有价值的参考意见,对被考核人的培训、职业生涯规划、个人工作改进等更有针对性。

### (二)360 度考核的不足

1. 360 度考核侧重于被考核者各方面的综合情况,属定性考核,缺少定量的业绩考核,并且各维度的评价标准不够明确,考核人在评价时不太好掌握。

2. 采用多名考核者,确实扩大了信息搜集的范围,但这并不能保证所获得的信息就一定是准确、公正的。并且由于评分和信息来自不同的渠道,而这些渠道并非总是一致,由此导致对评分和信息的理解也会出现不一致。

3. 考核成本高。高成本来自三个方面:一是所有的员工既是考核者又是被考核者,因此有必要对所有的员工进行考核的培训。二是当一个人要对多个人进行考核时,不仅时间耗费多,甚至由多人来共同考核所导致的成本上升可能会超过考核所带来的价值。三是大量的表格和考核信息需要进行分门别类的统计与分析,巨大的工作量导致收集和处理数据的成本很高。

4. 由于是匿名考核,不能排除某些员工出于个人利益的考虑,利用考核公报私仇,发泄私愤,造成相互之间不合作、敌意甚至互相拆台。

总之,同任何方法一样,360 度考核既有十分明显的优点也有很多不足。因此,在那些实行 360 度考核法的企业中,也都采取了一些防范措施,以确保考核的质量。英特尔公司当初在建立 360 度考核时采取了匿名考核等 9 项手段。① 运用 360 度考核的价值取决于通过信息的收集和处理来发现员工的长处和不足,以帮助员工提高绩效。就像其他所有的绩效管理方法一样,它最终的成功依然取决于人的因素——即人与人之间的沟通。要通过反馈沟通,发挥考核的导向牵引作用,引导员工不断改进工作、完善发展自我。

## 三、政府绩效管理应用 360 度考核的作用

360 度绩效评估虽然是人力资源开发与管理的手段,但考虑其作为全方位的绩效评估方法,在政府绩效管理中也有一定的借鉴意义。

### (一)360 度考核开放了公众参与渠道,有助于提高政府的透明度,促进政府与公众间的良性互动

360 度考核的关键是从多方面收集足够多的、有价值的信息。尤其是当外部公众介入政府绩效评估时更是如此,这就要求政府必须实行政务公开,既要对外公开也要对内公开,既要为领导者服务,也要为公众服务。"如果这样的开放发生的话,顾客群体将自我组织和干预,志愿者将参与到评价的整个过程中,公民将对公共部门显示出更大的兴趣和关注。"② 公众参与评估的过程既是一个对政府部门绩效加以评判的过程,也是一个人民

---

① 胡亚莉:360 度考核为何"水土不服",《组织人事报》第 1272 期。

② Bouckaert, G.:Measurement and Meaningful Management, Public Productivity and Management Review,1993,17(1).

有序表达自己利益和要求的过程,这无疑会进一步提高政府的政治合法性和公信度。

**(二)360度考核将促使政府从传统的管制型政府向服务型、回应型和责任型政府的转变**

为获得各方面考核者的较高评价,政府部门及其工作人员必须全方位努力,树立科学的发展观和正确的政绩观,改进机关工作作风,不断提高行政效率和公共服务质量。通过360度考核,政府部门能够更全面细致地了解人民群众的意见和建议,从而使他们能更好地反映人民群众的意愿,集中人民群众的智慧,围绕人民群众最关心的问题去开展工作。

**(三)360度考核强调反馈沟通和信息交流,有利于建立更为和谐的工作关系**

按照官僚制模式设计的政府组织一个突出的特点就是实行"金字塔"状的严格的等级安排,下级工作人员要无条件地执行上级的命令,下级的工作业绩只能由上级来评定,而对上级的工作下级没有发言权,甚至是上级出现重大错误下级也无权指出。这种状况的长期存在,一方面造成了下级对上级的人身依附,为了自己的前途命运只能是唯领导是从;另一方面也使上下级关系处于一种紧张状态,尤其当下级对上级有意见却无处或无法发泄时更是如此,造成工作关系的不协调。360度考核要求政府工作人员广泛参与考核并强调沟通与信息交流,使得下级有机会发表自己的不同看法,能帮助领导者发现并解决问题,加大管理过程的透明度。当上下级就某些问题达成一致并共同努力解决时,一种和谐的工作关系便会形成,下级工作人员的工作积极性、主动性就会得到充分调动,从而有利于政府整体绩效的提升。

**(四)360度考核能为政府工作人员的职业生涯设计提供依据**

一方面,360度考核的结果可以提供政府工作人员培训的需求依据,也就是说,可以通过对于政府工作人员是否掌握了岗位所需要知识、技能的评价,就能知道政府工作人员需要接受哪些方面的培训。另一方面,从更为长远的角度来说,360度考核的结果固然比其他考核方法更客观、准确、全面一些,但我们应该更看重从考核中搜集到的信息,如被考核者的优点、缺点、需改进的方面,并通过反馈,会促使被考核者改进工作方法,提高工作绩效,创造更大的业绩。

## 四、我国政府绩效管理应用 360 度考核的难点

与传统的考评方法相比,360 度考核法从多个角度来反映一个人员的工作,结果会更加客观、全面和可靠,特别是对反馈过程的重视,使考评起到"镜子"的作用,并提供了相互交流和学习的机会。但是,这种考评方法在我国政府绩效管理中的引入也会遇到一些不可避免的困难。

### (一)传统文化观念的阻碍

1. 传统的权力等级观念。由于"官本位"思想的存在,大部分组织领导者难以从意识上接受来自下属的监督与批评。以往都是上级说了算,下级倾向于服从上级,下级即便不满,也只能是"敢怒不敢言"。而 360 度考核使得"考评"不再是上级的特权了,下级同样可以有这种权利,也可以对上级进行考评,发表意见,实质上对领导者的权威提出了挑战,领导者们认为他们的权威受到了挑战,在心理上一时难以承受。所以在推行过程中,往往是政府内部的领导者害怕变革的心理阻碍了这种评价方法的推行,而 360 度考核的推行是离不开领导者们的大力支持的。

2. 中西方文化的差异。360 度考核之所以能够在西方国家兴起并盛行,是与西方倡导的"个人主义"、"平等"、"竞争"、"激进开放"的文化体系相适应的。与西方文化不同,中国文化传统与行为规范强调群体本位、含蓄、中庸、内省、自律、保守,追求"和谐",人们不太愿意袒露自己真实的想法。并且长期以来人们习惯于被动考评,自己考评别人内心觉得别扭,所以对这种评价方式会产生抵触情绪。

3. 中国特有的"老好人"现象。中国人自古就有"不得罪人"的心理沉淀,反映到团队中可能就会表现出"老好人现象"。"老好人"信奉"是非面前不开口,遇着矛盾绕道走"的人生哲学,面对别人的缺点错误,不是诚心诚意提出来,而是可能会在原则问题上敷衍塞责,主张谁也不得罪谁,为了维护

关系,牺牲必要的群体内部分歧,牺牲目标,你好我好大家好。① 这种现象出现在360度考核中,就是每个人都差不多,结果使考核流于形式。

## (二)员工的情感及心理因素的制约

1. 中国人讲究情感又重关系,考评中不可避免地会带有情感因素和人际关系因素。有的人觉得自己既是考核者又是被考核者,因此"与人方便就是与己方便",基于各种利害关系的考虑,部分人员的素质难以保证他们能理性地运用组织赋予他们的权利,尤其是当考评的结果与被考评者的各种利益挂钩时,部分评价者有时会故意歪曲对被评价者的评价,易出现给跟自己关系好的被评价者以较高的评价,给跟自己关系不好的被评价者以较低的评价的倾向。导致信息尽管很多,但有效信息与无效信息难于区分。

2. 由于上级的权力的无形压力,下级不敢得罪上级,怕上级会对自己施行报复,从而影响自己的前途,因而在考核中往往会给上级以较高的评价。尤其是政府部门,上下级关系固定,这样工作人员就更倾向于不表露自己真实的想法。当然也有另外一种极端的现象,就是这种考核方式会成为下级发泄不满的工具,尤其是即将离职的人员,由于无所顾忌,在考核中会有意贬低上级,给上级一个很差的评价。

3. 由于担心自己的评价意见会被上级知晓,同时也担心评价收集的信息是否进行了客观公正的处理,因此,员工对考核的保密性缺乏信任,对考核充满恐惧感,也会进行抵制。

## (三)技术手段薄弱的牵制

1. 普遍缺乏考评培训。由于评估者本身不可避免地会存在一些误差,因此国外在推行360度考核时,十分重视对评估者的培训,力争使这种误差最小化。而国内历来不重视对评估的培训,由于缺少考评培训和考评技能,导致很多政府部门主观很努力但不得要领,甚至适得其反。

2. 评估技术落后。随着网络信息技术在管理事务中广泛的运用和"人本"管理思想成为西方管理学中的主导管理理念,360度考核在西方国家许

① 衣新发:《企业中老好人别太多》,《环球时报 生命周刊》2005 年 4 月 12 日,第 8 版。

多企业和政府部门得到了广泛的应用,并且其具体形式也不断推陈出新。但由于网络信息技术在我国政府管理事务中的运用尚处于建设期和导入期,很多政府部门还没有形成可以支撑起 360 度考核所需的内部信息网络平台,强行推广 360 度考核无疑会大大提高考核成本。

总之,上述几方面因素会在很大程度上制约 360 度考核法在我国政府绩效管理中的应用和推广,而这几方面的建设和转变过程都不是短期内能完成的,因此要想使 360 度考核在我国政府绩效管理中充分发挥作用,需要我们有足够的耐心和努力。

## 五、政府绩效管理应用 360 度考核的注意事项

目前的绩效考核方法中,360 度考核是非常全面的评价方法,但如何克服流于形式的表现一直成为绩效考评实施中的难点中的难点、关键之中的关键,而这需要科学的体系设计和观念磨合才可以克服。由此,我们得出在中国政府绩效管理中引入 360 度考核的应该注意的事项。

### (一)建立政府部门的业绩考评价值观

应当使每个公务人员了解政府对其短期、中期、长期业绩期盼是什么?政府对公务人员的考评价值观是什么(如是效率,是忠诚度,还是职业技能提升等)。业绩考评价值观的统一,会使考核者根据长远发展需要,尽可能减少主观判断,以政府共性价值判断公务人员的业绩,既有利于彼此之间的可比性,更有利有于政府部门绩效的整体提高。

### (二)通过培训提升全员考核技能并端正考核态度

必须让当事人明确考核的价值或明显价值,否则很难让当事人愿意为考核投入时间和精力。因此,要通过培训使政府工作人员了解 360 度考核对政府绩效管理的重要性,以及与其个人职业生涯发展的联系。只有全员掌握了考核技能并对考核有了正确的态度,才能形成一种动力机制,使考核顺利进行并做到公开、公平、公正。

### (三)建立考核的执行团队

单纯由政府人事部门或某个部门牵头推行360度考核是不现实的,应建立一个团队或者小组负责方案的推行,并且要有最高领导在其中挂职,由最高层设立定期问责制,把各部门主要负责人纳入为团队成员。

### (四)根据易难程度逐步推广

政府每个部门的工作内容、工作性质及其工作人员的素质都是不同的,在所有的部门一步到位地推行360度考核往往会适得其反,应根据政府部门所处的不同阶段及业务类型来审视是否适合用360度考核。一般说来,处于变动期、初建期及内设部门是不宜采用的,对于这些部门和工作人员,可采取90度考核、180度考核、270度考核等等,决不能搞一刀切。

### (五)营造适宜的外部环境

网络化、信息化的办公条件可以缩短考核时间,降低考核成本;和谐、合作、互助的工作氛围能保证考核正常进行。在进行360度考核时,应借助局域网等高科技手段,把考核流程、考核要点、考核周期要求、考核表格等在内部网里随时提供,让每位工作人员的工作计划、成果记录、工作进度表等一目了然。这样既有助于不同考核者根据自己的角色及其价值判断对他人进行考核,做到有根有据、有的放矢。同时在互动沟通中实现信息对称,容易达成一致意见。

### (六)合理界定考核者和被考核者

实行360度考核并非所有人都必须由其本人、上级、同事、下级、客户等全方位进行考核,原则上是考核者必须了解熟悉被考核者的工作,不可让与被考核者无任何业务往来的不相关者成为考核者。在考核者的遴选上,上级和下级考核人可由人事部门提名,同事考核人应防止被考核人提名与自己关系好的人作为自己的考评人,客户考核人根据机构客户信息库等资料甄选。工作人员少于10人的部门,其下级考核应全部参加,工作人员较多的部门,可随机抽取下级考核人。

## (七)根据实际需要确定考核要素

在 360 度考核中,为突出针对性,应根据政府各部门的实际情况,被考核者的不同级别、岗位,设计个性化的考核表格。如上级考核者要注重考核被考核人的指挥统率能力、驾驭全局能力、计划决策能力、洞察创新能力等;同级考核者主要考核被考核人的协作能力,包括部门合作、同事协作、创造和维护良好的工作氛围等;下级考核者主要考核被考核人的领导水平,以身作则、知人善任、驾驭局面的能力,业务能力,正确授权,对下级工作人员的培养等;客户考核人主要考核被考核人的服务态度、服务水平、服务质量、服务效果等。同时,每个层面的考核除封闭式表格外,还应附有开放式表格,以此来搜集被考核人所在部门、或主管工作存在的薄弱环节,该部门在业务拓展和内部管理上的好的做法,被考核者(作为管理者)的突出优点,特别是被考核者急需提高与改进的方面。

## (八)选用合适的考核方法

考核与评价的方法很多,但没有适合一切目的的通用方法。选择考核方法的依据是切合政府部门的特点,实现政府的发展要求。因此,不同考核者适用的考核方法是不一样的。一般说来,目标越明确的工作,对于过程的考核应该越少。比如,考核者是上司宜采用 MBO 法,考核者是同事和考核者自身宜采用行为锚定评估法,考核者是下属和客户宜采用关键事件法。

## (九)合理设计统计权重

为反映政府绩效的真实情况,在 360 度考核中有必要设计合理的统计权重。总的原则是要以外部评估、以服务对象的评估为主。具体的评估主体和相应的权重应根据实际情况不断进行调整。根据有关理论与实践经验,外部评估分值占 60%,内部评估分值占 40%较为合理。

## (十)确保考核者的匿名性和考核结果的客观、科学

在实施考核中应确保考核者的匿名性,以消除考核者(主要是同事和下属)的顾虑,保证考核结果的客观、真实。考核的结果应由政府以外的专业

机构来分析,以保证结果的客观、科学。

(十一)及时向被考核者提供反馈结果,并提供解决问题的方法和资源支持

因评价方法的使用和评估准确性与客观性方面的原因,大多数专家都认为,360度并不普遍地使用,一般是在考核领导和政府工作人员为了自我发展、自我提高时使用,采用360度的方法,要将它做为一种为政府工作人员提供绩效信息的方法,其结果可作为提升职位或薪酬的参考,但不要完全据此作出直接决策。

(朱孟才:吉林省行政学院公共管理教研部讲师)

# 政府绩效评估模式的选择策略

## 臧乃康

政府绩效评估是一种国际性行政改革浪潮。以英美为代表的西方国家新公共管理运动本质上是一场在绩效评估理论指导下的行政改革运动。

政府绩效包含着多元甚至是相互冲突的目标,对于多元目标的选择和权重排序,往往受到价值观和利益因素的干扰而难以形成共识。并且政府服务与管理具有垄断性、管制性的特点,公众既难获取那些被垄断的信息,又因此而缺乏横向比较的标准。因而,对于政府具体部门设计绩效评估标准是比较复杂和困难的。特别需要强调的是,中国文化与西方文化存在着较大的差异,使得相互之间很难找到一种跨文化的普适性政府绩效评价标准,尽管中西方间的价值理念在精神实质上确有其相通之处。在跨文化的交流没有突破地理障碍和意识形态障碍的情况下,人们的政治价值很大程度上是民族传统政治文化浸润的产物,观念传统和制度结构演进的路径依赖会不断强化绩效评估价值的中国特色,照搬西方政府绩效评估的模式是行不通的,必须依据中国文化特质再造政府绩效评估模式。

## 一、现阶段我国政府绩效评估类型与方式

我国的政府绩效评估科学体系目前还处于起步时期,还带有计划经济体制色彩。目前,我国政府绩效管理主要分为三种类型。

第一,普适性的政府机关绩效评估。其特征是,绩效评估作为特定管理机制中的一个环节,随着这种管理机制的普及而普遍应用于多种公共组织。实践中的例证包括目标责任制、社会服务承诺制、效能监察、效能建设、行风评议等等。

第二，具体行业的组织绩效评估。组织绩效评估应用于某个行业，一般具有自上而下的单向性，即由政府主管部门设立评估指标体系，组织对所属企事业单位进行组织绩效的定期评估。实践中的例证包括卫生部为医院设立的绩效评估体系，教育部门为各级各类学校设立的绩效评估体系等。

第三，专项绩效评估。组织绩效评估针对某一专项活动或政府工作的某一方面。如教育部门的普通中小学全面实施素质教育评价，科技部制定的"高新区评价指标体系"，江苏省纪委的"应用指标分析方法对反腐败五年目标实现程度的测评"等等。

目前各地政府绩效管理还处于探索阶段，所采取的绩效管理及评估具体方法也不尽一致。各地所采取的方法主要分为四种方式：

第一种方式：目标责任制的绩效评估。从全国情况看，各地都把工作目标和责任进一步分解为详尽程度不等的具体指标体系，并给不同类指标赋以不同的权重。

第二种方式：社会服务承诺制绩效评估。社会服务承诺制度的基本内容是：公开办事内容、办事标准和办事程序，确定办事时限，设立监督机构和举报电话，明确赔偿标准，未实现承诺的责任单位和责任人要按规定给当事人以赔偿。

第三种方式：效能监察的绩效评估。效能监察是纪检监察机关及受纪检监察机关委托的组织，在政府的领导下有计划、有目的地针对行政管理的效率、效能以及国有企业生产经营管理的质量、效果、效率、效益等情况开展的监察监督活动。显然，效能监察的主体是党和政府的纪检和监察部门，监察的对象是党政机关和国有企事业单位，监察的内容是管理和经营中的效率、效果、效益、质量等。

第四种方式：效能建设的绩效评估。效能建设是在拓展效能监察活动基础上形成的新的思路和新的运作机制。机关效能建设是指在党委、政府统一领导下，强化各级机关的效能意识，以提高工作效率、管理效益和社会效果为目标，以加强思想、作风、制度、业务和廉政建设为内容，科学配置机关管理资源，优化机关管理要素，改善机关运作方式，改进机关工作作风，按照廉洁、勤政、务实、高效的要求，构筑机关效能保障体系的综合性工作。

我国政府绩效评估无论在理论上还是在实践上都还很不成熟，模式还远未形成，其主要问题是：一是从评估的主体看，评估主体多为上级行政机关,社会公众还没有真正成为评估的主体;二是从评估的内容看,没有建立全面科学的政府绩效评估指标。政府绩效本身也难以用市场价格来直接标示其成本;三是从评估的程序看,操作过程没有规范化和程序化,存在很大的随意性;四是从评估的方法看,多为定性方法,较少采取定量方法,多为"运动式"、"评比式"、"突击式"评估,而对政府绩效的持续性测定较少;五是从评估的过程看,具有封闭性、神秘性,缺乏应有的透明与公开,缺乏媒体的跟踪与监督;六是从评比效应看,管理者把公共管理主要精力放在见效快、表面程度高的工作上。

## 二、政府绩效评估模式选择策略三原则

政府绩效评估模式的选择策略主要通过对评估目的、评估基础和评估主体所能达到的考核能力进行全面分析,以此来确定绩效评估的制度模式。绩效评估模式的选择策略应体现三大原则:

### (一)顾客至上的原则

传统政府与企业最大的差别是,企业是顾客驱动的,通过满足顾客需要而获得利润;政府是科层行政驱动的满足上级的要求来获得信任。20 世纪80 年代中期,西方国家为应对科学技术发展变化、全球化和国际竞争的环境条件,为解决财政赤字和社会公众对政府有效的、有回应力的和高质量供给服务的能力失去信心的问题,普遍采取了以公共责任和顾客至上为理念的政府绩效评估改革措施。传统的官僚政治体制不注重效果,并不是按行动的绩效拨款,而是按一贯的投入拨款,愈发导致了机构臃肿、效率低下、资源严重浪费。公众是公共服务的消费者和顾客。政府的公共政策应同公众意志一致,政府管理活动必须以顾客为中心,以公众的价值目标作为根本的价值选择。

### (二)公共责任的原则

政府绩效评估看重的是结果而不是过程。公共项目及其产生的结果成为政府管理活动的核心和关注的焦点,政府的管理目标从单一地追求效率

目标拓展为全方位的追求社会公平、提高效率和服务质量、强化公共责任和提高公共服务满意度。政府是公共服务的供应者,根据社会发展的要求和公众的需要提供有效的公共服务是政府最为重要的职能,因而对政府职能范围内管理活动绩效进行评定,也就是对政府公共服务确定质量和价格标准,并且要通过市场化运作,采用招标、合同、非国有化、政府采购等方式,提升服务效率,降低服务成本。特别要指出的是,绩效评估所体现的是放松规制,而去谋求结果的实现。这并不意味着放弃规制,而体现为新的公共责任机制作用与效果。

政府只有得到公众的支持才具有合法性。因而,政府所有的行为必须建立在法律之上,官员应对政府的每个行为负责,没有这些前提,政府即使仍在运行,就会缺乏责任约束,权力异化和权力腐败。新公共管理要求公共管理者对结果负个人责任,官员与公众之间形成一种委托人与代理人关系。这种关系不仅表明了下级对上级的行政责任,而且体现了对公众的政治责任;既表明了当选政府对选民的责任,也表明了官僚对当选政府的责任。

(三)匹配优化的原则

选择评估模式时,必须与评估目的、评估基础、评估能力相互匹配。"评估模式概不能超越评估基础和评估能力所提供的可操作性框架,又要能够顺利达成评估目的。有时评估的目的对于基础、能力都过于激进,企业就不得不采取一些分期实现目的的缓和方式。"[①]政府绩效评估指标体系中包括着公众满意度及社会经济单元的评价,而公众对政府的具体运作不会十分熟悉和清晰,仅通过个人感受、官员作风来进行衡量。在评估过程中,要确认评估模式是否与评估目的、评估基础、评估能力匹配。确认的关键首先是与评估目的匹配吻合,体现在具体操作过程中,获得的信息数据要与目的直接相关,获得的途径主要包括:抽样调查、连续调查、全面普查等,其中抽样调查在政府绩效评估过程中最为常用。抽样调查中样本的抽取不仅要达到一定数量,而且不能先有观点再寻求论据。匹配优化的原则要求所建立的样本数据库必须与评估目的、评估程序、评估过程匹配,其相关的参数、权重和规律的获得必须有足够量的样本数据库作为支撑。并且评估主体能力也

---

① 侯坤:《绩效管理制度设计》,中国工人出版社 2004 年版。

要与评估要求的能力相适应。诸如,对三峡工程的绩效评估应采取多领域、跨专业专家综合评价的办法,不仅要有自然科学的专家,还要人文社会科学的专家;不仅要有国内的专家,还要有国外的专家。

## 三、政府绩效评估模式选择策略中的三个关系

中国政府绩效评估刚刚起步,因而,确立正确的政府绩效评估模式选择策略,必须要注意处理好以下三个方面的关系:

### (一)政府绩效与施政成本之间的关系

现行体制下,政府及其部门绩效评价主要并不在于市场,绩效评价与政府成本基本脱钩。一旦绩效及其评价与政府成本脱离,政府成本上升则是难以阻挡和约束的。

新公共管理主张政府管理的资源配置应该与管理人员的业绩和效果联系起来。在管理和付酬上强调按业绩而不是按目标进行管理,按业绩而不是按任务付酬。在对财力和物力的控制上强调采用根据效果而不是根据投入来拨款的预算制度。即按目标、产出、效果、顾客需求作预算。政府直接成本主要体现在财政支出上,社会公共利益决定政府职能,政府职能决定财政职能。因而,必须要明确政府职能,确定政府行为范围,进而合理界定政府收入规模和支出范围。并且通过市场经济的经济制约机制内外整合,而使公众走向联合,其整体经济利益得到充分的维护。这就必须确定合理评价政府投入产出效率的标准,强化对政府预算的监督和约束,从而遏制政府预算的非合理扩大。

选择政府绩效评估模式必须要考虑施政成本,只有政府产品大于政府成本时,政府绩效才具有真实意义。否则,会出现政府危机。从一定意义上说,绩效是扣除成本之后的盈余,公共行政固然也追求以最小的投入取得最大的社会效益。那种以过度消耗执政资源、损害党和政府威信来谋求个人政绩,以环境、生态为代价来获得经济增长,这样的政府绩效是短期的和不可持续的。一项不经济或效率低下的公共决策即使能增强公共利益,也不能认为是一项最佳决策或最优绩效。

## （二）评估标准的总价值统一性与评估指标差异性之间的关系

政府绩效目标确定必须在对政府公共管理进行分类的基础上进行，即首先对政府管理活动进行细分，划分评估项目，确定绩效目标，也就是在政府总价值目标之下，细分并确定子系统绩效目标。绩效目标系统的确立可以通过制定绩效目标的办法来进行，即确立目标总系统和目标子系统，总系统目标与子系统目标之间、子系统目标与子系统目标之间的内在关联直观形象标示出来。显然，评估的总衡量标准是统一和客观的，但是评估指标是具体的和有差异的，"高绩效组织强调质量、效益、顾客满意和结果而不是循规蹈矩"①。对于不同的评估主体、不同的评估内容、不同的评估背景、不同的评估阶段，不同的时空，绩效评估总价值可以统一，诸如经济、效率、效益作为测量和评估的三大基本变量，但是指标体系设计和评估模式的选择，不应简单划一，要体现过程性和动态性，应逐渐建立多重评价体制，如政府机关（或部门）自我评价、上级评价、党的组织部门和人民代表大会主持的评价、管理服务对象的评价、社会以及舆论的评价、专家评价等。针对每一种评价体制，结合评价理论与方法的发展和现代信息技术在政府管理中的运用，建立一个适合我国国情的，包括评价原则、评价指标体系和评价模型、评价依据、评价技术与方法、评价程序等在内的完整有效切实可行的政府绩效评价的理论、方法与实践体系。

## （三）评估主体的依附性与独立性之间的关系

绩效评估行为的实施最终需要依靠评估主体来实现，不同的评估主体有其自身的特点和专门要求，他们所面临的不同的背景、不同的时空、不同的客体，决定了与之匹配的指标也不会相同。传统体制下，评估主体不仅单一，而且具有极强的行政依附性，偏重于上级行政机关对下级的评估以及政府内部的自身评估，缺乏社会公众、专业组织、中介机构的评估。中介机构的评估在我国已展开，诸如审计事务所进行的评估。现在的评估主体在运作中存在的主要难点在于缺乏应有的独立性，必须通过组建独立于政府的、

---

① ［美］马克·G·波波维奇：《创建高绩效政府组织：公共管理实用指南》，中国人民大学出版社2002年版。

专业的绩效评估机构来解决评估主体的独立性问题。评估机构无论是民间的还是隶属人大系统,关键在于保证其独立性。人员独立、经费独立、运作独立是评估主体独立的前提。

利益多元化必然导致利益主体多元化,多元利益主体与政府组织存在着十分密切的联系,只有保持评估主体的独立性,才能真正形成评估主体多元化的格局。利益主体有权利对政府供应的公共产品和提供的公共服务做出判断和评价。不仅如此,由于公共管理过程、程序日益专业、严格、复杂,由专业人士或专业机构对政府绩效进行评估是现代社会发展的必然要求。而由专业人士或专业机构做出专业评估的前提就是独立性,只有独立性才会有真正的专业性的政府绩效评估。

(臧乃康:南通大学公共管理学院党总支副书记,教授)

# 政府绩效与领导效能的关系模型及实证研究

杜　娟

## 一、引言

领导行为有效性研究一直是领导学、组织行为学、管理心理学研究中的一个热点问题,而领导行为有效性的测度更是一个理论和实践上的难点问题。[①] 如何评价领导行为有效性并没有简单的答案,选取适当的指标取决于评价的目的和评价者的价值观念。长期以来,对领导评价中主观因素较多,难以做到公平合理,从而带来了一些消极影响。因此,建立科学合理的领导行为有效性的测度方法势在必行。

县级领导是贯彻和实施新时期发展战略的中坚力量,为了促进县级领导班子建设,本文将提出一种县域领导行为有效性测度的新方法,该方法通过客观测度领导的实绩来间接反映领导行为的有效性,其优点是有利于克服片面追求人际和政绩而导致的种种弊端,有利于激励和引导领导干部求真务实、锐意进取、多出实绩。本文第二部分将通过分析当前变革背景下的县级领导的主要特点和任务,建立起通过县域经济、社会发展和变化的速度来间接评价领导有效性的理论假设。第三部分将提出一种基于数据包络分析的测算经济、社会发展速度的模型。第四部分利用上述模型对黑龙江省66县(市)进行了实例测算和分析。第五部分为全文结论。

## 二、测度县级领导有效性的理论假设

县级政府领导有效性的评价是一项系统工程,涉及一系列内容,其中包

---

① 苏东水:《管理心理学》,复旦大学出版社 2002 年版。

括定性与定量相结合的评价。本文只研究定量评价,为了定量分析,必须解决好三个问题:一是要有一套科学、可行的考核指标体系;二是要有一种简便有效的评价方法;三是要有一套完整、稳定真实的资料来源①。

中共中央党校研究室课题组:《从经济发展角度冷静地思考和设计政治体制改革》根据新时期县级政府的职能和县域经济社会发展的要求,提出以下县级政府政绩考核的指标体系。一级指标有三项:(1)人民生活水平和生活质量方面的指标。(2)经济建设方面的指标。(3)社会发展和精神文明建设方面的指标。每个指标体系都细化为三级,且有不同的权重②。《中国政府绩效评估研究》课题组提出了一个包含了三项考核指标的政府绩效评估体系③。即职能指标、影响指标和潜力指标。职能指标是评估体系的主体,这些是政府应该解决的基本问题,如果出了问题,政府部门要直接负责。影响指标是用来测量政府管理活动对整个社会经济发展的成效、影响和贡献的。潜力指标反映的是政府内部的管理水平。吴克澄提出了同时采用考核指标和评价指标两个体系进行政府的政绩评价。考核指标为定量评价,主要包括经济运行情况(经济总量和结构等方面)、社会发展情况(社会保障体系方面)、可持续发展情况(人和生态环境方面)。评价指标多为定性标准,即是对考核指标的验证,又要体现工作过程的努力程度,包括物质文明、精神文明、政治文明建设等各方面情况的评价,方法是设计一些与群众利益息息相关的具体内容,让老百姓来评价④。由于政府领导的职能是多方面的,对其有效性的测度也是多维度的。评价的目的和侧重点不同时,所采取的指标和方法也不同。本文的重点是研究当前行政改革过程中领导有效性的测度,在这个背景下领导最重要也是最本质的职能是领导和促进变革。变革的发生直接表现为机构的变化、新的制度平台的建立、新的组织文化的孕育,这些变化又将对该地区的经济、社会发展产生间接的影响。由于经济、社会发展的指标易于获取和定量描述,一般在政府绩效评价时常采用这些

---

① 郭济:《中国行政改革的现状和趋势》,《中国行政管理》2000年第9期,第3~5页。
② 中共中央党校研究室课题组:《从经济发展角度冷静地思考和设计政治体制改革》,《经济研究参考》2003年第48期,第2~24页。
③ 周志忍:《我国行政体制改革的回顾与前瞻》,《新视野》1996年第4期,第41~44页。
④ 吴克澄:《论县级领导班子政绩考核指标体系和评价方法》,《中共中央党校学报》2002年第8期,第65~69页。

指标对政绩进行考核。虽然影响经济社会发展指标的因素众多,但近五年的行政改革和经济建设的实践表明,行政改革解放和发展了中国的社会生产力,创造了世界经济中一个大国持续发展奇迹[①],行政改革的不断深化已成为经济、社会发展的最强大的推动力。根据 2002～2003 年世界经济论坛发布的指数,可以看到由于 1998 年中国政府推行改革措施,当年的政府竞争力上升到全球第 19 位,国家竞争力上升到 21 位,说明了改革对于提高政府和国家竞争力的巨大推动作用。既然近几年来行政改革是促进经济、社会发展的主要推动力,是引发经济、社会进步的主要因素,那么就可以尝试用经济、社会的进步率来评价行政改革的有效性,通过对各类相关指数及其排位升降的考察,测量出行政改革的成效[②]。而领导和促进行政改革又是政府领导的主要职责,由于变革环境中领导的有效性主要体现在领导变革的能力和效果,所以可以通过经济、社会的进步程度来间接评估行政改革过程中领导的有效性。从政府绩效角度衡量领导行为的有效性,主要是看政府所在的那个地方或部门在评价期间是否有了较大的发展和变化。上述分析中各变量的因果关系如图 1 所示。粗箭头表示影响变量的主要因素,细箭头表示影响变量的其他因素。

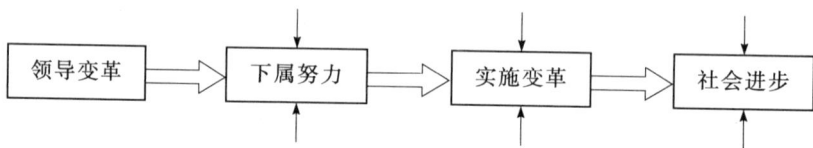

**图1 变革过程中领导行为与政府绩效产出的关系**

由于本文的重点是提出一种评价领导有效性的思想,并建立相应的测算模型,所以选取指标体系只是为了能够说明问题,而不苛求其全面。为了测度经济、社会的进步程度,本文选取了中共中央党校研究室课题组:《从经济发展角度冷静地思考和设计政治体制改革》中政府绩效评估指标体系中的影响指标,即经济、社会、人口与环境三个指标,作为本研究的基础指标体系。接下来的问题一是如何将三个子指标合成一个反映社会、经济发展水平的综合指标;二是如何通过历年综合指标的变化来评价经济、社会的相对进步程度,解决这

---

① 宋长瑞:《考核指标体系的设计》,《组织人事报》2004 年 6 月 1 日。
② 朱德米:《论行政改革评估》,《同济大学学报(社会科学版)》2003 年第 3 期,第 52～56 页。

两个问题所要建立的测算模型是本文研究的重点①。

## 三、基于数据包络分析的测算县域领导有效性的数学模型

反映经济、社会发展水平的综合指标及其进步率,均可采取比较的方法来评估②。综合指标可采用同类单元间横向比较的方法来判定;综合指标的进步率的测算,通常采用的方法是在一段时间内对单元的综合指标进行纵向比较。然而在技术实现方面,上述方法中均存在一些尚未解决的问题:其一是在对同类单元的发展水平进行比较时,除了应考虑适当的指标体系之外,更大的困难在于如何克服环境的差异对单元绩效产出的影响,吴文江:《数据包络分析及其应用》采用计算投入产出比的方法来反映组织基础条件的差异③。其二是在纵向考察综合指标的进步程度并在同类单元间进行横向比较时,存在着如何评价单元之间综合指标进步率的相对有效性问题,熊国强等:《DEA 方法在城市社区建设绩效评价中的应用》中通过计算被评价单元在不同时间点上,绩效产出与绩效前沿面接近程度的变化来评价技术进步的作用④。目前,还没有一种评价方法可以同时有效地解决上述两个难题。在考察单元的综合指标相对进步率时,为了克服环境的差异对单元绩效产出的影响,本文借鉴了数据包络分析(DEA)的思想。数据包络分析方法是一种将观测值以前沿面方式加以包络的绩效衡量方式,它借助于数学规划的技巧,运用事后数据来评估效率,不但弥补了传统效率衡量方式的不足,更将数学规划从原来的规划角色扩展到控制评估的角色,成为一种业绩诊断的依据⑤。其方法是以投入产出的比例作为衡量效率的指标,采用数学规划模式,以极大和极小值来得到所谓的效率前沿面,即所有效率良好的受评估单位组成效率前沿,其他效率较差的被评估单位便落在该前沿之内。

① 刘世昕:《中国政府绩效评估指标浮出水面》,《中国青年报》2004 年 8 月 2 日。
② 卓越:《公共部门绩效评估初探》,《中国行政管理》2004 年第 2 期,第 71～76 页。
③ 吴文江:《数据包络分析及其应用》,中国统计出版社 2002 年版,第 30～32 页。
④ 熊国强等:《DEA 方法在城市社区建设绩效评价中的应用》,《运筹与管理》2003 年第 4 期,第 120～123 页。
⑤ Banker, R. D., A. Charnes and W. W. Cooper. Some models for estimating technical and scale inefficiency in Data Envelopment Analysis. Management Science, 1984,30(9):1078～1092.

该方法可用于在生产部门计算资源分配和技术效率,近年来在公共部门的绩效评价中也获得了一定的应用[①]。我国学者还对应用 DEA 测算相对有效性的方法进行了发展,提出了二次相对效益方法[②]。即以被评价单元以往的产出作为输入,以当前的产出作为输出,把当前和以往产出的比例作为衡量管理有效性的指标,用 DEA 方法测算各评价单元的相对有效性,这种评价结果可有效地剔除客观基础条件不同所造成的影响,真正体现被评价单元的主观努力程度[②]。本文在二次相对效益方法的基础上,提出了一种运用 DEA 模型测算综合指标及其相对进步率的方法,该方法可同时有效地解决上文中提到的绩效评价领域的两个难题。

将多个子指标合成一个总的综合指标时,通常采用专家赋权法,为每个指标分配不同的权重,然后求取所有子指标的加权代数和作为综合指标,吴文江:《数据包络分析及其应用》就是采用这种办法计算综合指标的[③]。这种方法的缺点在于,为子指标分配权重时引入了专家的主观因素,使评价的客观性受到削弱。本文将采用只有输出的 DEA 模型来计算多子指标时的综合指标。DEA 模型通常被用来根据生产活动中的多个输入指标和多个输出指标的数据,评价相对于所给出的诸决策单元(生产单元)来说某决策单元的优劣,也就是评价决策单元间的相对有效性。针对多子指标综合的问题也可采用这种相对有效性的评价方法,即采用只有输出的 DEA 模型,计算出各评价单元输出的相对有效性作为其综合指标,该指标可以客观地反映各评价单元综合实力的差距。

只有输出的 DEA 模型如下:

$$T_y = \left\{ Y \middle| Y \leqslant \sum_{j=1}^n \lambda_j \, Y_j \,, \sum_{j=1}^n \lambda_j = 1 \quad \lambda_j \geqslant 0, j=1, \Lambda n \right\} \tag{1}$$

设有 $n$ 个同类型的被评价的决策单元(DMU$j$),只有输出指标 $Y_j = (Y_{j1}, \Lambda, \lambda_{js})^T$,且输出指标越大越好,要求用 $Y_j$ 来评价各决策单元的输出的相对有效性。则首先定义集合为决策单元的输出可能集。显然,输出可能

---

① 周卓儒等:《基于标杆管理的 DEA 算法对公共部门的绩效评价》,《中国管理科学》,2003 年第 3 期,第 72~75 页。

② 冯英浚,李成红:《二次相对效益——衡量企业经济效益的一种新指标》,《中国软科学》,1995 年第 7 期,第 31~37 页。

③ 冯英浚:《生产有效性和管理有效性》,《管理工程学报》,2001 年第 3 期,第 27~29 页。

集为所有决策单元输出的线性组合。从几何意义上讲,在一个用于描述输出指标的 $S$ 维空间中,输出向量 $Y_j$ 为该空间中的一个点,可用该点到空间原点的距离来衡量其大小。在空间的不同方向上,由距离原点最远的点(即该方向上最大的输出向量)构成了一个支撑超平面,输出可能集 $T_y$ 中所有的点都位于该平面上或该平面内。由于位于该平面上的点在该方向上与原点的距离最远,可认为是最大的输出向量,称为 DEA 有效,有效性值取为 1,该支撑平面也称 DEA 前沿面。位于前沿面内的点为非 DEA 有效,有效性值根据其与前沿面的接近程度而定,离前沿面越远,有效性值越低。上述原理可利用只有 2 个输出时的 DEA 模型来形象地描述,如图 2 所示。

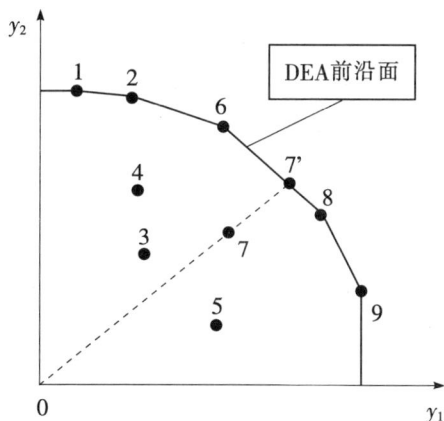

图 2　只有 2 个输出时评价单元的输出有效性示意图

指数状态前沿面包络了全部指数状态 $(x_j, y_j)$,$j=0,1,2,3,L,n$,它反映了评价系统输入输出之间的最优关系。DEA 方法同时又提供了反映评价单元偏离指数状态前沿面的程度,由此可以得到各评价单元的相对有效值。

$$\eta = 1/\alpha_0 \times 100\% \qquad (2)$$

设 $\alpha_0$ 是(1)式线性规划的最优值,称为该评价单元的二次相对效益,本文将其作为评价相对进步率的指标。由于在计算中将以往的综合指标值作为测度进步率的参考值,在一定程度上反映了评价单元的客观基础条件的差别,所以该指标能够比较客观、公正地反映各评价单元综合指标的相对进步程度。

## 四、黑龙江省 66 县(市)领导有效性的评价的实例测算

利用上部分提出的基于 DEA 原理的领导有效性的测算方法,结合黑龙

江省 66 个县(市)的数据进行了实例测算。测算过程分两步:第一步,根据各县(市)的各项指标计算得出反映其经济和社会发展的综合指标;第二步,利用相邻年度的综合指标计算年度间的相对进步率,作为评价领导有效性的相对得分。

为了便于说明问题,且结合黑龙江省统计年鉴所提供的现有数据,在经济、社会、人口与环境三个基础指标下,各只选取 1 个子指标:(1)人均 GDP,反映经济指标;(2)平均受教育程度,反映社会指标;(3)非农业人口比重,反映人口与环境指标。其中(1)、(3)两项可直接从统计年鉴中查到,平均受教育程度无法直接获得,只好采取在校学生数与总人口的比值来近似表示(即在校率)。计算各年度综合指标时用到的原始数据来源于 1999、2001、2003 年的黑龙江省统计年鉴。将归一化后的三个子指标作为被评价单元的三项输出指标代入只有输出的 DEA 模型,利用线性规划软件 Lindo 运算后得到各评价单元的得分 ALFA,将其取倒数并化为百分数,作为各单元该年综合指标的相对得分。计算年度间相对进步率时,为了更全面、突出地反映 1998 年行政改革以来,各县(市)综合指标进步率的变化,故选取 1998 年以后的年度进行分析和计算。考虑到经济、社会发展的相对平稳性和连续性,为了使分析更加简明、结果更加显著,所以只选取了 1999,2001,2003 三个时间点,计算其间的相对进步率。根据计算相对进步率的 DEA 模型,将 1999 年的综合指标相对得分 1/ALFA 作为输入,将 2001 年的 1/ALFA 作为输出,计算得到各县(市)1999~2001 进步率的相对得分 1/ALFA,同理,经计算可获得 2001~2003 进步率的相对得分 1/ALFA。上述线性规划的计算均利用 Lindo 软件完成。

下面以若干县的计算结果为例来说明该测算方法的有效性和意义。为了讨论方便,从 66 县进步率评价得分表中选取 1999~2001 年或 2001~2003 年进步率为 1 的单元,共 11 个县(市),将这 11 个县(市)1999、2001、2003 年度的综合指标及其 1999~2001 年、2001~2003 年进步率汇总于表 1 中。从综合指标与进步率得分的关系上看,进步率得分为 1 的县(市)可分为两种情况,一是各年度综合指标都较高的单元,如绥芬河市、塔河县和漠河县,它们历年的综合指标均名列前茅(等于 1 或接近 1)。二是综合指标并不突出,但年度间相对进步程度显著的单元,这类单元占了多数,除上述三个单元外,其他单元基本上都属于第二种情况。这样的评价结果既突出了进步的程度又考虑了综合实力,比起通常的只考察综合实力或只考虑增长率的方法更为合理。

表1　　1999～2003年黑龙江省11县(市)综合指标和进步率

| 代号 | 县(市) | 1999 | | 2001 | | 2003 | | 1999～2001 进步率 | | 2001～2003 进步率 | |
|---|---|---|---|---|---|---|---|---|---|---|---|
| | | ALFA | 1/ALFA | ALFA | 1/ALFA | ALFA | 1/ALFA | ALFA | 1/ALFA | ALFA | 1/ALFA |
| 1 | 拜泉县 | 2.41 | 41.5 | 1.33 | 75.5 | 1.32 | 75.8 | 1.00 | 100.0 | 1.03 | 97.2 |
| 2 | 萝北县 | 1.00 | 100.0 | 1.00 | 100.0 | 1.13 | 88.5 | 1.00 | 100.0 | 1.13 | 88.6 |
| 3 | 肇州县 | 1.17 | 58.5 | 1.19 | 84.3 | 1.17 | 85.5 | 1.18 | 84.6 | 1.00 | 100.0 |
| 4 | 桦川县 | 1.78 | 56.3 | 1.60 | 62.8 | 1.52 | 65.8 | 1.55 | 64.7 | 1.00 | 100.0 |
| 5 | 汤原县 | 1.74 | 75.4 | 1.80 | 55.6 | 1.73 | 57.8 | 1.76 | 56.7 | 1.00 | 100.0 |
| 6 | 抚远县 | 1.70 | 58.8 | 1.00 | 100.0 | 1.38 | 72.5 | 1.00 | 100.0 | 1.38 | 72.5 |
| 7 | 勃利县 | 2.10 | 47.6 | 1.85 | 54.2 | 1.85 | 54.1 | 1.55 | 64.4 | 1.00 | 100.0 |
| 8 | 绥芬河市 | 1.00 | 100.0 | 1.00 | 100.0 | 1.00 | 100.0 | 1.00 | 100.0 | 1.00 | 100.0 |
| 9 | 绥棱县 | 1.64 | 60.8 | 1.60 | 62.6 | 1.52 | 65.8 | 1.60 | 62.7 | 1.00 | 100.0 |
| 10 | 塔河县 | 1.07 | 93.5 | 1.08 | 92.9 | 1.06 | 94.3 | 1.08 | 92.9 | 1.00 | 100.0 |
| 11 | 漠河县 | 1.00 | 100.0 | 1.00 | 100.0 | 1.00 | 100.0 | 1.00 | 100.0 | 1.00 | 100.0 |

通过对有关年度的年鉴分析可以发现,这些综合指标进步显著的县(市)均采取过促进社会、经济发展的有效的改革措施。例如,拜泉县大力调整农村经济结构,大力发展特色作物和绿色食品,开展百库千塘万眼井工程,改善了生态环境。企业产权制度改革也有重大进展。这些改革措施有力地推动了该地区经济社会的发展和进步。萝北县城镇化建设成果显著,被授予全省文明村镇建设先进县标兵,名山镇被列为省级重点小城镇。肇州县推广普及技术创新,全面推进素质教育,被评为全省基础教育工作先进县。桦川县县、乡、村全面推行政务公开,大力整顿和规范市场秩序,千方百计保持社会稳定,积极培育发展劳动力市场,加强扶贫解困工作。汤原县积极推行零基预算,调整了乡镇税收管理体制,完成了县乡党政机构改革,乡村行政区划调整工作顺利实施。勃利县大力调整种植结构,大力发展优质农业、特色农业、绿色农业、订单农业,由政府搭台,企业唱戏,组织全县 20 几家企业到北京、上海参展其绿色食品,并设立专柜常年销售,被省政府授予"绿色食品展销先进县"称号。绥棱县大力发展种植和特色养殖,大鹅发展到百万只,水利、林业工作实现历史性突破,农业产业化有了新进展,素质教育扎实推进,顺利通过了国家普九检查验收。上述几个县由于进行了有效的领导,采取了适当的变革措施,使经济社会稳步发展,所以进步率得分居领先地位,这说明基础条件一般的县(市),通过有效的领导和努力,其工作成效通过进步率的测算仍可名列前茅,这对大量综合指标处于中游的县无疑是具有鼓舞作用的。

从 66 县总的进步率名次上看,1999~2001 年进步率>0.9 的单元有 11 个,2001~2003 年进步率>0.9 的单元有 30 个,1999~2001 年进步率>0.9 的单元中只有 4 个在 2001~2003 年进步率仍保持>0.9,可见通过相对进步率的评价形成了你争我赶的竞争局面。对于大多数单元来讲,只有持续的有效领导和努力工作,才能始终保持在前列,稍有松懈就会被其他单元赶超,这使得处于前列的单元不敢固步自封,位于后进的单元追赶有望,从而达到鼓励先进、鞭策后进的作用,形成在竞争中不断发展的良好态势。

## 五、结论

在领导变革的过程中,领导和推动变革的能力是评价领导工作有效性的重要指标。在当今行政改革不断深入的背景下,行政改革及其他相关改革措施是推动县域社会、经济进步的最主要力量。因此本文提出了通过测度县域社会、经济的发展和进步程度来间接评价县级领导有效性的方法。

为了测量县域社会、经济的发展的综合得分,本文采取只有输出的 DEA 模型,将反映县域经济、社会发展情况的子指标通过相对有效性运算得到一综合指标,该算法采用线性规划方法计算总得分,无需对子指标人工赋权,提高了评价的客观性。为了测量年度间综合得分的变化程度,本文采取了计算二次相对效益的 DEA 模型,以上年指标作为输入,以本年指标作为输出,利用线性规划法计算输入输出的相对有效性,即可求得跨年度综合得分的相对进步率,以此作为评价该地区领导有效性的客观指标。

利用上述方法对黑龙江省 66 县(市)进行了领导有效性的测算。结果分析表明,综合指标进步率高的县(市)均采取过促进社会、经济发展的有效的改革措施,进一步证明了测度方法的有效性。另一方面,采用这种测度方法既可有效的克服基础条件差异对评价带来的影响,又可达到鼓励先进、鞭策后进的目的,形成不进则退的竞争局面,是一种很有前景的、符合当今公共行政发展趋势的政府领导有效性的客观评价方法。

本研究的局限性主要体现在以下两个方面:一是指标体系建立得不够完备,主要是由于统计年鉴中提供的统计数据种类有限,如在以后的研究中通过多种渠道获得多方面的统计数据,则可以建立更完备的指标体系,从而使本研究的实用性大大增强。二是本研究中测度领导有效性的基本假设,即认为领导有效性与社会经济发展的进步程度密切相关,其有效性还须进一步证实。该假设的因果链较长,干扰因素也较多,今后的研究应着重分析因果链中的其他环节及干扰因素,如领导行为的特征与下属努力的关系、组织文化等内容。

总之,本文将数据包络分析的方法应用于公共组织领导有效性评价领域,为基于组织绩效的客观评价方法提供了新的思路和技术支持。它将二次相对效益测度方法的研究成果引入管理心理学领域,提出了一种在管理心理学领域中进行行为定量化研究的方法。本文提出的这种县域领导行为有效性测度的新方法,具有很好的可操作性,该方法将为县级领导干部的选拔任用、奖惩培训中提供客观的决策依据和有效的技术支持,有助于建立一种人力资源开发为本的用人机制。

# 参考文献

1. 苏东水．管理心理学[M]．上海：复旦大学出版社,2002

2. 郭济．中国行政改革的现状和趋势[J]．中国行政管理,2000(9)：3～5

3. 中共中央党校研究室课题组．从经济发展角度冷静地思考和设计政治体制改革[J]．经济研究参考,2003(48)：2～24

4. 周志忍．我国行政体制改革的回顾与前瞻[J]．新视野,1996(4)：41～44

5. 吴克澄．论县级领导班子政绩考核指标体系和评价方法[J]．中共中央党校学报,2002(8)：65～69

6. 刘世昕．中国政府绩效评估指标浮出水面[N]．中国青年报,2004-08-02

7. 宋长瑞．考核指标体系的设计[N]．组织人事报,2004-06-01

8. 朱德米．论行政改革评估[J]．同济大学学报(社会科学版),2003(3)：52～56

9. 卓越．公共部门绩效评估初探[J]．中国行政管理,2004,2：71～76

10. 熊国强等．DEA方法在城市社区建设绩效评价中的应用[J]．运筹与管理,2003,4：120～123

11. 吴文江．数据包络分析及其应用[M]．北京：中国统计出版社,2002

12. Banker, R. D. , A. Charnes, and W. W. Cooper. Some models for estimating technical and scale inefficiency in Data Envelopment Analysis [J]. Management Science, 1984, 30(9)：1078～1092.

13. 周卓儒等．基于标杆管理的DEA算法对公共部门的绩效评价[J]．中国管理科学,2003,3：72～75

14. 冯英浚,李成红．二次相对效益——衡量企业经济效益的一种新指标[J]．中国软科学,1995,7：31～37

15. 冯英浚．生产有效性和管理有效性[J]．管理工程学报,2001,3：27～29

(杜鹃：黑龙江省行政学院教师)

# 我国政府绩效评估主体分析

## 金竹青

政府绩效评估是政府绩效管理的重要内容之一，而评估主体作为政府绩效评估的构成要素，其组成结构和作用的发挥对政府绩效评估的成效有直接的影响。

## 一、我国政府绩效评估主体的构成

政府绩效评估主体即政府绩效的评估者，是指对政府绩效进行价值判断的个体或组织。政府绩效评估主体一般分为两类：内部主体与外部主体。

### 1. 内部评估主体

内部评估主体是指从政府体系内部产生的评估主体，包括政府部门自身、政府的上级主管部门以及政府自身的工作人员等。他们对政府及其所属职能部门的工作绩效进行的评估称为内部评估。在我国政府绩效评估实践中，根据评估开展的方向，可以将内部评估主体分为三种：

纵向评估主体。即从纵向对政府绩效进行评估的主体。纵向评估有两类：一是行业绩效评估，指由政府主管部门对所属企事业单位的绩效进行评估，例如，卫生部对医院系统的评估，教育部门对各级各类学校系统的评估等[1]，此类评估的行业性和专项性特征显著；另一类是各级政府对其下级政府，以及本级政府所属职能部门的绩效所进行的评估。

横向评估主体。横向评估是指在同一层级上，其他政府部门对某一政

---

① 周志忍:《公共组织绩效评估:中国实践的回顾与反思》,《兰州大学学报(哲学社会科学版)》2007年第1期,第27页。

府部门,或是政府各部门相互之间就对方的绩效进行评估,此类评估的重点通常在于被评估部门与评估主体部门相关业务领域内的绩效表现。横向评估往往不会单独进行,而是经常作为纵向评估中的一部分实施,横向评估的主体往往也是作为评估的参与主体而非执行主体的形式出现的。

自我评估主体。政府或政府部门针对自身绩效而开展的评估。这类评估一般由政府内部专门机构(如监察部门、效能办等)执行,自我评估是政府组织日常管理职能之一。

内部评估是以内部主体组织执行的,但这些评估中的参与主体则是多元的,且并不仅限于政府系统内部,公民个人、社会团体、企事业单位等都可能成为政府内部评估中的参与者从各自的角度对政府绩效做出评价。

2. 外部评估主体

外部评估主体是指从政府体系外部对政府绩效进行评估的主体。随着我国政治民主和政府绩效改革的推进,我国政府绩效评估逐渐摆脱了单一的内部评估形式,社会公众、中立的第三方评估组织、大众媒体、人大、政协、司法机关等多方主体越来越多地出现于我国政府绩效评估实践之中,我国政府绩效评估主体结构开始呈现多元化发展的趋势。

在我国政府绩效评估实践中,大部分的内部评估主体都是作为评估的执行者和组织者出现的,而政府绩效评估外部主体的情况则相对比较复杂:

(1)权力机关主要对政府履行自身职责的情况进行评估,全国和地方各级人大审查政府工作报告,既是权力机关履行自身职责和权力的过程,也是对政府在过去一年中的工作绩效进行评估的过程。但除此之外,各级人大并没有对同级政府的工作绩效进行系统化评估的制度或机制,在许多政府评估实践中,人大代表往往与公众、企事业单位一样,是作为一方参与者在政府评估中发挥作用的。

(2)政协从政治协商、民主监督的角度对政府的绩效进行评估。

(3)司法机关对政府绩效的评估侧重于政府行政行为的合法性方面,但与立法机关一样,其在政府绩效评估中通常也扮演着参与者而非评估组织和执行者的角色。

(4)审计部门。审计部门具有相对于同级其他政府部门的独立审计权,而绩效审计是很多国家审计部门的主要职能之一。绩效审计是指审计部门对政府及其各职能部门、直属机构资源利用效率的审计评估。在美国等一些国家,绩效审计是政府绩效评估的主要构成部分。我国现阶段的政府审计尤其是中央一级的审计也开始由单纯的财务审计向绩效审计发展。鉴于绩效审计作为专业审计职能有其自身的特点和规律,本文将不做赘述。

(5)公众、企业等公共服务对象。公众作为评估主体参与政府绩效评估,主要有以下三种情况:第一种情况是任何公众都可以自发地参与评价,这种情况通常是指,在政府或其他执行主体所组织的政府绩效评估中,公众个体通过网络、信函等形式自发地对政府绩效予以评估;第二种是政府部门随机抽取的普通群众,以问卷等形式征询其对政府或其职能部门工作绩效的意见;第三种情况则是政府根据一定的比例在社会各界代表中抽取不同对象组成综合的评价主体,通过召开座谈会、发放问卷等形式邀请公众对政府工作绩效进行评价,提出批评的意见和改进的建议,这种情况下,公众作为评估主体所包含的对象通常非常广泛,如人大代表、政协委员、企业代表、相关政府部门的服务对象、普通群众等,有些地方的政府还邀请外籍投资商对政府绩效进行评价。

(6)中立的第三方评估组织、大众媒体经常作为政府绩效评估的发起者与执行者,从相对客观、独立的视角对政府绩效进行评估。美国著名研究机构 Compel 研究所与美国《政府管理》杂志合作发布的对各州或市的政府绩效的年度评估报告,民众对评估结果的认可率达到 92%[①]。随着我们国家政府绩效评估的推进,独立的第三方评估也日益获得认可和重视。2004 年,兰州大学"中国地方政府绩效评价中心"接受甘肃省政府的委托进行的"非公有制企业评议政府"的活动,是中国地方政府首次委托第三方评估机构组织开展政府绩效评估的实践。此后,2005 年开始厦门市思明区委托社会中介组织开展"第三方考评",2006 年武汉市政府邀请麦肯锡公司评估政府绩效并被网友评为"年度十大公共决策"之一[②],杭州市政府亦于同年开始邀请学术机构对世界休闲博览会的工作进行评估[③],这些都是中国第三方政府绩效评估的有益探索与实践。

---

① 母天学:《对美国政府绩效考评活动的考察》,《行政论坛》2001 年第 9 期。
② 天下财经网:http://stock. 21our. com/readnews. asp? id=1342539&page=1
③ 搜狐新闻网:http://news. sohu. com/20070512/n249976775. shtml

## 二、我国政府绩效评估主体的特点

基于政治体制和文化等方面的原因,我国的政府绩效评估在主体方面具有不同于发达国家政府绩效评估主体的独特性,主要表现为以下几个方面:

### 1. 以内部评估为主,同时呈现主体多元化发展趋势

无论在哪个国家,内部评估都是政府绩效评估最主要和最常见的形式,我国亦然,而且,基于体制和制度等方面的原因,在未来相当长的时期内,内部主体将依然是中国政府绩效评估的主要形式。但同时我们也应该看到,社会公众、媒体以及专业化的社会评估机构等各种主体开始越来越多地参与到政府绩效评估实践之中,我国政府绩效评估主体已开始呈现出多元化的发展趋势。尤其是公众,作为公共服务的对象和直接体验者,已越来越多地被各级政府绩效评估实践纳入评估主体范畴。这是我国政治民主化进程中的必然现象;是民主治理、公共服务等新公共精神和价值作为中国各级政府施政理念作用于行政领域的必然结果;也是政府绩效管理实践不断推进和发展的必然趋势。

### 2. 以行政权力及责任为基础实行"内向性"、"单向性"的内部评估

我国政府绩效评估具有"内向性",即组织绩效评估主要是一种政府的内部行为,由政府部门发动和实施,评价结果主要用于"内部消费"[①],而且以上级对下级的评估为主,具有显著的"单向性"特征。这一特点是建立在相对集中的权力和责任的基础之上的。与实行分权体制且议会对政府具有强有力的横向监督作用的大多数西方国家不同,我国在现有的国家结构形式之下,财政、人事、政策等各类资源都掌握在上级政府和上级业务主管部门手中,而各级人大作为行使代表权的权力主体,监督手段相对不足、监督意识不强,再加上受传统的集权政治文化的影响,因此上级政府和业务主管部

---

① 周志忍:《公共组织绩效评估:中国实践的回顾与反思》,《兰州大学学报(哲学社会科学版)》2007年第1期,第27页。

门对下级政府及业务部门的实际控制和监督作用要远超过同级地方权力机构,呈现出权力纵向相对集中的特点。在这种权力结构之中,上级政府自然也承担着监督和评估下级政府工作绩效的责任,从而使我们国家政府绩效在内部评估方面呈现出鲜明的自上而下的特点。

### 3. 评估缺乏法定的主体,随意性较大

西方国家政府绩效评估大都已从自发的阶段走向了制度化、规范化的阶段,具有较强的整体性,一般都有一个法定机构统一执行,对各评估主体的权责也大多通过法律形式加以明确。而我国虽然已经将政府绩效管理作为政府改革的重点之一。但总体来看,各地政府绩效评估实践大多还停留在自发的阶段,领导特别是一把手高度重视目前仍然是评估实践得以推行的必要条件。这种自发性使得我国政府绩效评估实践的连续性明显不足[①],很多地方搞的评估都是一次性的或个别的,评估的价值导向、内容、指标、结果利用等各方面的差异性很大,在评估主体方面则主要体现为评估机构的设置缺乏法定,带有很大的随意性。这在客观上无疑制约了我国政府绩效评估建设的科学化和规范化。

### 4. 外部主体缺乏制度化的评估参与渠道

中国政府绩效评估主体结构呈现多元化趋势的同时,依然存在着外部主体参与政府绩效评估制度化渠道缺乏的问题。公众等外部主体对政府绩效评估的参与,以及参与的深度和广度,在很大程度上取决于政府的态度,即作为评估执行者的政府内部评估主体是否将他们纳入参与主体范围以使他们有机会对政府绩效进行评估并表达自己的态度。即使是在由专业化的第三方评估者所组织的政府绩效评估实践中,由于第三方评估主体完全独立性的不足,因此在"谁来参与评估"这个问题上仍然在很大程度上要受制于作为委托者的政府,这些委托者有时候是被评估者的上级部门,有时候甚至是被评估者本身。这种由评估的不连续性带来的外部评估主体参与评估的随机性使公众等参与评估者很难对政府绩效做出持续、理性、科学的评价。

---

① 周志忍:《公共组织绩效评估:中国实践的回顾与反思》,《兰州大学学报(哲学社会科学版)》2007 年第 1 期,第 27 页。

5. 评估主体专业化程度不高

政府绩效的评估是专业性很强的活动,需要评估者具备项目管理、财政、统计、信息处理等多方面的综合素质,但在我国政府绩效评估实践中,评估主体,尤其是占据主要地位的内部评估主体,其评估知识和技能却显得相对滞后。这一方面由于我国政府绩效评估机构的工作人员大都来自于党政监察部门(我国政府绩效评估主要源自于效能监察),缺乏专业性评估所必需的知识和技能;另一方面也是与我国政府绩效评估的内容和重点分不开的。西方的政府绩效内部评估多从项目、预算、审计等方向进行,相对更容易做到专业化,而我国政府绩效从整体上来说定性评估更重于定量评估,在根据绩效目标进行量化评估方面的要求相对也不是很高①,故而对政府绩效评估者评估技能的要求也相对较低,而且由于政府绩效评估尚未真正走上制度化道路,因此对专业评估人员的培训也还没有提上议事日程,远未形成一支专业化的政府绩效评估队伍。

## 三、评估中各类主体的利弊分析

政府绩效评估中的各类主体都会从不同角度和侧面对评估过程及结果产生一定的影响。本文仅围绕其中影响和作用力最强的内部评估主体以及近年来备受关注的公众和第三方评估主体,对他们作为评估主体对评估所可能产生的影响做一个简要的分析。

1. 内部评估主体利弊分析

政府行政是过程相对封闭且专业性较强,其信息很难为外部评估者充

---

① 例如美国国家绩效预算衡量小组对政府绩效管理的定义为:"利用绩效信息协助设定同意的绩效目标,进行资源配置与优先顺序的安排,以告知管理者维持或改变现有计划,并且报告成功符合目标的管理过程";而中国行政管理学会联合课题组的定义则为:"运用科学的方法、标准和程序,对政府机关的业绩、成就和实际工作做出尽可能准确的评价,在此基础上对政府绩效进行改善和提高"(参见:刘旭涛:《政府绩效管理:制度、战略与方法》,机械工业出版社 2003 年版,第98页)。由二者定义的不同可以看出两者在绩效评估内容和侧重点方面的区别。

分了解和准确使用,政府作为这些管理信息最直接的生产者和使用者最了解自身的情况,由他们来对自身的工作进行评估,若能排除徇私、偏见等因素,应该是效度最高的一种评估形式。有效的内部评估可以为管理者提供必不可少的支持(Wildavsky 1985)。因此,无论在哪个国家,政府自身都是绩效评估最重要的主体之一。

但同时,内部评估主体范围的局限性和封闭性同时也造成了人们对其公正性的疑虑:无论是上级评估还是自体评估,评估主体都是直接或间接的利益相关者,很难排除自身利益的考虑,因此内部评估往往会附以一些自利行为,如避免暴露缺陷,只强调取得成绩的一面,用一些有利的证据来免于外界的责难等,这可以说是政府绩效内部评估主体最根本的弱点。在我国目前这种权力相对比较集中、监督相对比较困难的体制之下,政府绩效评估更不应完全由政府自身来完成,否则,政府既是裁判员又是运动员,很容易使政府绩效评估最终成为走过场和数字游戏。

其次,过于强调内部评估主体的作用也容易导致政府组织满足和迎合自足型管理,使组织绩效评估单纯作为干部人事管理的工具,从而导致绩效管理战略执行、诊断和改进公共组织内部管理的功能被弱化。

2. 公众作为政府绩效评估主体的利弊分析

公众作为评估主体参与政府绩效评估是民主理念的基本要求。公众是政府权力的本源,他们作为公共产品和公共服务的直接受众对政府相关绩效有着最直接的感受;公共部门作为公共权力受托人的性质,以及政府提供公共服务的宗旨也决定了必须将公众纳入到公共部门绩效评估的主体结构中来;此外,公众评估政府绩效的过程也是政府与公众进行政治沟通和交流的过程,可以使公众更了解政府行政的过程,在客观上增强了公众对社会政治生活的参与感,增加了他们对政府的了解和认同,从而使政府的合法性最终得以加强。

当然,公众参与政府绩效评估也有其先天的不足。首先,公众在评估技术和政府绩效相关信息等方面的缺乏直接影响了公众参与政府绩效评估的效果。因此公众评估政府绩效多停留在对一些具体的公共服务项目的满意程度以及对政府整体绩效的满意程度等这样一些具有明显的感觉特征的定性评估方面,评估内容具有很大的局限性,参与层次也比较低。

此外,公众的个人偏好也容易导致评估结果的失真。现阶段我国公众主要以个体形式参与政府绩效评估,而且以主观态度的表达为评估的主要方式和内容,这类评价中,个人的社会经济地位、教育程度,以至于个人偏好都可能会影响到评估结果。民意测验表、街头发放的调查问卷、网络调查等形式的评估,虽然在一定程度上能够代表公众的态度,但也并不完全可靠,其中往往搀杂了许多非理性的因素。而且,此类评估往往容易使评估者只着眼于近期效益而无视长远利益,这无疑影响了评估结果的公正性和可信度。

### 3. 第三方评估主体的利弊分析

公众的加入从"谁参加评估"的角度提高了政府绩效评估的信度和效度,而第三方评估则从"谁执行评估"的角度弥补了内部评估的局限性。作为独立评估主体的第三方评估机构既具备了科学的绩效评估技术,也能保持中立的立场,相对内部评估而言,其评估结果具有更高的可信度,而政府也需要借助第三方评估主体的这种独立地位来提升其绩效评估结果的公信力。因此由独立的第三方主体对政府进行评估,让他们传递政府绩效评估的动力是提升政府绩效评估信度的一种理想选择。保持第三方评估机构的独立性,使其真正能站在"第三方"的角度和立场客观公正地开展评估并使用结果,是发挥其作用的关键所在。

但就目前来看,我们国家目前所进行的"第三方"评估大多是研究机构接受政府委托开展的,这种委托关系实际上很难真正做到评估内容和评估结果使用的客观真实。在"甘肃实验"中,作为委托方的甘肃省政府收到的"中国地方政府绩效评价中心"反馈的评估结果后,的确将结果用于绩效改善,但在公布评议结果时还是有所保留,没有进行排名,一些针对各部门的具体问题也被一些综合数字和概念性的提法所淡化了。当然,省政府的顾虑有一定的道理,例如问卷回收不完全以及与群众接触多的一线部门容易成为意见和矛盾的焦点等等,都可能削弱评估的公平性和有效性。但这种折中的结果无疑也使得第三方评估因其独立地位而产生的信度和效度打了许多折扣①。

---

① "兰州试验"将"民评官"话语权交给民企 全国首次,http://www.china.com.cn/chinese/difang/807351.htm。

产生这种现象的原因主要有两个方面:一是政府绩效评估成本较高,而我国第三方评估刚刚起步,研究和中介机构仅依靠自身力量在经济上将有一定的困难;另一方面,由于我国政府行政过程的封闭性较强,作为第三方的评估机构如果不依托这种委托合作关系得到政府的实际支持,很难从政府获取所需的绩效信息。

## 四、完善我国政府绩效评估主体建设的若干建议

### 1. 评估主体规范化

政府要积极鼓励外部政府绩效评估的发展并减少过多的行政干预。但对作为政府绩效管理重要依据的内部绩效评估则必须要加强管理,要摆脱评估的"自发性"状态,形成一个统一的政府绩效评估机制,包括统一的管理机构、相对标准化的指标体系、规范化的结果使用等,同时,对政府绩效评估的组织和承担机构,及其评估责任和权限也应予以清晰明确的界定,从而加强我国政府绩效评估的连续性,也能减少评估过程和评估主体选择的随意性。

### 2. 参与主体多元化(在资源及成本考量的基础上)

公共部门具有公共性与多元性特征,其价值选择是多元的,因此政府绩效评估的主体也必然是广泛而多元的。在政府绩效评估中,任何一个业已确定的评估主体都有自身独特的评估角度,有不可替代的比较优势及自身难以克服的局限性,因此评估主体的多元结构是保证公共部门绩效评估效度和信度的一个基本原则。当然,选择评估主体必须考虑评估成本,人人参与是不现实的,所谓的360度全方位评估技术指的也是从不同视角进行的评估,并非全员评估,如何组合评估主体,做到既经济又科学,这是架构绩效评估模式、建立评估指标体系的基础。

### 3. 公众参与制度化

公众参与是政府绩效评估理念的内在要求,也是提高政府绩效评估信度和效度的重要途径。在第三方主体、研究机构、大众媒体等社会评估力

量尚未形成有力的评估执行主体并在政府绩效评估中发挥持续性作用的背景之下,政府所组织的评估活动仍是公众参与政府绩效评估的主要途径和方式。当前许多地方政府在绩效评估中引入了公众等外部评估主体,一方面出于政府自身对公众的责任感;另一方面也与当前中央对政府绩效管理的强调和重视是分不开的,如果不能将公众参与绩效评估制度化、法律化,随着政府工作重心的转移,公众对政府绩效评估所发挥的实际作用和影响则有可能出现弱化的回归。为了真正发挥公众在政府绩效评估中的实际作用,就要使政府绩效评估成为一种长效机制。一是在未来绩效评估有关立法中将公众作为评估主体参与政府绩效评估,尤其是对与其直接相关的公共服务事项的评估,以法律和制度的形式固定下来。此外,政府应该主动承担起"公众参与"政治文化的培养和推动责任,通过发动公众参与、实事求是地公布评估结果、利用评估结果改进绩效和改善公共服务等一系列努力来调动公众参与政府绩效评估的热情,培育公众参与的政治文化。

### 4. 政府信息公开法制化

公众参与政府绩效评估的实际效果及公众持续参与评估的积极性在很大程度上取决于他们能否以较低的成本便利地获得相关政府信息。我国即将施行《政府信息公开条例》,将从法律和制度层面保障公众获得政府信息权利的实现,降低公众参与政府绩效评估的成本、增强评估的准确性和有效性。但是,由于政府信息在各政府机构之间的分割性,即便有相关法律规定,普通公民要获取其所需的全部信息依旧困难重重;此外,由于受传统体制的影响,我国政府行政长期以来形成了以内部信息沟通为主的特征,信息成为一种垄断资源[①]。政府在信息管理上存在封闭性、信息供给的等级化、信息拥有的垄断性和信息披露的被动性等弊病,要改变这些弊病,光从立法上是解决不了问题的。所以信息公开立法只是政府信息公开的一小步,要真正使政府信息能够便捷有效地为政府绩效评估所用,从而为公众评估政府绩效提供有力的信息支持,关键还在于各级政府对信息公开的态度和行动。

---

① 刘刚:《信息公开与政府绩效改革》,《新东方》2005 年第 5 期,第 20 页。

5. 第三方评估主体独立化

第三方主体的加入是加强政府绩效评估客观公正性的有效途径,而评估主体的独立性则是保证这种客观公正性的基本前提。加强我国政府绩效评估主体建设的重要内容之一就是要充分重视并支持第三方主体的发展,尤其在我国的科研机构市场化运作尚不成熟的阶段,政府应主动承担起培育和推动中介评估组织发展的责任,从制度上对其合法地位予以确认,从经济上予以支持和扶持,同时进一步加快政府信息公开的步伐,为此类外部评估提供必要的资源和信息条件,此外,政府在规范中介评估组织行为的同时,更要本着开放的态度,赋予其在开展调研、组织评估、发布结果等方面更多的空间和自由。

(金竹青:国家行政学院教务部助理研究员)

# 地方政府绩效评估机制的实证分析

## 郑吉萍　攸　笛

在行政管理体制改革进一步深化的背景之下,政府绩效评估作为一种新的行政管理模式已经逐渐被我国各级政府所接受并开始实施。吉林省于今年3月出台了《吉林省政府绩效评估实施方案(征求意见稿)》,在很大程度上反映了地方政府对政府绩效评估机制的理论认识,而且在实践上具有很强的可操作性。当然,作为一种新的管理模式的设计,也难免存在一些尚需完善之处,需要我们进一步分析和探讨。本文即以《吉林省政府绩效评估实施方案(征求意见稿)》(以下简称《方案》)为例,对地方政府绩效评估机制做一实证分析。

## 一、对政府绩效评估目的的分析

《方案》对政府绩效评估的目的做了如下表述:"开展政府绩效评估工作,以科学发展观为统领,以转变政府职能为动力,以解决民生为重点,以构建和谐社会为目标,牢固树立正确的政绩观,建立科学合理的评估指标体系,采取科学可行的评估办法,形成科学有效的激励机制,充分发挥评估的导向作用,扎实有效地完成省委、省政府提出的各项工作任务,促进全省经济社会的协调发展。"

从最根本的意义上来讲,政府绩效评估的目的不外乎两个方面:一是体现政府管理的价值取向;二是提升政府管理能力。从体现政府管理价值取向角度来看,政府绩效评估可以改善政府公共部门与社会公众的关系,是加强社会公众对政府信任的措施,体现公共服务和公民至上的管理理念。从提升政府管理能力的角度来看,政府绩效评估是实施政府再造、落实政府责任、改进政府管理、提高政府效能、改善政府形象的一个行之有效的工具。

谈到政府绩效评估在提升政府管理能力方面的功用,不能不谈到以美国和欧盟为代表的两种绩效评估模式。美国联邦政府的战略绩效评估模式,主要服务于政府组织的战略管理,在战略执行中起着引导、控制和验证的作用从而保证组织战略的有效实施。因而,美国政府绩效评估的目的主要是将其作为联邦政府各部门战略执行的有效工具。欧盟的通用评估框架模式,主要对公共组织的过程和结果进行系统诊断和评估,找出组织中存在的问题并加以持续改进,以不断提高组织的管理水平和管理质量,促进公共管理的现代化。因而,欧盟绩效评估的目的主要是将其作为诊断和改进公共组织内部管理的有效工具。

另外,我国的政治制度和政党制度与西方国家有着根本的区别,共产党的执政地位坚如磐石,稳如泰山,其执政的政治合法性不会像西方国家执政党那样由于两党制或多党制而受到质疑。在共产党领导下的我国政府也不像西方国家政府那样受到公众(即选民)选举的强力制衡。所以,政府绩效评估也是社会公众要求政府提供公共产品和公共服务,满足公共需求,防止政府滥用权力的一种约束工具。

在《方案》中,首先对政府绩效评估的价值取向有明确的表述,这就是"以科学发展观为统领,以转变政府职能为动力,以解决民生为重点,以构建和谐社会为目标,牢固树立正确的政绩观"。其次,对将政府绩效评估作为战略执行工具的目的也有表述,这就是"充分发挥评估的导向作用,扎实有效地完成省委、省政府提出的各项工作任务,促进全省经济社会的协调发展"。再次,提出"形成科学有效的激励机制",明确了政府绩效评估的激励目的和功用。但《方案》的不足之处就是没有提到将政府绩效评估作为诊断和改进公共组织内部管理的有效工具这一目的,而这一目的恰恰体现了绩效评估的本质。也就是说,绩效评估的本质就是一种"纠错"机制,就在于发现政府管理上存在的问题并在此基础上加以改进。

## 二、对政府绩效评估指标体系的分析

《方案》分别制定了市(州)政府和省政府工作部门的绩效评估指标体系。市(州)政府的评估指标体系包括"社会主义新农村建设、地区生产总值、地方财政收入、全社会固定资产投资、调整经济结构、国有资产监管、城镇居民人均可支配收入、农民人均纯收入、人口自然增长率和出生人口性别比、实际利用外商直接投资额、城乡基础设施建设、人才资源开发、资源节约利用、科技创新和科技成果转化、环境保护、民营经济发展、社会保障、深化体制改革、社会救助和文明社区建设、教育工作、公共卫生和医疗服务体系建设、扶贫开发、政府债务偿还额、防灾减灾、公共突发事件应急处理、食品药品安全监管、文体生活、安全生产、平安吉林建设、电子政务、城乡登记失业率、拖欠工资及工程款、服务型政府机关建设、依法行政、省政府提出的8件实事"共35大项。省政府工作部门的评估指标体系包括"重点工作及重大项目建设(依据《2007年省政府重点工作目标责任制》确定的75项重点工作任务)、上级部署的工作任务、年度业务工作、综合性工作(其中包括:依法行政、行政效能、机关目标责任制、服务型政府机关建设、维护社会稳定、电子政务6项)"共4大项。

政府绩效评估指标体系的设计是政府绩效评估的核心问题,因为不论是价值取向的体现和对政府管理问题的诊断,还是导向功能和激励功能的实现,都需要依据政府绩效评估的指标体系。

一个科学的绩效评估指标体系的建立,离不开绩效评估的基本标准,这就是我们经常提到的4E标准,即经济、效率、效益和公平。经济标准,主要衡量的是成本。成本衡量能很好地体现出预算和实际成本之间的差距,然而成本本身并不能衡量服务效率和效果。因而单一使用成本衡量不能满足绩效管理的要求。效率标准,主要衡量的是投入与产出的关系,这里的投入,既包括资金和物资的投入,也包括人力和时间的投入。它关心的是手段问题,最低成本实现最大效益就是有效率的。效益标准,主要衡量的是提供服务的影响和质量,看服务是否达到预期目的,它关心的是目标和结果。公平标准,主要衡量的是接受服务的团体或个人是否都受到公平的待遇,需要特别照顾的弱势群体是否能够享受到更多的服务。

实际上,4E标准可以简略为公平和效率两大标准。效率标准包括经济标准和效率标准,效益标准则居于两大标准之间。公平标准决定着政府行政的根本价值取向和公众对政府政治合法性的认同程度,效率标准决定着政府行政公正性的实现程度和对社会的作用程度。很明显,公平需要政策的制定才能实现,而政策的制定只能由各级政府才能完成,绝非公务员个人和政府某一部门一己之力可为;而效率的提高则在于每一个公务员的努力和众人之间的合理配备与和谐合作。因此,绩效评估对于各级地方政府来说,应着重倾向于公平标准,兼顾效率标准;对于政府工作部门来说,应着重倾向于效率标准,兼顾公正性标准。

建立一个科学的绩效评估指标体系,还要考虑到其构架的科学性与合理性。首先,要考虑到指标体系的全面性和系统性。所谓"全面",是指指标体系不仅要体现组织活动的全部情况,而且还包含"真实"、"有效"的含义。所谓"系统",是指指标体系不是简单的内容罗列和堆砌,而是一种"结构化"和"层次化"的排列,包含"可逐层分解"和"按一定优先权进行排序"的含义。其次,要考虑到指标体系的通用性和权威性,以便组织之间的比较和标杆学习。再次,要考虑到指标体系与绩效评估的主要目的和功用的一致性和协调性,以便发挥绩效评估的导向性作用[①]。

在《方案》中将各级政府评估指标体系和政府工作部门指标体系分列,不但体现了政府与政府工作部门职能上的差别,而且体现了政府评估指标体系着重于公平标准和工作部门指标体系着重于效率标准的差异。政府评估指标体系和政府工作部门指标体系中"综合性工作"指标体系的设置,也体现了通用性的特点,使得各市(州)政府之间和政府各工作部门之间的比较成为可能。但是有三个问题值得商榷。第一个问题是在政府指标体系中并列的一级指标有35项之多,虽然体现了全面性的原则,但却削弱了导向性的功能,没有体现出政府工作的重点所在。其实,这是一个普遍存在的问题。如何既能对政府工作进行全面的评估,又能发挥绩效评估的导向性和战略执行工具的作用,实现政府工作的战略目标。我们的想法是,一是减少指标数量,选用最能体现政府管理意图的战略指标;二是在指标权重系数上加大重要战略目标的权重系数,体现其在指标体系中的"优先权";三是合理设计指标体系的构架。这就引出了第二个问题,即指标体系缺乏"系统性"。政府绩效评估的35个指标,显然不是属于同一个层次。这就需要有关部门就指标体系的"框架—维度—标准"进行深入的研究,设计出科学、合理的,能够达到绩效评估目的的指标体系。第三个问题,也是最重要的问题,就是在指标体系中很少涉及经济性和效率的指标。也就是说,在"绩(政绩)"和

---

① 刘旭涛:《当前我国绩效评估中存在的问题及对策分析》。

"效(效率)"两个方面,地方政府往往更重视"绩"而忽视"效"。这是一个带有普遍性的问题,同我们传统的管理方式和政绩观以及干部选拔管理的理念和方式有关。在传统的观念中,认为只要是为了推动经济社会更快的发展,是在为老百姓做事,没有把钱装在自己兜里,成本是可以不计的。因此,我们经常看到的是各种增长率的指标,看到的是每年为百姓做了几件大事,却很少考虑我们为这些增长、这些大事付出了什么样的代价,这种付出是否经济。另外,在干部的考核和提拔使用方面,我们更多看的是政绩的多少。这样做并没有错,错就错在我们的政绩观有所缺失,这个缺失就是忽视了政绩的经济性和效率。而在西方国家中,对绩效的评估,成本和效率的结果乃是最重要的维度之一。要解决这个问题,一方面要使我们的发展观念从"又快又好"向"又好又快"转变。另一方面,也要发挥绩效评估的导向功能,在指标体系中纳入经济和效率的相关指标,并将其放在重要的位置上。

## 三、对政府绩效评估主体的分析

在谁来评估政府的问题上,评估主体多元化的发展趋势已经为大家所认同,但从整个《方案》来看,政府内部评估主体仍然占着主导的地位。《方案》规定,各级政府的绩效评估委员会负责对下一级政府和本级政府的工作部门进行评估。而在政府评估委员会中,内部评估主体显然占有主导的地位。另外,在《方案》规定的确定绩效指标,督查督办,自我检查,半年评估,跟踪评估,社会评议,领导评价,确定等次八项评估程序中,除"社会评议"一项外,其余七项均由政府相关部门操作。

其实,内部评估和外部评估各有优劣长短,是由内部评估主体来主导评估,还是由外部评估主体来主导评估,只是由评估的目的而决定使然,两者并无优劣之分。而涉及评估效果的关键,则在于内部或外部评估主体的成分构成。

在我国各级政府的内部绩效评估中,评估主体一般由上级领导和组织人事部门来承担。这种评估主体单一化的现象,往往会产生一些消极的影响。首先,评估主体的单一化存在相当程度的"信息不对称"现象,从而可能导致评估结果的不准确性。其次,评估主体的单一化使得一线工作部门的成员会把绩效评估当成领导和组织人事部门的事务,从而缺乏对绩效评估的需求和动力,甚至将其看成是上级和组织人事部门约束自己的惩戒工具,进而产生一定的心理抵触。再次,评估主体的单一化容易导致将绩效评估单纯作为干部人事管理的工具,从而导致绩效管理战略执行、诊断和改进公共组织内部管理的功能被弱化。

从改进和完善的角度来看,内部评估主体应该扩展和充实。除各级政府的领导成员和组织人事部门之外,各工作部门的领导以及普通公务员也应成为内部评估的主体,建立自我评估和下级评估上级的机制。这是因为,各工作部门的领导以及普通政府公务员在一线从事行政管理工作,对政府工作状况,特别是本部门的工作状况有着直接和准确的了解,容易对本部门的工作状况做出正确的诊断,找出组织中存在的问题并加以改进;而且各工作部门的领导和下级政府的领导以及普通公务员又是上级领导职务行为的直接受众,对领导行为的正确与否有着直接的感受,可以从另一个角度对上级领导进行评估。另外,他们参与绩效评估的整个过程,也会提升他们对绩效评估的需求,调动和发挥他们的积极性,使绩效评估的功能得到更加充分地发挥。

在《方案》中,对上述问题有所涉及。一是在评估程序中规定,"政府工作部门(除重点工作及综合性绩效评估指标外)其他评估指标由被评估部门按照业务工作确定";同时还规定了"每季度要对绩效评估指标完成情况进行一次自我检查","每半年要对绩效指标执行情况进行评估,总结经验,查找问题,研究制定整改措施"。二是在评估程序"领导评估"一项中规定,"下一级政府主要领导对上一级政府工作部门做出评价"。从发展的角度来看,这些内容应当进一步完善。首先,应当加强内部评估主体的自我评估。明确各级政府的自我评估不但由政府领导成员进行,而且要有各工作部门的领导成员参与;各工作部门的自我评估不但由部门领导成员进行,而且要有部门内设机构的领导人员及一般工作人员参与。其次,应当加强下级对上级的评估。下一级政府的主要领导不但可以对上一级政府工作部门进行评估,而且应当可以参与对上一级政府的主管领导的评估,甚至可以考虑参与对上一级政府主要领导的评估。对上一级政府工作部门的评估,不但要有下一级政府主要领导的参与,而且应有下一级政府相关工作部门领导的参与。

政府外部评估主体,按照传统的看法,应包括权力机关、政党组织、司法机关、公民、大众传播媒介、非政府公共组织、企业组织和专门评估组织。《方案》中也规定,"采取向人大代表、政协委员、人民群众、机关、社会组织及服务对象、专业评估机构发放征求意见表或网上征求意见等形式,组织公众对政府及政府工作部门进行评议"。

但在我国,作为执政党的共产党和作为参政党的各民主党派,作为权力机关的各级人大,以及政协、司法机关等皆与政府有着密切相关的联系。特别是《公务员法》颁布实施后,共产党及民主党派机关、人大机关、政协机关、司法机关的工作人员同政府工作人员一样,均划入公务员的范围,人大、政协委员会及其常委会的组成人员有相当一部分也属公务员范围。这些机关和人员究竟属"内"还是属"外"?从共产党及民主党派、人大、政协和司法机关的性质和它们所拥有的对政府的监督权来说,只能是内外兼而有之。因此,这些评估主体的外部性自然有所减弱,加强其他外部评估主体的作用势在必然。

在其他外部主体中,公民应占最主要的地位。随着计划经济向市场经济体制的转型,公民的主体意识正在逐渐形成,此时开展公众评估活动更显其意义和必要性。公众评估可以采取通过征求意见表和网上征求意见等直接评估的形式;也可采用开设市长热线、投诉电话和投诉办公室等的间接形式。

广播、电视、报纸、杂志、书籍、电影和电子信息网络等大众传播媒介在评估政府活动中处于较特殊的地位,它能利用其覆盖全国的信息网较快地获取各种信息,传播事件的真相和内幕,交流思想,通过自身的直接评价间接影响政府或公民对评估对象的总体性或局部性评价。

专门评估组织是从事某一方面评估学术研究和从事评估实际活动的专门机构。其优势在于它们一方面脱身于政府之外,评估更易具有客观性;另一方面它们对评估问题的有关程序和目标都非常熟稔,掌握着评估所需要的专门知识和技术,可以使评估工作以科学严谨的方式进行。

## 四、对政府绩效评估方法的分析

在评估方法上,主要涉及内部评估和外部评估、定量评估和定性评估两种形式。《方案》规定,"政府绩效评估实行分类指导,分级负责,逐级评估的办法",由省、市(州)、县(市、区)绩效评估委员会分别负责对下一级政府及本级政府工作部门的绩效评估。"政府绩效评估采取定量评估和定性评估相结合的方式","定量评估按照指标构成项的不同权重计算得分,由各项评估得分累加后形成定量评估总分;定性评估通过领导和相关机关评价以及社会评价的方式进行"。

内部评估是目前政府绩效评估的首选渠道和常用形式。在《方案》中,明显也是以内部评估为主。然而,政府内部评估存在着自我评估容易出现的主观性偏差的劣势,这一劣势显然很难通过自身的完善来克服,需要通过政府的外部评估加以弥补。因此,公众的外部评估是我国政府绩效评估机制亟须完善之处,也代表着未来的发展方向。

但在实践中,公众评估也存在一些明显的缺陷:一是范围太宽泛,万人评政府,容易造成局面失控导致评估结果失真,误导公众和政府本身,达不到提高政府绩效的真正目的;二是内容太庞杂,若不分事务性质、不分评估对象特点,笼统地加以评估,容易导致公众评估需求和参与热情的丧失;三是公众和政府之间信息不对称,公众对政府及其工作部门的职能和绩效不甚知晓,容易导致盲目评估,使绩效评估流于形式。因此,公众评估应该做到有条有序,针对性强,同时政府做到政务公开透明,避免出现重形式轻内容轻效果的现象。

加强公众对政府的外部评估,首先要进一步发挥人民代表大会的作用。在中国,国家的一切权力属于人民。在间接民主的体制下,全国人大和地方人大代表人民掌握和行使国家和地方的最高权力,中央和地方政府对全国人大和地方人大负责。因此,作为权力机关的人大对政府的评估是公众外部评估的主要形式之一。一般来说,人大主要通过对政府工作报告的审查;对预算和结算的审查;对人事任免的审查;对政府官员问责;针对重大的政府管理问题和公众关注的热点问题进行质询等方式对政府管理绩效进行评估。人大通过这些活动,监督政府行为,及时给予评价,推进政府有效处理公共事务。

其次,要克服公众外部评估的误差问题,应注重发挥公众中的利益相关群体在政府绩效评估中的作用。政府的各种职能,特别是政府各工作部门的工作,都会涉及不同的利益相关群体。由于这些群体高度关心自身的利益,因此他们对政府工作的某一方面或某一政府部门的工作有着更加强烈的需求和更加深刻的了解。让不同的利益相关群体,针对相应的政府工作或政府部门的绩效进行评估,一方面可以通过其需求提升其参与评估的积极性和重视程度;另一方面也可以通过其对政府工作的了解解决公众与政府之间信息不对称的问题。

在《方案》中,有两处涉及外部评估的方法问题。除在评估方法中,提到"定性评估通过领导和相关机关评价以及社会评价的方式进行"外,另一处是在评估程序中专门设有"社会评议"一项。这表明,政府相关部门对于外部评估主体的必要性和重要性已有一定程度的认识。

对于定量评估和定性评估,现在比较流行的看法是应该使评估指标尽可能的"量化",以便进行定量评估,似乎不如此便不足以体现评估的科学性和可操作性。但这在实际操作中很难实现。因为尽管一些指标,特别是成本和效率指标可以量化,但公共管理的特点使得许多指标,特别是公正性的指标很难加以量化。所以,在制定指标时,特别是对政府行政公正与否的指标,不必强求量化,而是看其质的确定性。当然这时也会有另一种"量化",如可以通过随机抽样调查,将公众对政府的某一项举措的认同度加以"量化"。但这似乎与指标的"量化"不是一个意思。由此可见,对政府的绩效,定量评估和定性评估都是不可或缺的,最终还是要以人民群众满意不满意作为最高的标准。

## 五、对政府绩效评估结果使用的分析

绩效评估结果使用与绩效评估目的有着密切的关联,因为只有有效地使用评估结果,评估的目的才能得以有效的实现。

《方案》规定,"在核定公务员年度考核优秀比例、调整职务、行政奖励等方面,根据政府绩效评估结果,给予必要的激励",同时也规定,绩效评估结果"与行政问责相结合"。

《方案》关于绩效评估结果使用的规定重点突出了激励的功能。

首先,它将评估结果与公务员年度考核挂钩。绩效评估确定为优秀和良好的政府工作部门,公务员年度考核优秀比例为20%;绩效评估确定为一般的政府工作部门,公务员年度考核优秀比例为18%;绩效评估确定为较差的政府工作部门,公务员年度考核优秀比例为15%。

其次,它将评估结果与行政奖励挂钩。绩效评估被确定为良好以上等次的政府或政府工作部门,优先作为表彰对象向上推荐;绩效评估被确定为一般等次的政府或政府工作部门,表彰对象按50%的比例向上推荐;绩效评估被确定为较差等次的政府或政府工作部门,一般情况下不能作为表彰对象予以推荐。

按照规定的政府绩效奖励标准为基数,绩效评估被确定为优秀等次的政府工作部门按每年人均150%奖励;绩效评估被确定为良好等次的政府工作部门按每年人均100%奖励;绩效评估被确定为一般等次的政府工作部门按每年人均50%奖励。绩效评估被确定为优秀等次政府工作部门的领导班子成员按本部门每年人均的一倍奖励。

再次,它将评估结果与干部的管理使用挂钩。连续两年绩效评估被确定为优秀等次的政府或政府工作部门,在《公务员法》规定的任职条件下,主管领导具有优先晋升上一级职务的资格;连续两年绩效评估被确定为较差等次的政府或政府工作部门,对主要领导进行诫免谈话,并调整其工作岗位;连续三年绩效评估被确定为较差等次的政府或政府工作部门,将主管领导的领导职务调整为同级非领导职务。

从上述三个方面的内容来看,《方案》在实现绩效评估激励功能方面有较大的力度。它同每一个公务员个体的切身利益相关,既影响到他们的经济利益,也对他们精神需求的满足程度产生很大的影响。特别是在领导干部的使用方面,结果使用激励功能的力度尤为明显。在公务员队伍中,特别是在担任领导职务的公务员中,对职务晋升、岗位安排的重视程度,远远高于对表彰和物质奖励的渴望。

尤其值得提出的是,《方案》规定,"在政府绩效评估中,对出现重大工作失误、发生重大责任事故、造成严重社会影响的,按有关规定追究主要领导的责任"。将绩效评估的结果与行政问责结合,凸显了评估结果的约束功能。

在绩效评估结果使用方面略显不足的是,对促进绩效评估成为诊断和改进公共组织内部管理工具的功能未能充分体现。虽然《方案》在评估程序中反复强调被评估的政府及其工作部门要自我评估、总结经验、查找问题、制定整改措施,但这些要求如果对评估结果的使用不产生影响,则很难真正得到落实。在这方面,可以考虑借鉴欧盟通用评估框架的做法。它在促进因素评估标准中,对组织是否制定、执行和评估某种措施,以及执行情况的好差,给予不同的分数;在结果因素评估标准中,对执行结果的好差以及进步的程度,给予不同的分数①。这样的评估结果,从政府行政的过程和结果两个维度上使组织的绩效一目了然,更重要的是,它促进了政府组织积极查找自身在行政过程中存在的问题并及时加以改进,使绩效评估作为诊断和持续改进公共组织内部管理工具的功能得到了充分体现。

(郑吉萍:吉林省行政学院公共管理教研部副主任,教授;

攸　笛:长春市行政学院管理学教研部主任,教授)

---

① 　国家行政学院:《欧盟公共部门通用评估框架(CAF)资料汇编》。(非公开出版物)

# 政府绩效评估体系的框架研究

## 刘旭涛

在西方国家,政府绩效评估作为一种新型的管理工具,在推动政府行政改革、改进政府管理方式和提高公共服务质量等方面,正发挥着积极作用。近年来,我国的一些地方政府和部门也陆续开展了形式多样的政府绩效评估实践活动,似乎也像西方国家一样,出现了"评估国"的趋势。但是,对于目前出现的这种"评估热",我们应当理性地分析和评判。要从深化行政管理体制改革、加强政府自身建设和推进政府管理创新的视角,对科学的政府绩效评估体系加以深刻理解和认识。唯有如此,才能辨别真伪、取其精华、去其糟粕,进一步推动我国政府绩效评估实践朝着理性健康的方向发展。

## 一、为什么评估——政府绩效评估的价值导向

"为什么评估"涉及政府绩效评估的价值导向和使用目的。从当前世界各国的政府管理实践看,绩效评估作为一种有效的管理工具越来越受到人们的普遍关注。特别是 20 世纪 80 年代以来,在英美等发达国家发动的大规模行政改革运动中,应用绩效评估工具已成为一种时尚,并呈现出多元化的价值导向和不同的使用需求。

### (一)政治层面和管理层面的需求

从政治层面的需求看,政府绩效评估的价值导向主要表现为:

一是民主政治的需要。在现代民主国家,政府机关的行政首长们会不断地要求接受立法机关的质询,回答媒体的各种提问,协调社会各利益群体的不同要求。诸如此类的问题将促使行政首长对自己管辖部门的绩效进行

评估。

二是政务公开的需要。政务公开是现代民主国家的一项基本要求,"阳光下的政府"将迫使政府把自己的所作所为公之于众,但简单地罗列数据并不能提供更有价值和公众容易理解的信息,因此需要通过绩效评估工具来提供真实可靠的信息。

三是公民参与的需要。公民参与是当代民主国家公共治理的重要手段之一。公民参与过程必然会产生公民对社会公共事务知情权和评议权的需求。因此,在政府绩效评估中引入公民参与,不仅使公民参与的形式更加有效,而且也促使公民更关心政府的工作。

从管理层面的需求看,政府绩效评估的价值导向主要表现为:

一是战略执行的需要。战略管理是当今各国政府十分关注的问题。战略管理包括战略制定、战略执行和战略改进三大核心内容。其中,战略执行被公认为是一个世界性难题。在组织"战略传递"过程中,由于缺乏有效执行工具而使战略目标发生扭曲的例证比比皆是。绩效评估工具不仅可以为政府战略制定提供明确的方向,而且还可以通过监控和评价的手段,为战略执行和战略改进提供清晰的"路线图",从而提高政府的执行力。这种绩效评估也可称之为"工作导向"、"任务导向"的绩效评估(见专栏1)。

---

**专栏1　　　　　　　美国联邦政府的战略化绩效评估模式**

1993 年,美国联邦政府通过《政府绩效与结果法案》(GPRA-Government Performance and Result Act),其目的在于通过法律形式在美国联邦政府各部门实施战略管理。GPRA 规定,每个联邦部门必须制定一个不少 5 年的"战略规划"、每个财政年度的年初"绩效计划"和年底"绩效报告"等三个文件,确保联邦政府以及各部门的战略管理得到有效实施。在各部门的"战略规划"中,要求部门必须在分析环境和自身状况的基础上,明确自己的使命、价值、愿景(长远目标);而在年度的"绩效计划"中,则要对长期的"战略规划"进行目标分解,对该年度主要的任务目标以及完成这些目标的行动计划做出详细陈述;在年底的"绩效报告"中,则要求对目标的完成情况以及评估结果做出说明,并对目标完成的过程进行监控、跟踪。在这一过程中,通过引入绩效评估,对战略执行过程进行引导、控制和验证,从而保证了组织战略的有效实施。

---

二是管理改进的需要。从管理角度看,绩效评估类似于对一个人进行全面体检,政府同样也需要引入一个全面、系统、科学的诊断工具发现自身管理存在的各种问题,并不断改进和提高。因而,组织诊断要求评估更加全面系统,涉及组织管理的方方面面,如领导力和人力资源管理状况、财政资金和各种资源的管理、各种业务流程设计和运行、公共服务质量改进等。这种绩效评估也可称之为"管理导向"或"组织诊断导向"的绩效评估(见专栏2)。

---

**专栏2**              **欧盟公共部门通用评估框架**

上个世纪90年代,全面质量管理运动开始在欧盟国家的公共部门中兴起,但是现有的质量管理模型主要针对私人部门,在公共部门应用存在一些问题。因此,欧盟委员会和欧洲行政学院等部门联合开发了针对公共部门的通用评估框架(CAF—Common Assessment Framework)。CAF虽然以欧洲质量基金会(EFQM)开发的"卓越模型"(Excellence Model)为框架,但在具体指标和评估方法等方面针对公共部门的特点进行了改进和调整,不仅吸纳了全面质量管理的理念和思想,同时具有较强的系统性、通用性、简约性和诊断性。CAF模式包括过程和结果两大维度。过程维度有领导力、战略与规划、人力资源管理、合作伙伴与资源、流程与变革管理5个一级指标;结果维度有顾客/公民结果、人员结果、社会结果、关键绩效结果4个一级指标。通过对公共组织的过程和结果这两大维度的系统诊断和评估,可以找出组织存在的各种问题并持续改进,以不断提高公共组织的管理水平和管理质量,促进公共管理的现代化。

---

三是人事决策的需要。这是传统绩效评估工具的主要功能。从人力资源管理的角度看,针对个体或者岗位的绩效评估可以为人力资源管理的诸多环节提供有效的依据,如领导干部的选拔任用、公务员的奖惩、公务员职业生涯设计和能力建设等。这种绩效评估也可称之为"人员导向"的绩效评估。

### (二)当前我国政府绩效评估价值理念存在的问题

目前我国在政府绩效评估的实践领域虽然很活跃,但在价值理念方面仍存在一些误区。

首先,在绩效评估内容上存在着"重业务、轻建设"、"重结果、轻过程"的问题。通过绩效评估抓业务本无可厚非,但过分强调业务却容易导致绩效评估中更多地关注结果而忽略了过程,割裂了政府绩效的内在逻辑关系,从而难以真实、全面地反映政府绩效。此外,各主管部门纷纷通过各自的业务考核体系强行向下级政府和基层部门"灌"指标,导致指标体系泛滥、考核内容重叠甚至相互矛盾,地方政府和基层部门到年底经常为各种考核疲于应付,甚至产生造假现象的大量出现(见专栏3)。

---

**专栏3**             **政府绩效评估中的信息虚假问题**

    信息虚假和造假问题是政府绩效评估中难以解决的棘手问题。其实造假现象的产生离不开两个前提条件。一是必须要有造假的动机,二是必须要有造假的客观条件。从造假动机来看,如果一个人所面临的竞争压力过大(如职位升迁、奖惩、上级命令等),而自己又很难通过主观努力完成任务,那么就可能会产生造假的动机。就像为上大学、考公务员而进行的体检可能会产生造假,而为自己的身体健康而进行的体检却很少出现造假一样,强制型的、压力过大的绩效评估也会带来造假动机,而出于自身管理改进所进行的绩效评估造假动机就会大大降低。从造假的客观条件看,由于评估主体与评估对象之间存在的信息不对称问题,使得评估主体对评估对象的真实工作状况往往难以真正了解和掌握,而现有的许多绩效考核方式在考核内容上过分关注"结果"而忽略"过程"。这些现象客观上为评估对象的绩效信息造假行为提供了现实的可能性。

---

其次,在绩效评估结果使用上存在着"重评比、轻诊断"、"重奖惩、轻改进"的问题。绩效评估的本质在于诊断、分析和发现问题,但现实中绩效评估经常用于评比和评优,成为打分排名的工具。这种打分排名多数是评估对象之间相互比较,缺乏客观的评价标准,容易导致评估对象过分关注排名结果,而改进自身绩效反而成为次要的问题。现代绩效评估理论表明,个体之间的"差异"并不等同于"优劣"。个体之间的差异性和多样性越来越被人们所接受,甚至被认为是组织的优势所在。将组织内部人员之间的"差异"简单等同于"优劣",甚至搞"末位淘汰",不仅难以起到有效的激励作用,而且会掩盖问题产生的真正原因,甚至促使评估对象之间的恶性竞争和不合作行为(见专栏4)。

```
专栏4                 由中美两国小学生的语文成绩单所联想到……

   人们经常讲,我国的中小学教育中"应试教育"的色彩浓厚。这一点从家长对孩
子的考试关注程度就可见一斑。我们经常会见到这样的情况:当孩子在期末考试结
束后,一进家门,家长经常会自觉不自觉地问两句话:"打多少分啊?"、"在班里排第
几?",典型的打分排名!笔者也曾经偶然看到一个美国小学生的语文成绩单,结果
发现试卷上并没有总分,老师只是按照语文的四要素,即词汇、语法、阅读、写作分别
"下评语",告知学生哪些方面很好、有进步,哪些方面还需要改进,以及如何改进。
从这里不难理解为什么我们是"应试教育",而人家是"素质教育"。应试教育的结果
经常把人们的关注点引入打分排名,目的在于考上一所好中学或者好大学,而素质
教育则更关注学生素质的不断提高和改进,从而更能体现教育的终极目标。
   我们的绩效考核很多情况下就像我们的应试教育,关注的是打多少分、排名第
几,然后简单地给予"奖优罚懒",至于通过绩效评估是否能真正改正缺点、发扬优
点,从而使评估对象持续改进、不断进步,反而被忽略了。
```

### (三)正确树立政府绩效评估的价值导向——从"绩效考核"到"绩效评估",再到"绩效管理"

在我国,"绩效考核"是一个经常被使用的概念。在实践中,"考核"的导向更多地关注于"结果",以任务导向为主的,属于强制型、奖惩型的自上而下的评估方式。而绩效评估,则更关注于对评估对象系统、全面地诊断和评价,如实反映组织绩效状况。而所谓的绩效管理,则更关注于将绩效评估的结果用于组织或个人的管理改进循环过程中,虽然绩效评估是其中的重要环节,但并不是唯一的环节。因此,"绩效考核"、"绩效评估"以及"绩效管理",虽然在概念上看似雷同,但实际上却反映了政府绩效评估价值理念的不同。从绩效评估的发展历程看,"绩效考核"只是绩效评估的初级阶段。随着人们对绩效评估价值理念的加深认识,绩效评估已从"简单生硬"的考核工具,转变为推动政府行政改革、改进管理方式、提高公共服务质量的"改进工具"。

从实践看,目前我国的政府绩效评估的应用仍处于初级阶段,即更加强调其考核功能,而忽略其诊断、分析和改进的功能。因此,为进一步推动我国政府绩效评估实践朝着健康的方向发展,必须坚持树立正确的政绩

观,对当前我国政府绩效评估存在的各种问题进行总结和分析,特别是要对目前存在的各类考核进行梳理和整合,明确政府绩效评估的价值导向,使之真正成为改进政府管理、提高行政执行力和提高公共服务质量的有效工具。

## 二、评估什么——政府绩效指标体系的设计

"评估什么"是关于政府绩效评估体系的评估内容和评估指标的设计问题。从技术上讲,指标体系在政府绩效评估体系中处于核心地位。而在指标体系设计中,绩效概念的内涵和指标体系设计模式又是一项基础性和前提性的工作。

### (一)绩效概念的内涵

从中文字面上理解,所谓"绩效",即"成绩"和"效果"。但其源自的英文名词"performance",含义相当宽泛的概念,原意为"履行"、"执行"、"表现"、"行为"、"完成"等,现在也可以引申为"性能"、"行为"、"成绩"、"成就"等,其应用领域涉及工作、生活、教育、艺术等方方面面。在管理领域中,绩效的本意更接近于"工作表现",但在具体实践操作中,人们对绩效的理解各异:(1)绩效就是"工作结果"或"产出";(2)绩效就是"行为"或"过程";(3)绩效是"结果"和"过程(行为)"的统一体。

不同的国家、地区或组织,在绩效评估的实际操作中,一般会根据各自的使用目的和不同的侧重点,对绩效内涵加以具体的界定。但从一般意义上讲,绩效的内涵更应该回归到其本意上来,即绩效是"能够全面、系统、真实地反映国家、地区、组织或者个人的某方面的工作表现"。"国家、地区、政府、企业、个人"以及"某方面"指的是绩效的边界,即"谁的绩效?"、"哪方面的绩效?"比如,政府绩效如果细分的话,还包括一级政府的绩效、政府工作部门的绩效等。还有,许多绩效评估是围绕某一业务领域开展的,如精神文明、计划生育、领导干部选拔和任用、财政预算和审计,因此也带来"哪方面的绩效"的问题。对特定工作进行"全面"、"系统"、"真实"的反映是绩效概念的内在要求,不能以偏概全,造成绩效评估的失真问题。

## (二)绩效指标体系的设计模式

绩效既然是"一个全面、系统、真实地反映工作表现"的概念,那么指标体系的设计就要符合绩效概念的内在要求。这就涉及指标体系的设计模式问题,即绩效指标的系统化和结构化。从当前各国政府绩效评估的实践看,指标体系的设计模式大体可分为以下两种类型:结果(目标)并列式和逻辑递进式。

结果(目标)并列式,就是按照绩效的重要事项进行横向排列,侧重结果。这种设计模式一般依托于目标管理法(MBO)来设置指标体系,因此也称为基于目标管理的绩效评估。例如,我国有些地方将一级政府的绩效指标体系划分为:政治建设、经济建设、文化建设、社会建设;社会主义新农村建设的绩效指标体系也可按照中央确定的五大目标来设定,即"生产发展、生活宽裕、乡风文明、村容整洁、管理民主";许多政府部门也按照自身职能定位进行业务目标的横向分解,并建立起相应的目标考核责任制。结果(目标)并列式一般侧重于"任务导向"或"工作导向",比较适合于战略执行的目的。但其不足之处在于:往往过分关注"结果"而忽视"过程"或"行为",可能会带来绩效的不真实、不全面;"结果"受环境影响大,被评估者往往难以掌控(见专栏5);仅看"结果"难以体现绩效的内在逻辑性,从而失去绩效评估对组织管理改进和问题诊断的功能。

| 专栏5 | 对基于目标管理的绩效评估的质疑 |
| --- | --- |

从与绩效(即工作表现)的相关性看,我们当然更希望看到"结果"。结果的好坏,与评估对象的工作表现有着密切的相关性。但问题是,"结果"是否是唯一的评估内容。在绩效评估理论中,有一个术语叫"可控性"因素,是指评估内容应当是被评估者能控制得了的东西,否则会造成对被评估者的不公正。在早期工业化社会,由于工作任务较为简单、劳动分工较为明确、工作环境较为稳定,"结果"相对比较容易由被评估者控制和掌握。但是到了信息化、知识化社会,随着环境瞬息万变、任务日趋复杂、职责边界日趋模糊、相互合作现象不断增加,"结果"的"可控性"大大降低。尤其是在一些拥有大量知识型员工的组织以及政府和其他公共部门,由于其任务的综合性和复杂性,结果更显得有点扑朔迷离。因此,在当今社会,绩效的内涵越来越趋于从多维因素和视角来认识。

逻辑递进式,就是按照绩效的内在逻辑链条进行纵向排列,侧重过程和结果之间的因果关系。比如,人员绩效的"素质—行为—结果"、组织绩效的"能力—过程—结果"以及项目绩效的"投入—过程—产出—结果"等,分别反映了人员绩效、组织绩效以及项目绩效形成的内在因果关系。与结果(目标)并列式相比,逻辑递进式强调从具有内在因果关系的多维视角来反映绩效,并将这些多维视角加以整合。逻辑递进式一般侧重于"管理导向",强调组织诊断和分析,比较适合于管理改进的目的。但其不足之处在于,战略执行和任务完成往往没有放到突出的位置上。

在绩效指标体系设计实践中,结果(目标)并列式和逻辑递进式并不是截然分开,而是经常结合起来使用。在以任务导向为主的情况下,一般在整体框架设计上,采用结果(目标)并列式,然后在具体目标的评估上要兼顾不同类型指标之间的逻辑关系。例如在社会主义新农村建设的绩效指标体系中,整体框架可按五大目标设计,但在每项具体目标的评估上,不仅要评估最终达成的目标(结果/产出),还要评估完成该目标的行动计划(过程/行为)以及相应的保障措施(能力/投入)(见图 1)。在以管理导向为主的情况下,一般在绩效指标的整体框架上,采用逻辑递进式,然后在结果指标的评估上也可借鉴目标管理的做法。

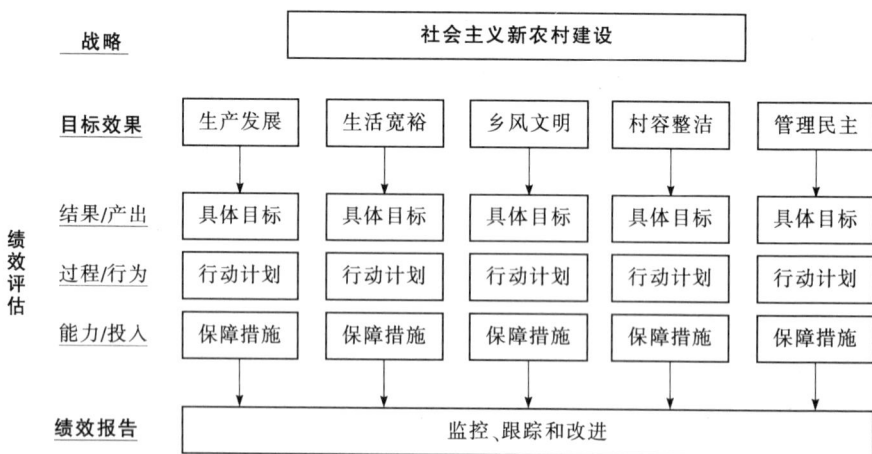

图 1　社会主义新农村建设绩效评估模型

## 三、谁来评估——多元化评估主体的选择与存在的问题

"谁来评估"是关于政府绩效评估体系中评估主体选择的问题。从政府

绩效评估的参与主体看,目前世界各国出现了多元化评估主体的趋势。但是,在引入多元化评估主体的同时,也应认识到其本身的局限性。

### (一)多元评估主体的引入与优势

在政府组织日趋开放的形势下,适时引入多元化评估主体,尤其是外部评估主体,无疑对完善政府绩效评估体系有着积极的作用。

引入多元评估主体有利于了解各利益相关者的需求并对此做出及时回应。与政府组织密切相关的各利益相关者对政府有着各自的需求。这种需求一般会反映在政府组织的战略目标和日常工作中,需要政府组织对此做出回应。这些利益相关者本身就是潜在的政府绩效评估主体,对政府绩效,他们应该有更多的发言权和评判权。

引入多元评估主体有利于调动利益相关者对于公共事务参与的积极性。从公共服务的角度看,调动服务对象的参与是改善公共服务质量,提高公共服务效果的重要举措。政府的服务对象本身也是政府组织的利益相关者。调动这些利益相关者对政府绩效评估工作的参与,也是保证政府绩效评估获得社会和公民支持的重要举措。

引入多元评估主体有利于在技术上解决绩效评估的主观性误差问题。由于政府工作的多样性和复杂性,政府部门绩效的好坏,很难通过组织内部单一主体的评估做出准确判断。各评估主体在绩效评估活动中实际上都仅仅掌握部分信息,也就是说都面临着信息的不对称问题。但是,通过多元评估主体的有机整合,可以解决这种信息不对称问题。多元化的评估主体相互之间可以弥补自身评估信息的缺失,共同形成绩效信息的完整性,从而使绩效评估结果会更加准确和符合事实。

政府绩效评估的多元评估主体可分为组织内部的评估主体和组织外部的评估主体。组织内部的评估主体不仅包括上级领导部门和组织人事部门,而且也包括组织内部的广大员工和其他相关部门;而组织外部的评估主体,则包括各种社会团体、专业人士、新闻媒体以及更加广泛的公民社会。这些评估主体都能从各自的角度和掌握的信息对政府绩效的某些方面做出自己的判断和评价。从当前我国的政府绩效评估实践看,许多地方和部门也开始逐步引入多元化评估主体,如政府机关外部的公民评议、执法公示、行风评议、公民/顾客满意度调查等,还有机关内部的民主评议、群众测评等方式。多元化评估主体的出现,也使得政府绩效评估的价值导向发生了重大变化,如由传统内部导向的绩效评估转变为外部导向的绩效评估,由传统对上不对下、对内不对外的绩效评估导向转变为360度全方位立体型的绩效评估(见图2)。进一步讲,多元化评估主体的出现,将对传统政府的责任机制的转变和改进带来重大影响。

**图2　360度全方位绩效评估主体**

## (二)如何解决多元评估主体所带来的评估误差问题

但是,多元评估主体在解决部分问题的同时,也带来新的问题。从一定程度上讲,参与主体的增加也必然会带来主观误差现象的增多,而许多评估者本身也缺乏评估知识和经验。另外,在评估主体和评估内容的匹配上,由于忽略一些技术细节问题,也容易在好的理念的前提下产生负面效果(见专栏6)。

| | |
|---|---|
| **专栏6** | **多元评估主体引发的问题** |

　　事例一:某单位采用民主测评的方式进行年终考核,从总共20名人员中投票选择2名优秀。投票结果出来,大家发现票数最高的是在单位中公认表现最差的一名同志。因为每个人都投了自己一票,同时又把另一票投给了认为对自己构不成竞争力的同志。

　　事例二:某市实行万人评议活动,并实行末位淘汰。将全市党政机关、人大政协、法院检察院等所有90多个部门拿出来让群众投票,结果有两个"窗口"单位名列最后,其领导人通过人代会予以免职,而该市××办在当年万人评议活动中,群众满意度相当高。该办基本上不与老百姓打交道,在老百姓的主观印象里,该办应该是一个清水衙门,没有实权,应该是廉洁的。但据事后有关部门的调查,××办在当年乱发奖金方面却名列前茅。

事例三:一些单位搞民主测评、群众评议,并依照群众投票结果实行末位淘汰。群众关系好的同志往往得票非常高。但一些业务能力较强、工作水平较高的领导却由于平时忽略了群众关系的维护,结果却打分很低,甚至被淘汰下来。

从单一的评估主体来讲,对所评估的内容有些了解,有些不了解,出现一定的主观误差是必然存在的。从技术上讲,运用"信息对称"和"需求对称"的原理可以大大降低评估主体的误差问题。所谓"信息对称",即特定评估主体对其评估的内容应该有所了解和掌握;所谓"需求对称",即特定评估主体对其评估的内容应该是利益相关的。因此,依照"信息对称"和"需求对称"原理,寻找到评估主体和评估内容(评估对象)之间的相关性,采用不同的评估主体对应不同的评估内容,是多元评估主体设计的重要技术环节。

## 四、如何评估——如何解决定量与定性相结合的问题

"如何评估"是关于政府绩效评估体系中如何综合使用评估方法的问题。从方法论上讲,绩效评估的方法应该坚持定量与定性相结合,这一点基本达成共识。

### (一)定量与定性的基本功能和相互关系

绩效评估过程包括定量法和定性法的综合运用,两者的功能是不尽相同的。

定量法,是采用相对精确的测量工具来进行评估。它的长处在于:标准统一,比较客观,主观干扰因素少;更适合于产出、效率等"硬指标"。但它的不足之处在于缺少价值分析和判断;不适用于行为、过程等"软指标";也不利于绩效评估的诊断和改进功能。

定性法,是采用模糊的测量工具来进行评估。其长处在于:适合于价值判断和定性判断;适用于行为、过程等"软指标";对于绩效评估结果的使用是非常有帮助的。但其不足之处在于:缺少统一客观的标准,人的主观误差因素会增加;需要有一个好的评估环境和沟通文化;需要前期绩效信息的积累和收集。

(二)当前政府绩效评估中的"数字化陷阱"

在以往的政府绩效评估中,我们曾经存在两种极端的误区。一是定性化误区,即单纯以主观性判断替代绩效评估的结果,其最大的问题是结果难以客观和公正,对评估对象来讲会产生极大的心理排斥影响;二是定量化误区,即片面强调客观量化的指标,甚至以数字替代绩效指标本身,该做法貌似客观公正,但在现有的技术条件下是否有价值的东西都能通过数字来体现是一个目前仍存在争议的问题(见专栏7)。

---

**专栏7**　　　　　**"科学的不科学"与"不科学的科学"**

在西方国家,在测量领域中存在的"科学的不科学,不科学的科学"现象至今仍有较大的争议。即便是物理学这种属于精确测量的学科领域,西方国家两位著名大师也曾有截然相反的结论。19世纪中叶的爱尔兰著名物理学家罗德·凯文(Lord Kelvin)曾经说过:"只有当你能评价并用数字表达你所讲的内容,你才对它有所了解;如果你不能评价并用数字表达你所讲的内容,那你只有模糊不清的认识。"而20世纪伟大的科学家爱因斯坦则针锋相对地指出:"并非所有能被衡量的东西都有价值;反之,并非所有有价值的东西都可以被衡量。"对绩效而言,在现有的人的认识能力和测量技术的条件下,爱因斯坦的观点似乎更加切合实际。在政府绩效领域,很多有价值的东西,比如"政治理论学习"、"为基层老百姓办实事"等内容,如果非得用"理论学习的次数"、"领导下基层的次数"来量化,在很多情况下变得没有任何价值。

---

目前,我国政府绩效评估实践似乎出现从一个极端走向另一个极端的趋势,"定量化"、"数字化"成为许多地方政府和部门绩效评估孜孜不倦的追求目标。但是,绩效评估至今仍难以达到精确测量的程度,片面追求"数字化",不仅会造成绩效评估结果的失真问题,甚至导致形式主义、弄虚作假等价值扭曲问题。

### （三）定量法与定性法的有效结合

绩效评估的根本目的在于通过评估活动发现问题和改进问题。基于量化基础上的事实判断尽管非常重要，人们也希望尽可能开发出有效的测量工具。但是，由于现有测量技术和人类认识能力的局限性，在很多领域目前还难以找到完全的、理想的、精确的测量工具。尤其对于政府及其他公共部门的绩效而言更是如此，其中所包含的许多价值问题离不开人的主观判断。例如，GDP 是世界各国公认的标准化数据，经常被用来表示一个国家或地区的经济发展状况。但仅凭 GDP 却很难真实地反映一个国家或地区的经济发展质量。绿色 GDP 的理念虽然很好，但却难以找到公认的、精确的测量标准，从目前的实际情况看，只能找到与绿色 GDP 密切相关的"万元 GDP 能耗"、"污染物排放量"等指标，来加以综合分析并评价一个国家或地区的经济发展质量。

因此，绩效评估方法应该是定量法和定性法的有效结合。随着人类认识能力和技术手段的不断进步，许多传统上被认为是定性的内容，目前已开发出有效的测量工具。例如，对产出效果、服务质量的评价，目前世界各国普遍采用服务对象"满意度测量"，通过有效的量化工具将服务对象的感知性认识加以量化。另外，国内一些单位在绩效评估方面引入"模糊数学"的技术，从而使我们对"软性"、"质性"指标的评估能够更加准确。从目前世界各国流行的做法看，定量法技术更多地应用于事实判断、证据收集、绩效数据统计等领域，而定性法技术更多地用于价值判断、综合评估和结果分析等领域。另外，从不同评估主体掌握的信息充分程度看，也应根据具体情况采用不同方式来进行。组织内部由于对绩效信息掌握较为充分，因而可能在定量化测量方面占据优势；外部专家的评估，则可能有更多的专业分析手段；而组织内部的普通员工以及外部的公民或顾客则更适宜于采取诸如满意度评价等的认知工具。

## 结语：系统的整合

"为什么评估"、"评估什么"、"谁来评估"以及"如何评估"，共同构成政府绩效评估体系的整体框架。这一体系关系到政府绩效评估体系的科学性、有效性和操作性等问题。上述四个问题应该构成一个相互之间有机整合、相互对应的系统。片面地关注某一个问题,往往会导致绩效评估体系的严重缺陷。


（刘旭涛：国家行政学院公共管理教研部教授）

# 市级政府绩效评价研究

王鲁捷　陈　龙　崔　蕾

党的十六届三中全会明确提出"坚持以人为本,树立全面、协调可持续的发展观,促进经济社会和人的全面发展。"作为当前政府改革的主要理念,市级政府在进行"绩效导向"的施政过程中应当充分树立全面、协调、可持续发展的绿色发展观,建立科学完善的政府绩效评价指标体系及绩效评价方法,以促进社会经济和人的全面协调发展。因此,本文以市级政府作为研究对象,在理清政府绩效评估相关内容后,运用系统思考原理,确立基于平衡计分卡原理的市级政府绩效评估指标体系,应用层次分析法确定指标权重,最后运用基于数据包络分析(DEA)的二次相对效益绩效评估方法对政府绩效进行发展趋势评价,力图使对政府绩效的评价更全面、更科学、更能突出政府绩效重点,使政府保持持续稳定的发展。

## 一、政府绩效评价的内容

政府工作具有目标多元性和价值多样性的特点,而"绩效"则体现了一种系统、全面和多层次的价值内涵[①]。因此,政府绩效不仅仅是政府所做的成绩和所获得的效益,还包含政府成本、政府效率、政治稳定、社会进步、良性发展、持续运行等多种涵义。因而,政府绩效评价通常都应评估政府活动的 4 个方面,即经济性(economy)、效率性(efficiency)、效果(effectiveness)、公平性(equity)[②],其涵义如表 1 所示:

---

① 刘旭涛:《政府绩效管理:制度、战略与方法》,机械工业出版社 2003 年版。

② [英]诺曼·弗林著:《公共部门管理》,中国青年出版社 2004 年版。

表1　4E 涵义

| 经济性(economy) | 表示投入成本的最小化程度,考查政府的成本意识,开支节约程度 |
| --- | --- |
| 效率性(efficiency) | 表示既定投入水平下产出水平的最大化,一般通过投入产出比来衡量,包括生产效率和分配效率 |
| 效果性(effectiveness) | 表示产出结果对组织的影响程度,一般通过顾客对结果的满意程度来衡量 |
| 公平性(equity) | 表示接受服务的团体或个人是否受到公平的待遇,弱势群体是否能享受更多服务 |

四者的关系可以用图1[①]表示。

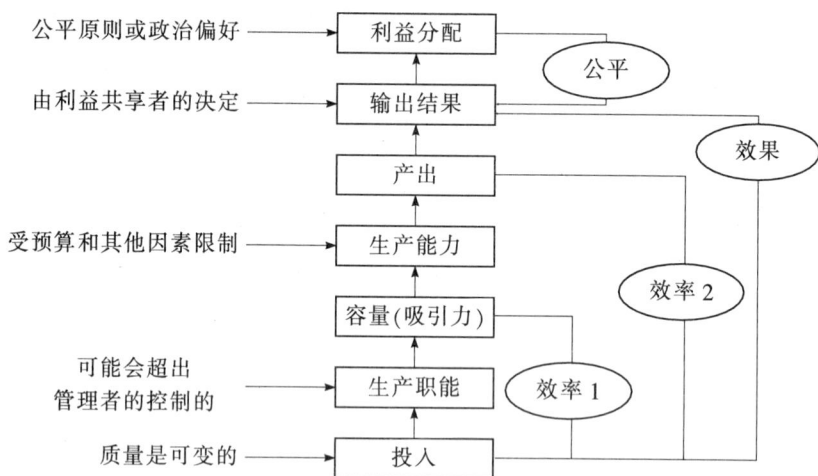

图1　绩效测量的组成元素

# 二、政府绩效评价的原则

在对政府绩效评价时应注意以下原则:

1. 坚持结果为本的原则

这一方面要求评价政府时应按照效果而不是按照投入;另一方面要求在指标选择时应明确政府行为目标,考核内容与目标结果相关。例如政府作为国有企业的资产所有者代表,只应该以国有企业的资产保值增值情况来评价其国有资产管理能力,企业利润不应作为评价政府绩效的指标。

---

① 　国家人事部中国政府绩效评估课题组:《中国政府绩效评估研究报告》,2003 年 9 月。

### 2. 坚持市民导向原则

顾客导向是现代企业的基本目标。对于市级政府而言,顾客就是其所服务的市民。坚持市民导向,评价指标就应充分反映市民的基本需求,不仅是为了应付上级各项检查;坚持市民导向,就要破除政府评价主体单一,增加社会公众参与,拓宽对政府的考核渠道,实施多层次考核监督,坚持外部评价与内部评价相结合,即上级主管、市民、专业评价机构和政府自身共同评价。

### 3. 坚持可持续发展的原则

这要求在制定绩效指标时要努力纠正发展观上存在的偏差,切忌把"发展是硬道理"片面地理解为"经济增长是硬道理",把经济发展简单化为GDP。要在经济建设中处理好 GDP 增长和环境、资源等诸方面的辩证关系。在追求 GDP 增长的同时,要注意保护资源、环境与社会效益平衡。要通过绩效评价约束政府的短视行为,有效防止盲目上项目、办企业、引投资、搞形象、圈卖地等损伤市民利益的事情发展。

## 三、市级政府绩效指标体系探讨

美国锡拉丘兹大学马克斯维尔公共行政学院与美国《政府管理》杂志设计的市政府评价体系将政府绩效分为财政管理、人力资源、信息技术、资金管理和结果管理五个方面,由专家研究制定出评估标准,由民间独立的评估机构评估,对被评估城市按照 A、A−、B+、B、B−、C+、C、C−共 8 个等级打分。这套评价指标标准统一、清晰,且将企业精神注入政府之中,反映了政府的改革精神。但由于我国与美国的政府管理体制、社会条件差异较大,该体系对我国市级政府的适用性并不强。

国家人事部中国政府绩效评估课题组经过调查与总结,设计出的指标体系由影响指标、职能指标和潜力指标三层共 33 个指标构成,全面考查了地方政府经济、社会、人口与环境、经济调节、市场监管、社会管理、公共服务、国有资产管理、人力资源、廉洁、行政效率等 11 个方面的内容,较好地概括了政府行为。但该体系及其评价方法很少涉及考验绩效的进步程度,同时部分指标内容也超越了政府应尽的职责。

设计市级政府绩效指标体系,首先要明确政府管理范围内的社会经济活动,如图2所示。

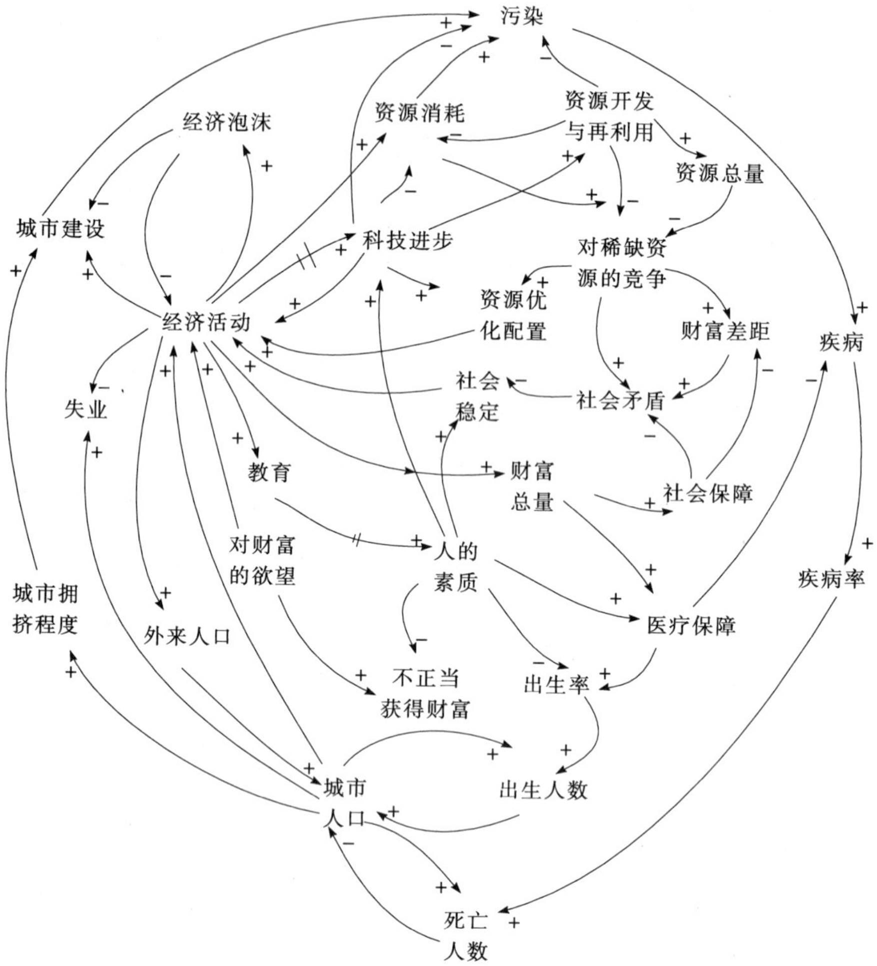

**图2  城市社会经济活动**

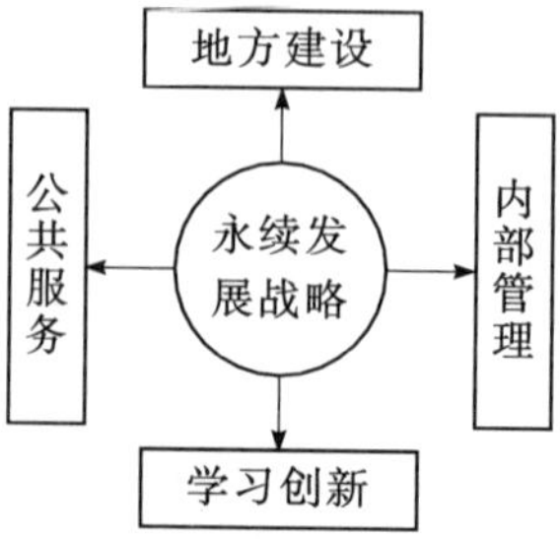

**图3  政府绩效平衡计分卡**

由图2可知,城市永续发展的关键集中在资源使用、经济活动、科技进步以及公民素质、社会公平上。前三者属于地方建设范畴,后两者属于公民服务范畴,因此,政府绩效应着重此两大范畴。当然,为了做好城市的发展工作,政府自身的管理控制以及政府的学习和创新也十分必要。因此,我们认为考评市级政府绩效,应着重考评地方建设、公民服务、内部管理、学习与创新四大方面,这也正好符合平衡计分卡的原理,如图3所示。

据此,我们建立市级政府绩效指标体系如表2所示。

**表2 市级政府绩效指标体系**

| 一级指标 | 代码 | | 二级指标 | 代码 | | 三级指标 | 代码 | |
|---|---|---|---|---|---|---|---|---|
| | 指标 | 权重 | | 指标 | 权重 | | 指标 | 权重 |
| 地方建设 | U1 | W1 | 经济基本指标 | U11 | W11 | 人均GDP | U111 | W111 |
| | | | | | | 劳动生产率 | U112 | W112 |
| | | | | | | 恩格尔系数 | U113 | W113 |
| | | | | | | 失业率 | U114 | W114 |
| | | | 城市建设 | U12 | W12 | 城市规划 | U121 | W121 |
| | | | | | | 基础公共设施建设 | U122 | W122 |
| | | | | | | 人均福利设施建设 | U123 | W123 |
| | | | | | | 人均资源占有率 | U124 | W124 |
| | | | 产业经济 | U13 | W13 | 国有资产保值增值率 | U131 | W131 |
| | | | | | | 民营经济占GDP比重 | U132 | W132 |
| | | | | | | 吸引投资总额 | U133 | W133 |
| | | | | | | 第三产业经济占GDP比重 | U134 | W134 |
| | | | 经济控制 | U14 | W14 | 长期预算前景规划(5年计划) | U141 | W141 |
| | | | | | | 宏观经济调控计划 | U142 | W142 |
| | | | | | | 税收总额 | U143 | W143 |
| | | | | | | 财政收入总额 | U144 | W144 |
| | | | | | | 循环经济水平 | U145 | W145 |
| | | | 科技进步 | U15 | W15 | 人均技术发明专利 | U151 | W151 |
| | | | | | | 人均登记技术成果 | U152 | W152 |
| | | | | | | 人均科技成果转化 | U153 | W153 |
| | | | 市场监督 | U16 | W16 | 法规完善程度 | U161 | W161 |
| | | | | | | 执法状况 | U162 | W162 |
| 公民服务 | U2 | W2 | 社会基本指标 | U21 | W21 | 人均预期寿命 | U211 | W211 |
| | | | | | | 平均受教育程度 | U212 | W212 |
| | | | | | | 人口自然增长率 | U213 | W213 |
| | | | | | | 基尼系数 | U214 | W214 |
| | | | 社会管理 | U22 | W22 | 城镇最低薪酬水平 | U221 | W221 |
| | | | | | | 贫困人口数 | U222 | W222 |
| | | | | | | 严重犯罪人数(凶杀、暴力等) | U223 | W223 |
| | | | | | | 生产和交通事故数 | U224 | W224 |

续表

| 一级指标 | 代码 | | 二级指标 | 代码 | | 三级指标 | 代码 | |
|---|---|---|---|---|---|---|---|---|
| | 指标 | 权重 | | 指标 | 权重 | | 指标 | 权重 |
| 公民服务 | U2 | W2 | 社会管理 | U22 | W22 | 社会保险、医疗保险金额 | U225 | W225 |
| | | | 环境保护 | U23 | W23 | 空气综合污染指数 | U231 | W231 |
| | | | | | | 水资源综合污染指数 | U232 | W232 |
| | | | | | | 城市绿化面积 | U233 | W233 |
| | | | | | | 死亡人数中癌症患者占有率 | U234 | W234 |
| 内部管理 | U3 | W3 | 行政廉洁 | U31 | W31 | 腐败案涉案人数 | U311 | W311 |
| | | | | | | 腐败案涉案金额 | U312 | W312 |
| | | | | | | 公务员违纪人次 | U313 | W313 |
| | | | | | | 公务员行政作风评议 | U314 | W314 |
| | | | 行政素质 | U32 | W32 | 有效政府采购 | U321 | W321 |
| | | | | | | 突发事件预警机制 | U322 | W322 |
| | | | | | | 灾难性事件应付能力 | U323 | W323 |
| | | | | | | 慈善救助水平 | U324 | W324 |
| | | | | | | 政府工作报告综合评定 | U325 | W325 |
| | | | 政务公开 | U33 | W33 | | | |
| 学习与创新 | U4 | W4 | 人力资源 | U41 | W41 | 公务员本科以上学历者比例 | U411 | W411 |
| | | | | | | 公务员平均年龄 | U412 | W412 |
| | | | | | | 领导班子团队建设 | U413 | W413 |
| | | | | | | 公务员平均培训时间 | U414 | W414 |
| | | | | | | 人力资源开发战略规划 | U415 | W415 |
| | | | 信息管理 | U42 | W42 | 信息系统稳定性、安全性 | U421 | W421 |
| | | | | | | 电子政务信息准确性、及时性 | U422 | W422 |
| | | | 变革 | U43 | W43 | 机构设置与行政适应度 | U431 | W431 |
| | | | | | | 组织文化建设 | U432 | W432 |

## 四、评价方法

### 1. 确定权重

(1)建立树状层次结构模型,即分析系统中各个因素的相互关系、逻辑归属及重要性,进行分层排列,构成一个自上而下的阶梯层次结构。本文利用 AHP 法确定市级政府绩效考评指标的权重。

(2)确定思维判断定量化标度,采用 9 标度法来表示不同指标间的重要程度。

(3)构建判断矩阵,参加咨询的每位专家各构造一组判断矩阵。专家构造的判断矩阵(即有标度数据的判断矩阵,如表3),左上角 A 是上层因素(指标),A1、A2、A3、A4 是与 A 有特定逻辑关系的下层因素(指标),即 A 的分指标。在对该矩阵进行判断和标度时,需按9标度准则将列中每个因素与行中每个因素分别成对比较。专家构造的判断矩阵中的值必须满足下列条件:$a_{ii}=1$、$a_{ij}=1/a_{ji}$。

表3　专家构建的市级政府绩效考评综合绩效判断矩阵

| 综合绩效(A) | 经济建设(A1) | 行政职能(A2) | 社会服务(A3) | 创新和学习(A4) |
|---|---|---|---|---|
| 经济建设(A1) | $a_{11}$ | $a_{12}$ | $a_{13}$ | $a_{14}$ |
| 行政职能(A2) | $a_{21}$ | $a_{22}$ | $a_{23}$ | $a_{24}$ |
| 社会服务(A3) | $a_{31}$ | $a_{32}$ | $a_{33}$ | $a_{34}$ |
| 创新和学习(A4) | $a_{41}$ | $a_{42}$ | $a_{43}$ | $a_{44}$ |

(4)计算权重。对每位专家构造的判断矩阵,计算其特征向量和最大特征根。各特征向量就是各评价指标对相邻上层次而言的权重并对其进行一致性检验。

(5)综合专家群体的意见。

2. 二次相对效益

由于客观基础条件的差异会给管理的效果带来一定的影响,因此所得到的绩效评价结果反映的应是被评价市的总体实力,而难以准确体现政府的主观有效努力程度。因此,根据管理有效性思想,我们运用基于数据包络分析(DEA)的二次相对效益绩效评估方法[1]消除受评政府之间客观基础条件优劣的影响,使评价工作更为公平,更有利于评价单元寻找差距,更有利于分析行为低效的主观原因。以若干家市级政府为例,进行二次相对效益转换:

(1)建立管理可能集,包括对各家政府以往状况的测算(定义为参考指数)以及对政府当前状况的测算(定义为当前指数),其中,对政府以往状况的测算,反映了客观基础条件的度量。

(2)将参考指数作为一种输入,当前指数作为一种输出,采用数据包络分析(DEA)可以构造出管理前沿集,如图4所示。

管理前沿面包络了全部指数状态,它反映了评价系统输入输出之间的

---

① 冯英浚,李成红:《二次相对效益——衡量企业经济效益的一种新指标》,《中国软科学》1995 年第 7 期。

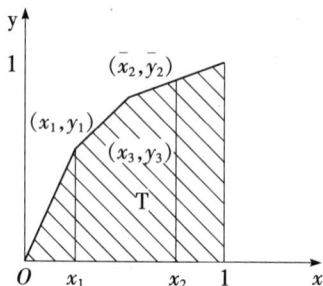

**图 4　管理可能集示意图**

最优关系。同时又提供了反映受评政府偏离管理前沿面的程度,由此可以得到各受评政府的相对有效值。如果受评政府输入输出指数处在管理前沿面上,则说明该政府在其客观基础上已做出了最大努力,获得了其所能得到的最佳绩效(如图 4 $x_1, y_1$);否则,则表明政府并没有尽其全力(如图 4 $x_2$, $y_2$)。我们可以利用管理前沿面得出该政府所能达到的最佳绩效(如图 4 中 $\bar{x}_2, \bar{y}_2$),并通过其实际绩效与可能最佳绩效的比值得到该受评政府的管理效益。

## 五、结语

政府绩效评价指标体系是一个具有多层次、多目标的复杂体系,要科学、公正地考评政府绩效,就必须厘清影响政府绩效的各主要指标,运用科学的方法确定指标间的相对重要性,消除受评政府之间客观基础条件优劣的影响,考查政府组织的有效努力程度。当然,绩效评价只是绩效管理的一个部分,要真正促进政府绩效的提高和行政能力的改善,我们还需要密切关注绩效评价后的反馈与改进,将公务员薪酬与绩效挂钩,通过法律形式将政府绩效评价制度化,建立协调可持续发展的政绩机制。

(王鲁捷:南京航空航天大学人文与社会学院教授;
陈　龙:南京航空航天大学经济与管理学院硕士;
崔　蕾:南京航空航天大学经济与管理学院硕士)

# 地方政府绩效评价监管问题研究

## 包国宪　　王浩权

　　上个世纪 90 年代以来,政府绩效评价的理论研究和实践探索在我国已取得了较大进展,尤其是近两年来,各级地方政府把绩效评价作为深化行政管理体制改革和推动其职能转变的重要内容和有效手段进行大胆地尝试。但由于地方政府绩效评价的监管不到位、操作存在漏洞等问题,制约和影响了我国地方政府绩效评价深入有效地发展。因此,有必要加强对地方政府绩效评价监管问题研究,促进政府绩效评价活动健康、稳定、规范、有序地发展,使政府绩效评价成为引导各级政府不断改善其绩效水平和提高行政能力的强有力工具。

## 一、地方政府绩效评价监管的意义

　　奥斯本(Osborn)与盖布勒(T·Gaebler)认为,政府绩效评价就是改变照章办事的政府组织,谋求以结果为导向的控制机制。我国高层政府官员认为,政府绩效评价是“指挥棒”、是“鞭子”,起引导、督促政府行为的重要作用。2006 年 9 月 4 日,在国务院召开的部署加快推进政府职能转变和管理创新工作的全国电视电话会议上,中共中央政治局常委、国务院总理温家宝指出:“绩效评估是引导政府及其工作人员树立正确导向、尽职尽责做好各项工作的一项重要制度”,“要按照奖优、治庸、罚劣的原则,充分发挥绩效评估的导向作用和激励约束作用,坚决反对虚报浮夸、急功近利,反对搞劳民伤财的形象工程和政绩工程。”如何正确发挥政府绩效评价的导向功能? 不仅取决于正确的评价方式、科学的评价指标体系、客观的评价结果,还取决于有无完整的监管制度。我国政府绩效评价起步较晚,政府绩效评价理论研究不够深入,其实践活动还不规范。因此,加强政府绩效评价监管对推动我国地方政府绩效评价健康发展有着十分重要的现实意义。

**(一)实施政府绩效评价监管有助于树立科学发展观和正确的政绩观**

科学发展观是统领我国经济社会发展全局的重大战略思想和指导方针。但是,科学发展观要由各级政府来落实,这里,就有一个树立什么样的政绩观的问题,有一个如何评价政绩的问题。现实生活中,有些地方政府热衷搞"政绩"工程、善于做表面文章,这不仅有损政府形象,还影响了经济社会的健康发展。可见,政绩观的问题关系政府管理的指导思想,如果政绩观发生了扭曲,那么地方政府行为将与国家的大政方针背道而驰。加强对地方政府绩效评价的监管,有利于形成各级政府正确的政绩导向,引导各级政府真正将工作重心实现同国家的战略部署相一致,实现以人为本,全面、协调、可持续发展。

**(二)实施政府绩效评价监管有助于规范地方政府绩效评价实践**

近几年来,我国地方政府开展了各式各样的政府绩效评价活动,对推动当地政府职能转变、深化行政管理体制改革的作用功不可没。但由于缺乏对其监督,致使地方政府绩效评价存在诸多问题。一是评价活动带有明显的随意性。评价指标、评价内容以及评价方法由各评价机构自行确定,全国没有形成一个统一的体系和标准。同时,也缺乏必要的相关法律制度支持和保障,一些地方政府想什么时候评就什么时候评,想怎样评就怎样评。二是评价过程具有封闭性。目前,大多数地方开展的政府绩效评价活动属于内部评价,评价操作在政府内部进行,评价主体也是上级政府,评价结果也只在政府内部公布,公众对政府绩效评价难以知情和参与。三是评价存在短期行为。把政府绩效评价当作"面子活",宣传的多,抓落实少,虎头蛇尾多,善始善终少,不能很好地用来推动政府职能和作风转变。通过加强政府绩效评价监管,"在组织的某项活动超过公共部门绩效管理容许范围的偏差时,可以采取必要的纠正措施,以使系统的活动趋于稳定,实现组织的既定目标;或者在必要时,进行修改,确定新的现实目标和管理控制标准,使之更符合组织自身的条件和外部环境的变化"①。

### (三)实施政府绩效评价监管有助于营造宽松和谐的评价环境

政府绩效评价是在特定的政治、经济、文化、政务公开程度、信息化水平等环境下进行的,针对同一评价对象,由于评价环境不同,导致评价结果大相径庭,很难形成政府或政府部门间绩效的纵向和横向比较,降低了政府绩效评价的有效性。因此,加强政府绩效评价的监管就是要营造一个所有参与评价对象都能够公平竞争的环境,剔除评价过程中的个性化、人情化、特殊化的因素,将不同评价对象或同一评价对象的不同时期绩效置于同一评价环境下进行评价,形成可比、公正的评价结果。

### (四)实施政府绩效评价监管有助于保护政府绩效评价所有参与者的正当权益

评价地方政府绩效,实质上是一种权力运行。要防止绩效评价权力腐败、维护绩效评价客体的权力,保证绩效评价主体依法履行职责,增强评价的效力,就必须加强对政府绩效评价的监管。通过加强地方政府绩效评价监管,对政府绩效评价中的违法和违规行为进行处罚,对评价纠纷和争议事件及时处理,以保护参与政府绩效评价的各方当事人的合法权益,使一切参与者都能享受公正的待遇。

### (五)实施政府绩效评价监管有助于推动地方政府绩效评价的健康发展

西方发达国家的政府绩效评价是在一系列的政府管理改革和制度建设中进行的。美国政府绩效评价在经过 20 世纪 70 年代末到 1992 年的近 15 年的持续行政改革的基础上,到 1993 年克林顿上台,才结出了丰硕的成果。1978 年美国制定了《文官改革法案》,表明新一轮政府改革启动;到 1993 年《政府绩效与结果法案》的颁布,表明公共部门绩效评价走向规范化、法制

---

① 张泰峰:《公共部门绩效管理》,郑州大学出版社 2004 年版。

化①。中国政府绩效评价要能够健康发展,并迎头赶上西方发达国家的水平,在政府绩效评价的起步阶段就要加强监管,规范其评价活动,为我国政府绩效评价向纵深发展奠定良好的基础。

## 二、地方政府绩效评价监管的原则和方式

### (一)地方政府绩效评价监管的原则

加强政府绩效评价监管的根本目的在于创造一个良好的评价环境,保护各方当事人的权益,促进地方政府绩效评价健康发展。因此,政府绩效评价监管应坚持公开、公平、公正监管原则的同时,还应根据地方政府绩效评价的具体特点,坚持依法监管、全面监管、持续性监管。

1. 公开监管原则。就是要求所有参与政府绩效评价的被评价单位或部门要及时、准确、完整地提供政务信息,保证政务信息公开,使评价主体充分了解有关评价的最新信息,并以此为依据做出合理的评价判断。同时,要求评价机构应把评价内容、评价指标、评价程序、技术处理方法和评价结果等事项向社会公开,这是现代透明政府的必然要求,也是保障公众实现对绩效评价参与权的前提,因而坚持公开监管原则对于保证评价主体获取政务信息和增强评价的透明度尤为重要。

2. 依法监管原则。是指通过建立健全有关政府绩效评价的法律和制度,保证每个评价机构、评价主体和评价对象等所有参与者都拥有平等的法律地位,公平保护各方的合法权益。政府绩效评价组织者有权根据评价目的选择评价类型和评价机构,评价机构有权选择评价主体进行评价,同时要主动接受监督。评价对象应有复议、申诉和救济与赔偿权,同时要如实提供评价政务信息,并对所提供信息的真实性负责。

3. 全面监管原则。政府绩效评价监管机构应根据法律授予的监管权力,对地方政府绩效评价实践活动进行积极参与、全程介入、坚持标准、动态监控,以确保评价结果公正。既要对评价前期的评价方案是否科学和合理

---

① 罗纳德·桑德斯:《美国的公务员队伍:是改革还是转型》,国家行政学院国际合作交流部编译:《西方国家行政改革述评》,国家行政学院出版社 1998 年版。

进行监管,又要对评价实施中的评价标准是否统一、评价方法是否得当、评价信息处理是否规范、评价结果是否客观、公正进行监管,还要对评价结果的运用进行跟踪监管,真正实现以评价结果为导向的政府职能转变和绩效水平持续提升的目标。

4.持续性监管原则。政府绩效评价的监管者不仅要维护评价秩序,使评价对象处在同一衡量标准下参评,还应督促评价机构及时反馈评价信息,帮助评价对象采取纠偏措施持续改善其绩效。

(二)地方政府绩效评价监管的方式

为了履行地方政府绩效评价监管的职责,政府绩效评价监管机构必须采取有效的监管方式。根据对政府绩效评价的特点和其中的利益相关者分析,政府绩效评价监管可采用政府监管、自律监管和社会监管三种方式。政府监管与自律监管和社会监管之间存在主从关系,自律监管和社会监管是政府监管的有效补充,自律监管本身也是政府监管框架中的一个监管方式。合理界定各自的监管功能,使之形成分工协作、互相补充、互相促进的监管格局(见图1),并通过法律、经济、行政等手段,对地方政府绩效评价实施全方位的监管。

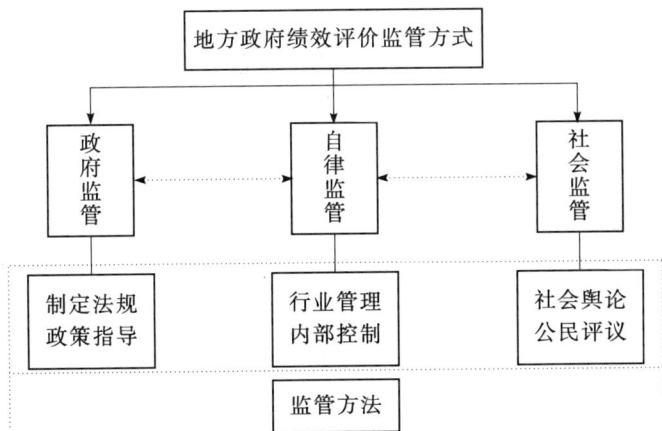

**图1 三种监管方式的关系**

1.政府监管。政府监管是一种最主要的监督管理方式,也是比较有力和有效的方式。通常由政府设立专门监管机构,从法律上确立其合法地位,赋予一定权威,使其依法履行监管职责。包括制定地方政府绩效评价的指导思想、指标体系设计原则、政府绩效评价管理办法等规章制度,并按照规章制度对各评价机构分门别类进行指导,对评价过程中的违纪违法问题及时处理,维护地方政府绩效评价的公平竞争环境。同时,制定行业规范和指引,指导地方政府绩效评价管理协会工作,做好评价活动的试点推广、宣传、发展规划等工作。

2. 自律监管。政府监管尽管效力最大,但不能深入到日常具体的操作管理层面。具体的、日常事务性的评价管理工作还要由评价机构和评价管理协会建立一套内部管理制度,通过自我管理、自我规范、自我控制和自我监督来实现。评价机构和评价管理协会要遵照国家有关法规和政策,根据政府监管部门的总体要求,制定严密的自律制度,实现自律工作的制度化和秩序化。同时,要适应自律监管技术的现代化需要,开发出适合地方政府绩效评价管理特点的计算机监管系统,提高评价监管能力。

3. 社会监管。政府绩效评价除了政府管理和自我约束外,还需要动员全社会力量从外部进行监督,因为新闻媒体的评论、社会团体的监督以及公民的议论能够从外部形成对政府绩效评价的压力。公民参与政府绩效评价监管,使得地方政府必须充分考虑公民利益,如果有损害公民利益的事情发生,就必然影响到政府绩效评价结果。公民参与政府绩效评价监管,有利于保障公民的合法利益,也可以形成公民对政府工作的理解和支持。社会监管是各种监管方式中最经常使用和最容易做到的民主监督形式。

## 三、地方政府绩效评价监管的内容

按照地方政府绩效评价的过程和评价监管的对象,可以把地方政府绩效评价监管的主要内容分为评价机构监管、评价行为监管、评价责任监管。

### (一)评价机构监管

加强对地方政府绩效评价机构监管,首先,要对评价机构的从业资格进行审核。不论是政府内部的绩效评价机构还是政府外部的社会中介评价机构,都应在政府绩效评价归口管理部门进行注册登记,取得评价资格,并经政府绩效评价管理机构授权之后,才能开展评价工作。否则,评价无效。其次,要加强对政府绩效评价人员监管。监管效率的提高和监管制度的落实最终要靠监管人员素质的提高来实现。通过职业化教育和专业技能培训,使评价从业人员具有较强的法律意识、规范的职业道德和良好的业务素质。最后,要加强对评价机构基础设施建设的监管。政府绩效评价过程,实际是信息加工和处理过程,除应具备必要的办公设施外,还要有一定量计算机的配备,相关评价软件的开发和数据库的建立与完善。

(二)评价行为监管

政府绩效评价是对政府绩效目标完成情况的反馈和提出下一阶段新的绩效目标。一个完整的政府绩效评价过程应包括绩效目标确定、评价指标设计、评价实施和评价结果反馈四个环节(见图2)。加强对地方政府绩效评价行为监管,就是要对评价机构在绩效目标确定的合理性、评价指标设计的科学性、评价实施的透明性和评价结果的客观性等方面进行管理。不能因为政府绩效评价的某一行为、某个环节出现偏差或存在漏洞而对整个评价的有效性造成一定的负面影响。如制定绩效目标应与当地政府的发展战略规划紧密结合,如果绩效目标高不可攀往往会挫伤地方政府或部门领导的积极性,绩效目标过低不利于整体战略目标的实现。

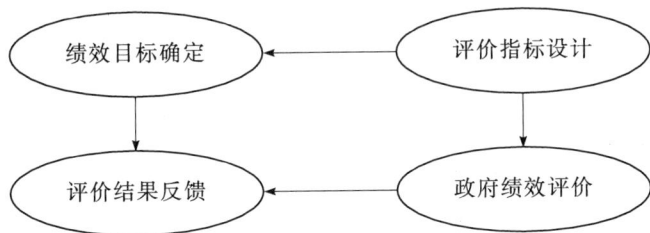

**图2 政府绩效评价过程**

(三)评价责任监管

权力和责任总是相生相伴,行使权力就要承担责任,只有权力而无责任,必将导致权力的滥用;只有责任而不赋予相应的权力,则责任必将落空。

评价政府绩效时,在赋予评价机构权力的同时,应申明其承担相应的责任,做到责权统一、责任明确。加强评价责任监管,就是要尽力维护参与政府绩效评价的所有关系人的权益。一旦由于评价机构的责任和过失给评价对象带来负面影响和损失,应及时启动评价申诉机制的救济措施。同时,当评价对象对评价机构做出的评价结果有争议时,评价对象有权向监管机构提请评价复议,评价监管机构对有争议的内容要重新进行复评,以协调解决双方的争端。同时,评价监管机构应对评价机构的评价行为进行适时监管,做到定期奖惩。

## 四、地方政府绩效评价监管的环境

政府绩效评价是公共管理的一个非常重要的组成部分。它植根于发育良好的公共管理的土壤之中,也植根于社会这一更大的土壤之中。同样,政府绩效评价监管也需要特定的环境和良好的社会氛围。具体地讲,实施地方政府绩效评价监管需要以下环境。

(一)健全的政府绩效评价法律和制度

当代西方国家的政府绩效评价之所以能够取得很大成功,其中一个很重要的原因就是有健全的评价制度作保障。如美国的《政府绩效与结果法案》、《以绩效为基础的组织典范法案》、荷兰的《市政管理法案》等,都以法律的形式作出规定对政府部门绩效进行评价。我国的当务之急是充分考虑到我国的国情,借鉴西方发达国家的经验和做法,通过完善政府绩效评价的制度和立法,使其走上制度化、规范化的道路,也为政府绩效评价监管提供法律依据,做到依法监管。

(二)强有力的政府绩效评价监管组织领导

英美等国家的政府绩效评价实践证明,加强监管组织领导,是开展政府绩效评价监管的前提和条件。如英国"审计办公室"负责监督中央的绩效评价,"审计委员会"负责监督地方政府绩效评价;新西兰和澳大利亚则设置全国性的统一机构进行监督。根据我国政治体制和行政管理体制的特点,可以分层级设立地方政府绩效评价监管领导小组,负责研究制定统一的监管制度,协调解决评价监管机构与评价机构之间的矛盾和冲突,落实评价监管的激励与约束机制。

(三)分工协作的政府绩效评价监管组织体系

不论采取怎样的监管方式,客观上要求科学整合各监管机构的监管职能。一方面,要防止和克服监管的"缺位"、"越位"、不到位的现象,明确各监管主体的地位、职责、权限以及监管行为的范围、程序和方式,形成一个全方位、多层次、强有力的监管网络。另一方面,要促进各监管机构之间的协调、配合,使其在监管过程中互通情况、互相配合、协调一致,把不同层次、不同职能的监管机构整合为协调运转的有机系统,形成监管合力。

(四)资源共享的电子政务信息系统

西方国家的政府绩效评价及其监管是建立在信息公开的前提下实施的,因为政府绩效评价及其监管需要的信息量大、涉及的部门多、信息来源渠道广泛,不仅需要各个部门及评价者的原始资料和数据,还需要其他间接来源资料。这样一来,绩效评价所依据的信息准确性,将直接影响评价的信度和效度。因此,建立一个资源共享的电子政务信息系统是实施有效监管的前提和条件。

# 参考文献

1. 中国行政管理学会课题组. 政府部门绩效评估研究报告[J]. 中国行政管理,2005(5)

2. 包国宪. 绩效评价:推动地方政府职能转变的科学工具——甘肃省政府绩效评价活动的实践与理论思考[J]. 中国行政管理,2005(7)

3. 包国宪,孙加献. 政府绩效评价中的"顾客导向"探析[J]. 中国行政管理,2006(1)

4. 包国宪,董静. 政府绩效评价结果管理的几点思考[J]. 中国行政管理,2006(8)

5. 杨寅,黄萍. 政府绩效评估的法律制度构建[J]. 现代法学,2004(3)

6. 周志忍,陈庆云著. 自律与他律——第三部门监督机制个案研究[M]. 杭州:浙江人民出版社,1999

7. 张泰峰. 公共部门绩效管理. 郑州:郑州大学出版社,2004

8. 彭国甫. 对政府绩效评估几个基本问题的反思[J]. 湘潭大学学报(哲学社会科学版),2004,5,6

9. 罗纳德·桑德斯. 美国的公务员队伍:是改革还是转型. 国家行政学院国际合作交流部编译

10. 西方国家行政改革述评[C]. 北京:国家行政学院出版社,1998

11. [美]马克·G·波波维奇著,孔宪遂、耿洪敏译. 创建高绩效政府组织[M]. 北京:中国人民大学出版社,2002

12. Radin, Beryl A. The government Performance and Result Act (GPRA): Hydra-Headed Monster or Flexible Management Tool. Public Administration Review,1998

13. Government performance project. Missouri gets B, Illinois C for management performance, http://stlouisbizjournalscom,2005 - 02 - 14

(包国宪:兰州大学管理学院院长,教授,博士生导师;

王浩权:兰州大学管理学院讲师)

# 社会资本理论与我国政府绩效管理研究

## 杨　超　凌学武

## 引言

社会资本理论属于一种投资未来的关系资本,虽然其报酬率在飘忽不定的关系网中难以用数理工具加以计量,但总会令人感到希望在握。由于社会资本仍属"资本"范畴,追求效率是"资本"的天然本性。同时,政府绩效管理的一个基本目标就是提高政府效率。因此,社会资本与政府绩效在追求效率目标上统一起来。除效率之外,社会资本强调的公民精神、信任、互惠规范等表现要素与政府绩效管理目标在逻辑上同样具有一致性。台湾政治大学谢俊义博士通过研究,在政府绩效与社会资本之间创建了一个函数公式:视社会资本为独立变数,社会资本的多寡导致政府绩效的优劣。政府绩效的提升是与社会资本成正比的。

$$"f(g) = \sum (s_1 + s_2 + \cdots s_n)$$

$$f(g) = 政府绩效 \quad s_n = 社会资本的各项要素"[①]$$

在个人与个人、个人与社区、个人与政府、社区与政府等关系网络中,社会资本提高了公众参与政治的能力,增加对政府的信任,建立互惠规范的沟通渠道,这些都有助于政府制定合理、公平、有效的政府绩效管理方案,提升政府绩效管理能力,促进社会和谐发展。一个社区、一个地域或者一个国家的社会资本的存量本身就构成了政府绩效测量的一个重要指标。同样地,政府一旦职能紊乱、运转失调,无法发挥最大绩效,追根究底,都可以在

---

[①] 谢俊义:《社会资本、政策资源与政府绩效》,(台湾)《公共行政学报》2002 年第 6 期。

社会资本积累上找到答案。基于社会资本理论视域下的政府绩效管理,可从以下几个方面进行两者之间的互动分析。

# 一、我国政府绩效管理的制度化与社会资本的规范分析

## (一) 我国政府绩效管理的制度化缺失

政府的绩效管理是一个长期而又缓慢的改进过程。一项好的绩效管理方案的产生往往要经过一段相对漫长的时间。这要求政府绩效管理要有一个比较稳定、持续的政治环境。美国审计总署列举了七项成功进行绩效改进的做法,其中一条就是高层的支持与承诺。"虽然高层领导人对绩效管理改革所显示的支持与承诺对排除阻力、推进改革起了重要作用,但由于与制度相比,高层领导人的承诺(指令)有很大的随意性和不确定性,而且高层领导人的更换较为频繁,这就更加剧了绩效管理改革的不稳定性。"[①]

党的十五大明确宣布建立法治国家是我国政治发展的基本目标。经过二十多年的改革开放,我国政府在各项管理领域里的法律法规基本完善,中央和地方初步形成了以宪法为核心的多部门法律体系。特别是《行政许可法案》的出台以及国务院发布的《全面推进依法行政实施纲要》,明确了法治政府的任务和目标,依法界定和规范政府的经济调节、市场监管、社会管理和公共服务四项职能。我国政府绩效管理在法治政府的目标下,已经取得了很大进展。但由于我国政府绩效管理从无到有,政府机构改革处于过渡时期,政府绩效管理的内容、评估的价值取向、绩效测评的技术指标体系等都不完善,带有很强的自发性、随意性、盲目性。"因此,要保证绩效管理改革深入发展,不至于中途夭折或停顿,就必须把绩效管理改革纳入制度化、法制化的轨道,以确保改革的连续性和延续性。"[②]

## (二) 社会资本的规范要素有助于政府绩效管理的制度化建设

社会资本的规范主要是指组织成员之间的互动所产生的共同行为准

---

① 黄健荣:《公共管理新论》,社会科学文献出版社 2005 年版。

② 梁莹:《重塑政府与公民的良好合作关系》,《中国行政管理》2004 年第 11 期,第 88,90 页。

则。一套明确的共同规范对关系网络成员的维持是相当重要的。当组织成员有着共同期望、共同利益时,他们对规范的遵守就会表现出惊人的一致。

因此,在个人与政府管理的关系中,公众以理性的态度觉察到政府绩效管理改革能带给他们实实在在的好处,使他们在与政府打交道的过程中,感到政府服务态度、服务效率、服务方式比以往有了较大改善(如一站式审批、首问负责制等,均能提高政府工作效率、转变政府机关官僚作风,因而受到公众的欢迎)。基于社会资本的规范理论,当公众与政府有着共同的目标、相同的利益时,公众就希望政府绩效改革能够稳定下来,成为一种长期的互惠规范,公众也因此变得积极参与、充分信任政府。因为普遍的互惠规范可以使钻营私利、以自我为中心、逃避责任的心态转变为命运休戚与共、利益互享、追求公共精神的积极行动。同时,政府的绩效管理也因为公众的参与、信任与合作而大大降低政府政策行为的执行成本。互惠的规范"之所以能够发展,是因为它们降低了交易成本,促进了合作"①。因此,一项好的政府绩效管理法案,是政府和公众互惠的基础平台,也是他们共同的利益期待。所以,强化社会资本的规范要素,有利于政府绩效管理法制化、制度化建设。

## 二、我国政府绩效评估主体与社会资本的公民参与网络分析

### (一)公众评估主体的能力不足

厦门大学的卓越教授认为政府绩效的评估主体主要有四个方面:综合评估组织、评估对象的直接领导、公民和行政相对人、其他评估组织。吴建南教授则从政府绩效评估的利益相关者理论(Stake holder theory)出发,把政府绩效评估主体划分为四种类型:政府组织(包括上级政府、本级政府、下级政府)、同级人大组织、学术研究群体、一般公众群体。无论哪种划分方法更为科学,关键都取决于政府"绩效测评项目的作用范围、作用对象、作用时间、作用背景"②。政府绩效

---

① 何会涛:《公众作为公共部门绩效评估主体的障碍性分析》,《山东经济管理干部学院学报》2005 年第 4 期,第 36 页。

② 卓越:《公共部门绩效评估的主体建构》,《中国行政管理》2004 年第 5 期,第 19 页。

评估不同于一般企事业、社会团体的管理评估,突出公众的政府绩效评估的主体地位,则更能"直观的体现评估的满意特征,明确评估的价值取向"①,增强公共部门的民主性和合法基础。

既然公众评估主体地位的重要性是不言而喻的,但公众评估的实际效果与它的主体地位极不相称。根据经验和理论分析,公众评价能力的缺失原因有多方面,主要是缺乏热情、偏好失误、信息匮乏和没有专业的评估知识。"公众的评价原则很简单,即是否和自己的利益相关,如果相关程度太低,公众将不会进行评价。"②事实上,从达尔的政治人分析来看,大部分公众就处在无政治阶层。"许多公民对实施他们的权利或履行他们的政治义务漠不关心。即使今天,这个问题也很尖锐。在大多数多头政治体制中,将近1/5 或 1/3 的合格选民一般不在全国选举中投票,更多的人不参与其他类型的政治活动。"③即使公众参与对政府的评价,但这种评价更多的是一种盲目、分散、不全面的评价,更多的是掺和着评价者本人的情感偏好。带着个人基于其独特生活所形成的对政府朴素、模糊的情感,公众的评价多数情况下是对政府优点或瑕疵进行放大和缩小。④

## (二)社会资本的公民参与网络提高公众评估政府绩效的能力

公民参与网络一般是指一群界定清楚的成员(包括个人、团体、组织乃至社区或是整个社会),透过社会关系相互联结并担当行动渠道的组织关系。本质上,社会资本探讨个人与组织之间的关系,所以多数学者将公民参与网络视为社会资本的重要构成要素。公民参与网络与公众评价政府绩效的能力关系密切。社会资本一方面通过社会关系网络培育公众与政府的宽容、合作精神;另一方面它还能训练公众参与政府绩效管理的技巧,增强参与意识。在帕特南看来,"人们在组织中能够修正甚至放弃自己狭隘目标而与其他派别达成某种妥协,相互宽容和相互理解。这种平等的网络成员地

---

① 吴建南,阎波:《谁是绩效的最佳评价者:区县政府的利益相关主体分析》,《公共部门绩效管理学术研讨会论文》,2004 年。

② [美]罗伯特·A. 达尔:《现代政治分析》,上海译文出版社 1987 年版。

③ [美]罗伯特·帕特南:《使民主运转起来》,江西人民出版社 2001 年版。

④ [美]G. A. 阿尔蒙德,小 G. E. 鲍威尔:《比较政治学:体系、过程和政策》,上海译文出版社 1987 年版。

位有利于形成组织之间的制约关系,特别是社会制约政府的关系。"①阿尔蒙德则认为在参与型的政治文化中,大多数公民把公共行政系统当成是促成公民利益得以实现的合法途径,并会向系统提出不断增多的期待与要求。②

　　社会资本使公众在一个平等、民主、合作、宽容的横向关系网络里,增强公众合作、交往热情,相互达成理解和妥协,更重要的是当公众意识到正是自己的参与,就有可能实现期待的利益。于是,参与组织活动、积极发表有关看法和建议,就成了个人维护自身利益、维护和谐团体生活的自发冲动。尽管许多学者从社会资本的角度探讨公民参与政治的问题,但这丝毫不影响公民参与网络对政府绩效评估能力提升的探讨。公众既可以基于个体利益对政府做出请求与评价,也可以基于一种普遍的社会公共利益而对政府做出评价。个体利益的实现与社会公共利益的实现在逻辑上是一致的,因为多个个体利益构成了社会公共利益。不管基于何种利益出发,公众都意识到,参与政府绩效管理的评价,都将有助于个体利益和社会公共利益的实现,政府也因此获得更多的民主合法性,提高绩效管理水平。

## 三、我国政府绩效管理的价值导向与社会资本的信任分析

### (一)政府本位的绩效价值导向

　　改革开放 20 多年来,我国政府的组织机构、职能范围、人员素质历经多次变动与调整,政府公共管理能力得到一定程度的改善。特别是 20 世纪 90 年代中后期,我国大量引进西方发达国家政府管理理论与实践方法。政府绩效管理作为全球政府变革的主流趋势,也已经在我国公共领域逐渐推广普及。但由于传统体制惯性的影响,我国政府绩效管理目前还主要是以国家、政府为核心来运作。政府绩效管理与评估中的政府本位,导致了公众与政府的隔阂,公众对政府冷漠和不信任的现象普遍存在。对各级政府的考核,大都还是停留在应付上一级政府下达的各项考核目标的层次上。有的

---

　　① 唐亚林:《压力型体制下政府绩效的评估》,《公共部门绩效管理学术研讨会论文》,2004 年。

　　② [美]弗兰·汤克斯:《信任、网络与经济》,转引自曹荣湘选编:《走出囚徒困境:社会资本与制度分析》,上海三联出版社 2003 年版。

学者称这种政府绩效考核导向为压力型体制导向。"压力型体制的实质是上级组织利用行政权力给下级组织下达任务和目标,并通过层层分解和量化的方式来推动体制的实际运作。"①以政府为中心的压力型体制最终简化政府绩效管理的综合要素,评估政府绩效的指标多涉及产值、GDP 等的增长,而很少涉及生态环境状况、政府服务质量、社会文明道德意识、公民参与状况、社会经济福利水平等。

## (二)社会资本的信任要素转变政府本位的价值取向

弗朗西斯·福山认为社会资本的信任就是"在正式的、诚实的和合作行为的共同体内,基于共享规范的期望"②。帕特南在《使民主运转起来》一书中,解释了在意大利公共精神发达地区,社会资本的信任与政府绩效、经济发展保持了稳定的正比关系。社会资本的信任,同时也被看作是"公民社会的黏和剂……许多集体行为的问题只通过个人行为无法解决,但是由于遥远的国家调节或间接的正式民主程序也不容易解决。相反,社群的自我调节,结合民主国家及其机构的威权,倒可以使问题得到解决"③。我国学者王建民对美国地方政府绩效管理的动力做了深入的分析。他认为,美国地方政府开展的绩效管理活动完全是行政管理者为了满足本地居民的需求。1993 年美国国会制定的《政府绩效与结果法案》对地方政府没有要求和约束。地方政府绩效管理的巨大动力不是来自上级政府的压力,而是"来自本县居民对议会和政府不断提高服务质量的要求"。

构建信任,是合作的前提。社会资本理论所强调的信任要素,能够使政府与公众增加交流、沟通,促进公众与政府之间合作,提高政府管理绩效。公众对政府的信任增强,使政府的行动逻辑由上级压力转变为公众满意,由政府中心本位转变为面向社会、面向公众,积极推动公众参与政府绩效的评价。

---

① 李惠斌:《什么是社会资本》,转引自李惠斌,杨雪冬主编:《社会资本与社会发展》,社会科学文献出版社 2000 年版。

② 王建民:《中国地方政府机构绩效考评目标模式研究》,《管理世界》2005 年第 10 期,第 69 页。

③ 舒刚:《论完善我国第三部门的路径选择》,《中美公共行政评论》2005 年第 5 期,第 63 页。

## 四、我国政府绩效管理的公共责任转变与社会资本的第三部门分析

政府绩效管理与传统行政效率相比,远远超过行政效率的单向维度。除了提高管理效率的追求,它还涉及公共责任、自治精神、行政伦理、服务品质、管理风格等综合维度。责任性是政府绩效管理的目标之一,也是政府职能的必然要求。社会资本的第三部门是"介于政府与营利性经济组织之间的以公共利益或团体利益为目标取向,依靠政府财政拨款、民间捐款和会费收入为资金来源,以组织成员志愿参与为运作机制的正式自治性组织"。从社会资本的第三部门视角来审视政府绩效管理的公共责任,对于转变政府职能、界定政府绩效管理的责任范围、提升社会资本存量有着重大意义。

改革开放前,我国政府体制是高度集中的中央计划管理体制。政府作为社会单一的管理主体,承担了许多本不该政府承担的职能。政府职能不清,导致机关官僚主义作风严重,政府绩效低下。确立市场经济体制改革目标之后,我国逐步进行政府职能转变,政企分开、政社分开,把政府承担的企业经济管理职能交还给企业,把属于社会能够自我管理的事项移交给社会。在全球化时代,我国政府职能有两个基本走向,一方面把部分职能上移到国际组织;另一方面是把部分职能下放到社会自治团体和企业。

目前,我国第三部门发展迅速,同时也参与了大量的公共事务管理。问题的关键是:公共责任是任何承担公共事务组织的正当性理论预设。原来由政府承担的公共事务,现在转移给第三部门,那么,政府的公共责任将做如何变化呢? 从无到有的自治团体(第三部门)是否已经做好了管理自治事务的能力? 是否能承担起管理的公共责任呢? 只有重新梳理清楚政府与第三部门的职能与公共责任,政府管理才能真正做到以绩效为导向。我国政府职能主要集中在经济调节、市场监管、社会管理、公共服务。如果政府失职,根据委托—代理理论,将由公众追究其责任。第三部门管理部分公共事务,相应承担部分公共责任。如果第三部门不能充分履行自己职能,其职能缺失行为必须有政府监管,进行必要惩罚。政府在下放部分公共权力的同时,又要承担起监管第三部门的责任。所以,政府的绩效管理既不是事无巨细的统包独揽,也不是推诿扯皮、逃避责任。在厘清政府与第三部门的公共

责任基础上,制定相应的绩效评估体系。"正在兴起的中国第三部门应成为沟通政府与公民的一座重要桥梁","第三部门成为协调政府与公民之间关系的平衡器,它有助于补救市场失灵和政府失效、集权失灵和民主缺位的双重缺陷,有助于提高公共事务的管理效率和公共服务能力。"政府与第三部门相互合作、相互监督,共同完善我国公共部门的绩效管理,促进公共部门服务品质提升,最终使政府高效,公众满意。

(杨超:江西省行政学院教授;

凌学武:江西省行政学院教师)

# 中外政府绩效管理的行政生态学比较

杨　钰

20世纪70年代末80年代初,在财政危机、信任危机等多方面的压力下,以英国、美国、澳大利亚等为代表的西方国家掀起了一场轰轰烈烈的行政改革运动。这场改革运动包含着丰富多彩的内容:从英国的"雷诺评审"、"部长管理信息系统"、"下一步行动方案"到美国的"一揽子计划"、《政府绩效与结果法案》的颁布等等。尽管各国行政改革运动的形式十分多样,但所有多样性的形式只包含一个宗旨:提高政府绩效。

## 一、西方国家政府绩效管理的实践及其特点

在西方国家20多年的行政改革实践中,也即绩效管理的实践中,我们可以看到这些不同的实践虽然是在不同的国家以不同的形式进行开展,但整体的西方绩效管理的实践进程中有着一些鲜明的特点。

1. 从起因上看,西方国家政府绩效管理实践都是在应对政府管理内外不同危机而产生的。政府绩效管理产生了内外诉求:从公众的角度,他们目睹了几十年来在公共部门与私营部门管理中不同的管理变迁,更多地强调好政府应该是用得少而做得多的政府,而且所做的事情必须符合顾客——即公众的需要。同时,从内部来看,因为面对种种危机,政府及政府管理者也意识到所能做的最好的事,最恰当的解决方法就是提高政府绩效以解决内外之困。如此看来,西方国家政府绩效管理实践存在着公众诉求与政府回应的因果关系。

2. 从绩效目标的设定看,尽管不同国家行政改革的实践都是为了提高政府绩效,但因为存在着不同的背景,各国绩效目标的设定与该的特定背

景紧密相联：英国的传统文化是一种共识性的文化，即在许多领域没有一个明文的法律法规，但却存在着社会普遍接受的"潜规则"，政府与社会之间的关系是高度发达的市民社会，政府运作中存在着缺乏灵活性与创新精神的缺陷。基于这样的背景，英国绩效目标的设定明确定位于：明确政府角色与优化职能定位，强化公共服务领域的市场机制，改善政府运作机制。美国的情况是："政府机构由于缺乏稳固的政治基础，必然要屈从于外在压力，以规章是瞻，从照章办事而成墨守成规，最终形成了'服从性'的组织文化和以规章为本的管理模式，导致了政府机构在提供服务时的效率低下和效果欠佳"，因而美国绩效目标的设定即在于建立"有使命感的政府：改变照章办事的组织"，同时强化"以市场为导向的政府，通过市场力量进行变革"。

3. 行政改革实践不断突显与明确政府绩效的重要内涵。从行政学作为独立学科创立之初，创始人伍德罗·威尔逊即强调政府管理中效率的重要性，"行政学研究的目标在于了解：首先，政府能够适当地和成功地进行什么工作。其次，政府怎样才能以尽可能高的效率及在费用或能源方面用尽可能少的成本完成这些适当的工作。"在改革的不断进程中，绩效的概念得以不断的突显、明确、发展与提升，从单纯地强调数量到强调质量再到强调顾客需要；从强调短期绩效到强调未来绩效。

4. 行政改革过程中，注重将新方法运用于绩效管理实践中。改革过程中，目标管理、全面质量管理、平衡计分卡、360度绩效反馈计划等等方法在政府绩效管理实践中得以广泛运用并带来一定的成效。这些改革方法大多最先都是在企业绩效管理实践中所采用的，在政府绩效管理实践中，西方政府在通用管理理论的指引下，注重方法本身的优势与有用性，考虑政府本身的特殊性，通过量体裁衣的方式加以修改，为政府绩效管理实践带来了锦上添花的效果。

5. 用法律法规等制度设计规范与保障已经取得的绩效成果。在西方国家行政改革实践中，形成了许多有里程碑意义的法律制度。这些制度的制定并不是某个领导团体或领导人拍脑袋而产生的，而是在绩效管理实践进程中对于已经取得的绩效成果的巩固。如新加坡的《国有企业法案》、《公共部门法案》和《公共财政法案》，美国的《政府绩效与结果法案》，后者对于政府绩效管理的进行从绩效战略规划、年度绩效计划、年度绩效报告、绩效预算等方面做了非常详细的规定，为美国政府绩效管理的实践提供了制度性的支持。

6. 各国行政改革实践还注重不同方面的互相配合,强化整体优势带动绩效的提高。如前所述,绩效目标的设定来源于特定国家的国情背景,注重私营部门管理方法对于政府绩效管理的借鉴作用,强化对于绩效成果的巩固。当然,非常值得一提的还有,在管理进程中对于资源的系统整合,即对于人,政府中的公务人员的管理;财,关于政府预算的管理;物,即政府中的物品管理,更多相关的即是关于政府采购的问题;信息,即是关于政府管理实践中信息资源的管理。在西方国家绩效管理实践进程中,尤其强调各种资源、各种制度之间的相互配合,以形成"1+1>2"的整体优势的效果。

## 二、我国政府绩效管理的现状

在西方国家改革之风的感染下,借助于时代的信息优势,我国一些政府也兴起了绩效管理的实践。这些绩效管理的实践大部分是在一些地方政府中自觉展开。从我国政府绩效管理的实践来看,现行开展的活动和举措体现出这样一些特点:

1. 实践开展的零散性。从我国整体的实践看,绩效管理的实践是星星点点的,在某一个城市、某一个省的某一特定的部门中开展,而并未形成西方国家那种轰轰烈烈的"自上而下"或"自下而上"的整体局面。当然,原因是多方面的,特定的背景不同,我们政府的重视和认识程度不同等等。

2. 绩效概念狭隘化。我国现行的一些行政改革的实践,大多数仍是从效率的角度来考虑问题,而绩效本身是一个多维的概念,其内涵和外延都比效率概念要宽泛得多。它既包含效率的含义,还包含效果、公平、正义等内容;现行的政府绩效管理实践大多关注的是行政执行的效率,而政府绩效不仅仅讨论行政执行的问题,关注得更多的是关于决策的问题。

3. 绩效管理理解的片面化。在我国的政府管理实践中,也开展了上述所讲的很多形式的改革活动,如简化行政程序、开展绩效评估,一些部门和个人认为这就是政府绩效管理。而实际上,我们观察一下西方国家绩效管理的实践,可以看到,我国现行的这些改革与实践活动,从绩效管理的角度来看,大多只是绩效管理过程的某一个方面,某一特定的点,而不是全部。

4. 绩效管理实践进程并未形成系统性。我国的政府行政改革实践中,也有一些部门和个人在强调绩效管理。但他们在践行绩效管理时并没有形成一种系统性的优势,而只看成是单个步骤的组合。然而,绩效管理本身就是一个过程性的概念,因为无论是绩效本身,可以将其理解为"进行或实行某事的行为或过程",还是管理,都是一个过程。而这个过程并不是单个步骤或点的组合,而是一个系统工程。厦门大学卓越教授认为政府绩效管理包含绩效目标、绩效信息、绩效激励、绩效合同、绩效成本、绩效申诉、绩效评估等等内容,而且这些内容之间是互相联系、互相影响、互相作用的。真正的绩效管理可以通过系统中所包含的内容发挥系统优势。

## 三、行政生态学比较分析

众所周知,行政生态学的研究兴起于 20 世纪四五十年代,由 J. M. 高斯、罗伯特·达尔、罗伯特·默顿等人开创,利格斯进行系统性分析与论述。"行政生态学认为,要了解一个国家的公共行政,不应该仅仅局限于行政系统本身,而应跳出行政系统,从社会这个大系统来考察行政,亦即考察一国的行政与该国的社会环境的关系。"利格斯认为:"影响一个国家行政的生态要素是各种各样的,但其中最主要的有五个要素:经济要素、社会要素、沟通网、符号系统和政治框架。"根据行政生态学的相关理论,对比西方国家政府绩效管理的实践,考察一下我国政府绩效管理的外部系统可以发现:

1. 从经济要素来看,这是影响一国行政的首要要素,我国的经济结构处于计划经济向市场经济的转型时期,市场机制在社会发展中发挥了较大的作用,但还存在许多不完善的方面,还存在着计划与市场共存的二元制局面,并没有像英美等西方国家的市场机制那样的深入骨髓。从某种意义上说,经济基础决定上层建筑,这一个要素深刻影响着我国政府绩效管理的内部系统与历史进程。

2. 从政治框架看,我国是人民民主专政的社会主义国家,国体决定了政体。与西方国家的政治与行政相分离的政治框架结构不同,我们保持着政治与行政的高度统一,都是在中国共产党领导下,人民意志的高度体现。

3. 从社会要素来看,我国缺乏一个发达与健全的市民社会,一贯形成了大政府与小社会的格局,并非是我国政府的行政惯性,而是因为我国的社会

中介组织发展较弱,不能承担许多社会性的职能。而英国、美国基于特定的
文化背景都是市民社会高度发达的代表。

4. 从符号系统看,我国宪法规定,国家权力来源于人民权利,人民是
国家的主人,而政府以及政府公务人员只是为人民服务的机构和公仆,当
然现实中,我们政府机关的一些公务人员仍受"官本位"思想的影响而表现
出"官僚政治的傲慢"的一面;我国的法律法规还不够健全,还有待进一步
完善。

5. 从沟通网络看,由于信息技术的发展,人与人之间的交流方式与媒
体的多样性,我国已经从利格斯所认为的"多元化社会"中脱离出来,民众与
政府之间拥有基本相同的价值观与信念,但是由于我国疆域辽阔、民族众
多、经济发展的不均衡、地方语言丰富且有较大差异,这给公众与政府之间
的交流与沟通带来了一定的困难,还未能形成理想的"一元化社会"的沟通
网格局。

从我国政府绩效管理的外部系统看,这是一个非常有特点的、不同于西
方发达国家的系统模式,这样的外部系统也决定着我们的绩效管理系统本
身将带有自身的独特之处。

## 四、建立与完善我国政府绩效管理的内部系统

政府绩效管理本身就是一个系统,这个系统包含着绩效计划、绩效组
织、绩效人员配备、绩效评估等重要要素。这些要素之间也是相互联系、共
同合作的,其最终目的就是要不断提升政府绩效,以满足公众的需要。

1. 绩效计划。是指根据公众的需要与政府本身的可能性,提出在未来
一定时期内所要达到的目标以及实现的途径。这是整个绩效管理系统的第
一要素。这里的绩效计划是一个广义上的概念,它包含着绩效目标的设定、
绩效战略规划、绩效预算的实行、年度绩效计划的制定等内容。绩效目标是
出发点,绩效战略规划是从比较长远的角度来考虑的长期绩效,绩效预算是
绩效管理进程中许多国家比较关注的方面,"在20世纪90年代,人们对我们
的公共预算制度提出了多得多的要求。很遗憾,仅仅确保公共资金不被误
用是不够的。公众的呼声和我们应付紧迫的社会和经济问题的责任要求必
须正确花费纳税人资金。"绩效预算既可以将它放在绩效目标中来讨论,也

可将它置于绩效评估的角度来考察,目的是一样的,即从财政制度上加以改革以改善政府绩效。年度的绩效计划是整个绩效目标实现的必不可少的部分,通过短期绩效的实现以保证长期绩效实现的可能。

2. 绩效组织。是指根据绩效目标的要求,设计一套有助于绩效实现的组织结构。一些学者在论述政府绩效时往往忽视政府组织本身的绩效考虑,而考察其他的一些要素。实际上,政府组织设计是政府绩效管理中一个必不可少的硬件。组织是绩效实现的载体,组织结构既包含横向的职能划分,又包含纵向的权力流向。组织结构与环境之间的适应性、横向职能层次的划分、纵向层级之间的构成、组织价值观的体现,都是影响绩效的重要因素。我们认为,结合我国的绩效管理的外部系统,在行政组织设计过程中,应以"为人民服务"为行政组织设计的宗旨,充分厘清与明确职权责的关系,遵循精简的原则,以相关的规章制度体现强制性的约束力,以充分的物质资源与必备的人员构成,积极的组织文化形成高绩效的组织结构。

3. 绩效人员配备。政府对社会公共事务的治理是通过政府公务人员来实现的。人是生产力中最积极的要素,因此,高绩效的人员配备也是创造高绩效政府管理的一个重要因素。美国政府在行政改革实践中的一个重要举措就是对于公务员制度的改革,着手于人的角度改变政府低效率的状况。而对于此问题的解决,"全世界公共和私人组织认识到人力资源政策在支持高绩效中起到越来越重要的作用。"从我们国家现行的公务员制度看,《公务员法》的颁布进一步规范与明确了公务员的权利、义务、组织激励与制度约束以及职业发展保障,用职位分类制度、新陈代谢制度、激励约束制度、职业发展与保障制度构成我国政府人力资源管理的重要政策。在这些现行的制度中,有些已经能够较好地为提升政府绩效、改善政府形象发挥作用,而还有一些仍处于静态的规定,还没有实现动态的运作效果,比如激励制度、职业培训制度等等,还需要国家特定的部门依据《公务员法》制定相关的配套方案与措施更好地发挥人力资源管理政策的积极效用。

4. 绩效评估。阿姆斯特丹指出"要改进绩效,您必须首先了解目前的绩效水平是什么。"政府绩效评估,是运用科学的标准和方法,对政府绩效进行评定和划分等级。"测定是绩效管理的一个关键环节:如果你不能测定它,你就无法改善它。除非绩效目标实现程度的测定方法达到一致或谅解,否则,一切确定绩效目标或标准的努力都是徒劳无益的。"绩效评估作为政府绩效管理的一个关键环节,它还有着承上启下的作用,它是一定时期绩效管理实践的终点,它又是下一阶段绩效管理实践的起点。无论在公共部门还是在私营部门,绩效评估对于提高组织产出效率的水平都有重要的意义。它的重要性一样也带来其实践的困难性,绩效评估往往成为政府绩效管理的瓶颈。绩效评估涉及到许多具有挑战性的问题:如由谁来进行评估,即评估主体,是内部还是外部? 绩效指标体系的设定,包含哪些关键性指标? 政府部门的生产力即绩效如何来测量? 当然,这也是我们一直在探讨的问题。笔者认为,评估主体应是多元化的,既包括政府内部,又包括政府外部,而最重要的即是政府服务的对象——公众;绩效指标体系的设定要根据政府部门的不同性质拟定不同的指标体系,并且指标体系能够真正反映政府服务最关键的两个方面——公平与效率;对于绩效的测量要依据绩效目标来进行,同时,还要考虑到政府部门目标有时体现出的非量化的特点,当然这是有很大难度的,但是困难意味着更大的挑战。

总之,政府绩效管理本身是一个系统工程,它包括绩效目标的确定、绩效组织的设立、绩效人员配备、绩效评估,几者之间是互相联系、互相作用的:绩效目标是绩效管理进程的起点,绩效组织是绩效管理的载体,绩效人员配备是整个进程的动力源泉,绩效评估是控制器。与此同时,这样一个系统它仍然存在于特定的环境外部系统之中,进行着能量的互换与影响。

# 参考文献

1. 周志忍. 当代国外行政改革比较研究[M]. 北京:国家行政学院出版社,1999

2. 戴维·奥斯本,特德·盖布勒. 改革政府:企业精神如何改革着公营部门[M]. 上海:上海译文出版社,1996

3. 彭和平,竹立家. 国外公共行政理论精选[M]. 北京:中共中央党校出版社,1997

4. 方振邦. 绩效管理[M]. 北京:中国人民大学出版社,2003

5. 唐兴霖. 公共行政学:历史与思想[M]. 广州:中山大学出版

社,2000

6. 马克·G·波波维奇. 创建高绩效政府组织[M]. 北京:中国人民大学出版社,2002

7. 胡宁生. 中国政府形象战略[M]. 北京:中共中央党校出版社,1998

（杨钰：南京审计学院管理学院讲师）

第二部分

# 中国政府绩效管理实践

# 深圳市福田区政府绩效评估的实践与探索

## 杜 玲

温家宝总理在十届全国人大三次会议的《政府工作报告》中指出：要"抓紧研究建立科学的政府绩效评估体系"。政府绩效评估已经列为了我国"十一五"期间行政体制改革和政府管理创新的重要内容之一。加强政府绩效管理和评估，是深化行政管理体制改革的主要内容和转变政府职能的必然要求，是落实科学发展观、构建和谐社会的重要保障。我区在开展政府绩效评估工作方面进行了初步探索和有益尝试。

## 一、开展政府绩效评估，提高政府内部管理能力势在必行

作为基层政府，福田区着力于提高管理绩效，创新运行机制，促进经济发展，积极努力构建有限的、责任的、法制的、服务型的政府。

（一）开展绩效评估是我区贯彻落实科学发展观的客观需要

福田区设立于 1990 年，经过 17 年的发展，已经建成为深圳市的中心城区，经济总量已达到一定的规模。特别是近几年来，我区在贯彻落实科学发展观上取得了可喜成就，经济质量和效益明显提升。

一是经济发展成绩喜人。2006 年，福田辖区 GDP 达到 1 123 亿元，比上年同期增长 10.40%；出口总额实际完成 267.08 亿美元，同比增长 22.23%；外商直接投资（新口径）实际达到 7.35 亿美元，同比增长 14.49%；规模以上工业企业增加值完成 295 亿元，增长 9%；社会消费品零售总额完成 525.99 亿元，增长 12.80%；全年完成税收总额从 210.4 亿元，增长 11.90%；地方预算内财政收入完成 31.1 亿元，同口径增长 16.80%。

二是发展经济的思路日益明确。我区实施了"环境立区"的发展战略,并以此统揽经济发展全局,构建了"以总部经济为龙头,以高新技术产业、现代服务业和文化产业为支柱"的"1+3"经济发展架构,科学发展的趋势充分显现。

三是经济增长方式得到转变。我区通过大力推进自主创新,推动循环经济发展,高速低耗的经济增长方式正在形成。去年,辖区每平方公里土地产出 GDP 达 14.4 亿元,增长 10.4%,是全市平均水平的 4.9 倍;每平方公里土地税收 2.7 亿元(剔除关税),增长 11.9%,是全市平均水平的 3.8 倍。万元 GDP 建设用地 4.77 平方米,下降 9.4%,约为全市平均水平的 1/3;万元 GDP 水耗下降到 17.22 吨,下降 9.1%;万元 GDP 电耗 485 千瓦时,下降 2%,仅为全市平均水平的一半左右。经济在高位、高端上平稳发展,资源消耗率不断下降。

四是政府政绩观有了较好转变。近几年我区在制订经济发展目标时,不再单纯追求 GDP 数量的增长,以 GDP 论英雄,而是把重点放在经济发展的质量上。我区去年的 GDP 增长率 10.4%,比全市平均水平 15% 低 4.6%,但税收收入排在深圳市各区第一名,财政收入排在全市六区第三名,这就是一个明证。

在新的发展时期,如何科学驾驭初步现代化、高水平的市场经济是摆在区政府面前的一项紧迫任务。为确保我区的经济在高端、极度集聚的条件下谋求更大更高质量的科学发展,需要制订一套政府管理能力的科学评估标准和评估体系,提高政府贯彻科学发展观的能力。我区政府推进绩效评估试点,就是要将科学发展观的原则要求变成可以量化的目标体系,强化政府各部门的绩效意识,形成正确的决策导向和工作导向,为树立和落实科学发展观,谋求更高层次的发展提供有力的支撑。

### (二)开展绩效评估体现了我区政府职能转变的时代要求

现代政府主要有"宏观调控、市场监管、公共服务、社会管理"等四项基本职能。作为基层政府,为适应市场经济的发展,就要切实转变政府职能,强化政府的公共服务和社会管理职能,着力于建设服务型、有效型政府。

从我区发展战略的演变来看,我区政府职能在不断地转变。1998 年,我区确立了"大经济、大发展、大服务"的三大发展战略,在底子较薄、财力较小的情况下,千方百计谋求发展。后来将发展战略变为"大经济、大文化、大服务"新的三大发展战略,突出了文化建设和政府的服务职能,对构建服务型政府作了较为深入的研究。2004年,我们进一步提出了"大经济、大文化、大环境、大服务"四大发展战略,通过增加"大环境"战略,要求将政府的职能转到营造、创新、优化环境上来。经过不断完善,在2006年的党代会上,我们提出了"环境立区"的全新发展战略。从近十年来我区发展战略的演变可以看出,为了适应市场经济不同发展阶段的水平,政府的职能在不断调整。全面开展政府绩效评估,创造良好的政务环境,正是实施"环境立区"战略的重要内容。

我区努力通过行政管理体制改革,将政府职能转向为民提供更多的公共服务和满足人们日益增长的公共需求上来。主要举措包括三个方面:一是通过整合各部门行政资源,构建"公共服务体系、城市安全管理体系、社区服务体系"社会管理的三大体系。为了更好地为市民提供服务,我们还正在努力打造"劳动就业、社会救助、社会保障"三大民生政策平台。二是大力推进行政管理体制改革,理顺了各部门的职能。去年,我们专门成立了体制改革办公室,并随着区属国有企业改革的全面完成,撤销了国资办,成立了国监委合并到财政局。其他职能局也适时进行了调整,如计划局改为发改局,经贸局改为贸工局等。经过改革,我区现有直属处以上单位50多个,政府职能局17个。虽然机构得到了精简,职能得到了优化,但是政府公共管理改革的任务仍然较大。三是构建了区政府"1+15+N"责任体系。为落实市委市政府关于责任风暴和治庸计划的精神,我区去年修订了1+15+N的制度,其中的"1"是指区里出台的《关于掀起"责任风暴"实施"治庸计划",提高执行力的决定》的实施意见主文件,"15"是指15项配套文件,包括《福田区政府及其部门绩效评估体系》、《督查督办工作制度》、《社会管理倒查制度》、《行政效能监督制度》、《工作岗位责任追究制》、《党风廉政责任制》、《干部培训暂行规定》等,"N"是指各部门出台的制度和规章。这些制度的建立为绩效评估的开展打下了扎实的基础。

因此,开展政府绩效评估,就是要考核和检验福田区的政府职能、行政管理体制改革能否与市场经济体制改革相互协调,相互促进。通过绩效评估,发现其中的薄弱环节,为我们下一步推进政府职能转变、开展新一轮行政管理体制改革提供依据。

(三)开展绩效评估是考核政府提高民生福利水平的标尺

今年初,为贯彻落实市委四届五次全会关于建立《深圳市民生净福利指标体系》的精神,我区结合实际,制订了切实可行的实施方案。总的来说,主要从收入分配与公平、安全水平、社会保障水平、公共服务水平等几方面来提高民生净福利。

加大财政投入力度是提高民生福利的重要手段。在总量上,明确全区财政今后几年在总量和净增长的两个 70% 以上用于民生福利。在结构上,通过健全公共财政体制,调整财政支出结构,加大在教育、卫生、文化、就业、社会保障、社会治安、生态环境和公共基础设施等方面的投入,提高民生净福利。

民生净福利指标规定了财政性教科文卫体支出、公共设施建设占财政支出的比例,表明政府保障对公共服务领域的投入。但是投入效果如何,还要从绩效管理的角度进行评估,以比较小的投入获得比较大的产出,实现公共服务资源利用的最优化和效益最大化。开展绩效评估,将民生净福利指标纳入绩效评估范围,就能够把能否提高民生净福利水平,提高水平有多少作为重要检测尺度。

## 二、共同探索,创新政府绩效评估体系

2005 年 7 月下旬,国家行政学院承接国务院课题,在深圳市开展政府绩效评估试点。我区荣幸地成为国家行政学院开展政府绩效评估工作的试点区。双方经过对项目的认真研究和论证,于 2006 年 2 月底签署合作协议,启动绩效评估体系试点工作。国家行政学院公共管理研究中心成立了"深圳市福田区政府绩效评估体系项目组",项目组下设区政府、职能局和街道办 3 个任务组并建立了项目管理制度。2006 年 4 月初,项目组正式开展绩效评估体系的调研设计工作。

(一)绩效评估体系的调研、设计、测试过程

至今年 1 月,历时 10 个月,项目组完成了项目的调研、设计,目前进入测

试和完善阶段。期间项目组搜集了上百万字的文献资料,并与深圳市和我区的领导、部门和街道就绩效评估相关问题进行了17次座谈。此外,项目组还对国内其他一些城市如上海、青岛等绩效考核的情况进行了实地和文献资料上的考察;研究了黑、吉、辽三省政府若干行政职能部门绩效考核的经验;对深圳市、南京市、杭州市、武汉市、兰州市等市政府绩效考核的文献资料进行了深入的研究。同时,项目组还认真研究了国外关于政府绩效管理与评估的理论和经验,如英国政府的"最佳价值指标"(BVPIS)体系和"全面绩效评估"(CPA)体系,欧盟公共管理学院的"通用评估框架"(CAF)以及"平衡记分卡"等。在调研的基础上,于2006年6月针对区政府、3个试点职能局和2个街道办事处提出了3套绩效评估体系的基本结构。之后经过2次专家研讨,召开10次座谈会,向我区政府、相关职能局和街道办征求意见,最终完成了区政府、区政府职能部门和街道办事处三套评估体系的设计。今年3月中旬对三套评估体系分别进行了模拟评估。

## (二)评估体系的主要内容

我区三套绩效评估体系分别为区政府绩效评估体系、职能部门绩效评估体系、街道办事处绩效评估体系。三套绩效评估体系的指标均按三个层级设计。由于工作职责、工作对象、工作职能的不同,三套体系的每一级指标的内容和数量均不相同,且评估主体、评估标准、评估程序和方法也不相同。指标体系结构如下:

政府绩效评估体系:主要从政府的服务与管理、政府能力和财政资源使用三个方面进行评估。评估维度(一级指标)共有3个,即服务与管理、政府能力和财政资源使用;评估要素(二级指标)19个;评估标准(三级指标)153个。其中维度"服务与管理"共有评估标准106个;维度"政府能力"共有评估标准31个;维度"财政资源使用"共有评估标准16个。

职能部门绩效评估体系:主要从服务效果、职能履行、能力建设、资源使用四个方面进行评估。评估维度(一级指标)共有4个,即服务效果、职能履行、能力建设、资源使用;评估要素(二级指标)12个;测评点(三级指标)25个。其中维度"服务效果"共有测评点9个;维度"职能履行"共有测评点5个;维度"能力建设"共有测评点8个;维度"资源使用"共有测评点3个。

街道办绩效评估体系:主要从综合效果、职能履行、资源使用、能力建设四个方面进行评估。一级指标共有 4 个,即综合效果、职能履行、资源使用、能力建设;二级指标 23 个;三级指标 90 个。其中一级指标"综合效果"共有三级指标 6 个,"职能履行"共有三级指标 50 个,"资源使用"共有三级指标 11 个,"能力建设"共有三级指标 23 个。

以上指标体系还只是初步的,还需要根据实际情况进一步修正完善。

### (三)模拟评估情况

3 月中旬,项目组对我区政府、3 个试点职能局(教育局、民政局、贸工局)和 2 个试点街道办(福田街道、香蜜湖街道)进行了模拟评估,取得了较好的效果:一是我们对政府进行绩效评估的目的和意义有了更深的认识;二是对区政府、相关职能部门和街道办的绩效评估体系有了进一步的了解;三是对评估主体的设定、评估体系的构成及运作进行了有益的探索。四是针对评估过程中出现的指标设计、评估主体、评估程序、数据的取得与处理、评分的主客观性和评估结果的运用等问题,提出了进一步的修改意见和建议,为下一步修改、完善绩效评估体系打下了基础。

## 三、下一步工作设想

今年是深圳市"行政绩效活动年",我们将认真落实市里绩效活动要求,把绩效评估与推行目标管理、健全行政责任体系有机结合起来,积极配合国家行政学院认真开展绩效评估试点工作,尽快建立起一套能够客观反映区政府及职能部门和街道办履职状况的绩效管理体系,通过试运行积累经验,以进一步提高行政管理水平和服务水平。下面谈谈我区开展政府绩效评估的下一步工作设想。

第一,积极推动绩效评估试点工作。目前我区已完成模拟评估工作,针对模拟评估中发现的问题,项目组正在对 3 套评估体系进行修改。我们要加快推进区政府、3 个职能部门和 2 个街道办的试点工作,通过试点评估,及时发现问题,并针对问题提出改进措施,进一步完善评估体系,争取早日在全区推广使用。

第二,尽快制定绩效评估目标考核责任制度。我们将把政府绩效评估管理当作政府日常管理工作的一部分,进一步落实"责任风暴"和"治庸计划",尽快制定绩效评估目标考核责任制度,强化和落实责任分工,将绩效评估结果与干部考核结合起来,将工作人员的职务晋升、生活待遇、社会荣誉等挂起钩来,以最大限度地有效解决职责不清、推诿扯皮、工作不落实等问题,减少行政资源内耗,降低行政运行成本,激励工作人员积极、主动、创造性地履行应该履行的职能,求真务实,埋头苦干,扎实工作。

第三,成立政府绩效评估管理机构。我们将成立区政府绩效评估委员会,成员由监察局、区政府办公室、发改局、财政局、人事局、审计局、统计局等有关单位负责人组成,委员会主任由区政府主要领导担任。委员会下设绩效评估办公室,作为绩效评估的实施机构,成员由领导机构的组成单位指派专门业务人员组成。该机构的职能是负责政府绩效的日常管理,搜集相关数据和对整个评估体系的反馈信息,建立绩效管理数据库,以便监督和改善行政能力和行为,并通过绩效评估建立长效的绩效管理体制,不断提高政府的绩效管理水平和服务质量。同时,我们还将成立区政府、职能部门和街道办事处绩效评估领导机构。绩效评估委员会及其成员单位将各司其责、分工协作,通过相关制度规定和评估会议等形式,开展日常绩效评估业务工作,有效履行评估职责。

第四,建立绩效评估管理电子平台。由于绩效评估涉及大量的数据、资料,评估资料的处理工作量大、计算繁琐,要建立绩效评估管理电子平台,通过互联网来公开政府信息,并收集公众对政府的评估信息,借助高科技力量,开发设计出一套绩效评估软件,减少人为因素形成的评估结果,提高评估质量和工作效率。

第五,合理运用绩效评估结果。开展政府绩效评估,其目的是检验政府的行政效能,发现管理体制机制上的问题,不断改进工作方法,提高管理质量和水平。所以,评估结果一定要注重合理运用。

一是要公布评估结果。今后将在"福田区政府在线"和"福田信息"开辟专栏对政府绩效评估结果予以公布,以便公众了解政府绩效评估情况,提出意见和建议。

二是要提出改进计划和措施。区政府要对绩效评估结果进行专门研究,针对其中反映出的问题,制订下一年度的绩效改进计划和落实计划的措施。

三是要建立绩效激励约束机制。对绩效优良的部门,减少监控和检查的力度和频率,增加其自主权,并予以奖励;对绩效较差的部门,采取绩效谈话制度(类似廉政戒免谈话);对评估中发现的重大绩效过失实行行政问责。

四是要将绩效评估结果作为财政预算参考。将绩效评估结果特别是对行政成本和重大项目管理的评估结果以及预算绩效审计结果作为次年财政预算的参考数据,以便优化预算支出的结构,降低行政运行成本,提高财政资金的使用效益。

第六,不断优化、完善政府绩效评估体系。我们还要与有关专家和社会评估机构保持持久的合作关系,及时了解和掌握国内外有关绩效评估方面的动态和信息,不断探索政府绩效评估主体、方式、方法,在实践中不断优化、完善政府绩效评估体系,通过不断的"实践—修正—再实践—再修正",使我们的绩效评估体系更科学、更完善。

我区开展政府绩效评估工作还是刚刚开始起步,还处于摸索和学习阶段。我们将围绕落实科学发展观,构建和谐社会,进一步学习和探索,通过做好政府绩效评估这项工作,切实提高行政效能,改善行政管理,强化行政监督,促进勤政、善政、廉政和依法行政,实现法治政府、服务政府、责任政府、效能政府和廉政政府的建设目标。


(杜玲:深圳市福田区委常委、区政府常务副区长)

# CAF 在辽宁省林业厅的试点与应用

辽宁省林业厅

辽宁省林业厅是主管林业工作的省政府组成部门,属行政管理的辽宁省直属机关。主要职责是研究拟定全省森林生态环境建设、森林资源保护、林业产业和国土绿化政策、法规以及相关发展规划并监督实施;组织开展全省植树造林、防沙治沙、防治荒漠化以及野生动植物保护、自然保护区建设和管理;组织指导全省森林防火、森林公安和森林病虫害防治检疫工作。厅机关内设 11 个处室,编制 70 人。直属事业单位 28 个,直属企业 1 个。

## 一、试用 CAF 的起因

作为政府管理部门,我们的主要职能是研究政策、制定规划、监督指导、协调服务。围绕建立"高效、务实、廉政"机关,提高办事效率,提高管理水平,提高服务质量,从 1996 年开始,我们在厅机关和直属单位开展目标责任制管理。具体管理模式是根据省政府目标工作领导小组下达的全年工作目标确定厅里的年度重点工作和重点指标,然后将厅里的重点工作和重点指标细化、量化,以签署目标责任书的形式分解下达到机关处室和直属单位;根据目标完成情况和结果,年终一次性检查评比,确定年度工作考核等级。由于目标明确、考评规范、奖罚分明、督察到位,实施目标责任制管理取得了一定成效,尤其是在牵动全厅各项工作,激发干部职工的争先意识上成效明显。从 1996 年到 2005 年,我厅在辽宁省政府开展的机关目标责任制工作评比中连续 10 年获得了优秀等级。虽然我们在实行机关目标责任制管理模式上作了一些探索和实践,且取得了一定的效果,但围绕"高效、务实、创新、和谐"的服务型机关建设,按照建立科学的政府绩效评估体系的新的要求,现

212

行的目标管理模式也暴露出很多弊端。

一是重评比,轻改进。机关各处室、直属各单位都把主要精力集中在完成年度具体工作指标上,关注的是年终能否达标,是否能评为先进,而单位日常的管理则被忽视。尤其是干部职工民主参与机关内部管理监督的积极性没有得到充分调动。

二是重结果、轻过程。目标管理的一个显著特点是外部考核。通过年终一次性检查,以年度各项目标工作的完成结果确定考核等级。而单位内工作流程是否规范、高效,因为没有作具体目标设定,也就无从考核。

三是重纵向、轻横向。我们实行的目标管理考核是纵向的,省政府目标考核办考评省厅,省厅考评处室和下属单位,处室、直属单位考评内部科室和干部职工,由于指标不对称,职能不同,任务不一,横向很难相比较。考核结果在很大程度上缺乏可比性。

2005 年,根据全省林业建设和改革的新形势以及建立"高效、务实、创新、和谐"的新型机关要求,我们开始着手探索建立新的科学、合理、简便的政府机关绩效考评体系,实现对政府机关工作目标完成情况做出更客观、更准确、更易行的评价,以此推进机关作风转变、效率提高、管理创新。2005 年10 月,我们派人参加了在厦门召开的"中国—欧盟公共部门绩效评估国际研讨会",第一次了解和接触到中国—欧盟公共服务项目——欧盟通用绩效评估框架(CAF)并参加了培训。为加深、加细对 CAF 的理解认识,我们又派人随同国家行政学院组成 CAF 项目考察团到意大利、比利时、法国、奥地利等欧盟国家考察学习。由于 CAF 简便实用,易于操作,非常适用省林业厅这样具有政府职能的公共管理部门,我们决定在国家行政学院的指导下试用 CAF,以改进完善我们现行的目标管理考核。2006 年 3 月,国家行政学院派专家到我省调研,与我们共同协商开展 CAF 试点。2006 年 4 月 20 日,国家行政学院、辽宁省行政学院、省直机关工委、省林业厅四家联合召开了"省林业厅试用绩效评估试点启动仪式暨 CAF 推介报告会",会上,我们与国家行政学院正式签署了 CAF 试点协议。

## 二、试用 CAF 的程序和方法

(一)组织培训学习。CAF 一个显著的特点是全员参与、自我诊断、自我改进。因此,我们在试点中首先注重全员发动,层层培训,使厅机关全体干部职工都能认识实行政府绩效评估的重要性,都能了解欧盟通用评估框架的具体内容,都能参与到运用CAF进行自我评估的管理之中。国家行政学院王满船、刘旭涛和石磊三位教授先后在厅机关和直属单位组织辅导培训班6次,参加培训的有厅领导、处级干部和厅直单位负责人,也有机关干部职工。

(二)成立考核小组。结合中国的实际,为加强对CAF试用工作的指导、协调以及对评估结果的督察,以保证其公正、透明、准确,我们成立了辽宁省林业厅绩效评估考核领导小组。成员中邀请了国家行政学院公共管理教研部主任薄贵利、辽宁省直属机关工委目标办主任徐连贵、副主任郭超、辽宁省行政学院副院长邓泉国、教授孙庆国、辽宁省纪委驻省林业厅纪检组长张致茹以及省林业厅机关党委、人事教育处、监察室等部门主要负责同志。

(三)组建内部评估小组。厅机关内部评估小组成员分别来自9个职能处室,2个党建部门,3个临时机构。内部评估小组成员构成,一是人员都不是处室的领导,以避免评估中容易出现的领导主观臆断现象,能真正把基层干部群众的意见、建议反映收集上来;二是内部评估小组成员来自不同部门、不同年龄、不同职位,有代表性,便于信息收集。

(四)拟定评估框架。本着符合中国实际,结合部门特点,简便可操作的原则,在国家行政学院王满船教授的指导下,经过充分的前期调研和建议收集,根据欧盟公共部门通用评估框架(CAF),拟定出《辽宁省林业厅绩效评估(试行)框架》。与CAF相比较有以下几个特点:

1. 为与我厅现行的目标管理紧密结合,便于同步考核,我们将欧盟版CAF的要素内容、二级标准、示例说明分别改为一级指标、二级指标、三级指标。

2. 为体现中国特色,我们将有关党的建设,包括班子建设、理论学习、党员教育、干部培训、精神文明建设和思想政治工作、基层党组织建设和党风廉政建设等内容列入评估框架。

3. 联系部门特点,适用调整充实了一些指标内容。例如,把我们实行目标考核的一些主要指标内容包括"重点工作指标"、"职能工作指标"、"专项工作指标"等列入评估考核框架。

4. 为确保评估全面、结果准确,我们对一、二、三级指标都分别确定了分值权重。根据我厅实行目标考核的惯例,评估只对三级指标打分。

(五)信息收集。信息收集是评估前一项十分重要的程序。真实有效的信息既是说明事实的证据,也是评估打分的基础。在信息收集上我们同时采取两种方法,一是有关专业信息,如政策、法规、文件、制度、规划等指定机关各处室负责人提供;二是有关综合性信息,如工作评价、群众意见,社会反响、服务质量、满意程度等由评比小组成员组织收集。这样就充分确保了信息来源上的多样性、范围上的全面性、内容上的真实性。

(六)内部评估成员自我独立诊断。依据《辽宁省林业厅绩效评估(试行)框架》设定的指标、规定的分值权重以及收集的有关信息由内部评估小组各成员独立诊断打分。在此程序上我们强调的一是"自我",就是要求评估小组成员自己在《独立评分卡》上赋分;二是"独立",就是评估小组成员的赋分不受外界干扰,不掺杂单位领导意愿。

(七)内部评估小组客观综合诊断。内部评估小组例会,在共享信息的基础上讨论、研究成员独立打分情况,求同解异,达成共识,确定最终分值,就每个二级指标,共同明确强项和待改进之处。

(八)考核小组评估审核。为确保评估的准确性、真实性,考核小组对内部评估小组评估结果,组织再评估审核,使评估更加公正、客观。

(九)形成评估报告。试评估工作结束后,由厅机关党委形成评估报告,向厅党组通报评估结果,重点通报评估中发现的问题和待改进之处。

(十)评估结果的应用。根据评估结果、考核小组的意见和厅党组指令,由机关党委归纳制定工作改进建议,对本单位强项明确创新方向,对本单位弱项提出改进行动,并将方向和行动归纳成具体事项,分解落实到处室,限时加以解决。最终达到自我改进、自我完善、自我提高的目的。

# 三、试用 CAF 的初步效果和启示

绩效评估对加强机关管理、提高工作效率、增强民主氛围都产生了明显效果。

第一,有力地推动了厅机关加强自身建设的步伐。通过试点,使我厅明确了自己的优势和待改进之处,找到了下一步的努力方向和具体措施;通过试点,调动了广大职工参与机关管理的热情,形成了民主决策、民主管理和民主监督的良好氛围;通过试点,促进了领导与员工之间、员工间、部门间的信息沟通,有利于团队建设和学习型组织的建设;通过试点,也为机关的各项管理工作的规范化、科学化奠定了良好的基础。

第二,为省直机关目标责任制考评体系改革提供了有益借鉴。通过欧盟 CAF 在我厅的试点,让我们进一步明确了从目标责任制走向政府绩效管理的必然趋势,找到了克服"重评比,轻改进;重纵向比较,轻横向考核;重结果,轻过程"等弊端问题的改进途径和方法。

第三,丰富了政府绩效评估系统的理论和实践,为建立政府绩效管理系统奠定了坚实的基础。我国政府绩效管理体系包括政府绩效评估、机关绩效评估、人员和班子绩效评估、项目评估等内容。在林业厅进行试点,是全国唯一的省直机关试点单位,这对于总结和归纳建立机关绩效评估系统是十分有益的。

通过前一段时间的试点,我们有以下三点体会:

1. 必须有领导的重视。绩效管理改革涉及面广而且具体,成本较高,风险较大,对于厅党组而言是严峻考验。主要领导要有敢于承担责任的勇气和直面问题的魄力。厅党组对这项工作高度重视,责成厅纪检组长专门负责。党组这种勇气和魄力以及对绩效评估改革工作的高度重视,才使得欧盟 CAF 在林业厅的试点工作顺利开展,并且取得初步成效。

2. 必须树立正确的绩效评估价值取向。绩效评估的直接目的是找出差距,间接目的是为其他管理环节提供依据,根本目的是为了改进工作,提高效能。传统的考核往往着眼于排序、评比,为获得荣誉提供依据。这种形式往往导致各部门夸大自身优点长处而忽视薄弱环节,现代的科学的绩效评估体系更加重视诊断、改进,为提高提供建议。重排序,就会在结果上做文章;重改进,就会在查找问题、分析原因、提出对策上下功夫。因此,无论是考评小组成员,还是领导干部及普通职工,都应树立正确的绩效考评价值取向——改进、提高。这是增强绩效评估内部动力的有效途径。

3. 必须坚持务实创新的原则。任何管理系统的运用都应在充分考虑试用单位实际的基础上,不断地加以改进和调整,这是试点取得实效的根本所在。我们在试用欧盟 CAF 时,主要进行了以下几点创新:

第一,完善指标体系。如前所述,把 CAF 原有 27 个二级标准调整为具有中国特色的 29 个二级指标,在明确三级示例的基础上将其固化为三级指标。同时,对不同的指标所占的权重进行了重新分配,更加重视关键绩效结果指标(权重为 30%)。

第二,调整评估标准。把促成要素和结果要素的评价标准从五分制改为百分制。这样做一是为了适应习惯,便于打分,二是因为百分制能够使差距明显,便于比较。(促成要素的评分标准也应根据中国机关工作的特点进行调整,如有行为没有计划的情况)

第三,改进搜集信息的方法。信息不对称是我国机关长期以来形成的客观事实,也是制约绩效评估工作顺利、客观开展的重要原因。厅自我评估小组采取分头采集、集中沟通的办法搜集信息,大大降低了工作量,也保证了搜集信息的全面、准确。

第四,健全评估组织。成立考评小组,监督、指导厅机关自我评估小组和厅属事业单位自我评估小组的工作,以保证整个评估工作的健康、有序开展。

4. 必须有专人负责,各部门配合,全体职工的积极参与。这项工作由机关党委牵头,各试点单位和综合部门领导认识到位,全力配合,在人、财、物方面积极支持,评估小组成员认真负责,敢于直言,打分环节坚持实事求是,客观评价,才能为厅党组提出有价值的改进建议。

当前,我国正处于经济转轨、社会转型的关键时期。全面落实科学发展观迫切要求政府转变职能,提高效率。而政府绩效管理改革以及专业配套的评估体系建设迫在眉睫。我们在政府绩效评估方面作了一些尝试,作为全国第一家试用 CAF 的省直机关虽然取得一些效果,但同时仍有很多问题需进一步探索、研究和改进。我们有信心在国家行政学院的指导下,在辽宁省直属机关工委、辽宁省行政学院的支持下,把绩效评估工作进一步抓好、抓实、抓出成效。

**附件 1　辽宁省林业厅绩效评估框架(试行)**

**附件 2　辽宁省林业厅机关绩效评估结果(改进建议)**

**附件 3　辽宁省林业厅总体评估结果描述示意图**

**附件 4　内部评估小组成员独立评分卡**

**附件 5　内部评估小组评分卡**

附件1

# 辽宁省林业厅绩效评估框架(试行)

| 一级指标<br>(共计9个) | 二级指标<br>(共计29个) | 三级指标<br>(共计135个) | 权重 | 事实<br>依据 |
|---|---|---|---|---|
| 1. 领导力<br>(权重12%) | 1.1:党的建设<br>(权重20%) | (1)履行"一岗双责",强化"两手抓"意识 | 20% | |
| | | (2)开展理论学习,强化机关党员干部培训,加强机关基层党组织建设 | 20% | |
| | | (3)开展精神文明建设和思想政治工作 | 20% | |
| | | (4)切实加强党员干部的廉洁自律教育和机关党风廉政建设 | 20% | |
| | | (5)积极组织党员干部参加上级党组织部署的各项党建工作 | 20% | |
| | 1.2:确定单位的发展方向,提出并宣传单位发展的愿景、使命和价值观<br>(权重15%) | (1)为本单位确立现实可行的发展愿景和使命,实施定期审查,并根据内外部环境条件的变化加以调整 | 20% | |
| | | (2)确立本单位中长期工作规划,实施定期审查,并根据内外部环境条件的变化加以调整 | 20% | |
| | | (3)根据中长期发展规划制定年度目标和工作计划安排,把计划分解到各个职能部门 | 20% | |
| | | (4)向本单位的干部职工和有关部门、服务对象宣传发展愿景、使命和规划,争取广泛支持 | 20% | |
| | | (5)确立本单位的核心价值理念 | 20% | |
| | 1.3:建立组织管理系统,并推进系统的运行<br>(权重20%) | (1)按照有关部门的要求,根据本单位的职能和发展需要,确定组织架构、职能和职工人数 | 15% | |
| | | (2)建立各项管理制度与程序 | 20% | |
| | | (3)建立班子成员分工负责制度 | 20% | |
| | | (4)根据省政府有关部门以及服务对象的需要指导确定各项工作要达到的具体指标 | 20% | |
| | | (5)采用比较系统的方法和工具开展质量管理 | 20% | |
| | | (6)建立管理信息系统 | 5% | |
| | 1.4:推进决策科学化、民主化<br>(权重15%) | (1)厅领导班子实行民主集中制,建立和实施民主决策制度(如票决制) | 25% | |
| | | (2)在重大决策中广泛征求单位内部干部职工的意见,并建立相应制度 | 25% | |

| 一级指标<br>(共计 9 个) | 二级指标<br>(共计 29 个) | 三级指标<br>(共计 135 个) | 权重 | 事实<br>依据 |
|---|---|---|---|---|
| 1. 领导力<br>(权重 20%) | 1.4：推进决策<br>科学化、民主化<br>(权重 15%) | (3)在重大事项决策中征求服务对象、上下级部门以及其他相关部门(如人大、政协)的意见，并建立相应制度 | 25% | |
| | | (4)在重大决策中征求专家意见，并制定和实施专家咨询制度 | 25% | |
| | 1.5：在工作中激励和支持本单位的职工，并以身作则<br>(权重 15%) | (1)领导班子以身作则，起模范带头作用 | 20% | |
| | | (2)向职工通报事关本单位发展的重大事项，并鼓励职工提出建议 | 20% | |
| | | (3)鼓励职工参与单位内部事务管理与监督 | 20% | |
| | | (4)对表现优秀的部门和干部职工及时给予表彰和奖励 | 20% | |
| | | (5)尊重、信任干部职工，关心他们的生活，努力满足他们的正当需要 | 20% | |
| | 1.6：协调本单位与利益相关者的关系<br>(权重 15%) | (1)与上、下级有关部门经常保持联系与沟通 | 1/3 | |
| | | (2)与同级部门开展工作协调，建立合作伙伴关系 | 1/3 | |
| | | (3)树立服务意识，为本单位在公众中建立良好的形象 | 1/3 | |
| 2. 战略规划<br>(权重：5%) | 2.1：根据内外部环境条件和利益相关者的需求制定战略规划<br>(权重 40%) | (1)坚持开展调查研究，搜集利益相关者的需求信息及其他外部环境条件信息 | 25% | |
| | | (2)分析本单位特征，明确自身的优势与不足 | 25% | |
| | | (3)根据对各种内外部因素的分析结果，制定战略规划，并征求利益相关者的意见 | 25% | |
| | | (4)确定战略和计划的优先次序和工作重点 | 25% | |
| | 2.2：在单位内贯彻实施战略规划<br>(权重 30%) | (1)把本单位的计划、目标分解细化(责任人、分解表、完成时限等) | 25% | |
| | | (2)将计划、目标在单位干部职工中传达，做解释说明 | 25% | |
| | | (3)确定衡量战略计划实施进度的方法和标准 | 25% | |
| | | (4)为完成计划和目标制定了保障措施 | 25% | |

续表

| 一级指标<br>（共计9个） | 二级指标<br>（共计29个） | 三级指标<br>（共计135个） | 权重 | 事实<br>依据 |
|---|---|---|---|---|
| 2. 战略规划<br>（权重：5%） | 2.3：评估和调整本单位的战略规划<br>（权重30%） | (1)定期检查计划、目标实施情况,对未完成目标进行分析、查找原因 | 25% | |
| | | (2)根据外部环境的变化,对计划、目标进行评估和调整 | 25% | |
| | | (3)建立定期评估战略规划的制度和机制 | 25% | |
| | | (4)在评估和调整战略规划的过程中,征求利益相关者的意见 | 25% | |
| 3. 人力资源管理<br>（权重：6%） | 3.1：根据组织的职能、战略和规划来规划、管理和改进人力资源<br>（权重40%） | (1)定期分析本单位的人力资源需求状况 | 10% | |
| | | (2)就人员招聘、提拔、流动、薪酬待遇制定明确的政策 | 10% | |
| | | (3)制定岗位说明书和岗位规范、职工行为规范 | 15% | |
| | | (4)根据有关政策,推行聘用制、合同制等相应的制度 | 15% | |
| | | (5)建立人员绩效管理制度 | 20% | |
| | | (6)努力改善工作条件,保障职工合法权益(如休息制度、休假制度) | 15% | |
| | | (7)关心职工的生活、福利,重视保障特殊职工(如特困职工、残疾职工、怀孕和哺乳期女工等)的权益,满足其特殊需要 | 15% | |
| | 3.2：根据个人和组织的目标,了解、提高和发挥职工的能力<br>（权重35%） | (1)分析、了解职工个人和整个单位的能力状况(知识、技能)和工作态度 | 20% | |
| | | (2)根据单位和干部职工的需要,制定人员培训计划,鼓励和支持干部职工参加各种培训(包括学历教育、在职进修、短期培训),并检查评估培训计划的实施情况 | 30% | |
| | | (3)定期分析职工能力与岗位的匹配性,并根据情况适时予以调整 | 25% | |
| | | (4)提倡干部职工在单位内部以及外部进行流动(如轮岗、挂职) | 25% | |
| | 3.3：通过沟通和授权提高职工的参与度<br>（权重25%） | (1)建立单位内部公开交流和沟通的机制 | 25% | |
| | | (2)实行职工民主参与单位内部事务管理与监督,提高透明度 | 25% | |

220

| 一级指标<br>(共计 9 个) | 二级指标<br>(共计 29 个) | 三级指标<br>(共计 135 个) | 权重 | 事实<br>依据 |
|---|---|---|---|---|
| 3. 人力资源管理<br>(权重:6%) | 3.3:通过沟通和授权提高职工的参与度<br>(权重 25%) | (3)坚持开展职工调查,了解职工想法和愿望 | 25% | |
| | | (4)请职工对班子建设和工作情况进行测评 | 25% | |
| 4. 外部伙伴关系和内部资源管理<br>(权重:7%) | 4.1:与主要外部机构建立和维持伙伴关系<br>(权重 15%) | (1)确定对本单位发展有重要影响的主要机构,界定本单位与这些机构之间关系的性质 | 20% | |
| | | (2)为主要合作伙伴建立书面档案,记录其主要情况 | 20% | |
| | | (3)建立与主要合作伙伴沟通交流的机制 | 25% | |
| | | (4)与主要伙伴单位保持经常性联系 | 25% | |
| | | (5)定期对与主要相关机构的关系进行评估 | 10% | |
| | 4.2:与服务对象建立和维持伙伴关系<br>(权重 20%) | (1)建立多种与服务对象的沟通渠道,通过各种形式征求服务对象的意见和建议,并为此建立相应的制度 | 35% | |
| | | (2)向社会和服务对象公开本单位职责、办事流程及有关信息 | 40% | |
| | | (3)热情、公正地对待服务对象,并对其需求及时做出回应 | 25% | |
| | 4.3:财务管理<br>(权重 25%) | (1)根据单位职能和工作目标编制财务预算,并保证预算的执行 | 20% | |
| | | (2)建立财务公开制度,预决算向有关部门和内部干部职工报告 | 25% | |
| | | (3)积极配合外部审计,定期开展单位内部审计,并公布审计结果 | 25% | |
| | | (4)对主要财政开支项目进行成本效益分析 | 20% | |
| | | (5)重大开支和物品采购实行公开招标 | 5% | |
| | | (6)建立财务风险管理制度 | 5% | |
| | 4.4:信息和知识管理<br>(权重 15%) | (1)根据本单位的性质与特点,确定信息和知识需求 | 15% | |
| | | (2)根据本单位的需要,搜集、整理、储备信息和知识 | 25% | |
| | | (3)建立相应的渠道和制度,保证单位职工能够得到工作所需的信息和知识 | 25% | |
| | | (4)促进单位内部信息和知识的交流 | 25% | |

续表

| 一级指标<br>(共计9个) | 二级指标<br>(共计29个) | 三级指标<br>(共计135个) | 权重 | 事实<br>依据 |
|---|---|---|---|---|
| 4. 外部伙伴关系和内部资源管理<br>(权重:7%) | 4.4:信息和知识管理<br>(权重15%) | (5)采取适当措施,保证本单位所需的关键信息和知识不会因某些人员的离开而流失 | 10% | |
| | 4.5:技术管理<br>(权重10%) | (1)根据单位工作目标和发展规划,确定本单位的技术需求,并建立相应的技术管理政策 | 1/3 | |
| | | (2)采取措施,保证现有技术得到有效应用 | 1/3 | |
| | | (3)建立适当的机制,鼓励技术创新 | 1/3 | |
| | 4.6:资产管理<br>(权重15%) | (1)对资产进行登记,建立资产档案,并定期清查 | 25% | |
| | | (2)建立明确的制度,保证资产的高效使用 | 25% | |
| | | (3)建立制度,明确责任,对资产进行有效保管和维护 | 25% | |
| | | (4)根据需要及时更新资产,处置废弃资产 | 15% | |
| | | (5)就资产的经营管理模式制定相应的政策 | 10% | |
| 5. 流程与变革管理<br>(权重10%) | 5.1:确认、设计、管理和改进工作流程<br>(权重35%) | (1)确认并书面描述本单位主要工作的流程 | 25% | |
| | | (2)确定工作流程及其各环节的责任人,合理配置资源 | 25% | |
| | | (3)根据外部环境变化,对现有流程进行分析评估,并不断调整优化 | 25% | |
| | | (4)在工作流程的设计和改进过程中,征求内部职工和有关方面的意见和建议 | 25% | |
| | 5.2:依法履行职能<br>(权重40%) | (1)搜集并保存与本单位业务相关的法律法规 | 20% | |
| | | (2)在单位内部开展知法、懂法、用法的学习和教育 | 30% | |
| | | (3)依法设计和执行工作流程,采取措施预防和控制履行职能过程中的有法不依行为 | 40% | |
| | | (4)在履行职能的过程中,根据工作需要,向法律专家征求意见 | 10% | |

| 一级指标<br>(共计 9 个) | 二级指标<br>(共计 29 个) | 三级指标<br>(共计 135 个) | 权重 | 事实<br>依据 |
|---|---|---|---|---|
| 5. 流程与变革管理<br>(权重 10%) | 5.3: 促进管理现代化与革新<br>(权重 25%) | (1)提倡建立学习型组织,创建学习、创新的组织文化 | 15% | |
| | | (2)坚持开展调查分析,以便随时掌握内外部变革创新的要求 | 15% | |
| | | (3)实行标杆管理,促进管理创新 | 35% | |
| | | (4)建立激励机制,鼓励管理创新 | 35% | |
| 6. 服务对象结果<br>(权重 15%) | 6.1: 服务对象满意度衡量<br>(权重 60%) | (1)对本单位的整体满意度 | 40% | |
| | | (2)对本单位服务质量的满意度 | 25% | |
| | | (3)对本单位服务态度的满意度 | 15% | |
| | | (4)对获得本单位服务的便利性的满意度 | 10% | |
| | | (5)对参与本单位工作的满意度 | 10% | |
| | 6.2: 衡量服务对象结果的客观指标<br>(权重 40%) | (1)在过去一年内服务对象对本单位表示感谢或者表扬的次数 | 20% | |
| | | (2)在过去一年内服务对象对本单位服务的投诉或批评的次数 | 20% | |
| | | (3)为公众提供服务的办公时间 | 20% | |
| | | (4)在过去一年内本单位向服务对象征求意见的次数 | 20% | |
| | | (5)在过去一年内本单位按照服务对象的意见和要求改进工作的次数 | 20% | |
| 7. 职工结果<br>(权重 10%) | 7.1: 职工满意度衡量<br>(权重 60%) | (1)对本单位的整体满意度 | 30% | |
| | | (2)对本单位在工作条件、权益保障方面的满意度 | 12% | |
| | | (3)对参与本单位事务的满意度 | 12% | |
| | | (4)对在本单位工作的个人发展前景的满意度 | 12% | |
| | | (5)对本单位管理工作的满意度 | 12% | |
| | | (6)对本单位在整个行业中的地位的满意度 | 10% | |
| | | (7)对本单位工作氛围和组织文化的满意度 | 12% | |
| | 7.2: 衡量职工结果的客观指标<br>(权重 40%) | (1)缺勤率 | 15% | |
| | | (2)流失率 | 10% | |
| | | (3)参加学习、培训、挂职锻炼的人次以及培训预算经费的使用量 | 15% | |
| | | (4)投诉、发生内部纠纷的数量 | 15% | |

| 一级指标<br>(共计 9 个) | 二级指标<br>(共计 29 个) | 三级指标<br>(共计 135 个) | 权重 | 事实<br>依据 |
|---|---|---|---|---|
| 7. 职工结果<br>(权重 10%) | 7.2：衡量职工结果的客观指标<br>(权重 40%) | (5)参加本单位小组讨论、与管理层座谈的次数，提出建议的数量，对意见和建议的答复率 | 15% | |
| | | (6)为职工办实事和帮扶困难职工的情况 | 15% | |
| | | (7)奖励下属部门和干部职工的数量 | 15% | |
| 8. 社会结果<br>(权重：5%) | 8.1：外部评价<br>(权重 50%) | (1)有关部门、公众、媒体对本单位社会贡献的总体评价 | 40% | |
| | | (2)有关部门、公众、媒体对本单位促进经济社会发展的评价 | 20% | |
| | | (3)有关部门、公众、媒体对本单位在环境保护方面表现的评价 | 20% | |
| | | (4)有关部门、公众、媒体对本单位在社会公益事业方面工作的评价 | 20% | |
| | 8.2：内部指标<br>(权重 50%) | (1)开展社会公益活动的结果(包括扶贫、助学、助残、捐赠、义务献血、义务劳动等公益活动) | 30% | |
| | | (2)在生态环境保护方面的表现 | 20% | |
| | | (3)在资源、能源节约方面的表现(如人均用电量、耗水量) | 20% | |
| | | (4)被媒体正面或负面报道的次数 | 30% | |
| 9. 关键绩效结果<br>(权重 30%) | 9.1：目标实现情况<br>(权重 80%) | (1)重点工作目标实现情况 | 40% | |
| | | (2)职能工作目标实现情况 | 25% | |
| | | (3)党建和廉政建设方面的结果 | 15% | |
| | | (4)在全国和省级机关各类检查评比中的名次及奖惩情况 | 15% | |
| | | (5)临时性工作完成情况 | 5% | |
| | 9.2：财务绩效结果<br>(权重 20%) | (1)预算执行情况 | 30% | |
| | | (2)年度项目资金使用情况 | 40% | |
| | | (3)单位内部财务审计和接受外部审计的结果 | 20% | |
| | | (4)有关业务工作的成本效益 | 10% | |

附件 2

## 辽宁省林业厅机关绩效评估结果(改进建议)

| 二级指标 | 强 项 | 待改进之处 |
|---|---|---|
| 1.1:党的建设<br>(权重:20%) | 1. 我厅一把手抓党建,党组重视,两手抓意识强;<br>2. 林业厅有一种向上意识,凝聚力强,唯旗必夺,党员干部职工团结、荣誉感强 | 1. 党风廉政建设教育机制虽然健全,但日常教育监督机制还要强化;<br>2. 理论学习形式、方法单调,与当前形势要求不太合拍,还应创新;<br>3. 党员干部的思想政治工作尚需加强,形式和载体需要创新 |
| 1.2:确定单位的发展方向,提出并宣传单位发展的愿景、使命和价值观<br>(权重:15%) | 1. 规划制定过程科学,有论证;<br>2. 计划有分解、有目标 | 1. 干部职工对单位的发展愿景和使命理解不同,建议厅党组明确界定并向职工广泛宣传;<br>2. 本单位的核心价值理念也应明确并宣传,使每个干部职工都了解,并能为之努力工作 |
| 1.3:建立组织管理系统,并推进系统的运行<br>(权重:20%) | 制度健全、管理较为规范,班子成员分工负责制度明确,并能够根据人员变动及时进行调整 | 1. 按照人事厅划定编制数设岗,逐步解决各种混编、混岗情况;<br>2. 健全和强化管理信息系统建设 |
| 1.4:推进决策科学化民主化<br>(权重:15%) | 民主集中制执行得好,特别是在评优、推荐干部等工作中采取了票决制 | 1. 重大决策征求职工意见方面应建立相应的制度;<br>2. 重大决策征求服务对象、上下级部门、专家以及其他相关部门意见,应建立相应的制度 |
| 1.5:在工作中激励和支持本单位的职工,并以身作则<br>(权重:15%) | 1. 领导班子以身作则,模范带头作用发挥得好;<br>2. 向职工通报本单位发展的重大事项,鼓励职工提建议;<br>3. 对优秀的部门和职工表彰和奖励 | 1. 应制定完善的措施,鼓励职工参与内部事务管理与监督;<br>2. 尊重、信任干部职工,更关心职工生活,聆听职工呼声,满足正当需要 |
| 1.6:协调本单位与利益相关者的关系<br>(权重:15%) | 1. 与上下级有关部门保持联系和沟通;<br>2. 全厅服务意识较强,在公众中形象良好 | 与同级部门开展工作协调,建立合作伙伴关系缺乏制度,有待于进一步规范 |
| 2.1:根据内外部环境条件和利益相关者的需求制定战略规划<br>(权重:40%) | 调研工作抓得实,有计划、有部署、有成效 | 制定战略规划时,征求利益相关者的意见还要形成制度,进一步规范 |

| 二级指标 | 强项 | 待改进之处 |
|---|---|---|
| 2.2：在单位内贯彻实施战略规划（权重：30％） | 1. 单位目标分解细化，责任人、完成时限明确；<br>2. 完成计划的保障措施得力 | 1. 还应该向干部职工广泛宣传全厅的计划和工作目标，并进行必要的解释和说明；<br>2. 衡量战略计划实施进度的方法和标准有待于进一步明确 |
| 2.3：评估和调整本单位的战略规划（权重：30％） | 1. 由于目标责任制的实施，定期检查计划、目标实施情况，对进度慢的工作目标分析原因；<br>2. 能够根据外部变化，对计划、目标进行调整和评估 | 1. 缺乏系统完整的定期评估战略规划的制度和机制；<br>2. 在评估和调整战略规划的过程中，还应该加强征求利益相关者的意见 |
| 3.1：根据组织的职能、战略和规划来规划、管理和改进人力资源（权重：40％） | 1. 岗位的说明书、岗位规范和职工行为规范较健全；<br>2. 能够在一定范围内推行聘用制和合同制等相应制度 | 1. 应加强定期分析人力资源需求状况，向党组或人事厅提出需求申请，以合理配置人才；<br>2. 争取更多的人员招聘、提拔、流动、薪酬待遇的自主权，并制定适合本厅的相关政策制度；<br>3. 人员绩效管理制度有待加强 |
| 3.2：根据职工个人和组织的目标，了解、提高和发挥职工的能力（权重：35％） | | 1. 加强定期分析，了解职工个人和整个单位的能力状况和工作态度；<br>2. 培训工作有待加强，包括业务知识、学历教育、理论培训等，改变目前个人随意学习的状态，有目的、有计划地培养所需不同类别的人才，统筹计划和安排；<br>3. 职工能力与岗位的匹配性分析不够，干部职工流动性差 |
| 3.3：通过沟通和授权提高职工的参与度（权重：25％） | 对班子建设和工作情况进行民主测评时职工参与率较高 | 1. 应该建立完善可行的内部公开交流和沟通机制，形成制度；<br>2. 还应增加职工参与单位内部事务的管理与监督，进一步提高透明度；<br>3. 定期开展职工调查，了解职工的想法和愿望；<br>4. 建立职工代表大会制度 |
| 4.1：与主要外部机构建立和维持伙伴关系（权重：15％） | 对与本厅有重要形象的机构较为明确 | 1. 建立主要合作伙伴的书面档案，由专门机构、专人负责记录其主要情况；<br>2. 建立与主要伙伴沟通交流的机制并对这些相关机构的关系定期进行评估 |

续表

| 二级指标 | 强 项 | 待改进之处 |
|---|---|---|
| 4.2：与服务对象建立和维持伙伴关系<br>（权重：20％） | | 1. 要明确林业厅的服务对象，并向职工宣传；<br>2. 建立相应的制度，通过固定的形式征求服务对象的意见 |
| 4.3：财务管理<br>（权重：25％） | 编制财务预算，保证预算的执行 | 1. 建立财务公开制度，定期向职工和有关部门报告预决算；<br>2. 对本单位的主要财政开支项目进行成本效益分析；<br>3. 逐步建立财务风险管理制度 |
| 4.4：信息和知识管理<br>（权重：15％） | | 1. 明确本厅的信息和知识需求，加强信息知识的搜集、整理和储备；<br>2. 建立制度，使职工能够得到工作所需的信息和知识，并加强信息和知识的交流；<br>3. 建立制度，以避免某些关键信息和知识的流失 |
| 4.5：技术管理<br>（权重：10％） | | 1. 制定相关制度，保证现有技术得到有效应用；<br>2. 有激励技术创新的机制 |
| 4.6：资产管理<br>（权重：15％） | | 1. 资产（包括车辆、电脑、照相机、复印机、传真机、办公桌椅、对外出租的办公楼等等）虽然有档案，但没有定期清查；<br>2. 建立完善资产的管理、经营和废弃处置的制度 |
| 5.1：确认、设计、管理和改进工作流程<br>（权重：35％） | 有政务公开手册，明确办公流程 | 1. 进一步整合、规范和宣传本厅的主要工作流程，包括机关内部管理、对外办公程序以及对行业的指导工作程序，使职工有章可循，为服务对象提供便利；<br>2. 及时分析、评估、优化、调整现有流程；并广泛征求职工和有关方面的意见和建议 |
| 5.2：依法履行职能<br>（权重：40％） | | 1. 设计并监督执行工作流程，制定可行的措施保证依法行政；<br>2. 应坚持向法律专家征求意见 |
| 5.3：促进管理现代化与革新<br>（权重：25％） | | 1. 进一步认识学习型组织的内涵，逐步形成学习型的组织文化；<br>2. 加强标杆管理，树立各项工作的标杆和标准；<br>3. 完善激励机制 |

| 二级指标 | 强　项 | 待改进之处 |
|---|---|---|
| 6.1:服务对象满意度衡量(权重:60%) | | 建立完善的满意度调查的机制,确定调查群体和范围;定期进行调查 |
| 6.2:衡量服务对象结果的客观指标(权重:40%) | | 加强与服务对象之间的沟通,并不断改进工作,要有沟通记录 |
| 7.1:职工满意度衡量(权重:60%) | | 建立经常性的职工满意度调查制度,并认真组织实施。可指定专人定期收集职工反映 |
| 7.2:衡量职工结果的客观指标(权重:40%) | 1. 职工对本厅的认同感强,有强烈的归属感。<br>2. 职工的出勤率高、流失率低,内部纠纷少,职工对参加学习、培训经费的使用量较满意 | 提高职工参与率、提高对干部职工的奖励 |
| 8.1:外部评价(权重:50%) | 媒体的总体评价好 | |
| 8.2:内部指标(权重:50%) | 扶贫工作、双文明共建、助残等工作均是强项 | ××院被民心网负面报道3次,建议党组加强对厅直部门的管理,加强与新闻媒体的沟通,以减少类似情况 |
| 9.1:目标实现情况(权重:80%) | 目标实现情况是我厅的强项,多项工作获得荣誉,党建和廉政建设方面没有出现问题 | |
| 9.2:财务绩效结果(权重:20%) | | 须加强对业务工作成本效益的分析 |

**附件 3**

辽宁省林业厅总体评估结果描述示意图

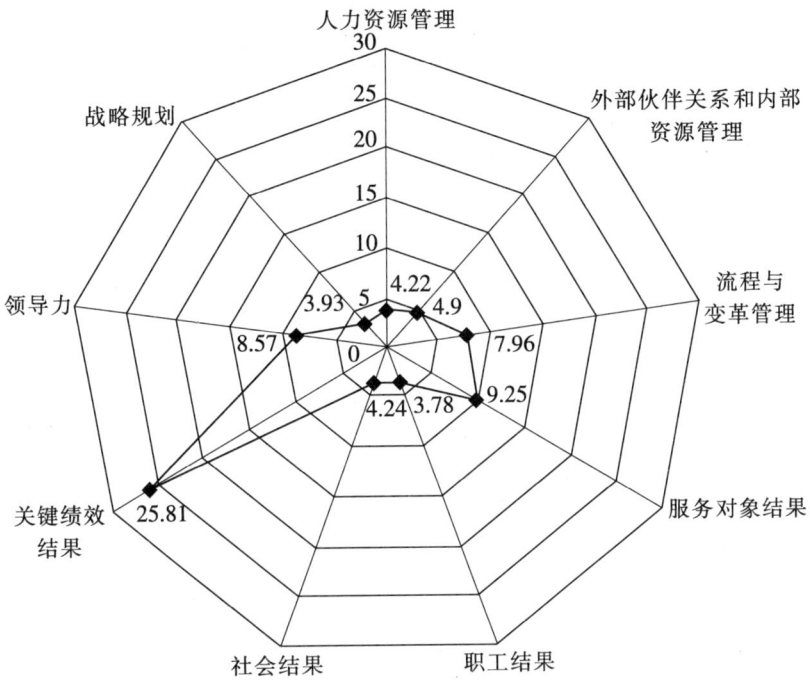

附件 4

## 内部评估小组成员独立评分卡

单位:辽宁省林业厅机关(2/29)

| 二级指标 | 三级指标 | 评分 | 强项 | 待改进之处 | 事实依据 |
|---|---|---|---|---|---|
| 1.2:确定单位的发展方向,提出并宣传单位发展的愿景、使命和价值观(权重:15%) | (1)为本单位确立现实可行的发展愿景和使命,实施定期审查,并根据内外部环境条件的变化加以调整 | | | | |
| | (2)确立本单位中长期工作规划,实施定期审查,并根据内外部环境条件的变化加以调整 | | | | |
| | (3)根据中长期发展规划制定年度目标和工作计划安排,把计划分解到各个职能部门 | | | | |
| | (4)向本单位的干部职工和有关部门、服务对象宣传发展愿景、使命和规划,争取广泛支持 | | | | |
| | (5)确立本单位的核心价值理念 | | | | |

**附件 5**

## 内部评估小组评分卡

单位:辽宁省林业厅机关(1/29)

| 二级指标 | 三级指标 | 各成员评分 | | | | | | | | | | | | | | | 认同分数/平均分 | 权重 | 得分 | 本项二级指标得分 |
|---|---|---|---|---|---|---|---|---|---|---|---|---|---|---|---|---|---|---|---|---|
| | | 1 | 2 | 3 | 4 | 5 | 6 | 7 | 8 | 9 | 10 | 11 | 12 | 13 | 14 | 15 | | | | |
| 1.1: 党的建设(权重: 20%) | (1)履行"一岗双责",强化"两手抓"意识 | | | | | | | | | | | | | | | | | 20% | | |
| | (2)开展理论学习,强化机关党员干部培训,加强机关基层党组织建设 | | | | | | | | | | | | | | | | | 20% | | |
| | (3)开展精神文明建设和思想政治工作 | | | | | | | | | | | | | | | | | 20% | | |
| | (4)切实加强党员干部的廉洁自律和机关党风廉政建设 | | | | | | | | | | | | | | | | | 20% | | |
| | (5)积极组织党员干部参加上级党组织部署的各项党建工作 | | | | | | | | | | | | | | | | | 20% | | |
| 认同的强项 | | | | | | | | | | | | | | | | | | | | |
| 认同的需要改进之处 | | | | | | | | | | | | | | | | | | | | |
| 事实依据(可另加附页) | | | | | | | | | | | | | | | | | | | | |

# 实施绩效管理，促进科学发展

## ——青岛市党政机关实施目标绩效管理的探索与实践

### 青岛市委

  1998年以来，青岛市委、市政府从贯彻落实科学发展观、树立正确政绩观的要求出发，全面实施了目标绩效管理，全力打造高绩效党政机关，努力探索体现科学发展观要求、具有青岛特色和符合全球化竞争需要的党政管理新模式，形成了"督事、评绩、考人、查纪"四位一体的考绩问效机制。新机制的建立与实施，有力推动了党委、政府各项决策的落实，有效促进了城市经济社会的全面、协调、可持续发展。主要做法如下。

## 一、以落实科学发展观为主线，全面推进"五个建设"

  以科学发展观为指导，优化完善绩效考核体系，从推进"三个文明"建设拓展到促进"五个建设"，实现了以经济增长为中心向注重经济社会全面发展的转变。

  一是完善绩效考核指标体系。按照中央以科学发展观统领全局，全面推进经济建设、政治建设、文化建设、社会建设和党的建设的战略要求，紧扣青岛市委、市政府确定的战略目标和一系列决策部署，以"五个建设"为框架构建区市年度绩效指标体系。在横向比较、纵向比较和基准比较的基础上，上下反复协调，认真筛选提炼，将"五个建设"工作全部细化为导向性、挑战性、可量化、可考核的绩效指标。实现了由单一角度向多维角度，由"大一统"式向多元发展，由重硬指标、轻软指标向软硬指标并重，由以经济增长为中心向经济社会全面发展的转变。

  经济建设考核在体现发展速度要求、兼顾历史基数的前提下，加大了效益潜力和资源环境类指标权重，采用产业结构、民营经济、循环经济、能耗水耗、自主创新等关键指标(KPI)评价区市经济科学发展水平。政治建设考核以抓好政治、社会、信访、生产、食品安全"五个安全"为核心，引入了公共安全感指数、行政诉讼败诉率、机构编制等预期性和约束性指标。文化建设考核以加强社会主义先进文化建设、塑造城市精神和提升文化产业竞争力为目的，突出考核文明城市测评指标、文化产业发展指数等。社会建设考核则按照经济社会协调发展，建设社会主义新农村和创建和谐社会的要求，评价教育均衡发展、社会保障、公共卫生、环境质量、绿化管护、社区建设、小康示范村建设等水平。与此同时，将党的建设纳入考核，对党内监督、反腐倡廉、制度建设、队伍建设、先进性建设、执政能力进行定性或量化。

二是因地制宜科学分类考核。绩效考核不搞一刀切，而是按区市和单位的特点、条件和发展优势，在考核分组、考核指标、指标分值和权重的确定上各有侧重。突出不同地区发展目标的差异和全市布局的总体要求，力求发挥各区市的区位优势，避免重复发展、布局雷同和同位恶性竞争，使考核工作真正起到导向作用。12区市被分为三个组进行考核：黄岛(开发区)、崂山(高新区)和城阳(出口加工区)为一组，市内四区为一组，农村五市为一组。针对共性内容设置了规模以上工业、第三产业增加值增速、城乡最低生活保障、公共卫生体系建设等共性指标。在这个"规定动作"的基础上，突出了个性内容，根据区位功能和发展目标的不同，设置了特色化的"自选动作"，如市内四区重点发展现代服务业和都市经济，三区分别突出六大产业集群、高新技术产业、外向型经济，农村五市则着力于社会主义新农村建设和农村工业化，指标分别对应较高权重，取消硬性约束条件，不设上限，通过加分鼓励比"高"。因地制宜的分类考核方法，充分调动了各区市的特色化发展的积极性。以郊区五市在全国百强县中的位次为例，在2005年至少提升十名，全部进入全国百强县的基础上，2006年又全面提高，其中莱西市和平度市分别提高了33位和36位。

三是鼓励引导开拓创新。为激励区市和各单位开拓创新，增设了"重要贡献"加分模块。针对那些出色完成市委、市政府重点任务，产生显著经济效益或社会效益，得到中央、省级党委政府或国家级媒体的认可，具有典型推广价值和创新意义的工作或举措，进行加分奖励。加分项目既有上级表彰奖励、经验推广和媒体经验报道，也包括全国百强县位次、特色工作排名、国家级企业技术中心、著名商标品牌创建、大项目建设等。"重要贡献"加分奖励的考核办法,有效地引导了各级各部门"横看顶尖追求最好,纵看进步实现更高"。仅2006年,各区市、市直部门单位的工作就获国家级、省级表彰奖励和经验推广2 000多项次。

## 二、以提高执行力为关键,强化权责制衡和过程管理

一是健全促进执行的组织领导体系。成立由市委书记任主任,市委办公厅、市政府办公厅、组织人事、纪检监察、统计审计、财政等部门主要领导任成员的市目标管理绩效考核委员会,负责全市目标绩效考核工作。考核委下设考核办负责组织协调、牵头抓总,各专项考核、日常考核和监督评议的承担单位各负其责,形成了目标绩效管理与督查工作相结合,督事、评绩、考人、查纪四位一体的考绩问效领导体系。

二是健全促进执行的目标责任机制。坚持工作落实责任制,逐级明确责任领导、责任部门和责任人。把中央的最新精神和工作部署,省委充分发挥青岛龙头带动作用的要求,市委市政府关于站在高起点、瞄准大目标、实现新跨越,深入贯彻国家宏观调控政策,系统推进经济结构调整和经济增长方式转变,全面提高自主创新能力,着力推进能源、资源节约,扎实推进社会主义新农村建设,不断加强党风廉政和反腐败工作,大力发展社会主义民主政治,大力繁荣社会主义先进文化,突出促进社会发展和解决民生问题等一系列战略部署和具体要求,都以可量化、可操作、可考核年度目标和指标形式分解落实到底,自上而下地构筑起"一级抓一级、层层抓落实"的责任体系,做到了"事事有人干,人人有事干;事事比绩效,人人争上游"。

三是健全促进执行的日常监控机制。在突出结果导向的同时,关注过程控制,强化日常监控。整个目标绩效考核体系中,年终考核和监督评议坚持结果导向,反映的都是绩效结果,而日常考核则强调了对党政部门工作的过程控制。区市日常考核包括工作落实、工作纪律、政务公开和绩效审计,市直单位除了上述内容之外还包括党风廉政建设、机关党建、机关建设、平安青岛、依法行政和精神文明建设。市考核办组织协调,纪检监察、组织人事等部门各司其职,采取抽查暗访、督促推进等有效手段,日常监控通报,年底核查汇总,确保实现全程推进。在计分方法上,反映绩效结果的内容采用正激励法(即加分奖励),反映过程控制的内容采用负激励法(即扣分法)。

对于不按要求贯彻市委市政府重要会议精神、不按要求办理人大代表和政协委员提案、未依法实施行政许可事项、政务公开不及时不完整、违规使用财政资金等等,都会按照规定扣除相应的分数,以此加强日常管理。

## 三、以扩大民主参与为保障,健全内外评议相结合的双向推动模式

一是不断完善内部评估。引入绩效审计,将各区市和各部门财务收支的合规性、内控制度的有效性和履责的经济性、效率性、效益性列入审计范围,在对比其投入与产出、预期与实效、成本与收益水平的基础上,评估各区市和各部门完成年度工作目标和行使公共职能的情况。把上级领导的评估和班子的述职述廉评估有机结合起来,市级领导对分管单位工作业绩的综合评议、内部工作人员对党政主要负责同志和班子成员述职述廉的民主评议,都分别加权计入绩效评估总成绩。

二是有序扩大外部评估。按照执政为民的要求,不断加大社会评估力度,突出市民群众、服务对象对党政机关职能行使、服务质量、服务态度等方面的评价,并且逐年提高外部评估权重。区市考核引入民意调查方法,依托计算机辅助电话调查系统(CATI),从各区市居民中随机成功访问 400 个固定电话用户,作为各自的评议样本,让人民群众直接评判党委政府工作,2006 年民意调查共随机拨打电话 20 余万个,成功访问了 5 000 户常住居民。市直单位考核采用社会评议方法,参评群体包括企事业单位和社会团体、机关及相关单位、社会各界代表等三大类九个层面的单位和代表构成,总样本数量达 3 000 个。通过扩大社会公众对绩效考核工作的参与、不断提高“民考官”的比重,实现了由单纯的“上考下”、“官考官”向“外考内”、“民考官”转换。社会调查显示,实施绩效考核以来,人民群众满意度逐年提升,2006 年市民对市直部门工作的满意度水平都在 90% 以上。

三是加大考务公开力度。推进考核公开化、透明化,实行考务公开。实施年度工作目标联席评审制度,每年组织近百名人大代表、政协委员、专家学者、市民群众代表对各单位的重点工作目标联席评审,并在各个单位间实行互评互审。2006 年联席评审中共征求意见建议 262 条,采纳 188 条,占 72%。实施通报制度和问责制度,定期通报各单位目标完成情况,在新闻媒

体上定期综述,加强舆论监督。年底考核时,通过市主要媒体向全市发布考核公告,公布投诉、举报、意见和建议受理部门,接受全社会监督。

## 四、以调动各级领导干部积极性为目的,提高激励约束实效

将目标绩效考核工作与加强党的执政能力建设和先进性建设结合起来、与建设坚强有力的领导班子和高素质的干部队伍结合起来,强化激励约束,营造良好的氛围,不断提高广大党员干部干事创业的积极性、创造性。

一是考绩评人相结合。坚持把目标绩效考核与建立起公平、科学的评才、选才、用才机制相结合,在德才兼备的前提下,树立以实绩论英雄的正确导向。实行单位主要领导政绩评定与本单位考核结果直接挂钩的办法,将考核结果量化到每一位市管干部,建立干部考核政绩表,提交组织部门作为干部提拔任用的参考,有效地避免了吃"政绩大锅饭"的现象。依托市级目标绩效考核体系,不断完善各区市和单位内部管理,将考核延伸到每一个处室,并据此评出全市的100名优秀处长,优秀处长进入后备干部库,提拔时优先考虑。

二是正负激励相结合。每年召开全市目标管理绩效考核大会,市委、市政府主要领导、所有区市和市直单位的党政主要负责人全部参加,隆重表彰绩效考核优秀单位。考核成绩进入前25名的市直单位,由市委、市政府授予"青岛市年度目标绩效考核优秀单位"称号;被评为优秀、良好的单位还可获得一定的物质奖励;连续三年获优秀称号的区市和市直单位,市委、市政府对其党政主要领导记二等功。1998年以来,区市和市直单位领导干部共有154人次被授予二等功,50人次被授予三等功。年度考核不合格单位要写出自查自纠报告,其党政主要领导要被诫勉;连续两年不合格的单位,其党政主要领导待岗或降职;机关工作人员受到效能投诉调查属实的,被严肃处理。引入末位淘汰机制,每年评出全市目标绩效考核"末三位"单位。实施"末三位"评议制度以来,先后共有9个单位"榜上有名",并向市委、市政府写出自查报告。部分单位领导班子全体成员还在全市目标绩效考核大会台前集体"亮相",主要负责人则到主席台上作检查和表态发言;全市行政效能投诉经查属实的近千件,共有900多人(次)受到不同程度处理。

新机制的建立与实施,显著调动了干部的积极性、主动性、创造性,明显

提高了机关工作的效率水平和改进了机关干部的工作作风,有效提升了党委政府的执政能力和领导水平,推动了各项决策部署的有效落实,促进了城市经济社会的全面、协调和可持续发展。"十五"期间,青岛市生产总值、人均生产总值和地方财政收入均实现翻番。2006年国内生产总值已达3 206亿元,位居全国大中城市第九名,各类经济指标在全国副省级城市中的位次不断前移。共获得了投资环境金牌城市、中国品牌之都等数十项全国性桂冠。

# 以平衡计分卡提升绩效管理，
# 科学持久推动政府创新
## ——青岛市创建高绩效机关的探索与实践

侯永平

近些年来，为贯彻落实科学发展观，加强党的执政能力建设和先进性建设，创建富有中国特色的高绩效党政机关，青岛市委、市政府一直在积极探索提高机关工作绩效的途径和措施。2005年，在总结前些年机关建设经验的基础上，开始将平衡计分卡这一符合科学发展观要求的最前沿的战略管理技术运用于创建高绩效机关，极大提升了党政机关绩效管理水平，被中央中直机关工委和国家机关工委评价为新时期加强机关建设的典范，从而推动了经济社会又好又快发展。

## 一、绩效管理成为青岛市党政机关加强自身建设，推进经济社会又好又快发展的内在运行机制

当前，在全球范围内，政府绩效管理成为重塑政府的首要目标和重要策略，推动了政府管理理念和管理工具的创新。在我国，随着管理理论与实践的发展，绩效管理理念与技术已经深入各级政府和部门，在加快推进政府自身建设和管理创新方面发挥了重要作用。

从城市发展的实践来看，政府管理也是生产力，它在一定程度上决定了这座城市发展的现状和潜质。青岛市自1998年实行目标管理以来，就不断地探寻加强机关自身建设、推动经济社会又好又快发展的内在运行机制；2000年实施以"转变职能、规范审批、政务公开、依法行政、效能监督"为重点的"五项工程"，要求向海尔等持续成功的大企业学习，目标管理、全面质量管理理念和技术植根于政府；2002年深化"五项工程"，建设学习型、创新型、竞争型、服务型机关，突出服务社会和促进发展的能力，并开始学习研究平

衡计分卡在政府部门的运用；2003 年，将目标管理拓展为目标绩效管理，开始注重结果导向，进一步丰富了政府管理的绩效内涵；2005 年初，根据青岛市城市发展战略目标，相应确定了"创建高绩效机关，做人民满意公务员"机关建设目标，并在青岛市委、市政府下发的青发〔2006〕7 号文件中明确要求将平衡计分卡引入机关，使政府绩效管理的理念和技术进一步与世界前沿接轨。

由于长期持续不断地深化认识，使绩效管理技术和评价体系在实践中不断完善，绩效管理逐渐成为推动城市发展的内在驱动力量。自实施目标绩效管理以来，青岛市各类经济指标在全国副省级城市中的位次不断前移，与实施考核的第一年即 1998 年相比，2006 年青岛 GDP 由第 9 位上升到第 4 位，工业增加值由第 11 位上升到第 5 位，社会消费品零售额由第 13 位上升到第 8 位。区域经济发展强劲，与 2004 年相比，2006 年郊区五市在全国百强县中的位次都有了显著提高。2006 年，青岛经济总量位居全国第十，荣获国家级以上荣誉和大奖 24 项，其中城市生活质量在全国 287 个地级以上城市中排名第二，投资环境被世界银行评价为"金牌城市"。

## 二、以平衡计分卡提升绩效管理，加快创建高绩效机关

经过多年全面、协调、可持续发展，青岛已进入了发展主导战略的历史性转折时期，为有效执行城市发展战略，青岛市开始在中国地方政府中第一个引入和施行平衡计分卡管理，提升绩效管理水平，加快创建高绩效机关，推动政府运行机制和管理方式创新。

从思想内涵来看，平衡计分卡的基本原理与科学发展观是一致的。在实践中，我们按照科学发展观的要求，对创建高绩效机关的使命、价值观、愿景与战略进行诠释、转换和落实，形成"青岛市创建高绩效机关平衡计分卡地图"（图 1），具体如下。

创建高绩效机关的使命、价值观、愿景和战略分别是：

1. 使命就是为实现青岛发展战略目标而不断提高机关建设水平，锻造一支优秀人才密集、高素质专家型公务员队伍。

2. 核心价值观就是坚持"4E"取向，创建"施政成本低、法制意识强、管理绩效高、服务品质优"的机关治理模式。

## 图1 青岛市创建高绩效机关平衡计分卡地图

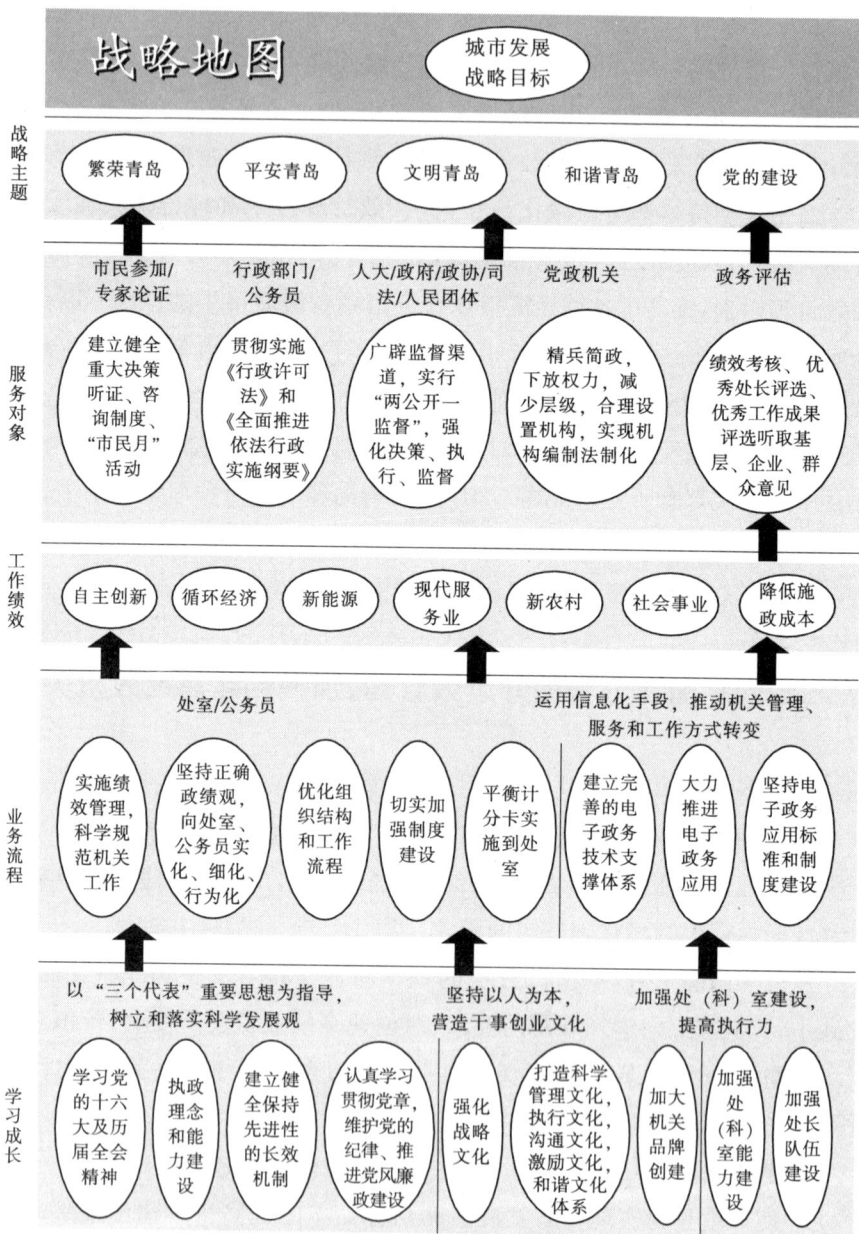

**战略地图** 城市发展战略目标

战略主题：繁荣青岛　平安青岛　文明青岛　和谐青岛　党的建设

服务对象：
- 市民参加/专家论证
- 行政部门/公务员
- 人大/政府/政协/司法/人民团体
- 党政机关
- 政务评估

建立健全重大决策听证、咨询制度、"市民月"活动 | 贯彻实施《行政许可法》和《全面推进依法行政实施纲要》 | 广辟监督渠道，实行"两公开一监督"，强化决策、执行、监督 | 精兵简政，下放权力，减少层级，合理设置机构，实现机构编制法制化 | 绩效考核、优秀处长评选、优秀工作成果评选听取基层、企业、群众意见

工作绩效：自主创新　循环经济　新能源　现代服务业　新农村　社会事业　降低施政成本

业务流程：处室/公务员；运用信息化手段，推动机关管理、服务和工作方式转变

实施绩效管理，科学规范机关工作 | 坚持正确政绩观，向处室、公务员实化、细化、行为化 | 优化组织结构和工作流程 | 切实加强制度建设 | 平衡计分卡实施到处室 | 建立完善的电子政务技术支撑体系 | 大力推进电子政务应用 | 坚持电子政务应用标准和制度建设

学习成长：以"三个代表"重要思想为指导，树立和落实科学发展观；坚持以人为本，营造干事创业文化；加强处（科）室建设，提高执行力

学习党的十六大及历届全会精神 | 执政理念和能力建设 | 建立健全保持先进性的长效机制 | 认真学习贯彻党章，维护党的纪律、推进党风廉政建设 | 强化战略文化 | 打造科学管理文化、执行文化、沟通文化、激励文化、和谐文化体系 | 加大机关品牌创建 | 加强处（科）室能力建设 | 加强处长队伍建设

3. 愿景就是要"创建高绩效机关，做人民满意公务员"。

4. 战略就是在自主创新、循环经济、新能源、现代服务业、新农村、社会事业等方面实现重点突破，努力降低施政成本。

5. 战略主题就是围绕建设繁荣青岛、平安青岛、文明青岛、和谐青岛，突

240

出经济绩效、政治绩效、文化绩效、社会绩效和党的建设。

按照平衡计分卡原理，统筹开展好四个方面的工作：

1. 持续提高服务对象满意度。机关的服务对象主要是基层、企业和群众，提高满意度的途径主要是：深化行政体制改革，完善行政管理决策机制，加快建设法治政府，树立学习标杆，完善行政管理监督机制。

2. 努力提高机关工作绩效。主要是不断提高青岛市在自主创新、循环经济、新能源、现代服务业、新农村、社会事业等方面的发展绩效。同时，降低施政成本。遵循经济原则，在提供与维持既定数量和质量公共产品或服务的基础上，尽量减少人力、物力、财力消耗；树立成本意识和资源环境意识，节约开支，减少污染。

3. 优化内部业务流程。主要是建立高水平的绩效管理体系，推动绩效管理向处（科）室、个人延伸，优化调整原有组织架构和权力运行结构，加强制度建设，细化、量化考核评估，完善电子政务技术支撑体系，扩大和深化电子政务应用，制定电子政务应用标准和绩效评价指标体系。

4. 促进机关干部的学习与成长。主要是构建学习型政府组织，促使政府在组织结构、文化和学习机制等方面不断做出变革和调整，以增强政府适应外部环境变化的能力。注重理念和能力建设，强化战略文化、品牌文化、创新文化、塑造文化体系，加强机关处（科）室能力建设和队伍建设，促进机关和谐。

目前，青岛市运用平衡计分卡创建高绩效机关的做法，引起了国内外专家学者、政府官员和企业家的高度关注和赞许，在 2006 年平衡计分卡协会亚太峰会上，平衡计分卡创始人、美国哈佛大学商学院教授卡普兰博士给予高度评价，中央、省、市各大媒体纷纷给予宣传报道。

## 三、不断完善绩效评估体系，持续增强城市核心竞争力

绩效评估是对绩效结果的科学合理判断，是绩效管理的重要环节，具有决定意义的绩效导向作用。近几年来，我们坚持以人为本，围绕全面落实科学发展观和树立正确政绩观，努力促进构建和谐社会，结合城市发展战略目标，不断完善绩效评估体系，为持续增强城市核心竞争力奠定了机制基础。

一是将绩效评估的侧重度转向经济建设、政治建设、文化建设、社会建

设和党的建设,科学设置评估指标和指标值。2006年,我们围绕"五个建设",紧密结合青岛城市发展战略目标,加快推进"繁荣青岛"、"文明青岛"、"平安青岛"、"和谐青岛",将"五个建设"全部细化为具有科学性、挑战性、可量化、可评估的绩效指标,共分为5大类,42项指标,并设定了指标值。年度指标值的确定必须体现追求卓越、争先创优的要求,参考同类目标近三年实际完成情况和标杆城市的同类指标来确定,防止保易弃难、避实就虚、避重就轻、指标后退。调整后的指标体系更加符合科学导向,突出了人与人、人与社会、人与自然的和谐发展。

二是实施分类评估,协调区域经济发展结构和平衡市直部门职能差异。从全国地方政府评估的实际情况来看,往往存在对县(市)区和市直部门用相同、差异不大的办法和标准来进行评价,没有充分考虑县(市)区发展结构差异和部门间职能的差异,容易导致评估失真,被评估单位意见分歧大,陷入就评估而评估的怪圈,没有突出评估的真正目的在于提高政府绩效、促进经济社会发展上,推进政府运行的机制就会变成例行的年终评估。多年来,我们一直在不断修正、完善这方面的评估举措。今年,我们对纳入评估的126个单位,从其区位、职能和目标差异出发,在绩效指标设置和权重分配上尽可能鼓励特色发展并体现可比性。把12个区市分成三个组,按其各自的特点、条件和发展优势,在评估分组、评估指标、指标分值和权重的确定上各有侧重,突出不同地区发展目标和全市战略布局的总体要求,如市内四区重点发展现代服务业和都市经济,三区分别突出六大产业集群、高新技术产业、外向型经济,农村五市则着力于社会主义新农村建设和农村工业化。对市直单位则按职能性质和特点,分为党务部门、经济协调与发展综合部门、城市建设管理部门等8个组,对市人大常委会和市政协机关所属正局级单位单独评估。同时,对所有被评估单位设置了"重要贡献"评估内容,激励开拓创新。

三是不断开拓社会评估新途径,更加注重服务对象满意度。绩效评估中公众满意程度是体现结果导向的重要杠杆。政府管理的终极目标是让人民群众满意。人民群众是政府所进行的公共管理和公共服务的最终承接者,对政府绩效最有发言权,群众参与是绩效评估的基本原则。这些年来,我们不断加大社会评估力度,听取市民群众、服务对象对党政机关履行职责、服务质量、服务态度等方面的评价。主要是由社情民意调查中心依托计算机辅助电话调查系统(CATI),从市民、服务对象中随机访问600个固定电话用户,作为评议样本,对某项工作或某个部门进行社会评议。同时,增加社会评议主体,使企事业单位、社会团体、机关及相关单位、社会各界代表等三大类九个层面的单位和代表参与社会评议。这样,就由单纯的"上考下"、"官考官"向"外考官"、"民考官"转换,不断提高公众参与程度。

四是兼顾结果与过程的统一,不断优化评估体系。整个评估体系既重结果导向又关注过程控制,包括年终评估、日常(专项)评估和监督评议三大模块。根据区市和市直单位工作的差异,分别赋以不同的权重,区市分别占70%、10%、20%,市直单位分别占60%、25%、15%。年终评估和监督评议坚持结果导向,反映的都是绩效结果,日常评估则强调了对党政部门工作的过程控制。在计分方法上,反映绩效结果的内容采用正激励法,反映过程控制的内容采用负激励法。重要贡献的具体项目都有相应的加分标准,如面向全国推出重大典型和重要工作经验、建立国家级企业技术中心、新创中国驰名商标和中国名牌等都会得到加分奖励。而日常(专项)评估则全部实行扣分法,对监控核查中发现的工作落实、工作纪律、绩效审计、效能投诉等问题,不按要求贯彻市委市政府重要会议精神、不按要求办理人大代表和政协委员提案、未依法实施行政许可事项、政务公开不及时不完整、违规使用财政资金等等,都会被扣除相应的分数。日常(专项)评估减分,重要贡献加分,正负激励并举,兼顾了结果与过程的平衡。

## 四、几点启示

从我们的实践来看,不断提升绩效管理技术和完善绩效评估体系,对于提高政府管理能力和创新水平、促进经济社会又好又快发展、增强城市核心竞争力具有非常重要的作用。我们的主要体会是:

1. 始终占据绩效管理技术的制高点,就会持久增强政府管理能力。从1998年以来,青岛市从目标管理、全面质量管理、标杆管理、绩效管理到平衡计分卡管理,在不断提升绩效管理技术方面做了许多有益的探索和实践,形成了一套增强政府管理、促进组织协同的内在机制,使城市管理的主体和管理方式发生转变。已成功举办四年的"市民月"活动中,市民踊跃参与献计献策,建议被各级政府广泛采纳,使市民逐渐成为城市管理的主体。通过科学设定标准,进行量化计算、评比,在机制引导下评选出来的"百名优秀处长"、"青岛市机关名牌"、"优秀工作成果"等成为政府管理创新的鲜明"品牌"。

2. 高水平的绩效管理有利于推进行政管理体制改革。通过把职能履行、管理效能、依法行政、政务公开、电子政务、机构编制等内容纳入绩效评估,对积极有为、优质高效进行强化激励,对不作为、消极作为、作为无效进行严格问责,使党委政府进一步理顺职能、明确分工,促使各级各部门不断改进管理方式,提高办事效率,切实履行好职责。依法行政的自觉性不断提高。全市电子政务特别是网络化办公、网上审批、网上政务信息和服务取得了长足的发展,截至2006年底,已有56个部门和12个区市可"一站式"与民沟通、为民服务。青岛政务网2004年和2005年连续两年在全国333个副省级和地级城市网站评估中获得第一名。社会调查显示,人民群众满意度逐年提升,2006年全市民主评议行风结果显示,社会各界对被评议部门和行业市民的满意度达到97.7%。

3. 运用平衡计分卡使机关绩效管理逐步实现了五个转变,有利于加快实现城市发展战略目标。这五个转变主要是:从重视绩效指标罗列到重视流程优化转变,更加注重指标设置的内在逻辑关系,强化了均衡、协调、统筹的理念;从追求过程控制到注重结果、兼顾过程转变,更加注重服务对象满意度,政府管理的每项具体细节都要坚持满意度标准;从强调绩效考核向强调绩效改善转变,更加注重绩效提升,而不再单纯就考核而考核;从关注公务员个体行为和态度,向关注党政机关的总体执政能力和工作效果转变,更加注重建设一支高素质专业化公务员队伍;从引入单一管理技术向实施对机关的综合治理转变,更加注重管理技术的综合运用。平衡计分卡的运用必将加快推动青岛市经济社会又好又快发展。

(侯永平:中共青岛市委副秘书长、市直机关工委书记)

# 坚持科学发展观，提高行政管理水平

## 武汉市人民政府目标管理办公室

1988年，武汉市决定在全市政府系统和各区县实行目标管理，在取得实践经验的基础上，于1998年又将这种管理方式延伸到市党群系统和有关单位。按照中央政治局委员、省委书记俞正声同志的要求，武汉市根据形势发展的需要，与时俱进，2006年在全省率先推行绩效管理，取得较好成效。

## 一、推行绩效管理是政府部门贯彻落实科学发展观、构建和谐社会的重要内容

推行政府绩效管理，是行政管理体制的创新工作，是贯彻落实科学发展观和正确政绩观的必然要求，顺应了我国新一轮行政管理改革的发展趋势。

### (一)坚持创新政府管理体制是时代发展的需要

社会主义市场经济的发展，需要有与之相适应的国家管理制度。政府绩效管理是政府管理体制的发展和创新。国务院总理温家宝在十届全国人大五次会议上政府工作报告中指出，做好新形势下的政府工作，必须不断加强政府自身改革和建设。加强政府自身改革和建设，必须坚持以人为本、执政为民，把实现好、维护好、发展好最广大人民的根本利益作为出发点和落脚点；必须坚持创新政府管理制度和方式，提高政府工作的透明度和人民群众的参与度，建设一个行为规范、公正透明、勤政高效、清正廉洁的政府，建设一个人民群众满意的政府。当前和今后一个时期，要以转变政府职能为核心，规范行政权力，调整和优化政府组织结构与职责分工，改进政府管理与服务方式，大力推进政务公开，加快电子政务和政府网站建设，提升公务

员队伍素质,全面提高行政效能,增强政府执行力和公信力。推行绩效管理是历史发展的必然。

### (二)落实科学发展观,构建和谐社会是绩效管理工作的核心内容

以胡锦涛为总书记的新的中央领导集体提出了科学发展观及和谐社会建设的总体要求。全党、全国特别是领导干部要带头贯彻和落实科学发展观,构建和谐社会。实施绩效管理要以科学发展观为指导,毫不动摇地做到五个统筹,最大限度地兼顾各方面的利益,坚持以人为本,实现经济和社会全面、协调和可持续发展。实施绩效管理与树立、落实科学发展观和坚持正确的政绩观是内在统一的,都是为了解决发展什么和怎样发展得更好的问题,真正把我们党执政兴国的第一要务落实得更好。推行绩效管理,一定要坚持立党为公、执政为民,在求真务实上下功夫,切实关心群众生活。各部门都不能搞假把式,做表面文章,要老老实实为群众办实事,瞄准先进城市水平,向内自我加压,加强干部队伍和党风廉政建设,争取各项工作取得更大成绩,使广大人民群众从中获得更多的实惠。

### (三)绩效管理是政府提升行政管理水平的有效途径

政府绩效,是指政府在公共管理活动中的结果、效益及其管理工作的效率、效能,是政府在行使其功能、实现其意志过程中体现出的管理能力。政府绩效是政府效率和政府效益的统一,它不仅追求过程绩效,更加追求结果绩效。政府绩效是评价政府行政管理水平的标准和主要内容,推行政府绩效管理体现了转变政府职能、提高行政管理水平、增强竞争力的要求。

一个城市或地区竞争力体现在各方面,行政管理能力及水平是其重要内容之一。完善我国行政管理体制,确保政府的高效运行,不断提升政府管理能力和水平,已经成为我国行政管理改革的战略性任务之一。针对目前公众普遍关注的行政成本偏高、效率偏低,一些机构职能重叠,行为不够规范,缺乏相应的透明度等问题,改进和创新行政管理体制和机制,不断提高行政能力和水平成为地方政府的客观必然要求。管理职能转变,保持体制机制的优势和活力,使政府行政行为规范、运转协调、公正透明、廉洁高效,提升行政能力和水平,构建绩效管理体系,是提高一个城市或地区竞争力的

关键所在。

绩效管理应用于政府机关及相关部门,在于它充分吸取了优秀管理理论和管理成果,成功地运用了系统论、控制论、激励论等科学理论和方法,是政府管理理论的创新和发展。实行绩效管理,不仅可以使城市或地区有效、快速而健康地将比较优势转化为竞争优势,使城市或地区更加积极、敏锐而持续地发挥优势,从而在更高层次上参与全球性竞争,而且能够以有效的动力机制和监督机制来加压驱动,使广大干部群众开拓创新,把好的决策、政策落到实处,不断推进政治、经济、文化、社会建设,实现科学发展、社会和谐。

## 二、武汉市政府绩效管理工作的主要内容和方法

按照中央政治局委员、省委书记俞正声同志的要求,武汉市已在全省率先推行绩效管理。为此,我市于 2005 年底组建绩效管理工作专班,按照"十一五"规划对政府职能转变提出的新要求,结合新的形势和新的工作目标,借鉴国际知名咨询公司方法,通过深入调研和高层访谈,创建了武汉市绩效管理体系。

(一)绩效管理原则

依法依规,突出职能,合理分类,实事求是。

依法依规的原则,要求从整体上力争实现管理规范化和制度化。就是绩效管理工作的各个方面、各个环节都必须有法可依,有章可循,形成一套比较完善、相互支撑、整体衔接的绩效管理法律法规体系和工作制度。

突出职能的原则,主要是要求在指标体系的编制和设置上力争做到责权一致。即列入责任单位的工作目标和任务,必须是该单位的法定职能和关键性工作。

合理分类的原则,要求在绩效评价和结果运用上力争科学、合理。即在年度考评时,注意按照责任单位工作性质不同,将职责相近的单位纳入同一个类别进行考评,每个类别都有一定比例的先进名额。使评先结果更加科学,提高可操作性。

实事求是的原则,要求在指标设定、实施监管、考核评价、结果运用等环

节,设置指标客观科学,监督执行过程公开透明,评价客观公正。即在日常监管、专项考核以及以考核评分结果排序,按比例推荐先进等工作中,严格按《全市绩效管理办法》规定的程序、步骤、要求进行,减少和消除人为因素干扰,确保过程和结果的公平、公正。

### (二)绩效管理工作环节

着力做好四个环节:一是指标设置;二是监控协调;三是考核评价;四是结果运用,形成一个闭环运行的绩效管理系统。

#### 1. 指标设置的主要工作内容

武汉市绩效管理指标体系由经济发展、服务型机关建设、和谐社会构建三方面内容构成,呈现"三点支撑"格局。经济发展职能主要包括提高经济总量、调整产业结构、增强经济效益、降低能耗、促进可持续发展等。服务型政府建设主要包括提高服务效率(服务对象包括公众和政府内部单位)、改善服务水平、促进人才培养等。和谐社会构建主要包括增加就业、促进社会公平、增强民主法制建设、保护环境、加强科教文卫建设等。

(1)在指标数量和内容上,确立了"少而精"的原则。各责任单位绩效指标大幅减少,一般由上年的30余项,减少为各行政区(开发区)15项左右,各部委办局控制在10项左右。

在对指标数量进行刚性要求的同时,更加注重对绩效指标及指标值进行科学确立和设定,突出法定职能、突出关键工作、突出特色任务,确保市委市政府重要工作部署的圆满完成。

(2)在指标内涵要素上,要求指标的选择应客观,可量化,操作性强。每项绩效指标均需同时具备指标名称、计算单位、职能类别、职责对应、执行时段、指标值(合格/挑战值)、定值方式、权重、数据来源9项要素。

(3)指标体系重点引入了第三方评价指标。根据绩效责任单位的职能和工作性质不同,将人大代表、政协委员、相关企业、基层单位以及社会公众的评价纳入考核体系,注重反映服务对象满意度,改变以往单位互评的机制,坚持将群众满意作为检验各项工作的根本出发点,更为公平、公开、公正。

2. 指标执行中的监控协调工作内容

(1)对关系全市经济社会发展的重点指标,采取日常跟踪、专项检查、半年抽查等方式进行监督管理,以日常跟踪服务为主。

(2)重要事件、重要典型、工作经验、领导批示等,以《政府绩效管理》专刊方式通报各单位。

(3)对个别指标在执行过程中遇到突发性因素,导致完成有一定难度的,以目标办召开工作协调会等多种方式予以疏导、解决。确因不可抗力因素影响,难以实现的指标,实事求是予以调整。

3. 绩效考核评价的主要工作内容

各绩效责任单位年度综合考核结果,采用百分制进行,分四类进行排序,予以综合评价。其分值主要包括单位自评分、专项考核部门评分、服务对象满意度第三方评估分、领导评分、加分和减分等。

其计算方式为:

$$\begin{array}{c}\text{年度考核}\\\text{总分}\end{array} = \begin{array}{c}\text{关键业绩指标得分(含专项}\\\text{部门考核、第三方评估)}\end{array} + \begin{array}{c}\text{领导}\\\text{评分}\end{array} + \begin{array}{c}\text{受奖加分}\\\text{(或减分)}\end{array}$$

其中,专项部门考核及第三方评估、减分指标,按年初规定程序由指定部门组织进行;领导评分、加分指标由目标办组织并汇总。

4. 结果运用的主要工作内容

根据年度绩效考核结果,按分类进行综合得分排序。我市108家绩效责任单位划分为行政区域类、经济发展管理类、社会管理与公共服务类、综合管理与支持服务类共4大类。每类从高到低分别为A(优胜)、B(先进)、C(合格)、D(不合格)级,A级占比10%,B级为35%。A、B、C级单位在编人员分别按不同奖金标准给予奖励,D级单位领导扣发全部奖金,其他工作人员扣发50%奖金。对A级、D级单位的领导班子成员,由组织人事部门填写《领导干部绩效考评结果备案表》,作为干部使用的依据之一。

(三)几点体会

1. 领导重视是做好绩效管理工作的关键

绩效管理工作是一把手工程,是推进全市重点工作的重要抓手,发挥了纲举目张的作用。绩效管理涉及城市或地区经济社会发展的方方面面,重大问题、重点工作推进的关键节点,领导的支持起到明显效果。实践证明,绩效管理能否做好,领导是关键。武汉市绩效管理工作实行领导责任制,由一把手负总责,一级抓一级。在全市层面,由市委书记、市长亲自抓,分管市领导与相关单位签定工作责任状,并设置了市领导评价打分程序和内容,评分结果直接计入该单位年度综合得分;在执行层面,各单位主要负责人为绩效管理责任人,责任单位内部也按照分级管理,层层负责。

2. 制度规范是做好绩效管理的工作保障

绩效管理工作需要确立科学规范的各项制度,形成良好的政策支撑环境和规范工作流程。如指标设置程序上,应统筹兼顾指标体系的整体要求和责任单位专项职能,在指标内容和指标值上提出统一思路和操作方法。在指标分解上,明确分解单位和承担部门的工作程序,确保政务信息沟通顺畅。在数据来源上,新建立万元 GDP 能耗、环保指标、污染物排放等一批绩效指标的统计方法制度。同时,注意减少专项考核指标数量,不符合要求的坚决不纳入指标体系。在加、减分的认定上,国家级和省、部级表彰作为加分的"门槛",高标准的加分条件鼓励各单位工作勇创一流。以减分指标代替过去目标管理中的"一票否决"内容,消除因某一项指标未完成或者完成不理想,而被全盘否定、提前出局的因素,有利调动各方积极性。2006 年我市在专项指标、第三方评估、减分指标的设定与评价均有具体文件规定和程序要求,关键指标和综合评价结果、评比奖励等重大事项均由市绩效领导小组和市委常委会议定。

3. 不断改进和完善是绩效管理的工作理念

将绩效管理技术运用到政府部门,对行政管理工作而言还是较为新鲜的事物,在理论上需要进一步探索,在实践方法上也要因地制宜、因时制宜,注重创新。如我市与国际咨询公司共同研究提出的绩效管理工作方案中,企业绩效管理的方法运用较多,在指标制定、奖惩差距等方面不太适合行政管理部门,少数考评结果缺乏客观来源支撑。通过发现问题、研究问题,我们在工作中不断调整,在提升改进中不断完善,使之更加切合实际,保持了绩效管理的生命力。又如第三方评估是我市绩效管理工作的亮点,也是难度较高的测评任务,我市通过组建"市社情民意调查中心"等专职机构,组织统计局、纠风办、机关工委、人大办公厅、政协办公厅等单位,以现场、问卷、电话、网络等多种方式,对108个单位各进行200个以上的个性化数据直报采集,妥善完成了年度第三方评估工作,成为年度评先的重要内容,得到领导的肯定和各部门的认可。对个别指标如年初下达项目建设计划,后因政策变化土地不能落实的,目标办按照工作程序实事求是地将绩效指标予以调整。总之,在推行绩效管理的具体工作上,坚持大方向,采取边推进边完善的方针,不断调整和改进具体办法。

2006年是我市全面推行绩效管理的起步年,也是经济和社会发展取得显著成就的一年。全市绩效责任单位在市委、市政府的正确领导下,按照年初确定的工作目标,上下共同努力,锐意创新,奋力拼搏,真抓实干,取得了可喜的成绩。108个绩效责任单位承担的1053项工作目标顺利实现,促进了经济和社会协调发展,实现了"十一五"的良好开局。

### 三、2007年我市政府绩效管理工作的几点设想

绩效管理是改进和完善落实全市大政方针和年度工作任务的重要抓手。2007年绩效管理工作坚持科学发展,努力构建和谐社会,按照市党代会精神、市人代会确定的《政府工作报告》、"十一五"规划和年度工作重点目标,予以分解落实。

(一)保持绩效指标体系的相对稳定

(1)指标总量上设定上限,不得突破上年数量。预计各行政区(开发区)15项以内,各部委办局基本控制在10项以内,比2006年略有减少。

(2)坚持绩效指标的量化和可操作。无法量化的一般不纳入指标体系。数据来源由被考核单位自报的,设立抽查制度,加强过程监督和评估。

(3)均衡下达第三方评估满意度指标。由上年权重在5%~70%,统一设置为20%,有利于年度评价的科学合理。

(二)绩效指标设置"有进有出"

在总结2006年全市绩效管理工作经验教训的基础上,为进一步贯彻落

实科学发展观及构建和谐社会的要求,更加切合实际地发挥绩效管理的导向作用,2007年拟对指标内容进行微调,进一步突出全市重点工作,在狠抓落实上下功夫。

(1)调减经济类指标。GDP、工业增加值、固定资产投资、招商引资、出口等指标不再分解下达,按照法定职能由相关部门承担。

(2)调增社会发展、体制改革类指标。新增科技创新、土地保护、行政体制改革等涉及"和谐武汉"、"创新武汉"的指标内容,予以分解下达。

(3)保持重点工作力度。重大项目建设、节能减排、环境保护、城乡人民收入、就业社保等指标继续分解下达;"四城同创"(文明城市、卫生城市、环保城市、园林城市创建)工作提高权重。

### (三)完善机制体制,提高工作绩效

(1)加强绩效评价的制度化、合理化建设。加大对绩效考评与公务员考核的关系及转化研究,提高服务对象满意度和年度考核结果的运用水平,在法定职能规范下开展工作,扩大绩效管理考评结果的广泛应用,不断增强绩效管理的权威性。

(2)加强绩效管理的规范化建设。按照统一、效能的原则,通过政府绩效管理,围绕提高"4E"(经济、效率、效益、公正)水平,不断增强全市机关的行政效能。规范指标分解和下达流程,建立更加科学的绩效指标下达、运行、抽查、检查、评价制度,切实做好绩效管理的规范化、制度化工作。

(3)加强绩效管理体制机制创新。拟利用现代信息技术,建设电子绩效系统,加大工作透明度,加强横向比较,进一步完善激励约束机制,力争从降低行政成本、提高工作效能等方面有新的进步和突破。

# 厦门市思明区政府开展绩效
# 评估的探索与实践

厦门市思明区人民政府

　　政府绩效评估,就是政府自身或社会其他组织通过多种方式对政府的决策和管理行为所产生的政治、经济、文化、环境等短期和长远的影响和效果进行分析、比较、评价和测量。世界各国的实践表明,政府绩效评估对于提高行政效率、节约行政成本起到极其重要的作用,已成为政府再造的重要工具。因此,建立既符合现代政府改革趋势,又切合我国实际的绩效评估体系,是建设社会主义政治文明和推进行政体制改革的重要内容,是实践"三个代表"重要思想的本质要求,也是贯彻落实科学发展观、正确政绩观的重要举措。

## 一、在地方政府中开展绩效评估的意义

　　首先,有利于贯彻和落实科学发展观,形成强有力的目标导向。科学发展观内涵丰富,要将其落到实处,转化为各地各部门工作的指导思想和实际行动,需要有一套科学的评价标准和考评体系。科学的绩效评估和考核,将科学发展观的原则要求变成可以量化的目标体系,强化各级政府部门的绩效意识,形成正确的决策导向和工作导向,将为树立和落实科学发展观和正确的政绩观提供有力的支撑。我国政府要改变传统的执政理念和执政方式,向高绩效、集约化、精简化方向发展,必须将现代绩效评估理论和方法引入政府的管理体系中,及时总结各地的经验并将其上升到理论层面,以尽快建立具有中国特色的政府绩效评估体系。

　　其次,有利于深化政府管理体制改革,为我国经济社会发展增加新的动力。政府的绩效水平,是决定一个社会发展快慢的重要因素。现代综合国力的竞争,政府管理能力是一个重要方面。尤其是我国正从计划经济体制

向市场经济体制转轨,政府管理方式和管理绩效对社会经济发展产生的影响巨大。随着我国经济体制改革的不断深入,政府改革的地位和作用将更加突出,人民群众和社会组织将对政府管理能力和公共服务质量提出更高的要求,传统的低效的粗放式的行政管理模式将受到严峻挑战,建立新的以绩效为导向的公共管理体系势在必行。

第三,有利于深化干部人事制度改革,促进政治文明建设。现代绩效评估,将使政府的绩效评价建立在科学的理论和方法基础上,并以量化的直观形式表现出来,将组织评估与个人,特别是部门领导人的业绩评估结合起来,开辟了机关工作人员考核的新途径,为科学的政绩考核奠定基础。目前在政绩考核中存在着片面追求经济指标的倾向,根本原因是缺乏一套全面的科学的政府管理绩效评价体系和机制。同时,绩效评估的过程也是公民广泛参与的过程,是政府部门的管理过程和结果公开的过程,这样可为公众参与对政府的评价和监督开辟现实的途径,增加改革和发展的智慧和动力。

## 二、厦门市思明区开展政府部门绩效评估的探索与实践

厦门市思明区作为海峡西岸中心城市的重要中心城区,在努力发展经济社会各项事业的同时,也勇于承担起改革和发展先行先试的责任。"公共部门绩效评估"系统就是该区在践行科学发展观,公共管理体制创新方面积极探索、大胆尝试。它的初步成果,为解决公共部门管理的瓶颈问题探索了新的途径,项目成果对推进政府职能转变,促进管理机制更新,提高政府服务质量有实质性的应用价值。

### (一)思明区开展政府部门绩效评估实践的基本历程

思明区的政府部门绩效评估项目,历经四年"五步走",即:2001年的目标为"抓调研、制软件、打基础";2002年为"搞试点、求完善、树典型";2003年为"勤总结、重绩效、求规范";2004年为"促推广、树品牌、上水平";2005和2006年为"学先进、重细节、造精品"。可以划分为两个阶段,即"从理念到模型,构建绩效评估体系"阶段和"从试点到推广,规范完善评估模式"阶段。以政府自我改革为主动力,以高校全面参与为外在助力,以部门积极试行为内在合力,有力、有序、有效地推进"公共部门绩效评估"的实施。在经过理

论研究、实地调研与体系构建等环节后,于 2002 年出台《思明区公共部门绩效评估办法(试行)》和《思明区公共部门绩效评估实施细则(试行)》,并选定 5 个试点单位进行试点评估。2003 年、2004 年在"三区整合"和"三权下放"后,对 20 个区直政府部门进行全面评估。2005 年和 2006 年采取引入群众满意度第三方调查机制,进行欧盟通用评估框架试点,实行评估过程标准化管理等新举措,实现评估方案的不断健全完善。思明区公共部门绩效评估框架以其创新性、实效性、系统性和简便性吸引了全国许多研究机构和地方政府的关注。2004 年 6 月,思明区政府与中国行政管理学会、《中国行政管理》杂志社联合举办公共部门绩效管理学术研讨会,同年 11 月,中央编译局在思明区召开"中国地方政府创新专家座谈会暨思明区政府创新现场会",2005 年 3 月,这个项目受到中国与欧盟合作的公共管理项目的关注,并进行了欧盟通用评估框架的试点。截止 2006 年共接待各地政府参观学习团体 70 余次。

(二)思明区政府绩效评估体系的主要特点

1. 评估维度和指标的科学性

在评估维度方面,分为基本建设、运作机制和业务实绩三个维度,从不同维度适应对政府部门多元产出的评估需求。在评估指标方面,采用内部指标与外部指标、数量指标与质量指标、肯定性指标与否定性指标、个体指标与团体指标相结合的方式,共有 20 个通用一级指标;街道业务实绩指标设 6 个一级指标(经济发展、社会管理、民生保障、社区建设、内部行政管理、获奖创新),31 个二级指标;区直部门业绩指标根据区直部门每年度的工作内容和工作重点确定,构建起一个科学合理、公正全面的评估指标体系。

2. 评估主体的多元性

在评估主体方面,突破传统思维方式,根据考评内容的性质和特点,重点突出了主体多元化的特征,设有综合评估组织、公民、上级分管领导、内部员工、投诉中心和兄弟部门等 7 种主体,不同的指标有不同的评估主体评估(如:群众满意度由办事群众评估,部门领导素质由区分管领导评估,业务实绩由业绩评估小组评估等),既保证了评估的专业性,又降低了评估的误差性,有效保证绩效考评的客观、平等、公正。

### 3. 评估工具的智能化

为了克服评估计算繁琐、工作量大的问题,并有效避免人为因素对评估结果客观性、准确性的影响。经过长时间的探索,研制开发出了一套《公共部门绩效评估》专用系统软件,将公共部门绩效评估与电子政务有机地结合起来,采用现代化的计算机工具来协助评估人员完成比较繁重的评估计算。该软件在程序设计、功能模块与运作机制上实现了一系列创新,切实发挥出了它的巨大作用,不仅提高了绩效评估的工作效率,减轻了评估人员的工作负荷,而且在最大程度上排除了人为因素在绩效评估中的干扰。更重要的是,该软件可以通过通用数据接口利用电子政务基础数据库,实现政务信息的实时分析、评价,实现了由政务信息录入(或导入)到公共部门绩效评估结果的瞬时完成并动态更新。

### 4. 评估系统的开放性

思明区绩效评估系统并不是一个封闭式的系统,而是一个可以根据实际需要不断更新、不断完善的开放式系统。评估软件设计者在设计之初为了方便系统的更新完善,有意将软件设计成了一个自我升级更新功能强大的程序,任何评估模块、评估指标、评估主体都可以根据评估发展的需要,通过简单的操作实现调整和修正。这一特征也为我们在实践中不断探索、创新和完善评估体系提供了可能。

### 5. 评估方法的创新性

在群众满意度评估中在全国率先引入"第三方评估"机制。即以政府合同外包的形式委托有信誉、有实力、专业水平较高的调查机构进行群众满意度调查和分析,既减轻了评估工作人员的工作任务,提高了评估效率,又有效避免了评估程序不透明、调查分析不科学、评估结果不客观的现象,保证了群众满意度的准确性与公信度。今年以来,我们还采取了一系列包括建立调查对象储备库,变满意度年度调查为常态化调查的举措来完善群众满意度第三方调查机制,进一步提升了群众满意度评估的准确性与公正性。

### 6. 评估过程管理的标准化和结果应用的多样性

绩效评估的目的在于发现问题进而解决问题,而结果应用是实现这一目的的关键所在。思明区评估框架在结果应用方法上既有对评估先进的表彰奖励,也有对评估落后部门的谈话告诫和行政问责,还有为实现绩效持续性改进,各部门针对评估结果制订的绩效整改计划。形成了以精神奖励为主,物质奖励为辅和轻排名、重改进的结果应用模式。为了使各有关单位更全面、细致和深入地了解绩效评估的操作流程,提高绩效评估的执行力,保证绩效评估工作的顺利开展和完成,还专门设计了《思明区公共部门绩效评估操作标准流程图》(见图1),把整个评估过程划分成五大环节,45个操作步骤,并对每一环节和步骤进行具体的说明,对评估过程实行标准化管理,有效地提高评估的质量和效率。

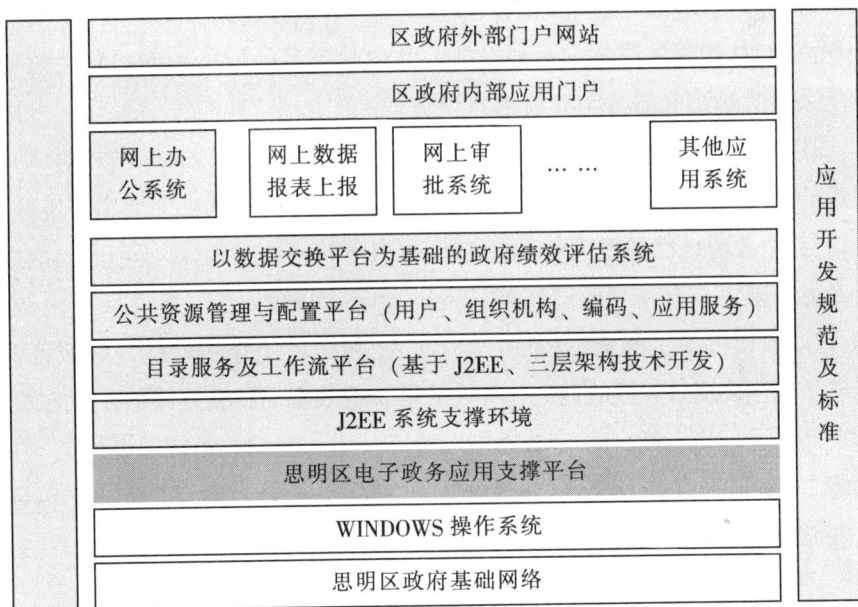

图1　思明区公共部门绩效评估操作标准流程图

## (三)进一步推进绩效评估工作的几点设想

当前我国正处在深化行政管理体制改革的关键时期,绩效评估在落实科学发展观和正确政绩观以及在政府管理改革和创新中具有重要作用,引入政府绩效评估机制有助于推动体制改革和管理方式创新,应当抓住有利时机,全面推进绩效评估工作。根据几年来在思明区开展绩效评估实践的一些体会,提出以下几点设想:

1. 以科学发展观为指导,建立符合地方政府实际的绩效评估指标体系

绩效评估是一项系统工程。要使绩效评估形成长效机制,必须建立科学合理、结构完整、功能配套、操作易行的评估体系。这一体系既要关注政府绩效的总体部署、战略目标和规划,又要选择适当的绩效评估模式,体现分部门、分项目、分层次、分地区特点,还要建章立制,建立绩效评估报告制度、问责制度、奖惩制度等。绩效评估体系具体应包括:评估指标体系、评估方式体系、评估程序体系、评估组织体系、评估制度体系、评估信息系统等。政府绩效评估体系的设计从长远看应致力于建立一套开放性和竞争性的公共资源配置机制,通过有效的绩效信息的提供,引导公共资源的有效配置和合理流动,从预算的高度约束和提高公共财政资源的配置效率和利用效率,推动公共管理型和服务型政府的建设进程。

现阶段我国各级政府的绩效指标设计要做到四个体现:一要体现科学发展观的要求。要坚持以人为本,既要有经济指标,也要有社会发展和环境建设的指标;既要考核已经表现出来的显绩,也要考核潜在绩效;既要考虑当前,也要考虑未来。二要体现政府职能转变的要求。绩效评估主要评政府该做的事,评政府履行法定职责的程度,政府越位、错位的工作不能纳入绩效范畴。三要体现当代绩效管理的理论和实践成果。绩效管理和绩效评估在西方发达国家已经运行几十年,有一套成熟的经验和技术。在绩效指标的设计上,主要围绕"三大 E"展开,即经济(Economy)、效率(Efficiency)、效益(Effectiveness)。这些原则和方法值得我们很好地借鉴。四要体现我国的国情。我国地区差别很大,不同层级、不同地区的政府绩效指标的设计也要体现其特点。

2. 发挥专业评估和研究机构的作用,促进评估主体的多元化

政府作为最大的公共部门,应接受多种评估主体的评价,形成多层次政府绩效评估体系。要完善政府内部评价机制,也应借鉴国外的经验,建立专门的社会评估组织,鼓励有关专家学者对各级政府绩效进行科学的诊断和评估;同时深入开展公民评议活动,将管理和服务对象纳入评估体系。绩效评估是一项专业性强、技术含量和规范化程度高的工作。为了保证评估机构独立工作,免受被评估的政府机关干扰,保证评估结果真实可信,有必要逐步形成相关的独立评估机构。例如从 2005 年开始,思明区在福建省率先

采取委托中立的社会中介组织开展"第三方考评",大大提高了评估结果的客观性和公正性,变"上考下"、"官考官"为"外考内"、"民考官",实行开放式评估,使考核评估结果真正被人民群众公认。专业评估机构接受评估主体的委托,对政府绩效进行准确、客观、公正的评估。专业评估机构也可以为各级政府和部门开展绩效评估提供智力支持,同时在评估人才培养方面,高校和科研部门还要发挥积极作用。

(四)立足国情,渐进推行

由于各国的政治文化背景、经济发展水平、国内主要矛盾、政府管理能力等方面存在较大差异,因而对如何界定政府部门绩效还存在着管理理念、管理制度和管理方法上的巨大差异,其关注点和研究的角度也有很大不同。在我国政府开展绩效评估必须立足国情,深入研究,渐进推行。要根据我国政府管理的历史传统、实际能力和制度环境等实际情况,提出政府绩效评估稳妥可行的实施方案,选择恰当的评估范围,在充分论证和试点的基础上,分步骤、有重点地实施。在制定绩效指标体系时,要按照政府的职能进行分类设计,经济发展与社会管理并重,管制职能与服务职能兼顾,近期要突出寓管理于服务之中,远期侧重服务职能;坚持定量指标与定性指标并重,侧重定量指标;客观指标和主观指标同时并举,客观指标优先;既要防止设计过简,又不要搞得过繁;要注重指标的可操作性,难易适中,先易后难,不求尽善尽美,只求可行有效。就全国范围来看,要大体区分东、中、西部地区在实施中不同水平和进度的要求。就一个地区来说,其各个地方在实施中也要允许差别,体现差别。从行政层次上说,中央、省、市(地)、县(市)、乡(镇)五级政府机构,各个层次的绩效指标要有区别。要选择比较贴近实际、贴近社会、工作比较具体的部门,先行开展政府绩效评估工作。在同级政府机构中,要选择易于进行量化评估的部门或单位(如卫生、环保部门等),以便从中取得经验,带动一般。总结各地政府和部门那些科学化、公正化、操作性强的方案和举措,形成标杆,在一些比较成熟的部门和单位进行标准化绩效评估和管理试点,并逐步在面上推行。

**附件1 思明区公共部门绩效评估通用指标**

**附件2 思明区政府部门绩效评估流程图**

附件1

### 思明区公共部门绩效评估通用指标

| 评估维度 | 一级指标 | 指标要素 | 权重（%） | 评估责任单位 |
|---|---|---|---|---|
| 基本建设14分 | 思想建设 | 学习教育、职业道德、进取意识 | 6.492 | "基本建设"评估小组成员 |
| | 组织建设 | 班子团结、领导素质、管理规范 | 6.61 | |
| | 政风建设 | 遵纪守法、勤政为民、诚实守信 | 5.97 | |
| | 制度建设 | 效能建设制度健全、机关内部管理制度健全 | 4.928 | |
| | 计划生育一票否决 | 被评估部门是否存在违反国家人口与计划生育政策情况 | —20 | 计生局 |
| | 社会治安综合治理一票否决 | 被评估部门是否存在社会治安综合治理方面突出问题 | —20 | 综治办 |
| | 重大责任事故一票否决 | 被评估部门是否出现重大安全生产责任事故 | —20 | 安监局 |
| 运作机制46分 | 依法行政 | 公平合理、公正无私、执法水平高 | 4.126 | "公众评议"评估小组负责组织,由上网群众和行政相对人评估 |
| | 服务态度 | 仪表端庄、态度和蔼、语言规范 | 4.011 | |
| | 规范办公环境 | 便民设施服务到位 | 3.462 | |
| | 政务公开 | 简明便捷、明了知晓 | 4.066 | |
| | 办事实效 | 时限、结果 | 4.335 | |
| | 部门领导素质 | 团结协作、廉洁自律、民主决策 | 4.23 | 区分管领导 |
| | 工作质量 | 化解难题、应付突发、上级表彰 | 4.105 | |
| | 政令畅通 | 执行计划、完成临时任务、汇报反馈 | 4.03 | |
| | 整体形象 | 内部管理、社会评价 | 3.635 | |
| | 内部员工评估 | 领导力、管理力、执行力、内部员工满意度 | 10 | 部门内部员工 |
| | 效能投诉情况 | 被效能投诉成立一次扣1分,扣满5分为止 | （—5） | 区效能办 |
| | 投诉整改程度 | 效能投诉整改情况,如整改不到位累进扣分,扣满5分为止 | （—5） | |
| 业务实绩40分 | 工作协调程度 | 同级部门工作协调、配合程度,完成协调工作质量 | 2.5 | 区直部门由各街道办事处评估,街道办事处由各区直部门评估 |
| | 工作效率 | 同级部门协调、配合工作实效、效率,是否存在推诿、扯皮现象 | 2.5 | |
| | 人员编制比率 | 在编在岗人员比部门编制数 | 1.5 | 区人劳局 |
| | 建议、提案及督办件办理情况 | 人大建议、政协提案满意率,督办件办理速度质量 | 3.5 | 区委办、政府办 |
| | （其他业务实绩指标略） | 业绩评估 | 30 | "业务实绩"评估工作小组 |

附件2

## 思明区政府部门绩效评估流程图

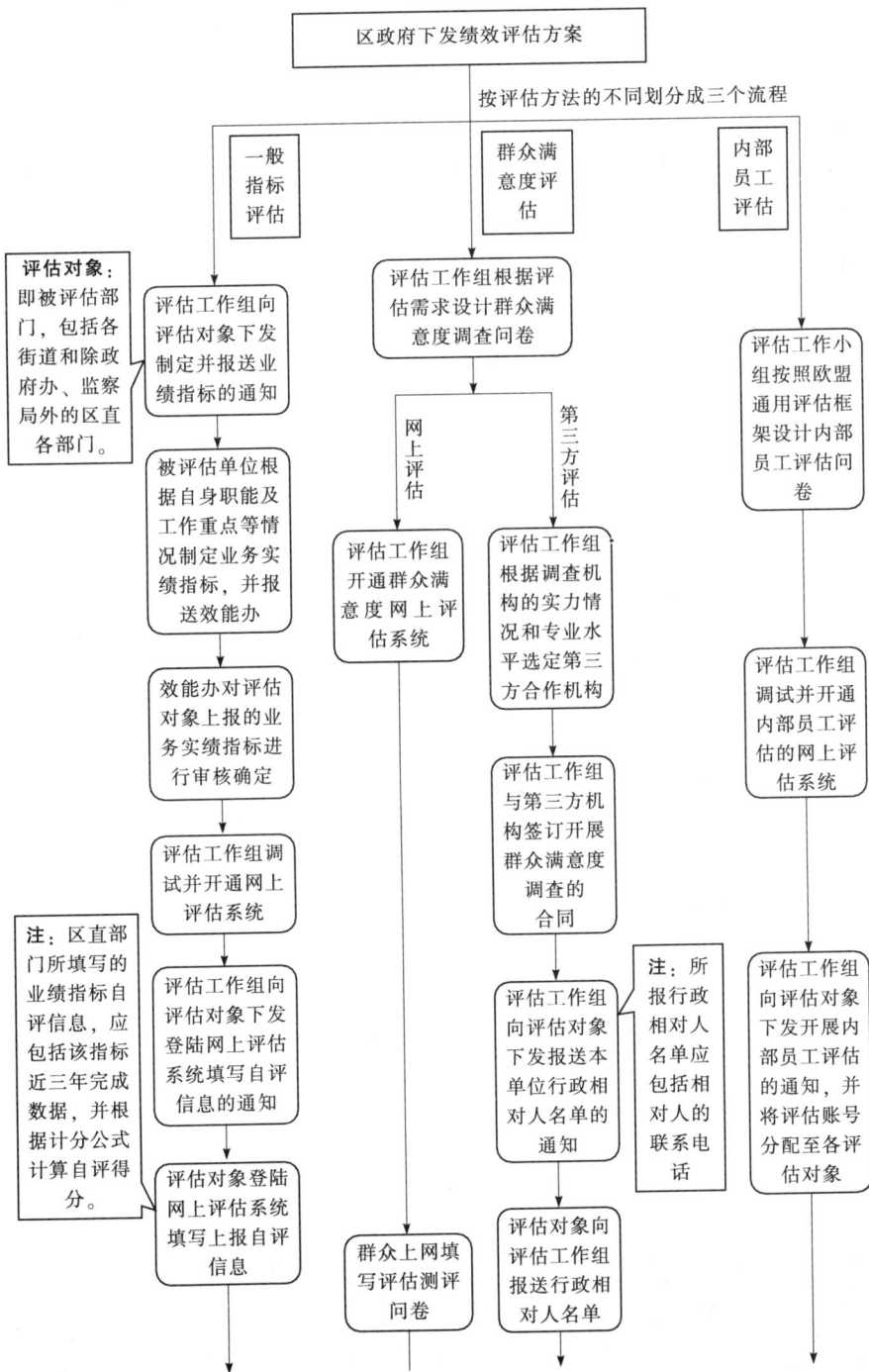

```
                    ┌─────────────────────┐
                    │  区政府下发绩效评估方案  │
                    └─────────────────────┘
                              按评估方法的不同划分成三个流程

        ┌──────────┐      ┌──────────┐      ┌──────────┐
        │ 一般     │      │ 群众满    │      │ 内部     │
        │ 指标     │      │ 意度评    │      │ 员工     │
        │ 评估     │      │ 估       │      │ 评估     │
        └──────────┘      └──────────┘      └──────────┘
```

**评估对象：** 即被评估部门，包括各街道和除政府办、监察局外的区直各部门。

评估工作组向评估对象下发制定并报送业绩指标的通知

评估工作组根据评估需求设计群众满意度调查问卷

评估工作小组按照欧盟通用评估框架设计内部员工评估问卷

被评估单位根据自身职能及工作重点等情况制定业务实绩指标，并报送效能办

**网上评估**

**第三方评估**

评估工作组开通群众满意度网上评估系统

评估工作组根据调查机构的实力情况和专业水平选定第三方合作机构

评估工作组调试并开通内部员工评估的网上评估系统

效能办对评估对象上报的业务实绩指标进行审核确定

评估工作组调试并开通网上评估系统

评估工作组与第三方机构签订开展群众满意度调查的合同

**注：** 区直部门所填写的业绩指标自评信息，应包括该指标近三年完成数据，并根据计分公式计算自评得分。

评估工作组向评估对象下发登陆网上评估系统填写自评信息的通知

评估工作组向评估对象下发报送本单位行政相对人名单的通知

**注：** 所报行政相对人名单应包括相对人的联系电话

评估工作组向评估对象下发开展内部员工评估的通知，并将评估账号分配至各评估对象

评估对象登陆网上评估系统填写上报自评信息

群众上网填写评估测评问卷

评估对象向评估工作组报送行政相对人名单

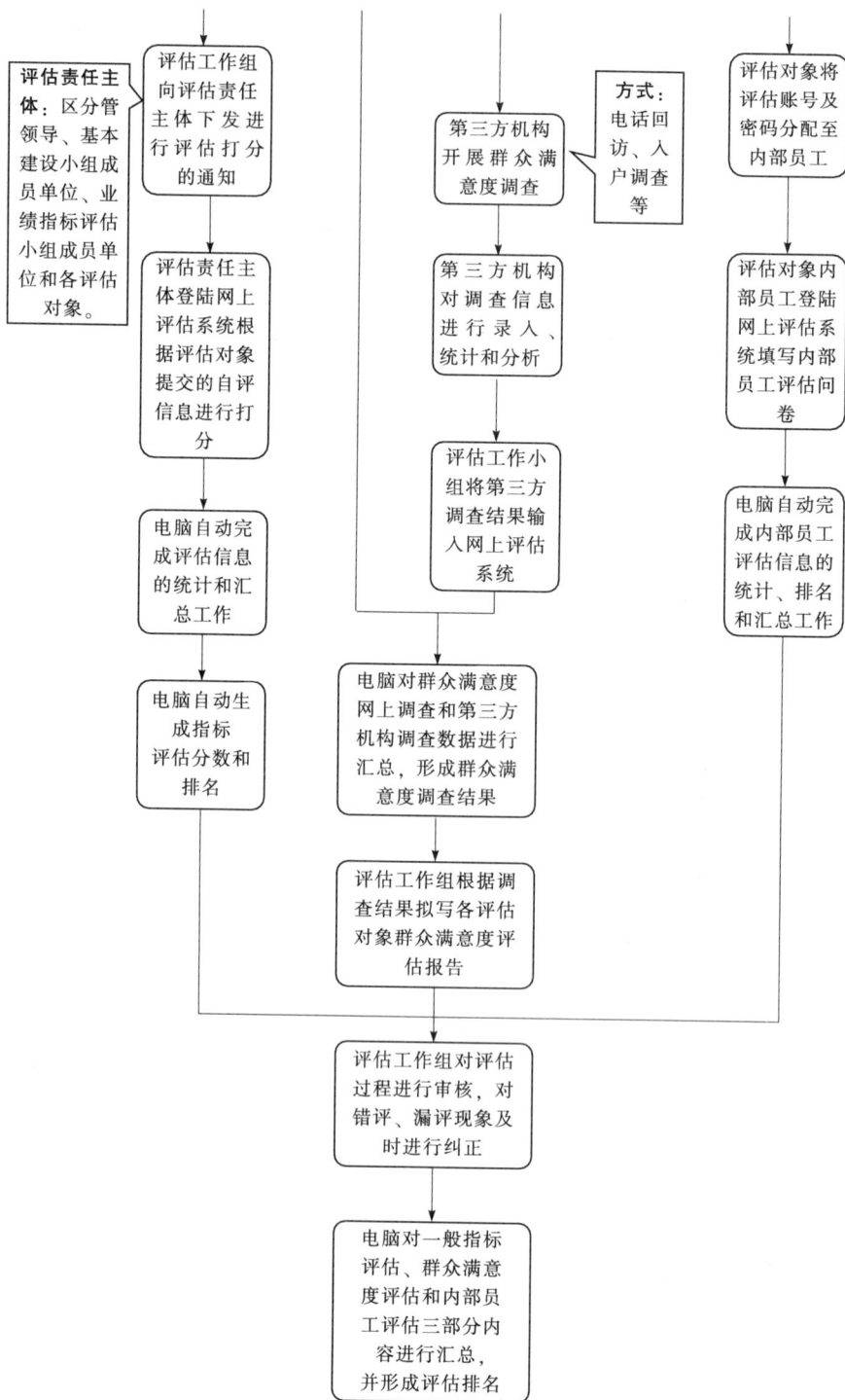

```
┌─────────────┐                  ┌─────────────┐                      ┌─────────────┐
│评估责任主   │     评估工作组   │第三方机构   │     方式：            │评估对象将   │
│体：区分管   │     向评估责任   │开展群众满   │     电话回            │评估账号及   │
│领导、基本   │     主体下发进   │意度调查     │     访、入            │密码分配至   │
│建设小组成   │     行评估打分   └─────────────┘     户调查            │内部员工     │
│员单位、业   │     的通知             │            等                   └─────────────┘
│绩指标评估   │          │       ┌─────────────┐                            │
│小组成员单   │          ▼       │第三方机构   │                      ┌─────────────┐
│位和各评估   │     评估责任主   │对调查信息   │                      │评估对象内   │
│对象。       │     体登陆网上   │进行录入、   │                      │部员工登陆   │
└─────────────┘     评估系统根   │统计和分析   │                      │网上评估系   │
                    据评估对象   └─────────────┘                      │统填写内部   │
                    提交的自评        │                                │员工评估问   │
                    信息进行打        ▼                                │卷           │
                    分          评估工作小                            └─────────────┘
                       │        组将第三方                                  │
                       ▼        调查结果输                            ┌─────────────┐
                    电脑自动完   入网上评估                            │电脑自动完   │
                    成评估信息   系统                                 │成内部员工   │
                    的统计和汇        │                                │评估信息的   │
                    总工作            │                                │统计、排名   │
                       │              ▼                                │和汇总工作   │
                       ▼        电脑对群众满意度                      └─────────────┘
                    电脑自动生   网上调查和第三方                           │
                    成指标       机构调查数据进行                           │
                    评估分数和   汇总，形成群众满                           │
                    排名         意度调查结果                               │
                                      │                                     │
                                      ▼                                     │
                                 评估工作组根据调                           │
                                 查结果拟写各评估                           │
                                 对象群众满意度评                           │
                                 估报告                                     │
                                      │                                     │
                                      ▼                                     │
                                 评估工作组对评估                           │
                                 过程进行审核，对                           │
                                 错评、漏评现象及                           │
                                 时进行纠正                                 │
                                      │
                                      ▼
                                 电脑对一般指标
                                 评估、群众满意
                                 度评估和内部员
                                 工评估三部分内
                                 容进行汇总，
                                 并形成评估排名
```

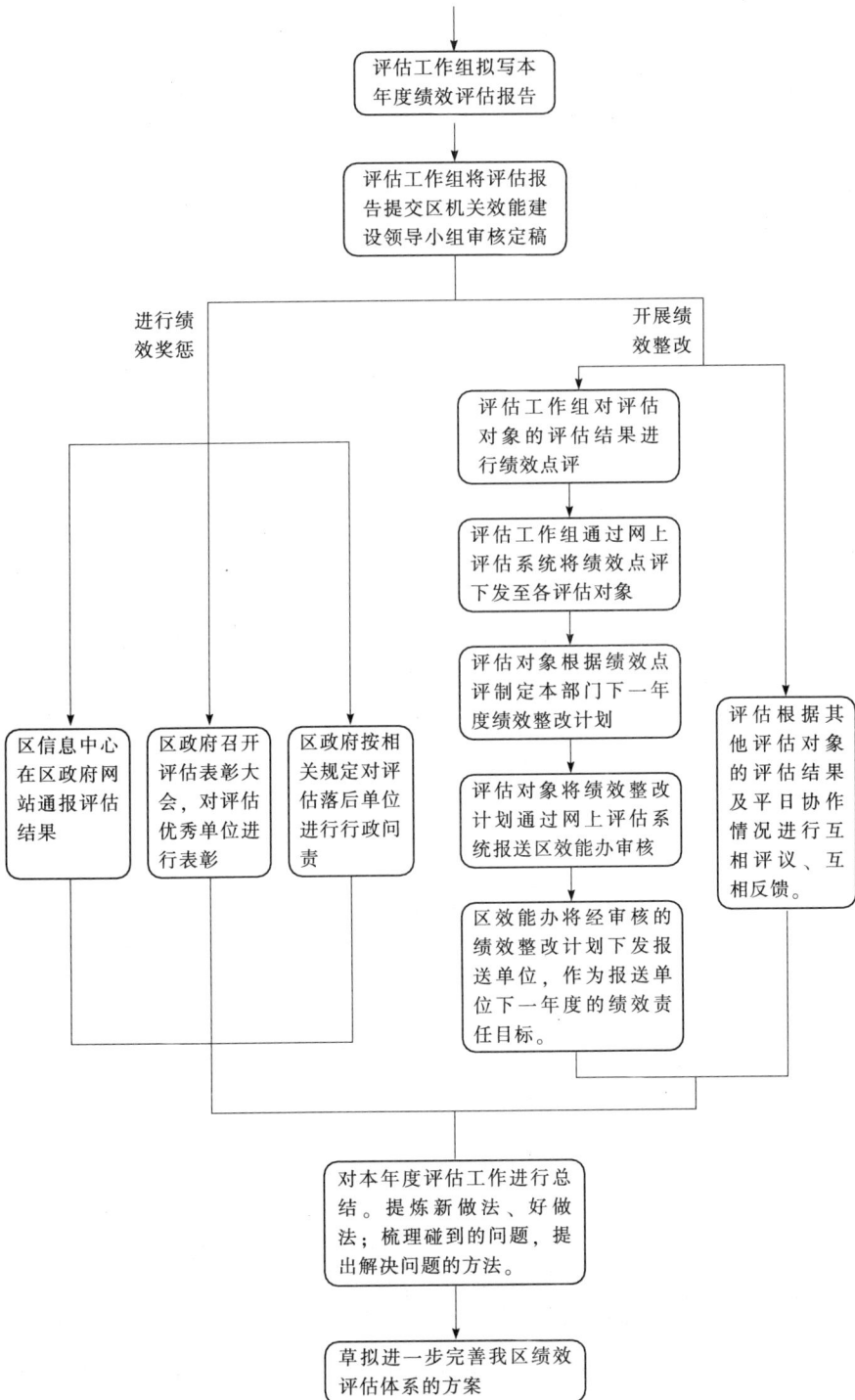

```
                        ┌─────────────────┐
                        │ 评估工作组拟写本 │
                        │ 年度绩效评估报告 │
                        └─────────────────┘
                                 │
                        ┌─────────────────┐
                        │ 评估工作组将评估报 │
                        │ 告提交区机关效能建 │
                        │ 设领导小组审核定稿 │
                        └─────────────────┘
```

进行绩                                   开展绩
效奖惩                                   效整改

```
                        ┌─────────────────┐
                        │ 评估工作组对评估 │
                        │ 对象的评估结果进 │
                        │ 行绩效点评       │
                        └─────────────────┘

                        ┌─────────────────┐
                        │ 评估工作组通过网上 │
                        │ 评估系统将绩效点评 │
                        │ 下发至各评估对象  │
                        └─────────────────┘

                        ┌─────────────────┐     ┌──────────┐
                        │ 评估对象根据绩效点 │     │ 评估根据其 │
                        │ 评制定本部门下一年 │     │ 他评估对象 │
                        │ 度绩效整改计划    │     │ 的评估结果 │
┌────────┐ ┌────────┐ ┌────────┐ └─────────────────┘     │ 及平日协作 │
│区信息中心│ │区政府召开│ │区政府按相│ ┌─────────────────┐     │ 情况进行互 │
│在区政府网│ │评估表彰大│ │关规定对评│ │ 评估对象将绩效整改 │     │ 相评议、互 │
│站通报评估│ │会,对评估│ │估落后单位│ │ 计划通过网上评估系 │     │ 相反馈。  │
│结果    │ │优秀单位进│ │进行行政问│ │ 统报送区效能办审核 │     └──────────┘
│       │ │行表彰   │ │责     │ └─────────────────┘
└────────┘ └────────┘ └────────┘ ┌─────────────────┐
                                 │ 区效能办将经审核的 │
                                 │ 绩效整改计划下发报 │
                                 │ 送单位,作为报送单 │
                                 │ 位下一年度的绩效责 │
                                 │ 任目标。        │
                                 └─────────────────┘
```

```
                        ┌─────────────────┐
                        │ 对本年度评估工作进行总 │
                        │ 结。提炼新做法、好做 │
                        │ 法;梳理碰到的问题,提 │
                        │ 出解决问题的方法。   │
                        └─────────────────┘
                                 │
                        ┌─────────────────┐
                        │ 草拟进一步完善我区绩效 │
                        │ 评估体系的方案     │
                        └─────────────────┘
```

263

# 天津开发区构建财政绩效管理框架的实践

## 天津开发区

天津经济技术开发区（Tianjin Economic Technological Development Area，缩写为 TEDA，简称"泰达"），是于 1984 年 12 月 6 日经国务院批准成立的首批国家级沿海经济技术开发区之一。建区 22 年来，天津开发区在市委、市政府的领导下，以邓小平理论和"三个代表"重要思想为指导，以科学发展观统领经济和社会发展全局，紧紧抓住天津滨海新区开发开放的历史机遇，保持了经济的快速稳定健康发展。全区综合实力在 54 个国家级开发区中连续十年综合排名第一，在天津市和滨海新区的发展中发挥着重要作用。

截止 2007 年 1 月底，天津开发区吸引了来自 74 个国家和地区的外商投资企业 4 316 家，累计投资总额 345.77 亿美元，其中超过 1 000 万美元的项目有 557 家，上亿美元的有 17 家，10 亿美元以上的有 2 家。开发区聚集了一大批代表世界最先进生产力的跨国公司投资企业，《财富》全球 500 强公司中共有 59 个跨国公司在天津开发区投资了 129 家企业。

2006 年，天津开发区实现地区生产总值 780.56 亿元，按可比价格计算，比上年增长 28.8%，其中第二产业增加值完成 654.62 亿元，可比增长 30.2%，第三产业增加值完成 125.94 亿元，可比增长 21.6%，二、三产业比例为 83.9∶16.1。全员劳动生产率 26.45 万元/人，可比增长 16.3%。全区完成财政收入 180.69 亿元，比上年增长 27.8%。

多年来，天津开发区财政局充分利用开发区作为新建区的优势，坚持以市场为导向、以发展为目标，在我国国家财政向公共财政转型的大背景下，紧紧围绕开发区的中心目标，大胆地进行制度创新，探索出了一条特色鲜明的财政绩效管理模式。

## 一、构建公共财政管理系统,是实施绩效管理的前提

市场经济是效率导向的经济,与市场经济相适应的公共财政也必然是注重绩效的财政。天津开发区创建于我国市场化导向的改革过程中,开发区本身既是市场化改革的产物,又是促进市场化改革的重要手段。作为体制创新和制度创新先行者的开发区,始终坚持"小政府、大服务"政府管理理念,构建与市场经济相容的公共财政体系,为实施绩效管理构建了必要的体制基础。

(一)建立以税收收入为主,规范化的非税收入为辅的公共财政收入体系

1. 开发区税收收入在整个公共财政收入中占有绝对比重,同时外商投资企业税收收入又占有绝对份额,2006年税收收入169.46亿元,占财政收入的93.8%。

2. 规范管理非税收入,这些收入是财政收入的重要组成部分,自1996年起针对预算外资金进行的一系列改革,基本实现了"单位开票、银行代收、财政统管、纳入预算"的管理新模式,利用现代信息技术手段,建立了规范性的非税收入管理系统,将各项收费和罚没收入纳入财政的监督和管理之下,以保证财政收入的完整和财政调控职能的发挥。

(二)以部门预算改革为核心,建立了公共财政支出体系,这是建立公共财政管理系统的核心内容

1. 大力推行部门预算改革

部门预算是由各部门编制,财政部门审核,全面反映部门所有收入和支出的一本综合预算,2002年开发区实施了部门预算改革,将预算编制到部门、项目,将传统的、被多数地区采用的"两上两下"的程序改变为"三下两上"的预算。保证预算编制不偏离开发区管委会的工作重点和目标,更加精细化。

2. 完善政府采购制度,提高预算资金使用效益

自1998年以来,开发区政府采购制度由初试转向全面推行阶段,并成立专门的机构管理政府采购工作,政府采购的范围涵盖了部门预算中的消耗性支出、固定资产购建支出、基本建设支出、修理修缮支出及后勤服务支出,实施了政府采购招投标管理系统的建设。据统计,自2002年到2005年,政府采购总规模为5.17亿元,平均节约率为12.315%。政府采购为节约财政支出、提高财政资金的使用效益、规范市场经济秩序、促进机关廉政建设做出了积极贡献。

3. 设立财务中心,建立预算执行过程中的监督约束体系

1998年3月,天津开发区结合本区工作实际,大胆进行了行政事业单位财务管理体制的改革,将全额拨款行政事业单位的财务人员上调至财政局(取消了各单位的财务人员),成立了财务中心,对区属行政事业单位的财务工作实行统一管理、统一标准、统一支付、统一核算。2003年,在财务中心成功运行的基础上,又对部分单位实施了会计委派制度,派驻主管会计人员,形成了以集中管理为主,以委派会计为辅的预算执行和监督的体系。截至目前,纳入财务中心集中核算单位44家,实行会计委派制单位7家。纳入中心工资统发人数为1 700余人。年资金流水近80亿元,年处理业务3万余笔,实现了对财政资金的有效监管。

(三)以市场为导向的公共财政

天津开发区财政从成立之初就把财政投资界定在基础设施的提供上,界定在打造良好的投资环境上。天津开发区财政不是投资兴办一般竞争性的国有企业,对财政应介入的领域,也不是采取直接投入的办法,而是通过贴息、补助、担保、风险投资、创造环境等杠杆调节,通过政府投融资机构的有效运作,带动银行资金和其他社会资本的投入,使投融资模式走向市场化。2005年开发区组建了公用事业局,完成了公用事业产品成本核算工作,建立了"公用产品、公告价格、公告补贴"的新型公用事业补偿机制。

(四)"政府事务集中管理,政府资产共享使用"的高效管理模式

在天津开发区22年的发展过程中,"小政府,大服务"的管理理念贯穿始终,这其中在财政预算刚性约束机制发挥作用的同时,开发区政府在"人、财、物、建"等领域集中管理的做法也发挥了极大的效能,人事局、财政局、管委会办公室和建设发展管理局分别是相应的业务管理部门,各部门各负其责,各司其职,相互之间联动控制,实现了政府的高效运行。

1. 人员集中管理,工资统一发放

开发区的政府公务人员全部由人事局集中管理,各工资薪金项目均由人事局统一核定,精确到角分,由财政负责统一发放,各部门不得私自发放任何奖金及福利。与此同时,开发区早在1995年就将政府公务人员纳入社会保险管理,为职工缴纳养老、医疗、生育、工伤、失业保险,成为全国最早实行社会保险的政府机构,甩掉了财政的包袱。

2. 财务集中核算

财务集中核算前已有述。财务中心成功运作的同时,撤销了原单位的财务和银行账户,将单位的全部财务事项均纳入财务中心管理,增加了财政透明度和约束力,也降低了政府运行成本。

3. 政府资产统一管理,共享使用

天津开发区各行政单位办公地点比较集中,所有办公场所及其设施为管委会所属资产,由管委会办公室统一管理使用,统一支付水电气热及物业费用,统一安排修缮。办公家具统一由委办购置并调配使用,除日常办公场所分至各单位使用外,还有共用部分,如会议室、报告厅、接待室等均为共享使用,各单位按照一定程序报委办,由委办统一协调安排。

各单位公务车辆统一由委办车管科管理,车管科按一定标准核定单位车辆,由各单位自行使用,产生的费用由车管科审核,财政安排专项资金,由财务中心统一支付。自行使用车辆不能满足用途的,如全区公务活动,由委办统一调度车辆。车辆购置以及与车辆相关的维修、保险、用油等费用,采取政府采购的方式招标。

管委会的公务接待由公关部实施统一管理,依据接待类别的不同,分别安排相关的接待人员、车辆、安保、礼品、就餐、住宿、翻译等各项工作。接待费用统一在财政安排的专项资金内解决。

办公资源共享和各项事务的集中管理,提高了资产的使用率,更加专业化和协调一致,提高了财政资金使用效益。

4. 政府基建项目集中管理

开发区政府投资的基建项目,统一由建设发展管理局管理,基建资金由财政局审核拨付,相互制衡。财政部门从基建项目源头入手,加强项目类别管理,细化到合同,严格按合同进度安排资金,使基建项目预算编制和执行效果保持一致。

## 二、建立财政管理信息系统,是实施财政绩效管理的基础

开发区财政历来注重财政信息化建设,经过 10 年来的努力,开发区财政基本实现了财政管理的信息化,无纸化,为绩效预算的实施搭建了必要的技术平台。早在 1996 年,开发区财政对所有的行政事业单位统一推行了财务电算化,统一使用财务软件,财务集中管理有了信息化的技术保障。1998 年财务中心成立,由于财务人员都有了很长的使用统一财务软件的经历,因此财务集中核算得以顺利开展。2000 年,天津市财政局启动了天津市的金财工程,开发区财政局在天津市区县财政系统率先启动了太极华清预算管理系统,预算部门和预算管理工作得到了显著的改善。2004 年 12 月开发区财政局自主开发的财政 GRP(Government Resource Planning)系统正式启用,开发区财政管理信息化建设发生了质的飞跃,为绩效预算的实施提供了最佳的技术平台。

目前财政业务软件实现的功能基本上是以电子化代替手工,而缺乏相应的管理理念和管理功能,更重要的是各业务软件之间缺乏数据共享和接口,导致财政信息化在财政管理中应有的作用难以发挥。GRP 是一种把信息化手段融入财政资金统筹管理的先进的财政管理信息系统。GRP 首先体现的是一种管理理念,它实现了财政资源综合管理的信息化,是传统电子政务的延伸,它是指建立在信息技术基础上,以优化政府管理和服务、合理配

置政府资源为目标的管理系统,以系统化的管理思想,为政府决策层及工作人员提供决策运行手段的管理平台。是从公共财政总体框架的高度来建设的财政信息管理系统。

开发区财政通过构建 GRP 信息系统为绩效预算的实施提供了最佳的技术平台。GRP 财政管理信息系统涵盖了部门预算、非税收入管理、集中支付、指标拨款、政府采购、工资统发管理以及预算单位核算所需要的资金管理、账务处理、电子报表和统计分析辅助、决策等广泛的业务应用。它以预算管理为核心,全面贯穿财政管理全过程,实现预算、核算、决算一体化,财政与部门财务管理的一体化。在以预算指标、用款计划、支付单据所构成的预警机制的有效控制下,实现了详细记录每个用款单位每一笔财政资金收支的来龙去脉,可监控任一时间点的财政资金收支状况,大大减少了预算执行的随意性,增大财政管理工作的透明度,从根本上防止了财政资金的体外运行和沉淀,防范了财政管理工作中腐败现象的发生。财政综合管理信息系统已成为公共财政改革的重要技术支撑,成为实现科学管理的重要手段,为推进财政管理的规范性、安全性、效率性起到了十分重要的作用,也为绩效预算的实施搭建了技术平台。

## 三、规范业务流程和内控机制,是财政资金高效安全运行的保证

天津开发区财政的规范化的业务流程保证了内控机制的良好运行。规范化分别体现在如下四个方面:

(一)导入 ISO 9000 质量管理体系,规范业务操作流程,提升政府服务绩效

2002 年 2 月,开发区所属涉及 13 个行政部门、200 多个程序文件的 ISO 9000 质量管理体系正式启动运行,表明开发区政府管理走上国际化管理轨道。同年 7 月 16 日,开发区管委会获得了由英国劳氏质量认证有限公司颁发的 ISO 9000 质量认证证书,开发区管委会正式通过了认证审核,成为我国首家获得 ISO 9000 质量认证的政府机关。

由于引入了 ISO 9000 质量管理体系标准,使得各项财政业务工作在

ISO 9000 质量管理体系中都进行了识别,并通过编制程序文件等方法对各项业务过程和行为进行了控制。在每一个流程中,都列出了如下相应的内容:(1)责任人;(2)相关方要求、需求、期望;(3)过程方针;(4)过程目标;(5)对目标的测量方法;(6)过程所需资源的充分性分析;(7)现行过程分析;(8)过程控制方法。这些责任人的明确、目标以及测量方法和过程分析以及过程控制,保证了财政管理的规范化。

### (二)法制化是财政内控机制的制度保障

开发区财政内控机制是由其管理的法制化来保障的。开发区财政局通过不断完善规章制度,用制度来管理而不是用人来管理,避免了人管理人所出现的随意性和不确定性。法制化主要体现在如下两个方面:行政管理的法制化和业务管理的法制化。财政局制定了长达 344 页的规章制度,包括行政管理规章制度和财政局业务管理规章制度汇编。从而使财政局的各项工作都有法可依。

### (三)业务流程信息化使内控机制得以有效运行

天津开发区充分利用信息化时代带来的机遇,利用信息化平台对财政资源的信息进行统一管理,避免了大量存在的"信息孤岛",在统一的基础上对财政资源的信息进行整合,这是一种更高层次的"统一化"。通过开发区财政局自主开发的 GRP 系统,开发区财政局和开发区其他局委的网络以及银行、税务、政府采购等系统实现互通,信息共享,从而能够对财政资金运行的全过程进行追踪,实现了对资金和预算行为的严密控制。

### (四)设立专门的财政监督岗位,强化内部监督

天津开发区 2001 年 7 月设立了财政监督岗位,强化财政内部各业务流程、各科室、各个环节的自我监督。对财政局各科室、局属事业单位财政财务执行情况进行内部审计,财政部门内部管理水平进行自我检查和评价,健全制度,堵塞漏洞,实现对财政资金分配和管理的内部监控,保障财政资金的安全。

### 四、实施绩效预算,是天津开发区实现新跨越的必然选择,是财政改革的必由之路

随着我国改革开放的不断深入,尤其是加入 WTO 后国民待遇原则的逐步落实,开发区特有的政策优惠等基本"卖点"已失去优势。利用外资的政策支持早已国内趋同,特殊优惠不再;制度环境随中国的整体进步,对外资的吸引力差距缩小,引进外资面临日益严峻的竞争。因此,天津开发区必须寻找新的突破口,寻找新的竞争优势,并以此作为实现新跨越的手段和途径。

开发区创立之初就立足于改革开放的"排头兵"地位,大胆进行体制创新,努力营造符合国际惯例运作的投资"小气候",20 多年来已形成了高效精干的"小政府,大服务"管理体制。然而,随着经济的持续增长,随着开发规模的不断扩大,需要处理很多行政事务、社会事务,因此,在这种情况下,政府的各种管理机构逐渐庞大,驻区机构越来越多,这种做法已经造成开发区向旧体制复归的压力。同时,近几年来,为摆脱地方政府干预,提高工作效率,国家和市先后对工商、税务、金融、社会保障等机构实行了垂直管理,这样开发区以前享有的一些特殊政策和经济管理权限受到弱化,向一般行政区体制退化的压力不断增大,部门行政规章和地方法规的矛盾和冲突不断增大。中央部门要求的纵向集中管理与地方政府通过法规条例赋予开发区的权力之间的冲突现象日益明显,开发区的体制优势不断丧失,开发区管委会的"特权"不断削弱。开发区"小政府、大服务"的政府管理体制有向旧体制复归的趋势。总体上看,与一般行政区相比,开发区具有体制新、观念新、机构简、人员精、包袱轻、效率高的一系列比较优势,如果滑向一般的行政区,就会淡化和削弱开发区的优势和特色,影响对外开放取得的已有成果。因此,如何保持现有的"小政府、大服务"管理模式的优势是天津开发区面临的一个亟待解决的任务。

目前,各国之间的竞争不仅仅是企业之间的竞争,更主要的是政府之间的竞争。西方各国通过"新公共管理运动"大大提高了政府的效率,提高了以政府竞争力为重要方面的国家竞争力,西方各国经济在原材料、燃料价格

持续上涨的时期保持了经济的快速增长。我国情况也是如此,凡是政府效率高的地区,其吸引外部资金的能力就强,其经济发展速度就快。以提高政府效率为主的政府之间的竞争在我国初现端倪。因此,如何保持和提高天津开发区政府效率和竞争优势是一个严峻的问题。

绩效预算是提高政府效率的重要途径和必要手段。财政预算既是政府施政纲领得以具体实现的首要途径,又是影响政府部门组织行为最有力的工具。绩效预算顺应政府职能的调整,其根本目的就是提高政府工作的效率与效益,并进而提高政府的竞争力,带动整个国家社会经济的全面发展。因此,天津开发区要想实现新的跨越,再铸辉煌,就必须从提高政府效率入手,而提高政府效率的最佳途径就是进行绩效预算改革。

## 五、积极探索财政支出绩效评价工作,建立科学的管理和评价机制,提高政府管理效率、资金使用效益和公共服务水平

2006 年,本着"统一组织,稳步推进,重点突破"的原则,天津开发区结合自身的实际情况,将财政支出的绩效评价工作列为年度重点工作,在进行了广泛调研和考察的基础上,在基建项目、行政事业单位专项资金支出两个方面试行了绩效评价的试点工作。

### (一)基建项目绩效评价的试点情况

根据先易后难和社会关注度高的项目优先的原则,我们从现在实施中的建设项目中,选取了东、西区共四个项目作为基建绩效评价试点项目。四个项目为西区出口加工区监管设施土建一期工程、泰达医院改扩建工程、西区中心庄路及北大街排水道路工程和南大街排水道路 A、B 标工程。因为基建项目建设周期长、投资数额大,为使评价工作规范有序、卓有成效,我们拟定的《天津开发区基本建设项目绩效评价试行方案》,内容涉及评价原则、评价对象、工作程序、基本评价方法、组织实施和结果应用六个方面,对开展工作具有较强指导性和操作性,设计了基本建设项目绩效评价指标体系并组建了评价小组,每个项目都写出了内容详实、全面的自评报告。评价小组的专家评委从专业的角度,对各评价项目的实施情况也做出了客观分析和

评价。

(二)行政事业单位专项资金支出的绩效评价情况

为做好今后的绩效评价工作,我们对最近十年的财政资金的投入情况按 2007 年政府收支分类改革的功能科目进行重新划分,并进行了比较与分析。在此基础上,我们将教育卫生、科技文化、社会保障、招商促进、公共安全、城市维护和政府运营等支出作为绩效评价的重点。2006 年选取了二中二小开办费专项、环境保护经费以及图书馆图书购置专项试点的绩效评价。重点分析了上述三个项目的 2004～2006 年财政投入资金情况,对 2006 年三个项目的运行情况进行了跟踪与分析,在年初安排专项预算时明确了与该支出对应的效果指标,在预算执行中期及时对比资金的使用与绩效,在年度决算时出具了最终的资金绩效评价报告,并为 2007 年支出预算的安排提供了决策依据。

总之,对财政支出项目进行绩效评价是一项制度创新和改革尝试,需要我们不断总结经验,规范操作,以使这项工作得以顺利并卓有成效地开展下去。我们始终坚信,绩效评价工作能够将政府工作目标和预算工作紧密结合起来,从而形成一个决策、预算和具体作业的完整链条,不断提高政府管理效率、资金使用效益和公共服务水平。

# 上海市徐汇区政府绩效评估实践

上海市徐汇区绩效评估办公室

## 一、徐汇区政府绩效评估基本情况

为提高行政机关工作效能,建设"透明、高效、职业化"的公共政府,徐汇区紧紧围绕区政府重点工作,着力强化政府绩效,经过4年不断探索,逐步建立起一套政府绩效评估体系。

2003年底,区政府与上海交通大学国际与公共事务学院联合成立"徐汇区政府绩效评估课题组",研究设计绩效评估系统。2004年,区政府在《2004年徐汇区政府工作报告》中明确提出要对政府工作进行绩效评估。同年10月,区政府选择审计局、劳动局、田林街道、漕河泾街道等四部门作为试点单位。2005年,区政府在前期试点工作的基础上,对全区51个部门的150项政府工作开展绩效评估。2006年,全区绩效评估项目总量达497项,涉及了全区各委办局、街道(镇)的重点工作和中心工作;其中重点评估项目86项,非重点评估项目411项。

## 二、徐汇区绩效评估工作的组织架构

2005年7月,区政府正式发文组建了由区长任组长,各副区长任副组长的区绩效评估领导小组,组员由区府办、区监察委、区人事局、区财政局、区审计局、区信息委、区法制办、区机关党工委等部门的主要负责人担任。区绩效评估领导小组通过召开定期会议或临时会议的方式,讨论和决定绩效评估的方案、实施办法及其他重要事项。

徐汇区绩效评估工作的具体实施机构为徐汇区绩效评估办公室,主要负责组织、领导和推动全区的绩效评估工作。具体包括拟定评估方案、制定评估计划、聘请外部评估专家、组织和指导评估实施等项工作。区绩效评估办公室设在区监察委员会(经调整,2007 年 3 月起,区绩效办设在区人事局)。区绩效评估领导小组成员的部门各派一名科长参与区绩效评估办公室的工作。区信息委负责本区绩效评估信息系统的技术支持。

## 三、徐汇区绩效评估系统的体系构成

徐汇区绩效评估体系总体工作目标如下:

(1)通过建立系统的评估制度,要求区政府各职能部门对本部门计划成果的实现负责,不断提高部门工作绩效。

(2)通过关注工作结果、服务质量和公众满意度等关键指标,改善各部门的效能,增强部门的公共责任感,进一步提高公众对徐汇区政府的信任。

(3)通过建立部门工作绩效的动态监控平台,提供更多关于项目成果、支出成效和效能方面的信息,辅助徐汇区政府的决策。

(4)通过对评估结果的合理利用,不断改进部门内部管理机制,提高工作绩效。

徐汇区绩效评估体系,主要有以下三部分组成:

### 1. 评估主体

绩效评估主体是指对评估对象做出评估的人,它主要解决"由谁评估"的问题。徐汇区政府绩效评估采用全方位的反馈评价,将内部评估主体与外部评估主体相结合。具体包括:被评估部门自评、相关部门评估、受众满意度测评、绩效评估联席会议成员部门评估、人大代表、政协委员及相关专家评估、分管区长评估,如图 1 所示。

### 2. 评估指标

根据徐汇区政府各部门(项目)绩效评估的数量和质量要求,我们采用了多级结构。绩效评估指标体系如表 1 所示。

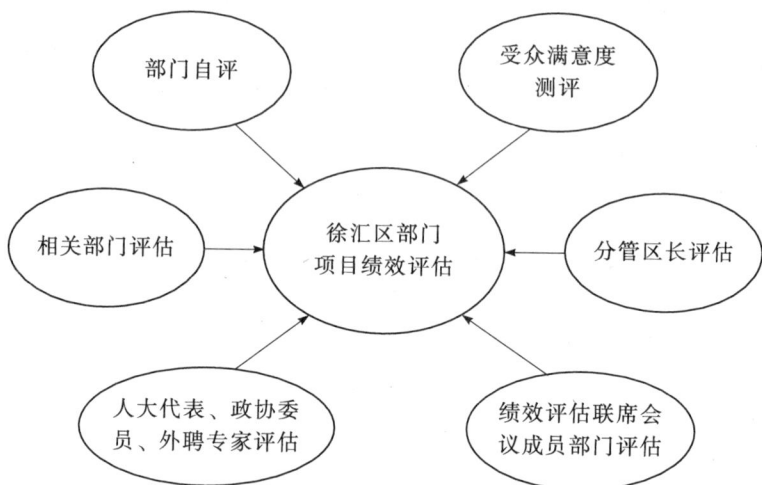

**图1　徐汇区政府绩效评估多元主体图**

**表1　徐汇区部门(项目)绩效评估指标体系**

| 一级指标 | 二级指标 | 三级指标 |
|---|---|---|
| 项目实际成果 | 项目功能 | |
| 项目实施过程 | 计划制定 | 可行性报告 |
| | | 总分目标设定 |
| | 实施情况 | 总分目标完成情况 |
| | | 评估报告 |
| | | 部门协作 |
| 资源应用 | 财政资金应用 | |
| 制度及痕迹保留 | 岗位权责分解 | |
| | 监督办法及过错追究 | |
| | 资料痕迹保留 | |
| | 项目实施人员日志 | |

整个指标体系的一级指标由四个项目构成:(1)对项目最终完成情况进行评估的"项目实际成果"指标;(2)对项目实施过程情况评价的"项目实施过程"指标;(3)对项目在人、财、物方面运用情况评价的"资源应用"指标;(4)对贯串于项目整个过程前后的制度建设情况评价的"制度及痕迹保留"指标。

除此之外,还有两个附加指标:(1)为了对被评估部门在上报资料的准确性、真实性、及时性等方面加以监督,设计了"诚信度"指标。(2)为了反映不同部门及其参评项目的差异性,体现评估的公平性,设计了"难度"指标。

## 3. 网络平台

徐汇区根据行政部门工作特点,充分借助现代化信息技术,设计了徐汇区政府绩效评估系统,如图2所示。

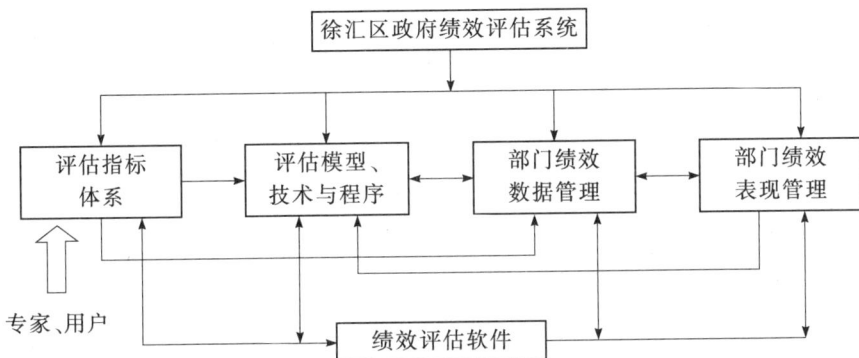

**图2　徐汇区政府绩效评估系统图**

(1)绩效评估指标体系是指根据部门绩效评估目标,制定出的指标体系结构。主要包括指标层次结构模型的建立、修改和调整。

(2)绩效评估模型、评估技术及评估程序,主要负责评估模型、评估方法与技术、评估流程、评估主体系统的设计和管理工作。

(3)绩效数据管理系统主要对各个评估指标的数据进行管理。

(4)部门绩效表现管理系统主要通过汇总分析各部门上报数据信息,利用不同形式的表格、图形或其他表现形式来反映评估结果。

最终形成一个从信息输入到生成评估结果的网络平台,实现对各部门评估信息的自动、实时获取和分析,并对评估结果进行适当的总结描述。

# 四、徐汇区绩效评估系统的运行情况

## (一)评估流程

整个流程由项目申报、项目审批、上报项目进度资料、项目评估和评估结果的反馈和公布,以及评估结果的使用等六个具体环节组成,如图3所示。

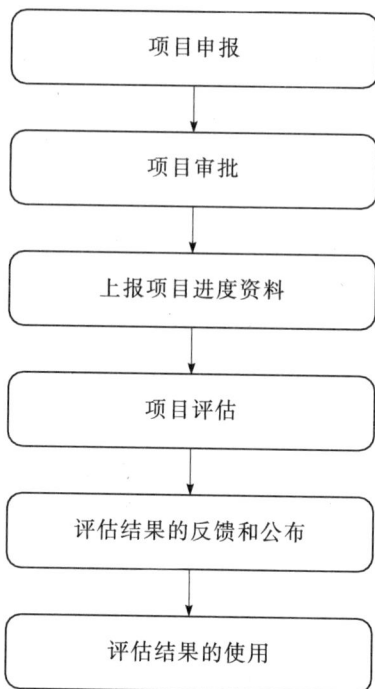

**图3 项目绩效评估流程图**

1. 项目申报

项目申报流程如图4所示。

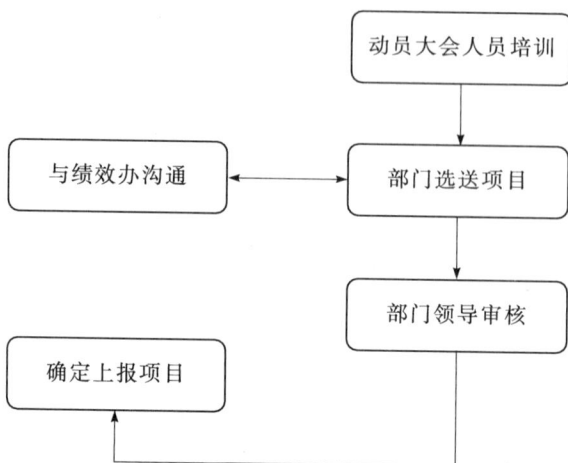

**图4 项目申报流程图**

## 2. 项目审批

项目审批流程如图 5 所示。

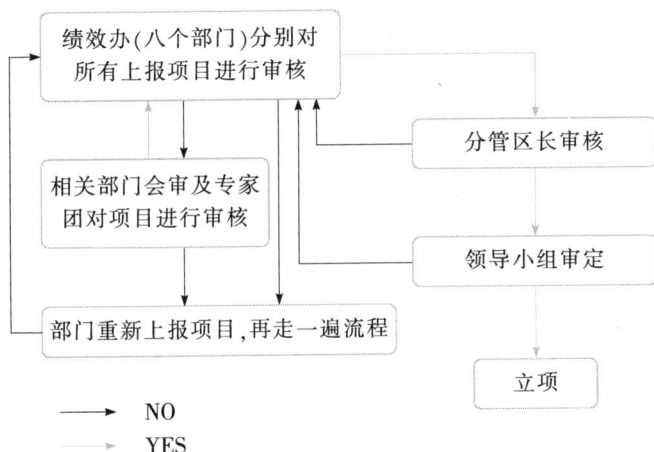

**图 5　项目审批流程图**

## 3. 上报项目进度资料

上报项目进度资料流程如图 6 所示。

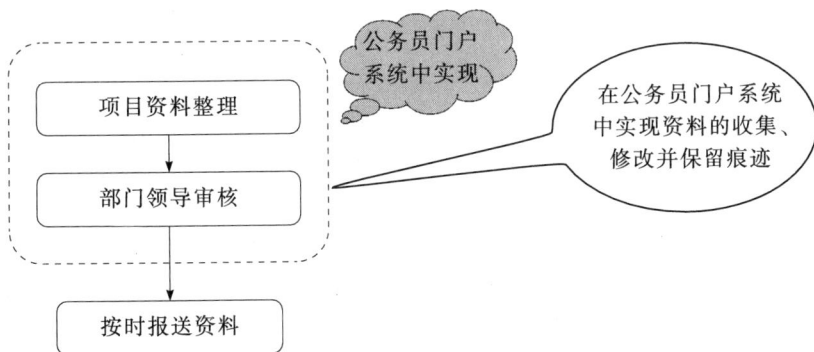

**图 6　上报项目进度资料流程图**

## 4. 项目评估

项目评估流程如图 7 所示。

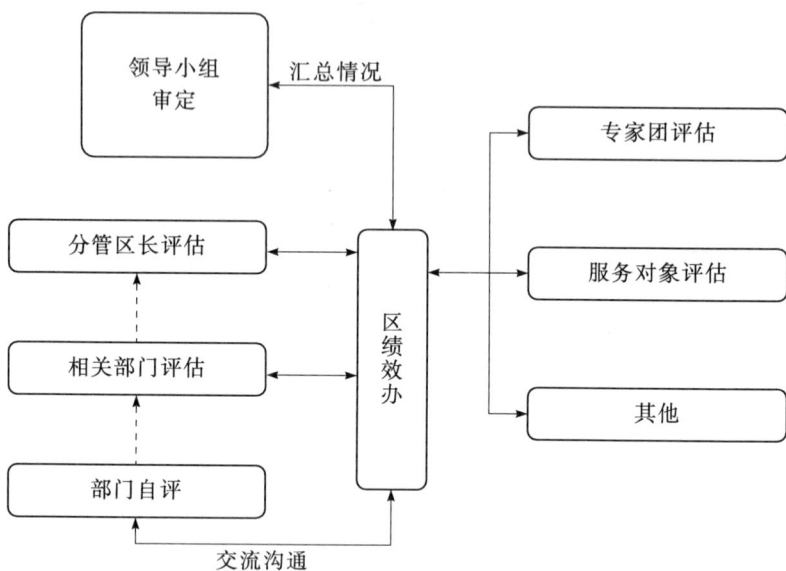

**图7 项目评估流程图**

5. 评估结果的反馈和公布

评估结果的反馈和公布流程如图 8 所示。

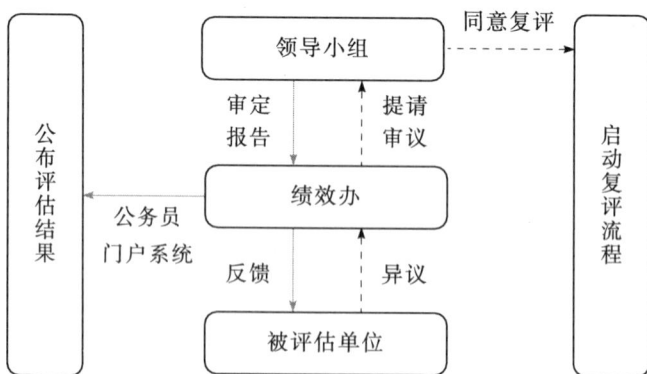

**图8 评估结果的反馈和公布流程图**

6. 评估结果的使用

评估结果的使用流程如图 9 所示。

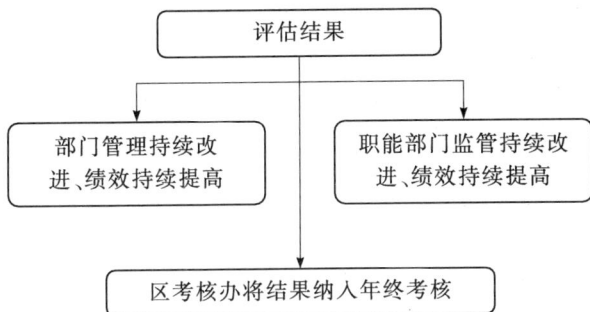

图9　评估结果的使用流程图

(二)案例分析

以民政局"社会救助工作"项目为例。可通过"绩效评估系统"进行"项目查看"(见图10),获取"项目信息"(见图11)。

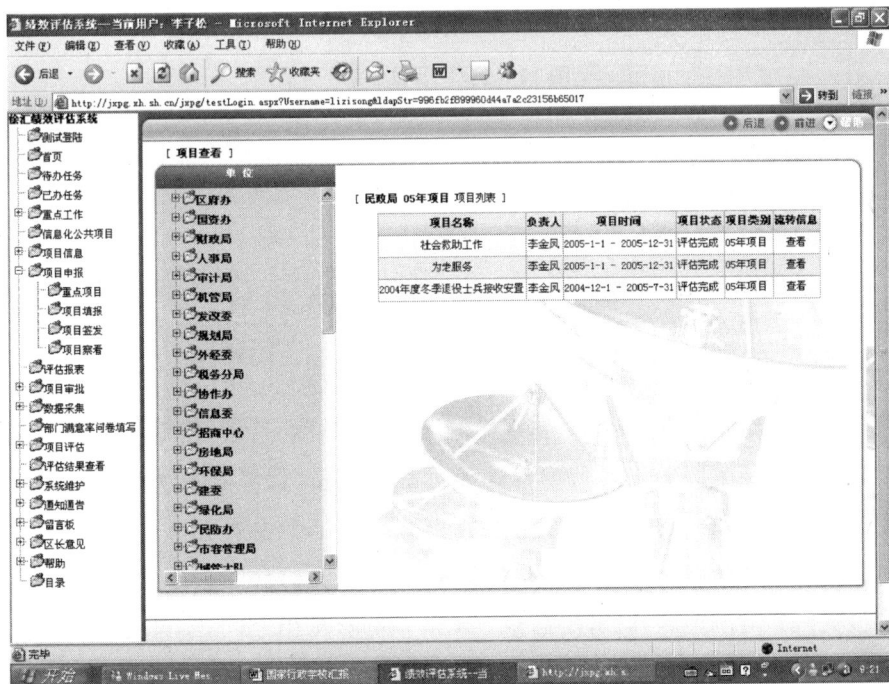

图10　进行"项目查看"

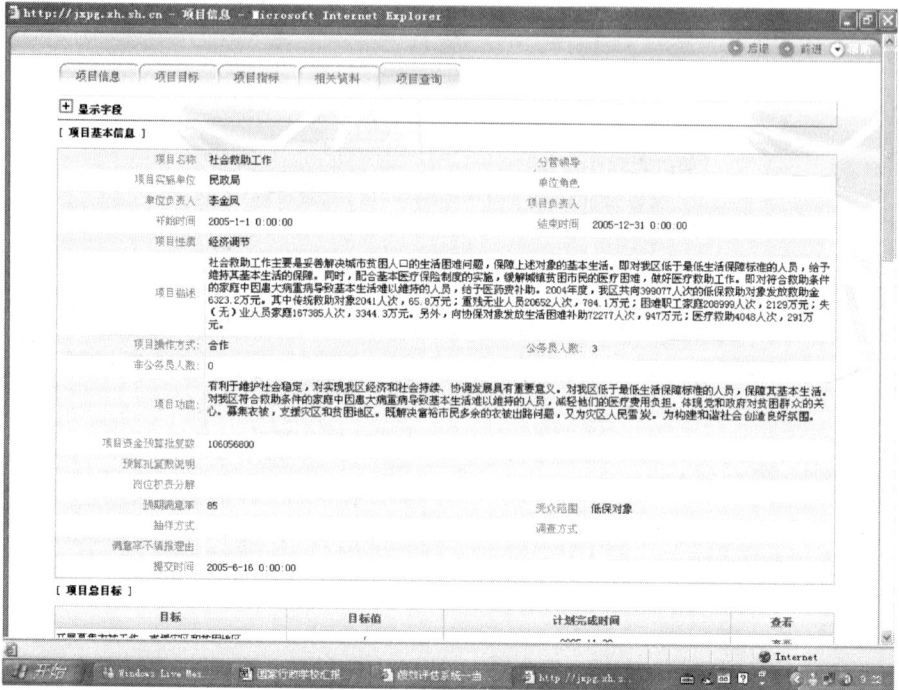

**图 11 获取"项目信息"**

## 1. 项目情况介绍

项目名称:社会救助工作

实施单位:徐汇区民政局

项目周期:2005 年 1 月~2005 年 12 月

项目功能与目标:

有利于维护社会稳定,对实现徐汇区经济和社会持续、协调发展具有重要意义。对徐汇区低于最低生活保障标准的人员,保障其基本生活。对徐汇区符合救助条件的家庭中因患大病重病导致基本生活难以维持的人员,减轻他们的医疗费用负担。体现党和政府对贫困群众的关心。募集衣被,支援灾区和贫困地区,既解决富裕市民多余的衣被出路问题,又为灾区人民雪中送炭。为构建和谐社会,创造良好氛围。

## 2. 评估过程

进行了专家评估和满意度问卷调查。

（满意度调查问卷见本文附件。）

3. 评估结果

评估主体评估分别有分管区长评估、受众满意度测评、专家评估、绩效评估联席会议成员部门评估、相关部门评估和部门自评。

评估得分情况：

该项目各指示评估得分情况，如表2所示。

表2　社会救助工作评估得分表

| 项目指标 | 得分 |
|---|---|
| 项目成果(30分) | 29.263 |
| 项目过程(20分) | 19.548 |
| 资源应用(15分) | 14.863 |
| 制度建设(15分) | 14.863 |
| 诚信度(10分) | 10 |
| 难　度(10分) | 6 |
| 总　分(100分) | 94.54 |

受众满意率简析：

该项目满意度问卷发放对象为享受低保的居民。共发放满意率调查问卷130份，收到有效问卷85份，回收率为65%，统计得出此项目的满意率得分为93.04%，与预期满意率较一致。被调查的居民在总体上给予该项目充分肯定，并提出了一些具有建设性的意见和建议，归纳整理如下：

(1)建议民政部门定期有专业人员下街道对居委民政干部进行有关政策辅导，疏通信息。需要将某些政策公开化，加大宣传，完善网络信息，做到及时更新，做细致的民意调查。

(2)完善制度使隐性就业者钻不了政策的空子。失业享受低保要有时限，要多创造条件让有能力就业的人就业。

(3)希望医疗救助的面再广一些，救助标准高一些。

专家评语：

评语1：做大量工作，工作队很细微，很好的体现政府对人民的关爱。此项工作难度高，政策性强，区民政局较好的完成任务。

沈永林

评语2：社会救助工作管理规范，依法行政，从一口受理来不断完善救助的力度,社会救助工作是民心、民声工作,社会救助工作严格把关、救助体系不断完善是构建和谐社区的重要基础,真正体现了对社区的低收入和困难群体的人性化关怀。

朱国金

评语3:徐汇区民政局能够紧密结合本区实际,采取了多种有效措施,贯彻执行全市制定的社会救助政策,切实的保障了各种困难群体的基本生活,较好的保障了本区经济建设顺利进行,以及社会稳定,充分发挥了社会救助工作队的功能,实际工作的推进,有计划有步骤,有很多地方,还是有所创新的。

柳百炎

评语4:建议以实有人口数据库为基础,以公务员门户系统及上海徐汇门户网站为系统,尽快形成"一口上下"的社区救助系统。

李经中

4. 项目综合评价与建议

徐汇区民政局能够紧密结合本区实际,采取了多种有效措施,贯彻执行全市制定的社会救助政策,切实保障了困难群体的基本生活,较好保障了本区经济建设顺利进行,以及社会稳定。充分发挥了社会救助工作队的功能,做了大量工作。工作很细微,很好的体现政府对人民的关爱。建议以实有人口数据库为基础,以公务员门户系统及上海徐汇门户网站为系统,尽快形成"一口上下"的社区救助系统。社会救助工作要进一步严格把关,要政策与人性化并重。

# 五、徐汇区绩效评估特点

政府绩效评估是一项复杂而艰巨的系统工程,无现成经验可循。它具有不同职能部门之间可比性差、评估主题单一、评价指标设置和处理复杂等问题。为此,徐汇区政府多方借脑借力,采取多种手段和方法,循序渐进,克服了种种困难,最终在全区范围内全方位地开展绩效评估工作。主要有以下几方面特点:

## 1. 建立了较为系统的指标体系

针对全区绩效评估工作的实际情况,我们建立了比较完善、科学的评估指标体系。徐汇区绩效评估项目指标设置和建立,凸现了建设公共财政的要求;突出了关注项目的成果、关注资源的优化、关注依法实施、关注受众的满意率;2006 年根据项目的不同性质将项目分成三大类,分别是:工程实事类、日常事务类、政策规划类,并分别确定评估的侧重点;建立了被评估者共同参与的机制;改造了网络,基本上实现了简便、实用、可操作。

## 2. 开展广泛的满意度调查

徐汇区绩效评估工作的特色之一,就是对项目受众开展了广泛的满意度调查,通过对项目执行部门和项目受众两方面的调查,更为全面的了解和体现评估项目的实施情况和所取得的社会效益。而且调查手段也充分体现出科学高效的特点,除了传统的纸质问卷外,对有条件利用计算机上网的受众发放电子问卷,通过直接在网上填写并自动录入数据库的方式,使计算结果更为高效、准确,而且也大大减少了后续汇总统计的人力投入。另外在开展对项目受众的满意度调查的同时还开展了对本部门公务员的问卷调查,充分了解公务员对本部门的项目绩效的评价。满意度测评情况见表 3。

表 3　2005 年满意度测评情况

| | 发放形式 | 发放数 | 回收数 |
|---|---|---|---|
| 网络 | 外网 | 1 744 | 1 039 |
| | 公务网 | 2 027 | 2 027 |
| 电话 | 电话 | 120 | 78 |
| 纸质问卷 | 委托居委会 | 3 605 | 2 916 |
| | 发放信件 | 705 | 579 |
| | 由窗口/单位发放 | 580 | 550 |
| | 定点采集 | 280 | 217 |
| | 传真发放 | 46 | 39 |
| 其他 | 网上＋窗口发放 | 142 | 112 |
| | 网上＋电话进行 | 9 | 7 |
| 总　　计 | | 9 258 | 7 564 |

## 3. 专家参与评估

聘请人大代表、政协委员及相关专家参与绩效评估。人大代表、政协委员和专家们,通过网络充分查阅了项目的有关资料,听取了有关部门的负责同志的情况介绍,最后根据项目的评估指标对项目进行独立打分和撰写评语,使评估工作更具权威性和客观性,同时也令项目实施部门看到了存在的不足,明确了今后的改进方向,有力推动了部门工作能力的提高和工作思路的拓展。

### 4. 多元评估主体进行评估

评估主体系统的多元结构是保证政府绩效评估有效性的一个基本原则。徐汇区政府绩效评估采用360°绩效评估,多元评估主体确保了绩效评估的客观、公正和全面性。

### 5. 充分应用信息化技术

绩效评估工作除了具备严谨细致的工作方式和较为科学的指标体系等特点外,还有一个特点就是在评估过程中充分应用了信息化技术,主要体现在以下三个方面:

(1)公开和便捷。可以便利地与被评估单位的沟通,如,通知及工作指南的发放、评估进展和阶段情况的通报,以及被评估单位相关资料和附件的上报等均通过计算机网络实现,节约了评估成本,填报的项目资料形式公开且便于各方查阅和监督,有利于政务公开的实施。展示了评估工作的公开性。

(2)准确和快速。各评估主体在对项目进行打分时,都可以直接从网上获取该项目实际成果、项目实施过程、资源应用情况、制度建设及自我监督等相关情况,有利于快速把握项目实质,提高评分的准确性。

(3)公正和高效。评估结果的汇总统计、得分的计算及最终结果的公示都通过计算机和网络技术实现,在保证高质高效的前提下,尽可能避免了人为因素的干扰,充分体现评估结果的公正性。

## 六、绩效评估体系的改进方向

随着政府绩效评估工作的不断深入开展,先期建立的评估体系中部分内容已不能体现评估的总体要求和目的,需要进一步予以改进。

## 1. 评估指标的评价标准方面

由于政府部门之间的工作差异较大,如,执法部门和内部管理部门在受众满意度等指标的得分上存在较大的距离,由此推导出的评估结果准确性仍需仔细斟酌。因此绩效评估体系的部分评估标准仍需进一步完善,以增加其可衡量性和有效性。

## 2. 公众参与方面

在各部门申请评估项目立项时,特别是该项目关系到公众切身利益或长远利益时,需适度引入公众前期参与概念,以便更好更有效的提高政府绩效和体现为民服务的原则。

## 3. 评估主体的评分权重方面

评估主体多元化表明绩效评估部门重视不同主体对被评估项目的评价,但各种主体在不同项目的评估过程中的地位和作用并不是同等重要的,因而不同主体的评分在某一项目评估总分中的权重也是不同的。这种评分权重的不同反映了评估体系的价值取向,并在一定程度上决定着最终结果的客观性和准确性。应充分重视专家的意见,加大满意度测评的权重比例,将评估体系权重分配作适当的调整。

附件

## 服务对象满意度调查问卷

您好：

　　首先要感谢您对徐汇区政府的支持！为了能够了解您对徐汇区〔社会救助工作〕项目在计划、执行等过程中有关情况的建议和您个人对该项目的满意程度，我们特此进行这次满意度调查，希望能听到您的宝贵意见，您所提供的有关信息和个人资料我们将予以严格保密。再次感谢您的帮助和关心！

　　填写说明：封闭式问题请在方块处打（√），按照对所提问题的认可程度选择1至5选项（1为最低，5为最高）；开放式问题请填写在问题下方的横线上。

### 一、问题

（一）封闭式问题

1. 对救助所依法办理救助业务，做到"应保尽保、应帮尽帮"，救助金及时、足额发放的评价如何？

□1　　　□2　　　□3　　　□4　　　□5

2. 对救助所规章制度健全、落实，办事程序规范的评价如何？

□1　　　□2　　　□3　　　□4　　　□5

3. 对救助所工作人员用语文明规范、服务热情周到的评价如何？

□1　　　□2　　　□3　　　□4　　　□5

4. 对救助所工作人员业务熟练、专业技能、着装整洁的评价如何？

□1　　　□2　　　□3　　　□4　　　□5

5. 对救助所依法办事，办事公开、公正、合理是否满意？

□1　　　□2　　　□3　　　□4　　　□5

6. 对社会救助标准的合理性程度的评价如何？

□1　　　□2　　　□3　　　□4　　　□5

7. 对社会救助在制定政策、计划时听取各方意见的评价如何？

□1　　　□2　　　□3　　　□4　　　□5

8. 对社会救助项目的人员配备和质量监控的满意程度如何？

□1　　　□2　　　□3　　　□4　　　□5

9. 对医疗救助工作是否满意?

☐1        ☐2        ☐3        ☐4        ☐5

10. 对区民政部门指导社会救助工作的评价如何?

☐1        ☐2        ☐3        ☐4        ☐5

11. 对所在街道镇社会帮困工作力度是否满意?

☐1        ☐2        ☐3        ☐4        ☐5

12. 对本项目的总体满意情况的评价如何?

☐1        ☐2        ☐3        ☐4        ☐5

(二)开放式问题

您认为建立并逐步完善徐汇区社会救助工作体系还需要做哪些方面的工作?

_____

_____

_____

_____

_____

**二、受访者基本信息**

问题1:您的性别:        ☐男        ☐女

问题2:您的出生年份:19    年

问题3:您的学历:

☐1 小学及小学以下        ☐2 初中        ☐3 中专或职高        ☐4 高中

☐5 大专        ☐6 大学本科及以上

问题4:您的职业:_____

**三、填写日期:** _____

谢谢您的合作,我们将认真处理和分析您的意见。

徐汇区绩效评估办公室

# 坚持以人为本，实施岗位绩效评估，努力构建检察工作长效管理机制

## 马　林

　　我们哈尔滨铁路运输检察分院是铁路专门检察机关，直接接受省院、高检院铁检厅和哈尔滨铁路局的领导和指导，分院下辖哈尔滨、齐齐哈尔、牡丹江、佳木斯、海拉尔5个基层院，在铁路跨越式发展中承担着重要的法律监督职能。案件管辖覆盖哈尔滨铁路局管内以及分离到地方的工程、铁通、物资、教育、卫生等系统，共有运输业站段47个，非运输业单位25个，辅业集团公司20个，21万名干部职工，承担着黑龙江省粮食、石油、煤炭、木材等国家重点物资的运输，年发送旅客近9 000万人。

　　2001年以来，我们着眼于构建检察工作的长效管理机制，引入了绩效管理理论和模式（CAF），探索实施了哈铁检察机关组织绩效评估体系，并得到了国内外专家学者和各级领导的充分肯定。2004年6月，欧盟专家帕特里克·史·斯达和让·马克·多索先生来我院考察，参加了我们召开的绩效管理现场会，称赞我们"创造了中国第一个CAF"。

　　在推行组织绩效评估的实践中我们认识到，一个组织追求绩效的最优化，归根到底应该落实在具体岗位绩效中。如何对每个岗位、每个工作环节、每名干警进行有效地评估与考核，这是一个多年来一直困扰和无法实现的管理难题。因此，从2005年开始，我们创新思维，理性思考，借鉴了组织绩效评估框架的基本理念和欧盟公共管理部门评估框架（CAF），研究探索，自主创新，形成了哈铁检察机关干警办案（办公）岗位绩效评估考核体系，把岗位绩效考评落实到哈铁检察机关的每个岗位、每个工作环节、每个单项工作流程和每名干警，从而实现了对现职岗位上领导班子成员、处（科）长、检察员、助理检察员、书记员、司法警察、政工、行管和工勤服务人员个人办案（办公）岗位绩效进行全员评估考核。进而建立了以哈铁检察机关组织绩效评

估和岗位绩效评估考核体系为核心的"1612345"哈铁检察绩效管理与评估体系的基本模式。[即:"1",就是制定一部全方位的《哈铁检察机关管理规范》,使全员知责、明责、尽责;"6",就是确立以服务大局、质量立检、素质兴检、科技强检、从严治检、从优待检有突破为内容的"六个突破"的绩效目标,使全员在追求共同目标的实现中激发出个人内在潜能;"1",就是签订一份《绩效目标考核责任状》,形成目标分解、责任共担、压力传递的绩效保障机制;"2",就是建立哈铁检察机关组织绩效评估体系和干警办案(办公)岗位绩效评估考核两套体系,构建检察绩效管理载体;"3",就是实施日常、定期、领导包院三项推进,促成绩效成果;"4",就是树立绩效标杆库、绩效数据库、办案绩效评估基模、选树系统十个"第一人"四把标尺,形成评估考核绩效的度量衡;"5",就是实施从严治检,领导激励、素质兴检,标杆激励、质量立检,奖惩激励、科技强检,时代激励、从优待检,情感激励这五种激励,体现以人为本的内在要求]

2006年,我们在认真总结哈铁检察岗位绩效管理理论和实践成果的基础上,又研究开发了哈铁检察机关岗位绩效评估考核软件系统,并在哈铁两级检察院推广应用,从而为考评工作的规范化、科学化提供了有效载体和工具。

2006年10月,我们在对哈铁检察绩效管理研发成果进行全面、系统地总结、归纳的基础上,撰写了《检察绩效管理评估与考核——哈铁检察绩效管理模式》这一检察绩效管理专著,并由中国检察出版社在全国出版发行,实现了检察绩效管理从实践到理论的飞跃,使哈铁检察机关的长效管理机制建设又登上了一个新台阶。

两年多来,我们感到在哈铁检察机关绩效评估考核体系的探索实践中主要有以下特点:

## 一、体现了以人为本的管理理念

人是管理的核心,管理的目的和宗旨是最大限度地调动人的积极性,激发人的最大潜能。因此,我们把以人为本作为实施岗位绩效管理的出发点和最终追求,并渗透、融汇在管理的全过程、诸环节之中,以实现个人岗位"绩效"的最佳化和自我超越、持续发展。

### 1. 在建立考评体系上全员参与

众所周知,岗位绩效的评估与考核是绩效管理中的一个难点,特别是对公共管理部门个人的岗位绩效进行评估与考核更是难上加难。为此,我们广泛发动全系统干警,深入研讨,先后召开了12次专题研讨会进行研究论证,在实践中探索,在探索中实践,逐步研究确定了岗位绩效评估考核的基本原则、程序和方法以及考评项点。特别是在关键绩效以及每个岗位、每个单项工作考评标准的确定上,由干警自行定责、定标,经自下而上和自上而下反复研讨,集群体智慧,最后确立了由10大原则、两大因素(绩效促成因素和绩效结果因素)、8个因素指标(学习竞争、敬业尽责、服务团队、自我规范、工作创新、内部评价结果、外部评价结果和关键绩效结果)、20个次级指标和与之配套的42个示例、628个细化标准构成的岗位绩效评估考核体系。使干警在建立体系、确立标准的过程中认识到,它的功能和作用更多的在于"明示"人、教育引导人,而不是单纯的"管卡"人,有效调动了参与管理的积极性和主动性,自觉融入管理之中。这就从一般意义上单纯服从的"被动式"管理,提升到了用人生观、价值观、道德观规范,实现自我约束、自我管理的"主动式"管理层面。

### 2. 在实施考评流程中自主管理

在考评中,我们通过建立干警绩效写实、确立标杆、自我评估、群众评议、民主测评等制度,为干警搭建了一个自我展示、自我反省、自我教育、自我管理的平台。干警通过每日绩效写实,记录和积累个人业绩;通过对照绩效标杆,查找自身差距和问题;通过自我评估,自我认档并给自己打分;通过群众评议和民主测评,使干警在互动中实现交流、启发、提高。不仅使干警对考评结果易于认同,而且乐于接受,心情舒畅地正视自身存在的问题,并制定措施积极加以改正,使干警人人成为管理的主体,不断激发内在潜能。

### 3. 在推进考评过程中营造和谐

在考评中,我们坚持思想领先,实施"两个纳入",落实"一岗双责",把岗位思想工作贯穿于评估考核的全过程,把思想工作做深、做细、做实,启发和引导干警自觉、主动地认识问题并认真积极地解决问题,及时化解矛盾。特别针对在考评过程中遇到的不理解或有不同意见的问题，我们建立了绩效考评申诉制度，畅通民主渠道，使干警认为考评不公的问题得到了申诉和解决，有效地融洽了组织与组织、组织与个人、管理者与被管理者之间的合作关系，营造了团结和谐的良好氛围，促进了和谐组织建设。

## 二、体现了问题管理的评估取向

发现一个问题往往比解决一个问题更重要。在评估考核中，我们把查找和解决问题作为重点，积极启发和引导每名干警严格对照考评标准、工作规范和检察工作纪律等，通过有效的自我评估使干警追求更高目标，认真查找在工作中存在的主要问题和不足，在最优的工作环节中不断查找问题点并自我矫正、加以解决，在克服问题中不断提高自我，追求最佳绩效。

### 1. 针对实际问题确定考评标准

在考评标准的制定上，我们一方面基于检察工作任务和干警岗位职责要求来确定，另一方面把解决影响、制约组织绩效和干警岗位绩效的问题点，确定为具体考评项点和标准，先易后难，不求尽善尽美，只求可行有效，一个问题一个问题地解决，一步一个脚印地提高。如，在某个时期干警中迟到早退的问题比较突出，我们就把"自觉遵守工作纪律和劳动纪律，严格自律、规范行为"确定为考评标准。这个问题点解决了，通过对工作中和干警中出现问题的持续跟踪，又把解决干警中出现的新问题作为考评标准。如，干警工作中出现小团体和本位主义的倾向，就把"主动在工作中与有关部门、单位和同志搞好协作配合"确定为考评标准。通过对绩效考评标准适时进行调整，使考评标准的确定与不断解决干警中出现的问题相对接、相适应，不断提升干警的岗位绩效能力。

### 2. 把查找问题作为考评重点

我们要求干警在绩效写实中不仅要记录个人的工作业绩，还要记录工作中的"败笔"；在自我评估中要本着实事求是、坚持标准、严肃认真、重看问题、轻看成绩的原则，认真查找本人工作中存在的问题，特别是对本人当月收到的《岗位绩效考评问题通知单》上明示的问题，要自我"认账"；在群众评议中不仅要把自己的问题亮出来,而且还要帮助其他同志查找问题,做到一人讲、大家评、互相帮。在考评档次划分上,我们确定一档为优秀,二档为良好,三档为达标,四档、五档为问题档,并要求干警在自我评估认档上必须拉开三个档次,二档不能超过 5 个,以促进干警自我查找问题、自我认识问题,并制定整改措施加以整改。如果干警在自我评估中拉不开三个档次或没有问题档,绩效考评软件系统将不予认定。

### 3. 把解决问题作为考评目的

为了有效地解决每个干警存在的问题和干警中出现的倾向性问题,我们确定由两级院绩效考评办公室根据绩效考评软件系统自动生成的每个干警考评结果曲线图,在每月、每半年、当年年底进行一次综合分析,对干警个人存在的问题及时进行点示,由所在处(科)室领导帮助、督促其立即整改;对干警中存在的倾向性问题,由院统一组织研究,通过开展专项活动、课题攻关等形式,有针对性地制定措施进行整改。如,针对哈铁检察系统干警每年在全国司法考试中通过率不高的问题,分院党组确定并实施了"全员提素年"的教育培训工程,较好地解决了这个问题。

## 三、体现了过程与结果并重的管理原则

岗位绩效评估考核,不同于以往的目标管理、全面质量管理等管理,不是以"结果"论英雄,而是注重以过程为主,既注重结果,更注重实现结果的过程。在岗位绩效考评中,我们坚持对干警达成的岗位绩效结果的过程进行跟踪指导、协调控制、检查反馈,防止出现只重视结果而忽视结果促成过程的问题,做到既注重达成绩效结果,又注重达成绩效结果的过程,实现过程与结果的统一。

### 1. 用合理的考评体系强化对过程和结果的全面管理

成果和政绩有可能只是表面的、暂时的,而过程中显示的能力和素质是稳定的甚至是永恒的。现实中有的在过程中已经发掘了能力和作为,但往往在各种因素的影响下,却不能短期显示出成果。因此我们在建立岗位绩效考评体系中,把促成因素(过程)确定为 5 项,结果因素(结果)确定为 3 项,

加大了对促成因素考评的力度。两种因素的分值各占 50 分,从考评项点和分值的确定上把过程考评与结果考评全面纳入了管理,有效地防止了片面追求结果、单纯追求政绩、急功近利、后劲不足的短期化行为,促进了检察工作的可持续性发展。

2. 用明确的岗位和单项工作流程、标准强化对工作过程和结果的管理

我们通过广泛发动干警,制定了涵盖 18 个部门、25 个职名及检察业务工作、政治工作、行管工作、司法警察工作等 111 个单项工作流程和标准的《哈铁检察机关管理规范》,既便于干警在具体工作中按照工作流程和标准开展工作,保证工作质量和效率,实现工作过程中的自我管理,又便于各级负责人随时掌握每个干警的工作进度,把握工作质量、效率,及时发现问题并予以纠正,对工作的全过程进行跟踪控制,实现管理者对干警的过程管理,确保绩效目标的实现和各项工作任务的完成。如,从案件受理到案件终结的每个环节、每道程序都有具体标准,都有专人负责、专人考核、专人管理,从而确保了办案质量和效率。

3. 用规范的考评程序强化对绩效考评过程和结果的管理

在岗位绩效考评中,我们建立了绩效写实、日常考核、确立标杆、自我评估、群众评议、民主测评、领导认定、组织审核、兑现奖惩等多个规范的考评程序,强化了对绩效考评过程和结果的管理。通过运用日绩效写实,日常考核(参加周例会)、月自我评估、群众评议和民主测评的程序,引导干警在考评过程中每天、每周、每月都能及时对个人岗位工作绩效进行评估,对自身存在的问题和不足进行自我认识、自我改进、自我修正;绩效考评领导组、各考评系统和各处(科)室负责人根据在各考评程序中掌握的干警岗位绩效情况,依据岗位绩效考评标准,对干警存在的问题和不足,随时进行辅导、帮助、矫正。使岗位绩效考评变结果管理为过程、结果双重管理,通过对‘过程’的监控和矫正,得到了有效率的结果。换句话说,以往工作“结果”的好与坏,到年底只能被动接受,而现在强调“过程”就不一样,工作推进中的优点会被随时记录下来,缺点会被随时发现矫正,工作中的问题在“过程”中就得到了解决。同时,我们还把岗位绩效成果优异的干警确立为标杆,并以此引导干警对照标杆,审视自我,见贤思齐,改进不足,迎头赶上。

## 四、体现了责权利相统一的保障机制

坚持责权利相统一、兑现绩效奖惩,是岗位绩效考评体系有效运作的重要原则和保障机制。在岗位绩效考评中,我们坚持做到正确处理好个人绩效责任与层级联挂责任的关系,使目标责任层层分解,压力逐级传递,签订契约,划分职责,实行风险共担、利益共享,规范和落实干警岗位职责、任务项点和绩效责任,做到以岗定责、以责定标、以标考核、兑现奖惩,实现逐级责任联挂,绩效责任、权力和利益相统一。使干警在奖励中体会自身价值得到体现的成就感,在处罚中体会鞭策、修正错误、不甘掉队、奋起直追的紧迫感,充分起到了激励先进、鞭策后进,促进干警全面成长进步的积极作用。

### 1. 签订绩效责任状,形成落实机制

我们制作的《绩效目标考核责任状》,将分院每年的组织绩效目标分解为 58 个项点,作为对所属基层检察院和系统中层以上领导干部绩效评估考核的主要依据。通过逐级签定《绩效目标考核责任状》,实行契约式管理,使绩效目标层层分解,绩效责任层层明确,绩效压力层层传递,以调动每一级干部、每一名干警的积极性,使绩效责任落实到每一个部门和每一个工作岗位,保证组织绩效目标和干警岗位绩效目标的实现。在每年年初,分院和所属基层检察院都召开全院干警大会,层层签订责任状,检察长和中层以上领导干部都要交纳一定数额的风险抵押金,在年终绩效评估考核中根据绩效完成情况兑现奖惩。对达标的加倍奖励,未达标的扣罚抵押金,从而在落实责任、压力传递的过程中促进了绩效目标的实现,形成了有效的绩效保障机制。

### 2. 应用考评结果,及时兑现奖惩

在考评中,我们通过运用检察绩效考评信息管理系统,约束干警按照岗位绩效考评标准,每日坚持绩效写实,促进干警多想事、多干事、干成事,促进个人岗位绩效目标实现和绩效积累,每月底由考评软件系统自动生成个人绩效成果数据,作为个人自我评估、组织考评认定的依据。根据检察长签批后的月份干警岗位绩效考评结果,由有关部门逐人核定每个干警的绩效

奖金,对考评指标提档加分的干警加发奖金,对退档减分的扣发奖金,做到奖罚分明,激励干警积极进取,不断完善自我,优化个人绩效。从而有效地解决了对干警个人"干和不干、干多干少、干好干坏"如何进行绩效考评的难题。如,有个干警平时对自己要求不严,工作标准不高,业绩平平,在自我评估中认定档次上难于下手,在群众评议中脸红心跳,绩效结果出来后,月度奖金比其他干警差一截,自己感到在面子和个人收入上都过不去。在以后的工作中,他就自觉严格要求自己,主动找活干,提高工作质量和效率,很快扭转了工作的被动局面。同时,我们还加大了对负有绩效管理双重责任的各级领导干部的考评力度,按职务级别提高奖金系数,同奖同罚,切实落实逐级负责制。

3. 建立绩效档案数据库,将绩效考评结果与干警成长进步挂钩

我们在每月的 5 日前,将干警日常绩效写实、月份评估、综合评定、个人奖惩等绩效考评结果及与岗位绩效相关的个人成长进步情况,交由干部部门存入干警个人绩效考评档案;通过检查绩效考评信息管理系统对干警的岗位绩效结果进行综合分析、统计汇总,从而为干警今后的提职晋级、评先选优提供更加准确、翔实的依据。这样就较好地解决和克服了以往对干警提职晋级和评先选优过程中的随意性和人为因素,不仅增强了工作的透明度,也确保了公平、公正,较好地保护了干警奋发向上的积极性。

岗位绩效评估考核体系的实施,给哈铁检察机关的工作和干警队伍带来了巨大变化,主要是:

一是检察干警的精神面貌发生了深刻的变化。两级院党组及班子成员带头优化绩效,领导班子和各级领导干部的示范作用愈加突出,两级院领导班子连续 5 年被上级党委评为一类班子;干警中以院为家、爱岗敬业、秉公办案、执法为民、不甘落后、超越自我、争当先进的层面逐年提升。据统计,仅 5 个基层院去年受到各级表彰的干警就有 166 人次,先进面占干警人数近半。

二是检察干警队伍素质有了很大提高。仅近三年来,全系统就有 39 人被提拔为副科级以上干部,其中年轻干警 25 人,占 64.1%,提拔担任检察员的干警有 54 人。特别是在全省检察机关中哈铁检察系统专业力量相对比较薄弱的情况下,连续 5 年在全省检察机关各类竞赛、比武中均取得了前三名

的良好成绩,全面展示了哈铁两级检察干警与时俱进、锐意进取的精神风貌和良好素质。全系统 365 名干警连续 5 年在执法办案中无违法违纪案件发生。

三是办理案件数量和质量连年在全国铁检机关领先。在全国检察机关查办职务犯罪案件数量普遍下滑的情况下,两级院查处案件数量、大要案数量一直稳定在较高水平上,连续 5 年居于全国铁检机关前列,并实现了批捕、不批捕、起诉、不起诉准确率、立案、结案、质量达标率七个百分之百,无错捕、错诉和错案。

四是在服务大局中充分发挥了铁检机关不可替代的作用。坚持"打防结合、标本兼治"原则,认真履行专项检察职能,把增强全局领导干部的法律意识、法治观念作为预防职务犯罪工作的重点来加强教育培训,在哈尔滨铁路局连续两次集中进行的撤销分局、直管站段、生产力布局调整的重大变革过程中,有效地预防了职务犯罪案件的发生,多次受到上级领导的充分肯定和好评。

五是各项检察工作分别跨入全国和全省检察机关先进行列。以分院荣获全国检察机关基层建设组织奖并被高检院荣记集体一等功、检察长马林荣获"2005 年度中国十大法制新闻人物提名奖"为标志,一大批先进集体和先进个人典型不断涌现。仅近三年,哈铁检察机关就荣获了 10 项全国争先和 20 项全省先进称号,各项检察工作分别跨入全国和全省检察机关先进行列。

(马林:哈尔滨铁路运输检察分院检察长)

# 镇江市以绩效评价推动城市
# 再就业工程的实践分析

马国贤　彭锻炼

## 一、从"花钱养人"到"花钱买就业"的探索

（一）再就业工程建设中的三大难题

我国在由传统计划经济进入市场经济模式过程中，结构性失业不可避免。在对待这一问题上，政府无非有"花钱买安定"与"花钱买就业"两种办法。前者是通过发放救济金来保证下岗人员基本生活，借以换取安定的思路，而后者是通过对那些有能力，愿意工作的人，经过培训来获得再就业机会的思路。由于在前一种情况下，下岗人员将退出主流社会，而成为靠政府养活的非自食其力者，而在后一种情况下，失业者将重新参加就业，不仅可自食其力，而且可创造社会财富，包括再缴纳社保基金。因此后者在构建和谐社会中更具有积极意义。

但是，由于目前我国处于大中专和初中毕业生就业、农村劳动力向城市转移就业、企业转型再就业三个高潮叠加时期，因而同我国其他城市一样，镇江市也遇到了三大难题：

1. 经费问题。启动再就业工程，政府将同时花用于下岗人员的生活救济费和下岗人员的培训费等两笔钱。对于地方财政来说，仅前一笔费用就相当吃紧了，更不说后一笔钱了。

2. 岗位问题。即究竟城市有多少就业岗位能供其就业？鉴于政府面临三大就业高潮叠加的巨大压力，有人提出，城市的就业岗位是有限的，失业人员即使通过培训，也在就业竞争中处于不利地位，不如"丢卒保帅"放弃再

就业工程,因而他们对再就业工程的可行性持怀疑态度。

3. 培训机构问题。这包括二点:(1)这部分人的麻烦多,培训往往吃力不讨好,因而大中专学校不愿承担;(2)由于各种原因,下岗人员往往是那些文化知识层次低,观念落后,技能差的群体,对于他们能否通过培训获得相应技能持怀疑态度。

面对三大难题,大多数地方政府取退缩态度,因而我国下岗人员再就业工程举步维艰。

## (二)以绩效的观点开展再就业工程

面对上述难题,镇江市政府不是回避矛盾,而是采取了直面矛盾,创新进取的态度。

一是通过调研,他们发现:(1)大多数下岗职工有着强烈的就业愿望,而不愿意靠政府救济,对政府带领他们克服就业困难寄予厚望。(2)城市有许多岗位需求,却无法找到合适人。他们认为,在"有人无事干,有事无人干"的矛盾现象背后是下岗人员缺乏技术这一中间环节,只要掌握了相应技术,包括经营技术就可重新就业。(3)社会对就业需求是多方面的,由于各种人的就业定位不同,因而下岗人员再就业是填补空隙,而不会冲击其他两类就业。

二是多种渠道筹措资金,包括市级财政筹措一点,省和中央财政拨款一点。当然,随着再就业培训的展开,下岗人员数量开始下降,政府将节省的社会救济支出用于再就业培训。通过多项措施,2005 年镇江市政府筹措到3 000多万元再就业工程经费。

三是借助社会力量开展再就业培训。这就是凡愿意参与再就业工程的,只要具备场地、师资等基本条件,无论是公立,还是私立机构,经过批准都可以参加政府培训计划。

2004 年,镇江市将这项工作正式命名为再就业工程,市财政局、市劳动与社会保障局将社会保障工作的重点由"花钱养人"转到"花钱买就业"上。他们的具体做法为:

1. 建立委托代理关系,广泛发动社会力量办学。这就是政府出钱,受托单位办学的思路。此举激发了民营机构的积极性,在办学初期所遇到的办学场地、专业、师资、实习基地等难题,都是通过发动社会力量来解决的。目前,在从事再就业培训的7个机构中,有4个是民营机构。2005年全市培训的7 042名学员中,49%由民营培训机构承担。

2. 建立"花钱买效果"的拨款机制。多种成分参与使政府再就业工程充满了活力,但也带来了财政拨款难题。镇江市财政、劳动部门从"花钱买效果",而不是"养人、养机构"的绩效管理理念中得到启示。他们坚持:政府的再就业培训必须以培训人数为依据,再就业人员经培训合格并在规定的时间内就业,财政根据不同的专业给予机构300~600元/人的补贴,培训得多,获得的拨款就多,而不对机构另行拨款。在学员完成培训取得合格证书时,劳动、财政部门根据培训单位报送的名单,经核实后,按生均标准的80%拨付给培训单位,其余20%经费待学员获得职业技能培训等级鉴定后再拨付。

3. 完善再就业环节,建立培训就业和社区中介就业两套体系。随着再就业培训的开展,新的矛盾也出现了,这就是由于信息不对称,培训人员在结业后找工作上有很大困难。如何帮助他们找到合适工作,成为重要问题。

为此,镇江市创建了以街道为主体的再就业中介服务体系,以街道为单位,创建就业服务站。政府通过合同方式,下达各街道就业目标,就业就成为街道的重要业绩。对于就业服务站,政府不给编制,但给每个站3万元工作经费,此外,他们每介绍一个本社区失业人员上岗,拨付200元奖励费。这一措施充分调动了街道就业中介的积极性,他们各自发挥自身优势,主动与企业结对子,无偿提供就业服务,并与下岗人员建立种种联系,多方面为他们谋划,有的人甚至经3~5次面试才获得就业。例如,在某一商场开业时,社区了解到其对保洁人员的需求,就主动找商场经理商谈,最后商场同意将保洁人员招聘工作委托给社区。之后,二者的合作范围不断加宽,形成了"双赢"局面。

镇江市通过社区中介完善了再就业工程环节,在全国是一种创新。社区中介解决了培训与就业脱节的问题,形成了失业—培训—就业中介—就业的完整体系。随着这一体系的建立,政府再就业工程效率不断提高。据统计,2005年该市培训再就业人数达到3 116人,中介再就业政府帮扶就业人数14 110人。扣除重复计算部分,就业人数超过1.5万人。预计2006年,该市下岗再就业人数将达到2万人,"就业难"问题得到了一定程度的缓解。

## 二、开展对财政的再就业支出绩效评价

财政再就业支出绩效评价是指政府和财政部门根据"花钱买效果"的预算观,按一定程序,借助于绩效评价指标体系,对财政再就业资金的业绩和效果进行评议和估价的制度。

(一)财政再就业支出绩效评价的起因

镇江市开展对财政的再就业工程支出绩效评价起因于:政府在再就业工程上每年投入3 000多万元,究竟"买"了什么、是否值得这一命题。具体地说:

1. 出于向纳税人报告业绩的需要。公共资金是受托资金,政府每年将巨额资金投入再就业工程取得的效果是什么? 这是必须向人大、纳税人作出回答的问题。

2. 出于摸清"家底"的需要。由于信息不对称,政府要弄清"好事做好了没有"? (1)究竟有多少人上岗;(2)"买"一个就业岗位的平均成本是多少;(3)上岗人员收入提高了没有;(4)他们对再就业工程是否满意等四个问题,以确定钱花得是否"值得"。由于在现行的体制下,再就业培训的业绩是分散在各个环节,由各单位分头上报的,这就很难避免重复和虚假因素。为此,需要通过绩效评价来全面摸清"家底"。

3. 出于政策研究的需要。随着"短、平、快"问题的解决,下岗人员再就业的难度加大,这也包括再就业人员"再失业"问题,这就需要进行政策调整,但如何调整是个难题。

鉴于国内尚无先例,在江苏省财政厅支持下,镇江市财政局与上海财经大学中国教育绩效评价(研究)中心合作,开展了绩效评价指标体系研发,绩效评价工作的课题合作研究。经过一年的努力,形成了比较完整的绩效评价指标体系,课题于 2006 年 12 月 27 日通过了专家组评价①。

———————————

① 为保证绩效评价结果的公信力,根据回避原则,绩效评价采用财政提供数据,专家独立评价方式进行,参加本次评价的专家由市人大、市府研究室、省财政厅以及学者等5 人组成。——笔者注。

(二)绩效评价指标体系的特点

财政再就业支出绩效评价指标体系属于项目支出,它是按"一观三论",即"花钱买效果"的预算观和公共委托代理、目标结果导向管理、为"顾客"服务原理研发的。

特点为:

1. 以公共委托代理为基本假定。无论是培训机构,还是社区再就业中介机构都视为市政府的受托机构,政府拨款是对机构的代理费用。而绩效评价是一种监督机制,目的是评价受托人是否忠实地履行了责任,取得相应效果。

2. 以"花钱买效果"为核心价值观。政府的再就业拨款目的是获得再就业岗位,即"花钱买就业",而"非养人、养机构"。至于培训机构如何用好这笔钱,是多养些教师,购买设备,还是补贴学员等,是他们自己的事。而效果,在这里就体现于培训合格率、培训后六个月内的就业率、就业六个月的保持率、培训就业后收入增加额等指标。

3. 坚持目标结果导向管理。绩效评价不同于工作报告,其重点是考察代理人的目标达成,即业绩,而不是办学、中介过程。而绩效指标就是用数据描述的业绩,按逻辑分析法要求,绩效指标围绕着投入、发展能力和效果三方面展开。其中,发展能力既是结果,又是前提,因而决不能忽视这类指标,但整个体系的重点应是效果类指标,这是建立赋值关系的基础。为此,在三部分权值分配上,我们采用了 20：25：55 的分配模式。

4. 为"顾客"服务。通过对再就业人员的问卷调查,反映出他们对于这项工作的满意程度。调查问卷包括培训后上岗时间,对培训机构的培训内容、对政府的再就业政策、对培训质量等8个方面。在实施中,我们组织了江苏科技大学 20 名研究生,对再就业人员进行了满意度问卷随机调查,有 900 多人接受了调查,获得 608 份有效问卷,覆盖率为 4.1％。

# 三、绩效评价结果

(一)基本结论

2005 年,镇江市共安排再就业财政资金 1 544 万元,其中,用于再就业培训补贴 345 万元,劳动保障中介服务 210 万元,社会保险、公益性岗位补贴等 989 万元。在就业培训方面,2005 年全年接受培训人员为 7 042 人,培训合格 6 845 人,合格率为 97％,有 3 116 人在培训后六个月内实现了就业,经我们按培训名单抽取样本,按样本调查结果调整后,按巩固率计算的就业率达 54.18％,按实际就业人员计算的人均再就业培训财政支出为 909 元(表1)。在就业中介服务方面,2005 年共帮扶再就业人员实现再就业 14 110 人次,经抽样调查结果调整后,按巩固率计算的就业率达 76.83％,按就业人员计算的人均政府帮扶再就业支出为 850 元(表2)。由于对再就业人员政府不再支付救济费,因此,再就业成本与一年内政府支付给每个下岗人员的钱相比,这项工程是值得的。

表 1　镇江市 2005 年度再就业技能培训情况

| 单位名称 | 培训人数 | 合格人数 | 就业人数 | 就业率(%) | | 就业稳定率(%) | | 再就业人员满意率(%) | 财政拨款(万元) | 人均再就业培训财政支出(元) |
|---|---|---|---|---|---|---|---|---|---|---|
| | | | | 自报 | 抽样 | 自报 | 抽样 | | | |
| 全市合计 | 7 042 | 6 845 | 3 116 | 44.24 | 63.54 | 25.84 | 71.12 | 57.19 | 345.75 | 909.31 |

表 2　镇江市 2005 年度各劳动保障站(所)帮扶再就业人员情况

| 单位名称 | 登记求职再就业人员数 | 政府帮扶就业人数 | 政府帮扶就业率(%) | | 就业稳定率(%) | | 再就业人员满意率(%) | 财政拨款(万元) | 政府帮扶再就业人均支出(元) |
|---|---|---|---|---|---|---|---|---|---|
| | | | 自报 | 抽样 | 自报 | 抽样 | | | |
| 全市合计 | 16 700 | 14 110 | 84.49 | 69.16 | 81.70 | 84.47 | 58.02 | 1 199.00 | 849.75 |

专家们的一致结论是:镇江市政府在再就业工程上投入比较充足,资金使用比较合理,再就业工程制度设计符合中国实际,工作扎实有效。在较低的成本下,镇江市再就业工作的成效显著,社会效果较好。

(二)取得的主要成绩

在财政资金的支持下,通过劳动部门的努力,镇江市的再就业工程取得了较好的成绩,主要表现在以下几方面:

1. 财政的绩效化拨款有力地保证了再就业工作开展。财政根据再就业人员经培训合格按时就业者按标准拨款,对每个劳动保障站(所)采取固定工作经费＋按就业人数奖励的做法,贯彻了绩效原则,调动了他们的积极性。财政绩效化管理为再就业工程提供了有力的资金支持。

2. 通过多种方式和渠道,促进了大量再就业人员上岗就业。2005 年,各培训点共开设了计算机类、服务类、机械类、厨艺类等八大类35个工种,下岗人员可根据自己实际选择一个工种进行技能培训。52.2%的再就业人员在培训后六个月内找到了合适的岗位。社区则通过组织招聘会、与企业建立就业基地、公益性岗位等举措,根据下岗失业人员特点,有针对性地介绍他们再就业。很多再就业人员是经过社区介绍,半年内重新就业的。完善的下岗人员再就业保障体系成为镇江市再就业工程提供了保证。

3. 再就业人员对政府服务基本满意。通过抽样调查,再就业人员对这项政府服务的满意度:再就业培训为57.19%(表3),再就业中介服务为58.02%(表4)。由于这一数据是来自独立调查,因而具有真实性。这也说明,再就业人员对政府服务比较满意。

表3　再就业人员对再就业培训的满意度调查　　计量单位:%

| 题号 | (1)对实践课时和形式 | (2)再就业后收入增加 | (3)培训对再就业的帮助 | (4)对培训内容和效果 | (5)对老师的态度 | (6)对免费再就业培训 | 平均 |
|---|---|---|---|---|---|---|---|
| 很满意(A) | 2.63 | 9.8 | 5.32 | 3.34 | 12.7 | 14.43 | 8.04 |
| 满意(B) | 41.45 | 18.37 | 15.28 | 32.44 | 52.77 | 34.75 | 32.51 |
| 一般(C) | 42.11 | 42.04 | 41.2 | 45.82 | 28.66 | 38.03 | 39.64 |
| 不满意(D) | 13.82 | 29.8 | 38.21 | 18.39 | 5.86 | 12.79 | 19.81 |
| 平均满意率 | 58.22 | 52.04 | 46.93 | 55.18 | 68.08 | 62.7 | 57.19 |

表4　再就业人员对劳动中介服务的满意度调查　　计量单位:%

| 题号 | (1)对信息数量和真实 | (2)再就业后收入增加 | (3)了解再就业政策 | (4)对再就业工作情况 | (5)对工作人员态度 | (6)对再就业服务效果 | 平均 |
|---|---|---|---|---|---|---|---|
| 很满意(A) | 5.02 | 11.19 | 6.31 | 8.68 | 14.29 | 7.64 | 8.86 |
| 满意(B) | 36.45 | 20.9 | 17.61 | 35.76 | 54.49 | 41.2 | 34.40 |
| 一般(C) | 44.82 | 40.67 | 34.22 | 38.54 | 23.59 | 38.54 | 36.73 |
| 不满意(D) | 13.71 | 27.24 | 41.86 | 17.01 | 7.64 | 12.62 | 20.01 |
| 平均满意率 | 58.19 | 54.01 | 47.09 | 59.03 | 68.85 | 60.96 | 58.02 |

技能培训问卷中“你认为再就业培训对你找到新工作帮助大吗”的满意率偏低。这与我国劳动力市场还没有完全采用劳动就业准入制度(职业资格证书),绝大部分用人单位尚未重视职业资格证书,持证者在岗位、薪酬上优势不明显有关,因而满意率偏低是正常的。

在对劳动中介服务问卷中,“通过街道社区或就业管理中心了解到的再就业政策多吗”的满意率偏低。这与劳动部门的再就业政策宣传有关。这说明,劳动中介部门在职业介绍中,不仅要追求成功率,而且要体现以人为本,尊重再就业人员要求和特点,同时,也应当教育再就业人员要根据自身特点正确定位。

## (三)存在的问题

在对镇江市再就业工程绩效评价中,也反映出就业率有待提高等方面的问题。具体为:

### 1. 培训机构缺乏完备的就业跟踪制度

就业率是培训机构的业绩所在,也是生存依据。但由于各种原因,培训机构尚未建立业绩观念。机构自报的就业率、稳定率低于抽样结果也说明了这点。虽然在提高就业率方面,财政部门采用了两次拨款模式,但由于培训机构尚未建立对培训人员的就业跟踪反馈制度,因而只能放弃剩余20%的补贴。当然,再就业人员流动性大,也使得跟踪反馈比较困难。

由于未进行就业跟踪调查,培训机构对劳务市场的动向了解较差,这也影响了就业率提高。缺乏再就业跟踪也使得劳动主管部门难以根据实际来调整政策。

### 2. 培训范围比较狭窄,技术含量有待提高

镇江市劳动力再就业培训是从"短、平、快"的服务性项目开始的,这些项目往往花钱少,时间短、见效快,但也存在着技术含量低、就业竞争性差等缺点。随着时间推移,这些行业的就业人员容易饱和,即使就业的人也容易再失业,这也是造成就业培训的就业率、就业稳定率偏低的重要原因。

这次评价中,我们也发现,俞氏厨艺和高级技工两机构的培训就业率分别达79.07%和76.19%,稳定率达79.07%和88.95%,重要原因是培训的技术含量较高,专业性较强。这一点,应当引起有关部门重视。

### 3. 街道、社区对再就业政策的宣传和发布的信息不充分

发布真实可靠的就业信息是促进再就业人员,特别是经培训后有一技之长的再就业人员重新走上工作岗位的一条有效途径。从问卷结果看,只有23.9%的人认为通过街道社区或就业中心了解到的再就业政策较多,有34.2%的人认为一般,41.9%的人认为不多。在街道社区和就业中心发布

的就业信息数量和真实性方面,满意者为 41.5％,一般者为 44.8％,不满意者为 13.7％。这说明,就业中心和社区的服务有待改进。

4. 培训就业后收入增长有限

从收入增加的调查看,再就业人员中只有 10％月收入比下岗前增加 500元以上,20％在 200～500 元间,40％在 200 元以下,30％人的收入较下岗前有减少。这说明,再就业人员的收入增长有限。造成这一问题,既有一些人下岗前工资收入较高,新岗位就业时间尚较短方面的原因,更有培训项目缺乏技术特长,就业岗位与个人专业特长不匹配等原因。因此,提高培训技术含量可能是提高再就业人员收入的有效途径。

(四)政策性建议

针对上述问题,专家组提出的政策性建议主要有:

1. 加强对再就业财政资金的绩效管理,提高财政资金效益

绩效管理是提高财政资金效益的重要途径,在其他地区举步维艰时,镇江市再就业工程之所以成功,在于贯彻了绩效管理理念,建立了以绩效为中心的再就业机制。针对就业率偏低的问题,专家们指出,应当从改革培训机制入手,通过公共事业市场化运作方式,引进竞争机制来提高培训效率。

一是大力扶持那些培训效果好,就业前景良好,能较大幅度增加再就业人员收入的专业(如数控技术)或项目(如创业培训)。针对它们培训时间长,培训成本高的特点,可以根据受益原则,在政府限额拨款的基础上,适度向受益人收费。对业绩好的项目,还可以通过一次奖励方式,解决其扩大规模中的资金难题。

二是对于那些培训业绩差,就业率不高的培训机构,要求其限期调整,否则解除培训合同。使资源转移到那些技术力量雄厚,社会影响好的培训机构上。

三是改善再就业财政资金的使用结构,随着再就业工作重心逐渐向街道社区转移,相应增加对街道社区等基层部门的投入。

2. 建立再就业人员就业跟踪制度,使绩效评价常态化

一是各培训机构应建立再就业人员培训后就业情况跟踪反馈制度。在招生时,应当详细核查学员的个人信息,在培训结束后,应通过电话、信函等,保持与学员长期联系,借以改进管理。劳动部门可通过减免费方式,鼓励他们办理职业资格证书,此外,对再就业人员的社会保障缴费,财政可通过与企业分担方式,定期分担部分,使之纳入社会保障体系。

二是街道社区和就业服务中心应加强对下岗人员就业情况的跟踪,及时了解他们的就业和收入变动,借以总结经验,合理引导再就业人员。此外,应当借助"金保工程"的网络系统,建立再就业人员就业信息管理档案。

三是建立经常性绩效评价制度。绩效评价是提高再就业工程效率的基本制度环节。镇江市应通过修订绩效评价指标体系,正式将它纳入财政、社保局工作范围。通过绩效评价,及时向媒体公布各培训机构的就业信息,并采取相应的激励机制,将有力地促使培训、就业中介机构的政绩观,在就业跟踪反馈上变"要我跟踪"为"我要跟踪",提高就业率。

3. 结合社会需求,改善培训内容和形式

随着社会对再就业岗位的需求变化,各培训机构也应当及时调整培训计划,改善培训内容,结合自身特色和用人单位需要来设置专业。在培训内容上,除了开设上级劳动部门规定的培训课程外,还应当开设具有本机构特色的课程,以提高竞争力;在专业上,可以在劳动部门目录之外,根据社会需要创设新的专业;在课程安排上,应当根据各专业特点安排理论课程与操作课程。总之,政府要鼓励创建特色培训项目和特色培训机构。

4. 拓展就业信息来源渠道,提高介绍工作岗位的成功率

一是中介机构要加强和用人单位的联系,以获得更多、更加真实的就业信息。

二是应当充分发挥网络的作用,及时公布岗位需求信息。街道社区和就业中心应该走出去,深入了解不同行业、部门的用人需求,准确地为再就业人员提供就业信息。

三是街道社区应该发挥基层组织优势,了解再就业人员的自身特点和

求职意向,有针对性地介绍就业岗位,提高再就业人员的就业积极性。

5. 改进再就业统计方式,避免重复统计

这次评价中,我们还发现培训机构和就业中介机构在就业人员统计上存在一定重复。它会在一定程度上放大再就业效果。为此,建议再作适当改进,例如,中介机构统计时,将就业人员分成获得培训合格证人员和非培训人员等,以避免重复统计。

## 四、由此引发的思考

通过对镇江市财政再就业支出绩效评价,也引发我们的一些思考:

### (一)制度创新是解决我国社会保障困境的必然选择

再就业工程是一项政府从"花钱养人"转到"花钱买就业"的"民心"工程,是解决我国社会保障困境的有效措施,但它也是公认的世界性难题。

在实施再就业工程中,我国许多城市也遇到了资金、岗位和培训机构建设等难题。镇江市成功的秘诀是引进绩效理念,以创新方式来建设制度。依托这一理念,他们引进了民间办学力量,形成了"失业—培训—就业中介—就业"体系,通过街道社区参与并纳入政绩考核范围等措施,使之由"政府工程"变为"社会工程"。这再次证明,通过制度创新,有效整合政府与民间资源,是解决再就业难题的"法宝"。

### (二)必须建立绩效评价机制

理论上说,绩效评价是绩效管理的核心环节。镇江市的经验也表明,再就业工程仅仅靠拨款改革是不完善的。一开始,从财政、劳动部门到培训机构,对什么是再就业工程的业绩、效果是模糊的,绩效评价通过梳理业绩目标,使之清晰化、体系化和量化,建立了针对各指标以测量为基础的评价方法,这就帮助我们理清了思路。通过绩效评价,在肯定成绩的同时也从绩效的角度发现了许多问题,解决了信息不对称下的一些管理难题。因此,绩效评价不仅有理论价值,而且有实际价值,是再就业工程建设中的核心制度。

［马国贤：上海财经大学中国教育绩效评价（研究）中心主任，教授，博士
　　生导师；
彭锻炼：上海财经大学中国教育绩效评价（研究）中心博士］

第三部分

# 国外政府绩效管理评析

# 开展自我评估，改进公共组织

## ——欧洲通用评估框架(CAF)的应用①

尼克·隋杰斯(Nick Thijs)

帕特里克·斯达思(Patrick Staes)

一个组织运作是否良好？为谁运作、围绕什么目标和目的运作？谁在其中平衡协调、考虑了哪些因素？如何使用绩效测量信息的问题是与绩效测量的方式密切相关的。组织绩效的测量范围不仅限于严格意义上的绩效测量。它不只是测量一个组织的成效、产出和结果。因此，在本文第一部分，我们将试图使组织绩效这一概念具有可操作性，但并不是要给出一个非常准确的定义，而是要为这一概念勾画一个轮廓，并就组织绩效测量提出一些问题。在本文第二部分，我们将研究组织管理中的一些质量模型，希望它们可为组织绩效测量提供一些有益的启示。

本文第三部分将介绍通用评估框架(CAF)。该模型是由欧盟成员国的公务员设计的一种质量模型，旨在为公共部门提供一种自我评估的工具。该模型考虑了一个组织运行的所有方面(促成因素)，也考虑了组织的结果。近年来，该模型已在全欧洲范围内普遍应用。根据2005年下半年的一项研究，我们调查了采用该模型的组织中使用组织绩效信息的情况。因此，本文的第四部分介绍了这些组织使用该模型的情况。它们在调查中回答了诸如"谁在使用此模型"、"如何使用此模型"以及"使用此模型的原因是什么"等问题。第四部分还简要提到了组织绩效信息的使用情况。本文第五部分对绩效信息的使用情况进行了阐述。最后，在第六部分，我们探讨了严格意义上的绩效测量在组织绩效测量以及质量管理模型使用中的作用。

---

① 本文的原文题目为：The use of organizational performance information for organizational improvement：CAF-self evaluation and organizational improvement，作者为欧洲公共行政学院通用评估框架资源中心的研究员。中文由国家行政学院王满船编译。在编译过程中，对文中的有关内容和图表均做了较大幅度的调整，原文所附的参考文献未保留。

## 一、追求广义的组织绩效

公共部门必须应对大量挑战并对许多新的社会需求做出回应。由于这些挑战和压力,公共部门成为大规模改革的对象。"在过去二十年里,各国实施了大量的公共管理改革。尽管此前也进行了改革,但1980年以来,许多国家发生的变革表现出一种国际性和一定程度的政治性,使之明显不同于之前四分之一世纪中局部性的或技术性的变革"①。这些改革的特征是采用新的原则、更加关注效率和有效性、注重透明度和责任制、注意公共服务提供和公民/顾客的角色和地位。有关专家创立了多种方法和技术,以突出其中的某一条原则或试图将这些原则结合起来;诸如"目标管理"、"成本收益分析"、"市场检验"、"业绩与薪酬挂钩"、"资金价值"和全面质量管理等技术方法都得到应用。所有这些原则导致了不同的技术方法,但它们都是基于注重结果的政府这个总体理念,而组织绩效及其测量在其中发挥着关键作用。从那时起,有关专家就严格意义上的绩效测量,包括其历史渊源、价值、障碍因素和具体操作等,开展了大量工作。严格意义上的绩效测量可定义为"通过测量对特定社会环境中的组织机构或项目的投入、产出和(或)后果的质或量的定量化表示"②。按照这种理解所进行的研究在很大程度上低估了组织绩效所包含的内容,因为组织绩效概念难以界定和测量,且超出了严格意义上的绩效测量定义所指的范畴。组织绩效不仅通过组织的投入、产出和后果的质或量来测量,还受到组织其他方面因素的影响,即导致这些结果产生的因素。波波维奇等人将高绩效组织须具备的这些因素描绘为"(高绩效组织)清楚自身的使命,明确目标并注重结果,激励员工并促进他们取得成功,保持机动灵活性以随时适应新情况,其绩效富有竞争力,能重构工作流程以满足客户需要,并与各利益相关者保持沟通。"因此,仅仅考虑到其中少数几个因素,并只狭窄地考察组织绩效的几个指标(通常是效率或生产

---

① Pollitt, C. and Bouckaert, G. (2004) Public management reform. London: Oxford, 2004, p314.

② van Dooren, W. (2006) Performance Measurement in the Flemish public sector: a supply and demand approach. Leuven, Departement Politieke Wetenschappen, K. U. Leuven, p30.

力),会把组织绩效这一复杂概念过于简单化。

以此为出发点,本文将把组织理论中发展出来的两个关于组织有效性的概念模型联系起来。首先是与经典的目标模型相联系,通过该模型可以开展严格意义上的绩效测量,但还必须与内部流程模型相结合。在内部流程模型中,组织的各种属性被作为促成其有效性的因素。内部流程模型关注组织的技术因素(如组织的信息和预算体系、流程管理、战略规划文件等等)或人力因素(如旨在提高工作满意度和员工福利的人事管理措施、领导力、利益相关者管理等等)。将上述两个模型结合起来将使组织绩效这一概念的内涵更加丰富,对组织绩效的测量也更加全面。

测量组织绩效的目的是为了改进组织运作,促进组织发展。

## 二、运用质量管理模型测量组织绩效

### 1. 质量思想的发展:从质量到组织管理

提出广义的组织绩效这样一个大概念给我们开展绩效测量带来了一些挑战。为应对这些挑战,我们寄望于质量管理以及质量管理模型和技术。有关质量的思想可追溯到二战后的工业化以及大规模生产的兴起。对质量检验和控制的强调源于对组织产出的重视,它重点关注的是产品。随后,人们的注意力逐渐从生产流程和质量保证转移到全面质量管理(TQM),更加关注用户以及产品和服务对用户的影响。满意度遂成为一个关键概念。全面质量管理强调的是:持续动员组织所拥有的全部资源(尤其是人力资源),以不断改进一个组织的所有要素、产品和服务质量、各利益相关方的满意度及其与环境的融合。全面质量管理的首要目标和最终目标是满足客户的期望。因此,必须有全体员工的积极投入,还必须有搜集和处理有关客户、供应商、组织流程等信息的综合系统。全面质量管理通常与持续的质量改进(CQI)同义使用,全面质量管理还涉及组织文化的变革。质量管理越来越趋向于全面组织管理,既重视组织取得的成效,也重视组织各方面的要素。质量管理的演进如图1所示。

### 2. 质量模型和组织绩效信息

美国联邦公务系统已经正式采用全面质量管理。英国的国家卫生部门

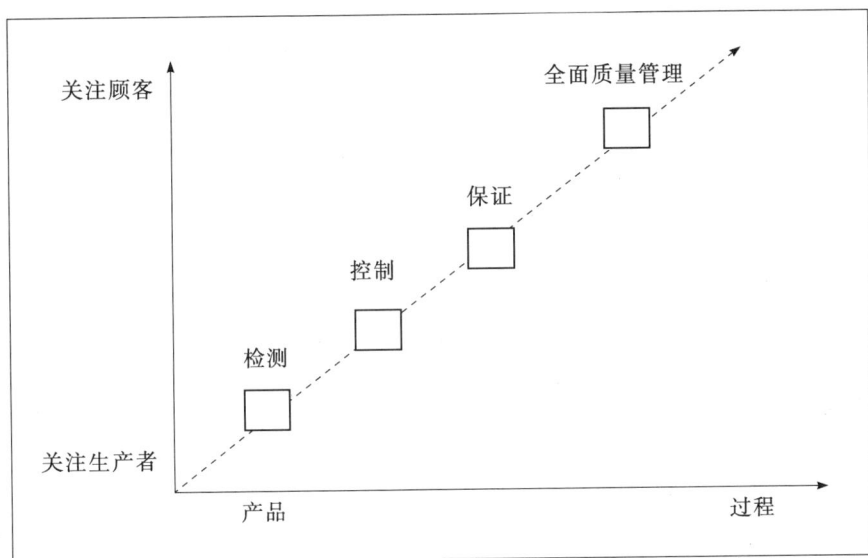

**图 1　质量管理的演进**

也开展了许多全面质量管理的试点。全面质量管理的很多思想和方法在引入公共部门之前，已在私营部门得到发展和实际运用。在20世纪80年代后期，尤其是90年代初期，欧洲公共部门开始关注公共部门的质量并采用一些方法来加强管理。从那时起，先后开发和采用了许多质量管理模型。最初，这场质量运动是以用户宪章为基础的，如1991年英国的《公民宪章》、1992年法国的《公共服务宪章》和1993年比利时的《用户宪章》，此后，许多其他国家也纷纷效仿。在90年代后期，许多全面质量管理的模型和方法（如ISO系列标准、平衡计分卡、欧洲质量管理基金会模型和公共服务卓越模型）纷纷引进欧洲公共部门。

国际标准化组织（ISO）是一个由140多个国家的标准化机构组成的全球联盟，在公共部门中最为知名的标准就是ISO 9000。ISO系列标准和建立在这些标准之上的管理体系被称为"质量保证"。这种方法被概括为"写下你该做的事，按照所写的那么做，并记录失误之事"①。近年来，ISO 9000吸收了全面质量管理的一些思想，包括流程改进。ISO 9000认证在私营部

---

① Ovreveit, J.（2005）'Public service quality improvement'. in Lynn, L., and. Pollitt, C. (eds.); The Oxford handbook of public management. Oxford: Oxford university press, p 549.

门很受欢迎,也已被引入一些公共部门。

另一个被广泛使用的工具是平衡计分卡(BSC)。平衡计分卡是由卡普兰和诺顿开发的。它是一种管理体系(而不仅是一种测量体系),可使组织明确其愿景和战略并将之转化为具体行动。它提供了有关内部业务流程和外部结果的反馈信息,旨在持续改进组织的战略绩效和成果。平衡计分卡建议应从四个视角考察组织,即客户、财政状况、流程、创新和学习。应分别从这四个角度,建立相关测量指标、搜集信息并加以分析。

第三个普遍使用的以全面质量管理为基础的方法是欧洲质量管理基金会(EFQM)模型(即欧洲版的鲍德里奇框架)。欧洲质量管理基金会是在 20 世纪 80 年代末由 14 家欧洲大公司联合成立的,随后开始逐步关注公共部门。1992 年,欧洲质量管理基金会公布了组织自我评估模型。该模型建立在九个标准之上。欧洲质量管理基金会在 1999 年 4 月对此模型做了微调,包含了创新和学习角度,以使其更加适应公共部门。该模型的九个维度是:领导力、员工、政策和战略、伙伴和资源、流程、员工结果、客户结果、社会结果以及关键绩效结果。欧洲质量管理基金会模型在欧洲公共服务部门的应用越来越多。

通用评估框架(CAF)也包括这九个维度。我们将在后文讨论通用评估框架模型。

公共服务卓越模型(PSEM)是关注公共部门的另一种自我评估框架。不过,这种模型未被广泛采用,也不是众所周知的。公共服务卓越模型共有十四个维度:战略和计划、领导力、资源、流程、员工、资源结果、效率结果、员工结果、服务报告、服务产出、服务满意度、项目成果、项目满意度、政策和治理。公共服务卓越模型包括了政策维度,这超出了组织本身可控的范围,因此,这个模型覆盖的范围最广。目前,公共服务卓越模型仅在英国的一些公共服务机构使用。值得注意的是,这些模型均经历了一个发展演变的过程,其中一些模型正趋向重合,在这些模型中,投入/活动/产出/结果链的覆盖面正在逐步扩展。表 1 粗略地列出了这几种模型所包括的内容。在所有模型中,公共服务卓越模型的视角最为全面,覆盖了具体服务直接结果以外的政策背景。

表1 各种质量管理模型包括的内容

| 模型 | 投入 | 活动 | 产出 | 直接结果 | 最终结果 |
|------|------|------|------|----------|----------|
| ISO | X | X | | | |
| BSC | X | X | X | | |
| EFQM | X | X | X | X | |
| CAF | X | X | X | X | |
| PSEM | X | X | X | X | X |

# 三、通用评估框架:评估组织绩效的一种模型

## 1. 历史和背景

经过多年非正式的讨论,人们发现,欧盟内部越来越需要做出更为一致的努力,以优化彼此之间的合作,促进政府服务的现代化。在1998年下半年奥地利担任欧盟轮值主席国期间,有关各国做出决定,要建立一种可广泛应用于公共部门的欧洲通用质量框架,作为组织自我评估的工具。所开展的讨论表明,当时在质量管理领域缺乏一种在公共部门简单易用的自我评估工具。如果能开发这样一种工具,便可帮助欧盟各成员国的公共管理部门理解并采用现代管理技术,尤其是对那些希望尝试采用质量管理体系、开始踏上"迈向卓越之旅"的公共组织,或那些希望将自己与欧洲其他同类组织进行比较的组织而言,这样的工具十分有意义。

通用评估框架(CAF)是由公共服务创新小组(IPSG)联合开发的。后者是一个由各成员国主管公共行政事务的司长联合倡议设立的、由各国专家组成的非正式工作小组,旨在促进欧盟成员国之间在政府现代化和提供公共服务的创新方面开展交流和合作。1998年和1999年,在欧洲质量管理基金会、德国施佩耶尔学院和欧洲公共行政学院的专家共同进行的分析基础上,CAF的基本架构被开发出来。随后,在一些公共组织进行了试用。2000年5月,在里斯本召开的首届欧盟公共管理质量大会期间,公布了CAF的正式版本。通用评估框架与欧洲质量管理基金会的框架在多个评估维度(二级标准)上存在差异,它考虑了公共部门的特点。2002年,在哥本哈根举行的欧盟第二届公共管理质量大会期间,正式发布了经过改进的通用评估框架第二版,使其有别于欧洲质量管理基金会模型的特点更加突出。2006年,通用评估框架再次进行了修订和调整。

317

2. 理论模型

"通用评估框架的主要目的在于提供一种比较简单、免费、易用的框架,它适于欧洲公共组织进行自我评估,便于其交流最佳实践并实施标杆管理等活动"。通用评估框架(见图 2)构成了一个组织的蓝图,体现了一个组织为取得令人满意的结果而实施适当管理所必须具备的各种要素。所有这些要素被归纳为 9 项标准,其中 5 项为"促成要素",另 4 项为"结果要素"。"促成要素"包含了一个组织所做的事情,可与前述的内部流程模型相联系。"结果要素"包括组织所取得的成效,涵盖了经典的目标模型,是对产出和结果的绩效测量,此外还包括对客户/顾客和员工满意度的测量。"结果要素"是由"促成要素"造成的,而源于"结果"的反馈信息有助于改进"促成要素"。这九项标准又被进一步细化为可操作的二级具体标准。根据这些二级标准,由组织内部人员组成的一个小组可以对组织进行评估。

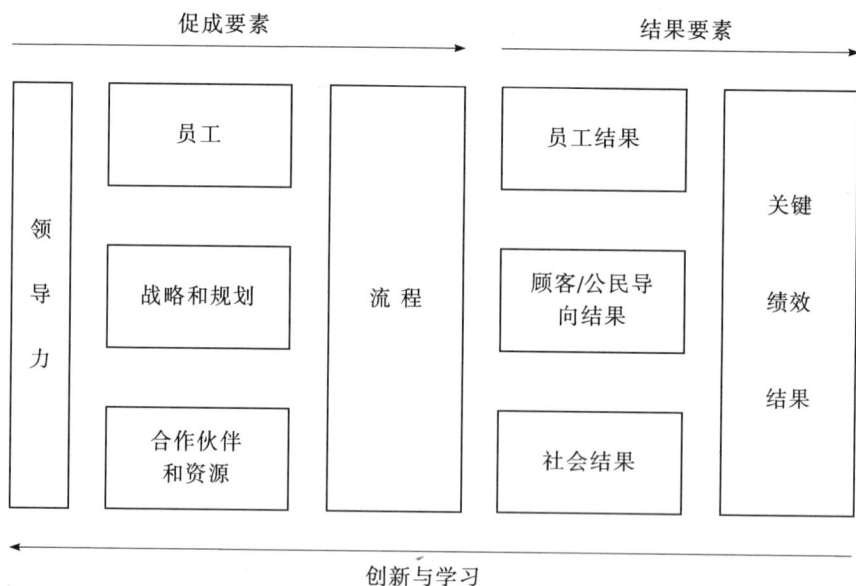

图 2　通用评估框架

通用评估框架可用于国家/联邦、地区和地方政府的各类公共组织,也可用于多种目的,如作为一项系统改革计划的一部分,或作为公共服务组织实施专项改进行动的依据。在有些情况下,为了开展组织诊断,采取改进措施,公共组织可以进行自我评估;而在另一些情况下,尤其是在一些大型组

织中,可以在组织的部分机构(如选定的某个司或处)开展自我评估。为此,通用评估框架的作用包括:

(1)以欧洲范围内广泛接受的一系列标准为尺度,在相关证据的基础上对公共组织进行评估;

(2)可以确定组织所取得的进步和突出成果;

(3)促使组织的发展方向连贯一致,并就今后改善组织所需要采取的措施达成共识;

(4)将组织目标和支持性战略和流程联系起来;

(5)通过使员工参与改进过程来激发其热情;

(6)在组织内部的不同部门或在不同组织之间交流和提倡好的做法;

(7)将各种质量管理措施纳入日常业务运作;

(8)通过周期性的自我评估测量组织长期取得的进展。

3.如何应用通用评估框架

采用通用评估框架,一个由公共组织内部员工临时组成的小组可以对该组织进行批判性评估。CAF的评估标准如表2所示。

表2　通用评估框架的评估标准

| 要素 | 一级标准 | 二级标准 |
|---|---|---|
| 促成要素 | 1.领导力 | 1.1 提出组织的愿景、使命和价值观,指导组织的发展方向 |
| | | 1.2 建立组织管理、绩效和变革管理系统,并推进系统的运行 |
| | | 1.3 激励和支持本组织的员工,并以身作则 |
| | | 1.4 管理与政治家和其他相关利益者之间的关系,以保证责任共担 |
| | 2.战略和规划 | 2.1 收集与利益相关者当前和未来需求有关的信息 |
| | | 2.2 根据利益相关者的需求和可用的资源,制定、评估和修正组织的战略和规划 |
| | | 2.3 在整个组织内实施战略和规划 |
| | | 2.4 规划、实施和评估组织现代化和创新 |
| | 3.员工 | 3.1 根据组织的战略和规划来规划、管理和改进人力资源 |
| | | 3.2 围绕个人和组织的目标,发现、开发和运用雇员的能力 |
| | | 3.3 通过开展对话和授权促进员工参与管理 |

| 要素 | 一级标准 | 二级标准 |
|------|----------|----------|
| 促成要素 | 4. 合作伙伴和资源 | 4.1 建立和维持关键的合作伙伴关系 |
| | | 4.2 与公民/顾客建立和维持合作伙伴关系 |
| | | 4.3 财务管理 |
| | | 4.4 信息和知识管理 |
| | | 4.5 技术管理 |
| | | 4.6 设施管理 |
| | 5. 流程 | 5.1 不断确认、设计、管理和改进工作流程 |
| | | 5.2 开发和提供面向公民/顾客的服务和产品 |
| | | 5.3 在发动公民/顾客参与的前提下革新业务流程 |
| 结果要素 | 6. 顾客/公民导向结果 | 6.1 顾客/公民满意度测量的结果 |
| | | 6.2 顾客/公民导向的结果指标 |
| | 7. 员工结果 | 7.1 员工满意度和激励度测量的结果 |
| | | 7.2 员工结果的指标 |
| | 8. 社会结果 | 8.1 利益相关者感知的社会测量结果 |
| | | 8.2 组织确立的社会绩效指标 |
| | 9. 关键绩效结果 | 9.1 外部结果:产出和成果 |
| | | 9.2 内部结果 |

　　自我评估小组根据所有这些一级标准和二级标准对所在组织进行评估打分。"促成要素"和"结果要素"的评分表见表3和表4。这种自我评估程序显然不如那种由受过训练的外部评估者进行的组织评估严格和细致,但其成本较低,还有其他一些优点,如可揭示员工对其所属组织的主观看法。

**表3　促成要素评分表**

| 评分 | |
|------|---|
| 0 | 没有证据或者只有传闻性证据表明采取了某种措施 |
| 1 | 计划了某种措施——P(即计划) |
| 2 | 计划并实施了某种措施——D(即实施) |
| 3 | 计划、实施了某种措施,并对之进行了评估检查——C(即检查) |
| 4 | 计划、实施了某种措施,根据标杆数据对该措施进行了评估检查,并做出了相应的调整——A(即调整) |
| 5 | 计划、实施了某种措施,根据标杆数据对该措施进行了评估检查,做出了相应的调整,并将这种过程完全融入了整个组织 |

**表4　结果要素评分表**

| 评分 | |
|------|---|
| 0 | 没有对结果进行测量 |
| 1 | 对主要结果进行了测量,表现出下降或者停滞不前的趋势 |

| 评分 | |
|------|------|
| 2 | 测量结果表明取得了较小的进步 |
| 3 | 测量结果表明取得了实质性的进步 |
| 4 | 取得了优异的结果，超过了组织预定的目标 |
| 5 | 取得了优异的结果，超过了组织原定的目标，成为相关组织机构中的标杆 |

## 四、通用评估框架的使用情况

在 2005 年下半年，欧洲公共行政学院的通用评估框架资源中心代表欧盟轮值主席国卢森堡进行了一项有关使用通用评估框架情况的调查。一份与每个欧盟成员国和候补成员国的通用评估框架联系人合作设计的调查问卷被发给各国的联系人，以获得通用评估框架在各国（包括欧盟成员国、候补成员国和挪威）应用状况的信息。所有 27 个国家的联系人均对调查问卷做出了答复。对那些采用通用评估框架的组织，在网上给它们提供了调查问卷。22 个国家的 131 个组织将调查问卷寄回了欧洲公共行政学院。本文以下部分的论述是以我们在 2005 年的这次调查中获得的数据为依据的。

### 1. 哪些组织在使用 CAF 模型

在国家和欧盟层次上汇总有关通用评估框架使用数据的信息仍然比较困难。这主要是由于这种评估工具自身的性质所致，因为它鼓励通过自我评估进行组织发展。如同 2003 年的研究一样，各国联系人被要求对通用评估框架在其本国的使用情况进行估计。在 2003 年秋季，22 个国家估计大约共有 500 个机构使用了 CAF；而在 2005 年，20 个国家估计共有 885 个机构使用了 CAF。

根据 22 个国家 131 个组织寄回到欧洲公共行政学院的调查问卷获得的信息，可从不同角度对通用评估框架的使用情况进行考察。中央和国家政府组织在调查中比例较高，这至少可表明一些中央政府机构也在应用通用评估框架。这一模型的用户不仅分布于不同政府层级，而且包括多种不同类型的管理组织，如部委、执行局、地方和区域性管理机构等。

除组织所处的管理层级外，使用 CAF 模型的公共组织的规模也是一个有意思的考察角度。调查发现，该模型被应用于各种规模的公共组织，但超过一半的组织的员工数量在101～1 000人之间。非常小的组织(少于10人)和非常大的组织(超过1 000人)仍是例外情况。这表明该模型适用于各种规模的组织。

### 2. 通用评估框架是如何使用的

(1)使用通用评估框架的原因

我们在调查中提出了为什么这些组织选择使用通用评估框架的问题,以找出这些组织希望采用一种组织绩效模型的原因。我们在调查问卷中设计了封闭式问题,列出了影响一个组织采用通用评估框架的多种可能原因,让被调查组织选择回答。这些原因可分为两大类——内部和外部原因。以5分为计分尺度(1分代表一点也不重要,5代表非常重要),我们要求参加调查的这些组织回答所列的各种因素在其决定采用通用评估框架过程中的重要性。调查结果发现,12个被视作最重要的原因均系内部原因。这突出表明有关组织希望找出自身的优势和有待改进之处,促进质量管理文化的形成并持续提高质量,而这些正是CAF这一自我评估工具的目的所在。另一方面,当有些组织是为了回应利益相关者或政治家们的要求而采用通用评估框架时,外部原因也可能十分重要。

(2)使用通用评估框架的决定

对于作为CAF用户的公共组织而言,当初是谁做出决定要使用这一模型呢?调查结果表明,在这方面,最高行政管理层发挥了相当大的作用。除最高行政管理层外,政治家阶层也发挥了重要作用。19％的用户开始使用组织绩效模型的决定是在最高行政管理层提出建议后,由政治家阶层做出的。也就是说,是政治家们最终做出决策批准使用该模型。有15％的用户,是由政治家阶层直接倡议使用该模型的,应该说,这个比例相当高。当然,这类情况多数出现在地方政府,因为在地方政府,政治家的直接影响相对较高,且政治领导和行政领导之间的联系更加密切。

## 五、从评估到改进:使用组织绩效信息,为组织改进服务

正如上文所述,我们的调查结果显示,CAF用户采用组织绩效模型的最重要原因是内因,它们关注组织的改进,包括改进组织的"促成要素"和"结

果要素"。在本部分，我们将进一步考察开展自我评估之后的结果和所采取的改进行动。

### 1. 开展自我评估的益处

自我评估可能有多种益处。在调查中，我们列出了开展自我评估的主要益处，然后采用 5 分制，请被调查的公共组织对所列各项的重要性打分。结果发现，最重要的益处是"了解本组织分享信息、改进沟通的需求"，与采用 CAF 的原因分析完全吻合。使用 CAF 应该针对所找出的有待改进之处采取改进行动，因此，首先需要找到并评估本组织的优势、弱点和有待改进之处。所以，在调查中，"准确找出组织自身的优势和须改进之处"以及"我们可确定许多需要采取的重要行动"分别排在开展自我评估的益处的第二和第三位。

### 2. 改进行动的实施

在调查中，我们询问了被调查组织制订实际改进计划、采取改进行动的情况。87％的组织回答说通用评估框架导致了持续的改进行动。与 2003 年相比，这个比例大为提高。尽管采用通用评估框架的组织中有近十分之九开始采取改进措施并不能证明通用评估框架可确保组织改进，但这至少表明该模型是推动公共组织实施改进行动的一个重要动力。

在组织找出自身优势和有待改进之处与采取后续改进行动之间似乎存在显著的联系。对调查数据的分析表明，在采取改进行动的组织中，82％都认为找出自身优势和须改进之处是非常重要的；而在那些未采取改进行动的组织中，仅有 36％表示它们使用通用评估框架的目的是要找到自身的优势和弱点。

### 3. 未采取改进行动的原因

对于在采用通用评估框架进行自我评估之后未采取改进行动的组织，我们询问了其原因。在调查中，我们列出了导致这些组织未采取改进行动的多种可能原因，然后请被调查组织根据这些原因的重要性打分。结果发现，"缺少时间"和"其他事情更加优先"两个原因高居前两位。这再次证明，在一个组织采用通用评估框架进行自我评估时，高层管理者的参与有多么重要。若没有他们的支持,还不如不使用 CAF 进行自我评估,以免浪费人力、辜负人们的期望。

## 六、绩效测量的情况

### 1. 缺少绩效测量是评估组织绩效的主要障碍

2005 年的研究还对组织使用 CAF 开展自我评估所遇到的障碍进行了分析。在调查中,我们列举了可能遇到的主要障碍,请被调查的组织根据自身的情况给这些障碍因素打分,说明其重要程度(1 分代表不重要,5 分代表非常重要)。结果发现,很多组织在应用通用评估框架的过程中都遇到了障碍。而"缺少对绩效结果的测量"对很多组织而言是最主要的问题,因而被列为首位。在所有障碍因素中,排在前三位的障碍因素都与使用 CAF 组织的自身环境有关。当然,在理解 CAF 的评估标准和评分方法方面存在困难也是使用 CAF 的障碍之一。

### 2. 寻找好的实践做法

在自我评估中,67％的组织发现了自身的优势或强项,即好的实践做法。当然,对于某一个组织而言是好的做法对另一个组织而言则未必是,但将其自身作为某个方面良好管理的榜样展现出来是开展标杆管理、进行标杆学习的第一步。在调查中,在 CAF 所有的二级标准方面都发现了好的实践做法,其中,80.5％的实践做法与促成要素相关,19.5％与结果要素相关。

## 结论

在其长期演变过程中,关于质量和质量管理的思想转向组织管理,包括组织管理的方方面面——从领导力、决策和战略、人力资源管理和整个业务流程中的人力资本管理,到公民/客户满意度以及组织核心领域的效率和效能等最终结果。这些良好管理的各种因素已被纳入许多质量模型,通用评估框架(CAF)便是其中之一。该模型是以欧盟各国的情况为背景设计的,是专门为公共部门开发的，其目的在于通过组织的自我评估推广优秀管理的各项原则。

[尼克·隋杰斯（Nick Thijs）（比利时）：欧洲公共行政学院通用评估框
架资源中心研究员；
帕特里克·斯达思（Patrick Staes）（比利时）：欧洲公共行政学院通用评
估框架资源中心研究员]

# 西方国家政府绩效评估的发展趋势与思考

许晓平　胡月星

政府绩效评估,是从传统管理型政府向现代服务型政府转变的客观需要,是提高政府公共部门管理水平,增强政府核心竞争能力的重要举措。西方国家公共管理改革的一个重要启示,就是引入企业先进的管理理念,以公共责任和顾客至上为导向,以提高效率与服务质量、改善公众对政府公共部门的信任为目的,把政府绩效评估与转换政府职能、提高政府部门在管理公共事务以及社会事务的竞争能力紧密结合起来。

## 一、西方国家政府绩效评估的发展趋势

政府绩效评估是西方发达国家政府治理方式的重大转变,这场被称为西方"新公共管理运动"浪潮的掀起,将企业责任意识、结果导向、顾客至上引进为政府公共部门改革的基本理念,对政府绩效管理和政府机构改革形成了很大冲击。受这股变革思潮的影响,西方发达国家开始重视政府公共部门绩效质量管理,并以此作为推进政府公共部门体制改革,提高政府部门竞争能力的重要手段。目前,西方国家特别是美英等国家政府绩效评估呈现出以下发展趋势:

### (一)确立政府绩效评估以公共责任、顾客至上的基本理念

政府绩效评估作为改善政府公共部门与公众的关系、加强公众对政府信任的重要措施,蕴涵了新公共管理理论中的公共责任、注重效益和顾客至上的基本理念,体现了时代变革与经济发展的需求特征。早在20世纪60年代后期,弗雷德里克森(H. G. Friderickson)就提出了"新公共行政学"理论。

该理论针对以往政府公共管理以经济和效率为基本目标存在的种种弊端，认为公共行政的核心价值是社会公平，主张将过去的"效率至上"转为"公平至上"，强调公共行政变革应坚持顾客导向原则，将顾客的需求作为政府公共部门存在、发展的前提和政府公共部门组织设计方案遵循的基本目标。新公共行政学理论对西方国家政府改革实践产生了广泛的影响，由此奠定了当代公共管理基本理念的雏形和绩效评估的理论基础。随着现代科学技术的迅猛发展和国际竞争的日趋加剧，如何使政府部门更有回应性、更有责任心和更富有效率，如何衡量评价政府管理及其所产生的结果成为时代所关注的焦点问题。为此，西方国家尝试把私营部门的一些管理方法与经验运用到政府公共部门，普遍采取了以公共责任和顾客至上的新思路，以谋求提高效率与服务质量，进一步改善公众对政府公共部门的信任。这一基本理念的确立，为西方国家政府绩效评估明确了目标。围绕这一基本目标，西方国家进行了大量卓有成效的探索实践。1993 年 9 月，克林顿总统签署了《设立顾客服务标准》(Setting Customer Service Standards)的第 12862 号总统令(Executive Order)，责令联邦政府部门制定顾客服务标准，要求政府部门为顾客提供选择公共服务的资源和选择服务供给的手段。根据该总统令，顾客至上原则意味着联邦政府为美国人民提供能够得到的最高质量的服务。1994 年，美国国家绩效评论还专门出版了《顾客至上：为美国人民服务的标准》。在英国，撒切尔夫人推行的"下一步行动方案"、"公民宪章"运动、"竞争求质量"运动彻底扭转了以往"效率战略"改革方向，开创了质量和顾客满意的新方向。继撒切尔夫人之后，梅杰政府推行了公民宪章运动和竞争求质量运动，这些改革措施进一步强化了质量和顾客服务的改革思想。布莱尔新工党政府上台后，沿袭了保守党的改革方向，继续强调公共服务的效率、资金的价值和顾客导向，将公民宪章更名为"服务第一"，设立了公民评审小组；在地方政府层次上，推行最优价值标准，使公共责任、注重效益和顾客至上的理念进一步得到实践和推广。可见，随着绩效评估的深入发展和现代政府角色职能的重新界定，政府公共部门与公众之间的关系已由治理者与被治理者转变为公共服务的提供者与消费者、顾客之间的关系，公众已成为了政府管理活动服务的对象，是公共服务的消费者和顾客，政府作为公共服务的供给者，将更加重视管理活动的产出、效率与质量。西方国家政府绩效评估当中贯彻的公共责任和顾客至上的基本理念，对我们深入开展公共管理部门绩效评估工作,对于推进从传统管理型政府向现代服务型政府职能的转变,无疑将具有重要的借鉴意义。

### (二)评估标准从效率指标转向效益和公民满意度

早期开展的政府绩效评估主要是以行政效率为核心课题,重视节约成本、提高政府效率。在英国,撒切尔夫人当初引入绩效评估工具,主要是针对当时英国政府存在的效率太低、浪费严重的问题,希望通过借用企业中的绩效评估工具来审查政府绩效状况,以提高行政效率和降低开支。在 20 世纪 80 年代初期,英国的效率小组便建议评估的重心要在财务管理新方案中设立"经济"(Economy)、"效率"(Efficiency)、"效益"(Effectiveness)的"3E"标准体系,以取代传统的效率标准。随着新公共管理理论的发展和政府绩效评估的逐步深入,在确立评估指标体系方面借鉴私营企业的做法越来越多,又出现了"标杆管理法",与"3E"评价法相比,标杆管理法在指标体系构建上更加完善和全面,除了经济层面的指标外,还包括政府提供的公共产品如教育质量的比较评估,政府在公益性活动中所作努力的指标等,使政府全面考虑自身在社会中应承担的责任。英国政府公共部门的改革虽然在经济和效率方面取得了显著的成就,但另一个问题也开始变得日益突出,即如果行政改革继续以经济和效率为重点,必然受到牺牲质量和公共服务来追求开支节省的指责。为此,行政改革的侧重点从经济、效率向质量、公共服务转移。同样,作为英国行政改革的重要内容,公共部门绩效评估的侧重点也由经济、效率转向质量和顾客满意度。几乎与此相对应,美国、加拿大等国家也开始进行大范围的政府顾客满意度调查,将提升顾客满意度作为政府绩效的目标。被誉为美国"硅谷心脏"的桑尼维尔市开发运行的政府绩效管理系统,就被认为"是至今在美国唯一最好的实现可理解的绩效评估方法的案例",其中,最引人注目的就是拥有一套完整的城市公共管理市民满意度评价体系。桑尼维尔市一直将年度市民满意度调查作为其"组织有效性"项目的组成部分,并将调查结果如实反馈给市政官员和市民,作为各政府部门年度评估的一部分,取得了良好的效果。

### (三)评估主体由单一转向多元评估

绩效评估最初引入公共部门时,主要是作为上级部门评审、检查下级部门的一种手段。这一时期,政府绩效评估主要采用自上而下的单向反馈方式,评估主体比较单一。任何一个业已确定的评估主体都有自身特定的评估角度,有不可替代的比较优势,同时,具有特定身份的评估主体亦有自身难以克服的评估局限。随着行政改革的变化,政府绩效评估也由以政府为中心转变为以服务对象为中心,评估主体由公共组织自身扩展到社会公众。在评估过程中有公民和服务对象的广泛参与,由单纯的政府机关内部的评估发展到社会机构共同参与评估。政府、媒体(公众)和研究部门都可以作为评估者。并且引进第三方进行评估发挥着越来越重要的作用,第三方评估多是领域内的专家和学者构成,且大都掌握专业知识,信息面较广,又与被评价者没有利益冲突,更能客观公正地做出评价。在发达国家,依靠独立于政府之外的专门机构进行评估的做法渐成气候。一些国家把政府审计部门作为评估主体,英国的审计委员会、美国的审计总署都是公共绩效评估的重要力量。此外,一些民间机构在政府绩效评估中发挥巨大的作用。比如,美国锡拉丘兹大学坎贝尔研究所从 1998 年对全国的 50 个州政府展开了大规模的绩效测评活动,仅仅几年时间,其成效就得到了政府部门和社会民众的关注和认可。

## (四)绩效评估管理逐步规范化、制度化

立法保障是开展政府绩效管理的前提和基础。制度化也是当前国际上评估活动的趋势之一。1993 年,美国政府颁布了《政府绩效和结果法案》(GPRA),规定了政府绩效管理的目的、管理的内容、管理的责任、政府绩效管理的实施进程等。要求每个机构必须制定战略规划、年度绩效计划和绩效报告制度。所有联邦政府机构必须向总统预算办公室提交战略计划;所有联邦政府机构必须在每一个财政年度编制年度绩效计划,设立明确的绩效目标;联邦政府机构须向总统和议会提交年度绩效报告,对实际绩效结果与年度绩效目标进行比较,年度绩效报告必须在下一个财政年度开始后的 6 个月内提交。GPRA 改善了各联邦机构的战略规划与绩效评估,使美国政府的绩效改革得到了前所未有的发展。通过绩效协议将工作目标层层分解,这使得联邦政府与州政府、地方政府之间,各联邦机构之间,甚至各机构内部的权责关系发生重大变化,动摇了传统官僚模式下垂直式的权力结构。这种新的政府组织结构正是美国政府所推行的分权化、顾客中心、结果导向

等改革所必需的,GPRA 使得传统的政府组织关系向这种新模式的演进大大前进了一步。在 GPRA 的有力推进下,美国州和地方政府也纷纷仿照联邦政府的绩效与结果法制定了长期规划、年度计划和绩效报告。有的还结合地方部门实际对绩效考评指标体系进行了分解细化,提高了绩效评估的可操作性和实践性。继美国的《政府绩效和结果法案》之后,荷兰政府也公布了《市政管理法》,市政管理法要求对地方当局的工作绩效进行评估,以提高效率和服务质量。澳大利亚的公共组织绩效评估与具体的改革计划和措施融为一体,如财务管理改进计划、项目管理和预算改革等。设立绩效示标和制定绩效评估方案成为每个政府机构工作计划的一个部分,这些将正式列入各部门的年度预算文件并公开发布。英国政府则以管理规范形式将绩效评估纳入重大改革方案,并制定相关政策来指导、规范其实施。例如,为推动公民宪章运动,英国政府成立了公民宪章领导小组,先后发表了《公民宪章》、《公民宪章指南》、《1992 年公民宪章首次报告》等。西方国家通过立法的形式,明确了绩效管理机构在政府中的地位、作用以及评估者的权利义务,使评估活动有充分的可信度和透明度。而且,通过颁布绩效管理工作的制度和规范,对公共管理过程哪些项目应该进行评估、开展什么形式的评估、评估应注意的事项等问题,做出详细规定,提高了绩效评估的权威性。

### (五)绩效评估信息反馈转向电子政务

便捷的信息交流反馈机制,是开展绩效评估的基础。绩效评估所需要的信息量大,涉及的部门多,这就意味着各种信息应该在政府、社会公众之间有着广泛的交流与沟通,而不仅仅是在政府公共部门之间的交流和沟通。为此,需要建立一个灵活、便捷、高效的信息处理、转换平台,以最大限度的节省成本,提高评估效率。1993 年美国《国家绩效评论》(NPR)中首先提出了构筑以顾客为导向的电子政府和政府在线服务的发展目标,成为电子政府建设的发起者,并很快发展到英国、奥地利、加拿大、荷兰、芬兰等国家以及欧盟等国际组织。这些国家在这方面的发展目标是:澳大利亚 2001 年实行所有适当的联邦政府服务通过电子政务网络传送;加拿大 2004 年实行所有关键的政府服务完全在线;芬兰 2001 年实行相当大一部分表格及申请由电子化处理;法国 2000 年末所有提供给公众的公共服务和行政文件都由因特网传递;德国没有很高的目标,只确定了某些部门的目标;日本2003财政年度所有涉及公民与政府的申请、注册和其他行政程序都通过因特网或其他方式在线;英国2005年100%的政府服务实行电子传递;美国2003年在线提供公共服务及政府文件、并为公众提供选择电子交表。西方国家这样做的目的,既满足了日常绩效管理的信息要求,又满足了绩效评估与评估者的信息沟通要求。社会公众也可以通过政府官方网站迅速了解政府机构的组成、职能、办事规程、各项政策法规和政府服务项目等信息,在网上表达自己的意志和提出对公共服务的要求,实现公众参与的权利和义务;同时,绩效评估主管部门还可以充分利用电子计算机和现代通讯技术,把国家各项公共项目的实施结果、实施过程的监测数据、已开展评估工作的资料、有关各地方和各部门乃至全国性的统计指标和数据等,汇集形成全国性的绩效评估数据库,建立信息系统处理平台,以提高政府部门信息处理分析和决策反应能力。

## (六)评估方式手段注重定量与定性相结合

绩效评估的科学性与评估方法手段的先进性密切相关,尽管政府部门的职责和工作性质千差万别,但其经济、效率、效益和公正性等内容大部分可以量化为系统的绩效评估指标。也由于政府绩效产出具有无形性与间接性的特点,还不能完全像企业那样具有清楚明确的利润指标,有些绩效指标存在难以进行定量分析的问题。针对这种情况,西方许多国家政府公共管理部门将绩效评估内容进一步细化分解,研究制定出一系列可操作的绩效评估指标体系和评价工具,这一体系不仅要考虑到经济发展指标,也能兼顾到社会发展指标,以做到定量与定性评价相结合,确保评估质量。1992年,美国哈佛商学院教授罗伯特和同事开发了一种新型的平衡记分卡方法。平衡记分卡提出了要将政府短期目标与长期目标、组织战略与评估指标体系相结合的要求,要求政府对社会发展所承担的眼前责任与长远责任结合起来,政府不单单要学会花纳税人的钱实现财政收支的平衡,更重要的是要承担起引导社会良性发展的重任,既考虑当前发展又关注长远战略。平衡记分卡将效率与效益的关系巧妙结合起来,注重定性定量分析,自面世以来得到了广泛应用,已成为政府绩效评估的一种新工具。

## 二、推进中国政府绩效评估需要重视的关键问题

综观我国政府绩效评估的发展历程,我们可以看到,在建立适合中国政府部门绩效评估体系方面我们开展了大量的探索与实践,取得了许多成功的经验做法,但与西方国家比较,无论在体制方面还是在操作内容标准上,都还存在一定的差距。为此,推进中国政府部门绩效评估事业发展,要重视解决好以下几个关键问题:

### (一)牢固树立科学政绩观,明确政府绩效评估"究竟为了谁"的问题

建设高效、廉洁、务实的民主政府,使之能够承担起改革开放、推进民主政治建设的重大责任,必须抓紧建立和完善一套科学的政府行为评估和制衡机制,对政府管理行为进行监督和制约,以适应社会发展和经济现代化建设的客观需要。开展政府绩效评估,其目的不仅在于客观的评价政府工作绩效,更重要的在于提高政府的整体工作效能。从深层意义上讲,政府绩效评估作为加强政府公共管理能力建设的重要举措,直接关系到党和政府在人民群众中的形象,关系到政府核心竞争能力的提高,关系到政府公共管理的合法地位。应当看到,在我国一些地方政府部门,对绩效评估的重要意义还认识不足,有的还相当模糊。个别人认为绩效评估,无非是政府部门自己给自己凑热闹,玩个新鲜花样给百姓看;有的甚至搞走过场,只对绩效评估的轰动效应感兴趣,而对评估结果究竟"能怎么样"不感兴趣,使评估工作流于形式。还有一些地方政府不是为了从根本上改善政府管理和服务,提高政府绩效,而是为了附和当前国内公共管理领域中的"流行趋势",评估变相成为地方政府领导的又一项政绩工程。由于认识不到位,政府绩效评估"自发性"、"盲目性"、"随意性"、"单向性"、"消极被动性"和"封闭神秘性"等问题难以避免,这些问题严重违背了政府绩效评估的初衷,妨碍了政府绩效评估事业的健康发展。从西方政府绩效评估本身来讲,新公共管理理论是以实现政府管理的三"E"——经济(economy)、效率(efficiency)、效益(effectiveness)为目标的全新的政府评估模式。其不仅评估政府为满足社会和民众的需求所履行的职能,更重要的在于评估政府维护民主与法制,促进社会稳定、经济发展和人民生活水平改善与提高方面的积极作用。为此,必须牢

固树立科学的政绩观,要从加强政府公共部门能力建设,推进地区社会经济发展,提高政府竞争能力的高度来认识绩效评估工作的重大意义。重要的是把政府绩效评估"究竟为了谁"的问题搞清楚,这是开展政府绩效评估工作的基本前提。

(二)制定评估标准体系,厘清绩效评估"究竟是什么"的问题

目前,在确定政府绩效评估指标体系时,有的地方采取三分法,将绩效划分为政治文明建设、精神文明建设、社会事业进步三个项目,有的是四分法,将绩效划分为政治、经济、文化和社会四个方面。在此基础上又根据各自的内容范畴又划分为若干具体指标。这样的分类方法比较简便,也容易识别。但在具体操作上却比较困难。主要是有些指标内容比较庞杂,有的难以进行具体量化,还有的项目设计比较粗糙,容易出现简单随意性。为此,政府绩效评估在基本内容确定之后,在具体评价指标上都应当采取硬性指标和软性指标的办法处理。所谓硬性指标就是指可量化的指标,它反映具体客观事实,有确定的数量属性。比如地方财政税收、就业率高低、文化程度以及居民收入水平等。只要事实清楚,原始数据真实完整,指标统计结果具有客观上的确定性,不同对象之间具有明确的可比性。软性指标是指难以量化的公众需求和满意度,它反映人们对评估对象的态度、价值取向和认可度,是主观感受的集中反映,有相当的模糊性、不确定性和不可比性。我国地方政府绩效评估既要重视使用硬性指标,更要在处理软性指标上下功夫。因为行政主体的服务对象即社会公众的需求、愿望和满意度都是非常重要的软性指标,社会公众满意不满意、高兴不高兴、答应不答应、认可不认可,不是由政府部门和官员自己说了算,而是由人民群众自己来评判。我们的政府是人民当家作主的政府,人民群众的需求、愿望和感受,是确定政府工作目标和重点任务的前提,他们对政府工作效果的评价也是政府检查总结工作的标准。但是,由于软性指标具有内隐性、模糊性和主观性特征,因此,在指标体系设计中,对经济建设、社会发展等硬性指标要尽量细化、明确化,同时,对公众态度、需求以及满意度体验等软性指标,要采取社会测量学、心理统计学、管理学等多种有效办法进行分解,发放心理需求调查表和主观满意度调查表,收集各种软性指标信息数据,对此进行分析解释。经过数据处理分析,将各种主观判断赋予相应分值、权重,再与硬性指标分数加

总,合成测评总分。最近,国家人事部《中国政府绩效评估研究》课题组在总结国内外相关指标体系设计思想和方法技术的基础上,经过深入调查,并组织有关专家论证分析,提出了一套适用于中国地方政府绩效评估指标体系。该体系共 47 个指标内容,主要由职能指标、影响指标和潜力指标 3 个一级指标,11 个二级指标以及 33 个三级指标构成。课题研究在系统评估中国地方各级政府,特别是市县级政府的绩效状况方面进行了有益的探索。

### (三)制定和完善政策法规,规范绩效评估"应当怎么做"的问题

绩效评估规章制度建设是开展政府绩效评估的前提和基础。当前一个突出的问题是,评估仍然存在着标准不一,尺度不准,不按规矩操作的倾向。在评估内容指标上,有的把政府职能认定为只有经济职能,对政府的经济职能与企业的经济功能不加区分,直接把经济指标当作绩效考核的硬指标,使绩效评估偏离公共性的价值取向;在具体操作上,一些上级组织和各级领导拥有过大的权力,掌握着各种资源的配置权和下级政绩的评判权,下级政府组织为了实现经济赶超,完成上级下达的各项指标,而采取数量化任务分解的管理方式和物质化的评价体系,使经济产值和增长速度成为地方政府绩效评估中首要的甚至是唯一的关注点;在绩效结果上,片面追求经济增长速度,"以 GDP 为中心",容易导致忽视经济增长的效率与质量,不惜以浪费资源、破坏环境为代价发展经济,忽视了人与社会的和谐发展,与建设和谐社会的根本目标相抵触。针对目前地方政府部门绩效评估存在的随意化、形式化等问题,当务之急,是要建立一整套确实可行的规章制度,以保证政府绩效评估活动的健康开展。法制化是当前国际上绩效评估活动的主要趋势之一。为此,要在吸收借鉴西方英国和美国绩效评估的先进经验和管理技术的基础上,结合中国地方政府的具体情况,抓紧研究制定适合我国各级政府实际需要的绩效评估政策法规制度体系。要从绩效评估的指导思想、基本原则、操作程序、内容标准、组织实施、结果应用等方面进行规范说明,为政府绩效评估提供政策法律依据。在目前的情况下,可以先制定《地方政府绩效评估暂行条例》,强化政府绩效评估的地位与作用,维护政府绩效评估的权威,以确保绩效评估的顺利实施。为配合这项工作的开展,一些配套政策规定也要细化和完善。比如,制定《政府绩效评估实施细则》,进一步规范政府绩效评估的计划、实施和报告的行为,以利于政府绩效评估机构和人员

的监督管理。

### (四)建立多重评估机制,解决绩效评估"究竟谁来做"的问题

构建科学的地方政府绩效评估体系,必须明确谁来评估的问题,它决定了评估是否全面、客观、公正、准确。正像一个人的自我评价一样,政府自己评自己是必要的,但却是不充分的。我国现行的地方政府绩效评估往往局限于部门内部评估,或者上级政府及上级官员对下的考察,这就很难避免部门保护和人情因素干扰评估的公正性,也会形成各级组织只对上级负责,不对下级负责的错误导向。政府绩效如何,不能只由政府部门自己来评价,也不能只由其上级管理部门来评价。一旦有可能,就应尽量使用多个评估者各自独立进行评估。根据国外经验,评估主体的组成应是多层次、多渠道的,近年来在西方国家公私部门中就流行一种立体评估法,即上中下360度的全方位评估。目前,我国开展政府绩效评估工作,还处于政府部门内部循环状态,社会一些评价机构真正介入尚不多见。其中还有一个重要原因,就是我国从事评估的中介组织尚难以独立承担如此重负,有的是企业性质的,有的则以事业单位的性质出现,有的甚至是挂靠在政府机关下。这样一来,其行为的公正性便受到影响。而且,现有的评估机构多是从事资产评估、房地产评估、证券评估的中介组织,评估组织尚未真正地参与到政府绩效评估中来。因此,有必要依法建立国家性质的政府绩效评估专业委员会,在该委员会指导下,积极地培育和发展社会科研权威机构、干部培训机构以及一些重要的咨询评估中介组织联合体,明确各自的权限和职责,割断评估中介组织与政府部门的利益关系,培养评估中介组织的独立性。当评估中介组织有能力承担起评估政府绩效的工作时,政府部门、立法机关的评估工作可以委托给社会权威中介评估组织来完成,以节省公共行政资源。

### (五)建立评估信息平台,让公众了解绩效评估"做的怎么样"的问题

便捷的信息交流反馈机制,是开展绩效评估的基础。绩效评估所需要的信息量大,涉的部门多,这就意味着各种信息应该在政府、社会公众之间有着广泛的交流与沟通,而不仅仅是在政府公共部门之间的交流和沟通。这种政府与公众之间的信息交流,公共部门内部之间的信息沟通,都要求信

息沟通的畅通性。信息技术的发展,使政府绩效评估的过程、方法、标准、结果应用等都发生了深刻的变化。为此,需要建立一个灵活、便捷、高效的信息处理、转换平台,以最大限度的节省成本,提高评估效率。当代西方国家在推行绩效评估当中,纷纷提出了构筑以顾客为导向的电子政府和政府在线服务的发展目标。通过建立有效的评估信息传递网络,把绩效评估的结果尽快反馈和扩散给有关各方,有助于及时发现和修正正在实施的公共项目的缺陷,增强公共项目的持续能力,完善公共项目管理。西方国家这样做的目的,既满足了日常绩效管理的信息要求,又满足了绩效评估与评估者的信息沟通要求。社会公众也可以通过因特网迅速了解政府机构的组成、职能、办事规程、各项政策法规和政府服务项目等信息,在网上表达自己的意志和提出对公共服务的要求,实现公众参与的权利和义务;同时,绩效评估主管部门还可以充分利用电子计算机和现代通讯技术,把国家各项公共项目的实施结果、实施过程的监测数据、已开展评估工作的资料、有关各地方和各部门乃至全国性的统计指标和数据等,汇集形成全国性的绩效评估数据库,建立信息系统处理平台,以提高政府部门信息处理分析和决策反应能力。

（许晓平:国家行政学院领导人员考试测评研究中心主任,研究员;
胡月星:国家行政学院领导人员考试测评研究中心,教授）

# 当代美国联邦政府绩效评估的
# 层级体系分析

张　强　韩莹莹

美国联邦政府绩效评估是实现责任政府的有效途径和重要保障,绩效评估通过对政府活动或项目的评估,获得政府活动或项目的执行情况、预算资金的使用情况、预期目标的实现程度和存在的现实问题等绩效信息,为联邦政府管理、国会预算分配、绩效与预算的融合和公众对政府的监督等提供客观的信息依据,从而实现责任政府。美国著名行政学家罗森布鲁姆(David H. Rosenbloom)指出:"这是千真万确的——即如果你不能评估某项活动,你就无法管理它;也许更为正确的是,你评估什么你就得到什么。"①当代美国联邦政府高度重视绩效评估,布什政府上台伊始,就在联邦政府范围内推行了广泛的政府绩效评估运动,并授权联邦管理与预算局(Office of Management and Budgeting)全权负责联邦各部门绩效评估的管理和监督。当代联邦政府绩效评估主要集中在三个层次:第一,项目绩效评估,它主要通过项目等级评估工具(Program Assessment Rating Tool)对联邦项目进行比较评估,从而为项目管理和项目预算提供信息依据;第二,部门绩效评估,它是联邦各部门在每个财政年度末期对部门绩效状况进行评估,并把评估结果制作成绩效与责任报告(Performance and Accountability Report)予以公布;第三,跨部门绩效评估,它主要通过三色等级评分卡对联邦各部门执行总统管理日志(President Management Agenda,2002)中五项改革计划的进展情况进行比较评估,督促联邦各部门执行总统改革计划,从而有效地保证总统改革计划的成功执行。这三种绩效评估方法形成了自下而上的层级评估体系,它们都是在《政府绩效与结果法案》所确立的法律框架下进行的,联

---

① David H. Rosenbloom. The Context of Management Reforms. The Public Manager, 1995, p13.

邦政府绩效委员会的资深专家怀特(Barry White)指出:"《政府绩效与结果法案》的最重要贡献是为当代联邦绩效评估建立了永久性的法律框架,为政府部门和国会提供了连续使用的可能性。布什政府不但没有放弃《政府绩效与结果法案》,而是进一步强化了该法案的执行。"[①]

# 一、项目绩效评估

项目绩效评估是由联邦管理与预算局对选定的联邦项目所进行的比较评估。项目绩效评估在当代联邦政府绩效评估体系中具有非常重要的地位,因为联邦政府的所有职能都是通过各部门来执行,而部门职能又主要是通过1 200多个不同类型的项目来具体实施;更重要的是,联邦政府预算的大部分都用在这些名目繁多的项目上。在2004财政年度的联邦预算中,联邦政府预算总额是21 229万亿美元,其中有近2万亿美元用在各类联邦项目上。[②] 这些联邦项目的绩效水平直接关系到联邦政府绩效水平的进步和管理改革的成败,因此对联邦项目进行评估就具有非常重要的意义。项目层次的绩效评估主要是通过项目等级评估工具来进行,它是由总统委员会(the President Committee)和联邦管理与预算局在2002年共同制定的一套项目绩效评估技术。项目等级评估工具主要用来进行跨部门的项目绩效评估,它首先对单个项目进行评估并计算出单个项目的等级得分,然后把单个项目的等级得分以比较的形式制作成等级评分卡,从而在联邦政府范围内形成跨部门的项目绩效比较,起到鞭策低绩效项目、鼓励高绩效项目并最终促进联邦项目整体绩效水平的提高。

## (一)项目等级评估工具的主要内容

项目等级评估工具实际上是一套详细设计的问卷系统,共分为四个部分:目的和设计、战略规划、管理、结果与责任(参见例1),各部分权重依次是20%、10%、20%和50%;四部分由很多个问题构成,每组问题得分从0

---

① Barry White. Performance-Informed Managing and Budgeting for Federal Agencies: An Update. Council for Excellence in Government, 2003.

② Budget of the United States Government. FY2004.

分到 100 分不等;每组问题的得分与其权重相乘,就得出项目的综合得分;最后再把项目综合得分转换为项目等级,即"有效"(85~100)、"中度有效"(70~84)、"勉强有效"(50~69)和"无效"(0~49)等四个等级。在制定项目等级评估工具的过程中,管理与预算局及相关部门认识到众多联邦项目的目的和特征各不相同,使用整齐划一的标准对所有联邦项目进行评估是不科学的。为了使等级评估工具所设计的问题形式与接受评估的项目之间具有更高相关度,管理与预算局把联邦项目划分为七种类型:直接联邦项目、竞争性资助项目、分类财政补贴项目、规制项目、固定资产与服务采购项目、信用贷款项目以及研究和发展项目。项目评估者应当根据每一类项目的特征设计一些特定的问题形式,但七类项目中的大多数问题形式都是基本相同的。项目等级评估工具通过项目目标、评估标准和结果等要素系统地融合了单个项目评估并对评估结果进行比较。

(二)项目等级评估工具的具体应用

管理与预算局使用项目等级评估工具对选定的联邦项目进行比较评估。2004 年,管理与预算局使用项目等级评估工具对 20% 的联邦项目进行比较评估,其评估结果出现在当年的总统预算草案中;2005 年的总统预算中,这一比例已经上升到 40%;更为重要的是,项目等级评估工具的评估结果确实对项目预算产生了重要影响。联邦政府绩效评估著名专家摩歇尔(John Mercer)的研究发现:"2005 年总统预算清楚地表明了项目等级评估和项目预算之间的联系比往年更加紧密:被评为有效项目的资助平均增幅达 7%;中等有效项目的资助平均增幅达 8%;而勉强有效项目的资助平均下降 11.6%;无效项目的资助平均下降 38%。"①

项目等级评估工具的具体应用主要包括两个部分即单个项目评估和跨部门的项目比较评估。单个项目评估是指,根据单个项目类型选择项目等级评估工具的问题模型,把项目各部分得分与其相应的权重相乘得出最后总分,并据此确定项目的等级。下面以联邦社会保障部的残疾保险项目(见例 1)为个案来说明项目等级评估工具在单个项目上的具体使用。

---

① John Mercer. OMBps Program Assessment Rating Tool. http://www.John-mercer.com.

**例1** 项目名称:残疾保险项目等级评估①

项目类型:直接联邦项目

部门:联邦社会保障部

| 项目各部分得分 | | | | 加权总得分 | 项目等级 |
|---|---|---|---|---|---|
| I | II | III | IV | 12+8.175+20 +29=69.175 | 勉强有效 |
| 60% | 81.75% | 100% | 58% | | |
| I:项目目的和设计(权重:20%) | | | | | |
| 1.1 | 项目的目的是否清楚? | | 是 | | 20% |
| 1.2 | 该项目是否针对一个特定、现实存在的问题、利益或需要? | | 是 | | 20% |
| 1.3 | 该项目设计是否与联邦、州、地方或私人的项目相重复? | | 是 | | 20% |
| 1.4 | 项目设计是否有限制其有效性或效率的主要缺陷? | | 否 | | 20% |
| 1.5 | 是否有效地界定了目标以使资源能够到达预期受益人指向项目目的? | | 否 | | 20% |
| II:战略规划(权重:10%)略 | | | | | |
| III:项目管理(权重:20%)略 | | | | | |
| IV:项目结果与责任(权重:50%) | | | | | |
| 4.1 | 该项目是否在实现长期绩效目标过程中取得了进步? | | 很小程度 | | 25% |
| 4.2 | 该项目(包括项目合作者)是否取得了年度绩效目标? | | 很大程度 | | 25% |
| 4.3 | 在取得项目目标过程中,该项目是否每年都能促进效率或成本有效性? | | 是 | | 25% |
| 4.4 | 与其他具有类似目标的项目相比,该项目是否取得了更大的绩效? | | 不适用 | | 0% |
| 4.5 | 对服务范围和质量的评估是否表明该项目是有效的和结果导向的? | | 很小程度 | | 25% |

项目等级评估工具中的问题通常有"是"或"否"两种答案,并要求使用者提供客观的解释和说明。"是"代表很高的绩效水平,得满分;"否"则得0

---

① Social Security Administration PART Assessments. The Budget for FY2004.

分。然而,并不是所有项目都有充分证据来支持"是"这一答案,在此情况下,项目评估应更多地依靠绩效专家。另外,由于某些长期项目的结果很难在短期内有所体现,使用"是"或"否"都是不科学的,这时评估者可以根据实际情况和经验使用变通答案,其分值也必须进行相应调整。如例1第IV组问题中的4.1和4.5就使用了"很小程度",其分值比例占该部分分值的9%;问题4.2使用了"很大程度"答案,其分值比例占该部分分值的15%。

一般情况下,假定每组问题的总分值是100,每组问题中单个问题都被给予同样的分值。如例1中,第I组有5个问题,那么每个问题占该组问题的分值比例就是20%;但有时为了强调项目中的某个关键要素,使用者也可以改变问题分值;或者某一个问题与项目不相关,使用者可以将该问题视为"不适用",其分值记为0,如例1中的第IV组中的问题4就被记为0分。联邦社会保障部的残疾保险项目的最后得分就是四组问题得分(60%、81.75%、100%和58%),乘以相应权重(20%、10%、20%和50%)的最后得分是69.175分,其绩效等级就是"勉强有效"。

项目等级评估工具除了对单个项目进行等级评估,更重要的是对联邦项目进行比较评估,正如联邦管理和预算局的项目等级评估工具负责人丹尼尔斯(Mitchell E. Daniels)所指出的那样:"我们的最终目标是使用项目等级评估工具对所有联邦项目进行等级评估,从而为总统预算、联邦政府内部管理和立法拨款提供客观依据。"[①]总统委员会和管理与预算局当初开发项目等级评估工具的主要目的并不仅仅是对单个项目进行等级评估,而是通过标准化的绩效评估技术对所有联邦项目进行比较评估,把评估结果统一列表,以等级评分卡的形式进行汇总,然后向总统、国会和公众汇报,以便在项目之间形成鲜明对比,展示出联邦项目整体绩效的进步和缺陷,从而为联邦预算和管理改革提供信息依据。

## 二、部门绩效评估

部门绩效评估是由联邦各部门对本财政年度部门绩效目标的实现情况

---

① Mitchell E. Daniels. Program Performance Assessments for the FY2004 Budget. Office of Management and Budget,2000.

进行自我评估,并将评估结果向总统、国会和公众报告,以接受广泛的社会监督。部门绩效评估是各部门发现问题、诊断问题、解决问题和改进管理的重要手段,也是国会进行预算资源分配的重要依据。目前,联邦政府24个部门在每个财政年度末期都要进行部门绩效评估并发布绩效与责任报告,下面以社会保障部的年度绩效与责任报告(见例2)为例进行分析。部门绩效评估绝不是简单地使用绩效标准和指标对部门绩效结果进行评估,而是需要建立一套完善的绩效评估制度,它主要由三个部分构成:结果导向的战略规划、年度绩效计划与绩效目标、年度绩效与责任报告。

（一）结果导向的战略规划

战略规划是联邦各部门进行绩效评估的前提,它关系到各部门能否切实履行部门使命和目标,为公众提供高质量的公共服务;它要求部门领导必须具有战略眼光,客观分析部门面临的问题和拥有的资源,在此基础上制定部门战略规划;同时,战略规划也为年度计划和绩效目标的制定和实施提供宏观上的指导,避免部门的短期效应。

基于对部门使命、资源和客观环境的分析,联邦社会保障部制定了四项战略目标:提供高质量的、公民导向的公共服务;保证社会安全项目和资源的高质量管理;维持可持续支付能力并保证社会安全项目满足当前和未来需求;战略性地管理和协调雇员来支持 SSA 使命的实现。

（二）年度绩效计划和绩效目标

战略规划只是确定了长期的战略目标和分目标,但如果不把这些战略目标分解为年度绩效目标,仍然无法具体实施和评估。一般来说,年度绩效计划和绩效目标的制定必须考虑两个要素:第一,部门战略规划。即把部门战略规划分解为可量化的具体目标,这是非常关键的环节。如果绩效目标过于模糊,就很难对其进行量化和评估。但在很多情况下,政府管理的"公共性"特征使得战略目标很难分解,这就要求充分发挥绩效专家和咨询机构的专长,并根据本部门的职能特点制定科学的、可量化的绩效目标;第二,往年的绩效目标和结果。审查部门往年特别是上一年度的绩效目标及其实现情况,发现问题尤其是那些未能实现的绩效目标及其原因,从而为制定新的年度绩效计划和绩效目标提供有价值的参考。

**例 2　联邦社会保障部 2004 年绩效计划和绩效目标及其执行评估**[①]

| 战略目标 A：提供高质量的、公民导向的公共服务 | | | | |
|---|---|---|---|---|
| 战略分目标 I：在处理残疾问题的过程中以最快速度作出正确决策 | | | | |
| 产出标准（Output Measures） | 2003 年绩效结果 | 2004 年绩效目标 | 2004 年绩效结果 | 评估结果 |
| 1. 处理初次残疾申请的数量 | 2 498 000 | 2 485 000 | 2 574 848 | 超额完成 |
| 2. 处理听证的数量 | 602 000 | 538 000 | 497 000 | 未完成 |
| 3. 处理申诉的数量 | 950 500 | 996 500 | 1 019 007 | 超额完成 |
| 结果标准（Outcome Measures） | | | | |
| 4. 初次残疾申请平均处理时间 | 104 天 | 97 天 | 95 天 | 超额完成 |
| 5. 听证的平均处理时间 | 352 天 | 377 天 | 391 天 | 基本完成 |
| 6. 听证申请的平均处理时间 | 300 天 | 275 天 | 251 天 | 超额完成 |
| 7. 正在审核初次残疾申请的数量 | 593 000 | 582 000 | 624 658 | 未完成 |
| 8. DDS 净准确率（批准和拒绝） | 97% | 97% | 96.5% | 基本完成 |
| 9. 正在审核中的听证数量 | 587 000 | 586 000 | 635 601 | 超额完成 |
| 10. 听证决定的准确率 | 90% | 90% | 90% | 完成 |
| 战略分目标 II：增加残疾人的就业率 | | | | |
| 结果标准（Outcome Measures） | | | | |
| 11. 提高 DI 和 SSI 受益人参加工作的百分比 | 建立基准 | 20% | 20% | 完成 |
| 12. 提高 SSI 受益人每月挣钱超过 \$100 人数的百分比 | 8% | 5% | −1.8% | 未完成 |
| 战略目标 B：保证社会安全项目和资源的高质量管理（略）（13～23） | | | | |
| 战略目标 C：维持可持续支付能力并保证社会安全项目满足当前和未来需求（略）（24～34） | | | | |
| 战略目标 D：战略性地管理和协调雇员来支持 SSA 使命的实现（略）（35～39） | | | | |
| 战略分目标 Ⅷ：招聘、发展和留住高质量的劳动力 | | | | |
| 结果标准（Outcome Measures） | | | | |
| 40. 留住新雇员的比率 | 84.6% | 84.9% | 89.9% | 超额完成 |
| 41. 制定新的绩效管理制度 | 执行 SES | 执行 GS-15 | GS-15 执行 | 完成 |
| 42. 提高就业机会率 | 3% | 3% | 8.2% | 超额完成 |
| 43. 每年为雇员提供 40 小时培训 | 40 个小时 | 40 个小时 | 47.8 个小时 | 超额完成 |

---

①　Social Security Administration. Performance and Accountability Report. FY2004.

例2表明,2004年联邦社会保障部把战略目标分解为43个具体的年度绩效目标,每个年度绩效目标都有具体的、量化的绩效指标。如第三纵列的2004年度绩效目标几乎都是以定量形式出现的;同时这43个年度绩效目标及其量化指标的制定是建立在第二纵列的2003年度绩效结果的基础之上。至此,联邦社会保障部的战略目标已经层层分解为具体的、量化的绩效目标,这就为下一步的绩效评估奠定了坚实基础。

## (三)绩效评估和绩效报告

在确定了部门战略规划并根据战略规划制定了可量化的绩效目标以后,绩效评估就变得顺理成章了。进行绩效评估需要做三件事情:第一,确立绩效标准(Performance Measure)。每个部门由于其工作性质不同,评估标准也必然不同,因此各部门应根据部门职能特点制定有特色的、可量化的绩效标准。当代联邦政府绩效评估的常用标准有三个:结果标准、产出标准和效率标准;第二,设计绩效指标( Performance Indicator)。绩效标准是宏观层次的评估尺度,在确定了绩效评估的标准后,更重要的工作是把绩效标准分解为更具体的绩效指标,只有这样才能与年度绩效目标有效地结合起来;第三,实施绩效评估,即把绩效目标的实际执行结果与预期绩效目标进行比较并确定绩效等级。

从联邦社会保障部的年度绩效计划中可以看出,这里主要有两种绩效标准,即产出标准和结果标准。其中,产出标准被分解为9个绩效指标,而结果标准被分解为34个绩效指标。这些绩效指标与具体的绩效目标结合起来,并以明确的数字表现出来。如战略目标A被分解为三个战略分目标,其中战略分目标Ⅰ又被分解为10个年度绩效目标,并使用了产出标准和结果标准进行评估,其中产出标准又被分解为3个具体指标,结果标准被分解为7个具体指标,并且每个指标都用数字明确表示出来;将绩效结果与预期绩效目标进行比较,并把评估结果制作成绩效与责任报告予以公布,以接受总统、国会和公众的监督和审查。正如联邦绩效委员会的怀特所指出的那样:长远来看,《政府绩效与结果法案》最有价值的贡献是要求联邦各部门进行年度绩效与责任报告,定期接受社会各界的监督。

## 三、跨部门绩效评估

为了解决联邦政府各部门普遍面临的管理问题,布什政府于2002年发布了总统管理日志,确立了五项改革措施即战略性人力资源管理、竞争性资源管理、提高财政管理绩效、推广电子政务和预算与绩效的融合,并要求联邦各部门都必须执行。因此,跨部门绩效评估是指在项目绩效评估和部门绩效评估的基础上,由联邦管理与预算局统一对联邦各部门执行总统改革计划的进展状况所进行的比较评估。

### (一) 总统改革计划的三色等级评估体系

虽然总统管理日志确立了五项改革目标并要求所有部门贯彻实施,但如果不能制定统一的评估标准以追踪和评估各部门的执行情况,那就很难知道总统改革目标是否真正得到执行及其执行结果。因此,制定统一的评估标准对于确保总统改革目标的有效执行至关重要。总统管理委员会在征求绩效专家意见的基础上制定了三色等级评估体系,用来评估各部门执行总统改革目标的进展状况。所谓三色等级评估体系,就是针对总统管理日志中的每一项改革行动分别制定评估其成功、进步或失败的标准,其中,"绿"代表成功、"黄"代表取得了一定程度的进步、"红"代表失败;然后再把成功、进步或失败标准分解为具体的绩效指标。

### (二) 总统改革目标的执行评估

在三色等级评估体系的基础上,管理与预算局每个季度都对联邦各部门执行总统改革计划的情况进行评估,并把评估结果制作成三色等级评分卡向社会公布。三色等级评分卡分为两个部分:第一,现状评估,它评估各部门执行总统改革计划的当前状态,如果该部门在某项改革上得"绿"或"黄",就意味着它在该项改革上满足了成功或进步标准的所有要求;但如果该部门在某项改革上得"红",就意味着它存在着失败标准下的任何一种情形。第二,进展评估。管理与预算局定期与各部门在执行总统改革目标的具体细节上进行协商并达成一致目标,因此进展评估就是对各部门实现这种一致目标的进展所进行的评估。这里的绿、黄和红的含义有所变化,其中,"绿"表示执行行动朝向预期目标;"黄"表示出现了意外情况,部门必须及时调整执行计划;"红"表示执行难度很大,如果不进行干预,就很难实现预期目标。

三色等级评分卡的功能主要体现在两个方面:第一,激励部门领导和雇员执行总统改革目标。三色等级评分卡将每个部门执行总统改革目标的成功、进步或失败清楚地展现在同行、上级、监督部门、选民或媒体面前,任何部门尤其是部门领导都不愿意在公众面前丢脸,因此三色等级评分卡就能够为部门的绩效努力提供外部认可和激励。第二,评估等级对部门预算产生重要影响。总统改革目标要求各部门将预算请求和评估结果一起呈交管理与预算局,管理与预算局统一审查后再呈交总统和国会,这必将对部门预算产生重要影响,从而有效地激励各部门努力执行总统管理日志中的五项改革目标。

综上所述,当代联邦政府绩效评估取得了有目共睹的成绩,主要体现在四个方面:第一,建立了绩效评估的层级体系即项目评估、部门评估和跨部门评估,改变了过去那种由某个或某几个部门所进行的孤立评估,逐渐形成了推行绩效评估的良好氛围。在布什政府之前的历届联邦政府中或许存在某种形式的绩效评估,但至多是在某个或某几个部门进行,而不是涉及所有部门的、层级式的绩效评估。第二,进行比较绩效评估。无论是项目绩效评估、部门绩效评估,还是跨部门绩效评估,最后都以某种形式把评估结果在联邦政府范围内予以公布,以形成相互比较和竞争氛围。第三,绩效评估的重心从投入与产出评估转向结果评估。20 世纪 70 年代以前,由于受传统公共行政"效率中心主义"的影响,联邦政府绩效评估是一种效率评估,它偏离了政府的公共性内涵,带来了一系列不良后果,导致政府及其部门过分关注投入过程和产出,忽视公共服务的结果和有效性。20 世纪 70 年代以来,在新公共行政和新公共管理运动的影响下,联邦政府绩效评估模式也逐渐由效率评估转向结果评估,重视公共服务的效果、质量、顾客满意和公平等结果要素,"美国联邦政府绩效评估的关注点是结果,结果评估是政府绩效与结果法案、总统管理日志和项目等级评估工具的核心要素。"①上文中的

---

① GAO-04-38，Results-Oriented Government.

联邦社会保障部 2004 财政年度的绩效计划和绩效目标中(例 2),共有 43 个绩效指标,其中 34 个是结果指标。第四,绩效评估与预算紧密结合,为联邦项目和部门的绩效进步提供了内在驱动力。当代联邦政府的绩效评估尤其是项目绩效评估直接与预算挂钩,在 2006 年的总统预算草案中,管理与预算局已经使用项目等级评估工具对 60% 的联邦项目进行评估,而且评估结果对项目预算产生了直接影响,这必将有助于提高项目和部门绩效水平。

当代联邦政府绩效评估取得了很大成绩,但同时也存在一些亟待解决的现实问题,主要体现在以下三个方面:第一,组织绩效评估(项目评估、部门评估和跨部门评估)很难与个人绩效评估有机地结合起来。美国当代著名行政学家英格拉姆( Prtricia W. Ingraham) 教授指出:"当代政府绩效评估的现实挑战是如何保证各个层级之间尤其是个人绩效与组织绩效之间的紧密联系和交流,确保每个层级都有内在激励和方向。"[1]一方面,个人绩效目标与组织绩效目标并不总是一致的,有时甚至是相互冲突的;但另一方面,组织绩效目标只有转化为具体的个人绩效目标才有实现的可能。当代联邦政府组织层次的绩效评估已经取得了很大进展,但却很少与个人层次的绩效评估联系起来,正如怀特所指出的那样,"以组织绩效目标为基础来设定个人绩效目标并把个人报酬与绩效结合起来却是最艰难的领导和管理任务。……当代联邦政府各部门正努力把组织评估与个人评估结合起来,但这将是一个漫长而艰难的过程。"[2]第二,在有些联邦部门,绩效评估没有与部门使命和战略目标有机结合起来。正如上文所述,总统管理议程的五项改革目标要求所有联邦部门都必须执行;然而,这些改革目标或许并不适合某个(些) 部门的实际情况,当然也就不能与其使命和战略目标有机结合起来,但为了赢得总统的支持和更多的预算,部门也就不得不耗费大量资源来应付跨部门的绩效评估;第三,绩效评估标准有待进一步量化。可量化的评估标准在绩效评估中具有重要地位,但有些项目或政府活动却很难使

① Prtricia W. Ingraham. Evolving D im ensions of Performance From the CSRA Onward. in Pfiffner P. James, edits, the Future of merit-Twenty years after the Civil Service Reform Act. Cambridge University Press,2000.

② Barry White. Getting Results: A Guide for Federal Leaders and Managers. Management Concepts,2005.

用量化的绩效标准来评估，尤其在跨部门的比较绩效评估中情况更是如此。项目等级评估工具和三色等级评估体系实际上都是以问卷调查的形式出现的，它们虽然有其科学性的一面，但其客观化、定量化程度有待进一步提高。

（张强：华南师范大学政法学院副教授；

韩莹莹：南开大学周恩来政府学院博士研究生）

# 政府绩效立法分析:以美国 《政府绩效与结果法案》为例

吴建南  温挺挺

## 一、问题的提出

绩效成为公共管理关注的焦点源于 20 世纪最后 20 余年,西方国家为解决经济停滞、财政危机、公众对政府的满意度下降等问题,兴起重塑政府 (Reinventing Government) 的行政改革运动。在这种"以企业家精神改革政府"的运动中,绩效管理这个普遍应用于企业管理中的理念被引入政府管理,要求政府注重绩效,增强政府工作人员的管理和服务意识,重塑政府和社会的关系。在绩效管理广泛应用中,政府绩效立法也逐渐被重视,其中影响较大的是美国 1993 年颁布的《政府绩效与结果法案》( Government Performance and Results Act ,GPRA),该法案通过要求政府部门提交战略规划与年度部门绩效计划和报告,力图使绩效导向制度化。GPRA 颁布至今 11 年,在转变政府管理理念、增强公众对政府的信心、提高对绩效的重视程度等方面取得了一定成效,但是实施过程中也遇到了诸多困难和问题。

在我国,"三个代表"重要思想要求政府"立党为公,执政为民",要求政府向服务型、责任型政府转变,在初步建立社会主义市场经济与加入世贸组织的背景下,实施政府改革的必要性和迫切性凸显。社会各界逐渐认识到建立政府绩效管理制度的重要性,对怎样建立政府绩效管理制度也越来越关注,但是对于绩效立法的关注却较少,即关于如何通过立法来促进政府绩效管理制度建立的国内研究甚少。事实上法才是最稳定的制度,绩效管理的直接对象是政府部门及其工作人员,只有通过立法才能稳定地规范政府部门及其工作人员的行为,因此,绩效立法应给以高度关注。

国内目前现状看,关注 GPRA 的学者较少,对我国政府绩效立法的研究则基本上是空白。关于 GPRA 的研究,仅有少数学者对 GPRA 的背景、内容做了基本介绍,没有对其实施状况做系统全面的分析。在国外,GPRA 颁布以来,美国学者对其褒贬不一,基本上形成了两种不同的观点:一种观点是认识到 GPRA 实施过程中的问题,但仍然肯定 GPRA 的作用和希望。例如 White(2001)认为虽然目前 GPRA 的实施受到政党政治的影响,但如果能够得到新总统和国会的重视,将会推动政府绩效新局面的到来;另一种观点则是认为 GPRA 遇到的问题太多,已经根本不可能再起作用,例如 Larent(2000)认为 GPRA 只是昙花一现,其作用已经结束了,Radin(1998)认为该法案流于形式,不可能触及政策制定的核心部分。本文将以美国 GPRA 为例,介绍国外关于政府绩效立法的做法,分析 GPRA 实施 11 年以来的成功与失败之处并寻找原因,并从 GPRA 的成功与失败总结出在对我国未来政府绩效立法的借鉴意义。

## 二、美国 GPRA 基本情况介绍

### (一) GPRA 出台的历史背景

美国将绩效引入政府管理的历史由来已久,它是世界上最早开展政府绩效审计的国家,早在 20 世纪 60 年代,美国审计总署( GENERAL ACCOUNTING OFFICE,GAO) 提出了经济性、效率性和效果性审计,即"三 E 审计"。美国政府从 60 年代中期开始实行规划—计划—预算制(PLANNING-PROGRAMMING-BUDGETING-SYSTEM,PPBS),到尼克松执政时期的目标管理(MANAGEMENT BY OBJECTIVE,MBO),再到卡特时代的零基预算(ZERO-BASED BUDGETING,ZBB)以及里根和老布什政府的全面质量管理(TOTAL QUALITY MANAGEMENT,TQM),几乎每位总统在其任职内都出台了相应的改革措施。在绩效审计实施的基础上,为推行"再造政府"计划,克林顿政府出台了政府改革的纲领性文件——《从重视过程到重视结果:创造一个花钱少、工作好的政府》,副总统戈尔领导成立了"美国业绩评论委员会"(National Performance Review,NPR)。20 世纪 90 年代美国民间对政府绩效的评估活动逐渐发展起来,例如坎贝尔研究所开展的大规模政府绩效测评活动。

为增强美国人民对联邦政府能力的信心、改进政府决策与内部管理，1993 年美国第 103 届国会通过了《政府绩效与结果法案》，该法案在美国第一次以立法形式将绩效管理制度固定下来。

## （二）GPRA 规定的政府部门绩效报告制度

GPRA 主要通过三项报告来实现对政府机构的绩效评估：

1. 战略规划（Strategic Planning）。各部门领导向预算管理局和国会提交涵盖未来 5 年的战略规划。部门战略规划应包括该部门使命、主要的职能、运作总目标以及如何实现目标的管理过程、技能、人力、信息、资本和其他资源的描述，还包括对未来评估体系的描述。

2. 年度绩效计划（Annual Performance Plans）。联邦管理与预算局（Office of Management and Budget ，OMB）要求各部门提交年度绩效计划，年度绩效计划涵盖该部门预算中列出的每一项活动。该计划应建立绩效目标，用客观的、可量化、可衡量的或者经预算管理局授权的可替代形式来表述目标，建立绩效指标。

3. 年度绩效报告（Annual Performance Reports），每年 3 月底各部门应向总统和国会提交前一财政年度的绩效报告，该报告应评估本财政年度的绩效计划实现程度，如果绩效目标未能实现，应解释和描述未能实现的原因、绩效目标不切实际或者不可行的原因以及改进建议。预算管理局和国会是绩效评估活动的主要管理机构，总统和国会是主要的监督机构，预算管理局还应向总统和国会提交绩效预算计划方案（ Performance Budgeting Pilot Projects），对年度绩效预算进行可行性与合理性评估。

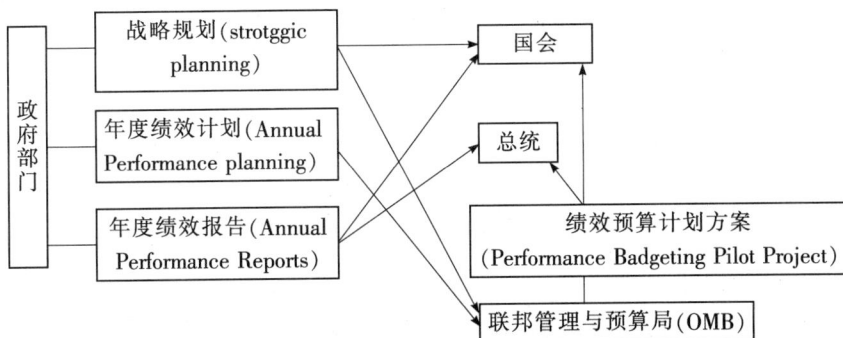

**图 1　GPRA 政府部门绩效报告制度**

### 三、GPRA 实施 11 年以来分析

GPRA 颁布于 1993 年,但真正实施是从 1997 年秋季开始的(Bruel,2003),GPRA 第三节规定各部门在 1997 年 9 月底之前提交第一个战略规划,至 2004 年 2 月,各个机构应已提交至少两套战略计划,7 套年度绩效计划和 5 套年度绩效报告。当 1993 年 GPRA 颁布之时,国内各界人士均对其抱有较大的希望,但实施之后对其褒贬不一。GPRA 的本质特征是通过绩效测量引导人们关注结果,所以该法案的实施在提高政府机构对绩效结果的重视程度和促进绩效改进方面起到了一定作用,各部制定战略规划有效保证了政府工作的一致性,但该法案在实施过程中也确实遇到了诸多困难和问题。1998 年美国众议院多数党领袖 Dick Armey 对各机构实施 GPRA 的排名结果显示大部分机构的评估等级为"F",最好的也只不过是"C"(Laurent,1998)。预算管理办公室主任 Sean O'Keefe(2001)认为:"尽管大多数机构开始实施 GPRA,但大都没有将其真正用于管理和提高绩效"。纽约州立大学 Radin(2000)认为 GPRA 的实施流于形式,并没有触及政府决策过程的核心,在实际操作过程中绩效结果与预算关联不够紧密,导致了大多数机构没有动力和压力去重视和提高绩效。

#### (一)GPRA 取得一定成效的原因分析

1. GPRA 构建了一套合理的、为两党所拥护的、法定的政府绩效评估框架,第一次以立法的形式肯定了政府绩效管理制度。GPRA 规划的绩效评估制度使得部门和国会可以根据绩效结果来调整部门决策。GPRA 是由共和党成员构思提议,又由民主党总统签署,获得两党同时拥护,有利于GPRA 的实施(Bruel,2003)。

2. GPRA 相对于以往政府行政改革的显著进步之处在于要求部门制定战略规划。相对于以往的年度计划来说,涵盖未来 5 年的战略规划目标更长远,在战略规划的引导下政策制定将更合理。而且该战略规划要求部门与国会协商,起码每 3 年要调整一次,对于实现部门长远目标和使命十分重要。各部门都制定战略规划,又经国会协调,能促进政府工作的一致性。

3. 结果导向的绩效评估制度是 GPRA 取得一定成效的又一关键因素。GPRA 实施 11 年以来，各机构不断提高对绩效计划、绩效信息和数据质量的关注程度，强调结果导向。GPRA 改变了以往只关注输入和过程的绩效评估，要求各部门提交关于绩效结果的报告。

### (二) GPRA 实施效果不显著的原因分析

1. 部门领导重视程度不够。领导重视程度对于 GPRA 的具体实施影响甚大，因为实施 GPRA 要求的绩效管理模式需要转换机构管理理念和文化来改善决策和绩效，而这又是一项非常困难的工作。美国审计总署（GAO）调查显示：在航空部门只有 23％的机构人员认为其机构最高领导以改善绩效为使命，在森林部门只有 40％的领导者会十分重视对其所负责项目的绩效（O. Hara，2001）。1998 年 10 月，OMB 局长 Franklin Raines 提交白宫改革和监督委员会的报告提到："所有的机构战略计划不能只由负责撰写报告的人负责，必须由领导来负责和领导"，但真正负责绩效报告的往往并非部门领导。

2. 内外利益相关者沟通困难。GPRA 的三个重要文件包括战略计划、绩效计划和绩效报告的制定过程缺乏利益相关者的沟通和协调，导致了这些报告在很大程度上流于形式。按照 GPRA 的要求，在这三个文件的形成以及执行过程中，部门应该与利益相关者协商，理由是协商可以帮助部门、国会以及其他的利益相关者之间消除沟通障碍并建立共同目标。然而在 GPRA 实际操作过程中，却很少有部门外部人员参与到这些文件的形成过程。协商的主要途径包括两种：一是把计划的草案寄给利益相关者并要求他们给出意见和建议；二是邀请外部人员参加协商会议。但这种沟通方式往往流于形式，因为对这些部门的战略规划、绩效计划与报告，除了 GAO 的成员之外很少有人感兴趣并愿意提出意见。

3. 政府部门绩效数据收集困难。GPRA 要求各机构和部门提交的报告中应包含客观的、量化的绩效指标和数据，但实际上收集足够的数据是十分困难的。现实中一些部门为了符合上级要求制定绩效报告，往往忽视数据的来源和可靠性。实际上评价过程中收集到的数据也远远少于 GPRA 的要求，其原因主要有：首先，统计数据需要花费一定的成本，调查显示联邦政府每年用于建立绩效测量系统的花费超过 16 000 亿（Jame，1995）。其次，项目实施结果的出现往往需要一段时间,有些项目需要经过十年甚至更长时间才能见效,因此无法在年度实施计划或者 5 年规划中体现。再次,结果的出现也可能是不同步的,好与不好的结果可能出现于不同时段,一定时间内提供的数据可能会偏重于某一方面,所以短时期评价可能影响数据客观性。还有,某些政策本身目的实现不是很理想,但很可能产生其他方面的积极后果,例如健康和教育服务项目本身可能并不十分成功,但是却可能增加家庭的稳定性和自信程度。最后,对跨部门合作项目的绩效结果数据收集困难,因为很难划分清楚结果的产生是基于哪一部门的行为或项目。

4. 评价主体单一。虽然部门提交绩效计划报告之前要与国会协商,但部门绩效评价所依赖的主要目标、数据、指标均由其部门本身提供,部门自己为自己设置绩效目标,他们十分了解哪些目标比较容易实现,哪些内容较为含糊而无法精确测量,往往存在报喜不报忧的情况,还有些部门为了符合上级要求,在制定年度绩效计划时就降低自身绩效目标以利于实现,这样就失去评价的意义了,与 GPRA 促进政府部门提高绩效的目的背道而驰。因为机构对其自身职责和项目实施情况最了解,由机构自身提交绩效计划和报告从某种程度上讲是合理的,但是缺乏相应的制约机制来防止机构降低绩效目标、报喜不报忧,这是 GPRA 在评价主体方面应该改进的问题。GPRA 的评价主体范围太窄的另一个表现是忽视了对公众满意度的测评,忽视了社会公众作为重要评价主体的地位,对于评价结果的客观公正性有一定影响。

5. GPRA 不适应联邦机构复杂的内部管理。GPRA 要求各部门提供三方面的报告,这三方面的要求存在交叉。战略规划提交国会和预算管理局,年度绩效计划提交预算管理局,年度绩效报告则提交总统和国会,预算管理局又要向总统和国会提交绩效预算计划方案,美国审计总署(Government Accountability Office, GAO) 则通过对战略规划、预算报告的分析来引导 GPRA 的实施。这样复杂的管理导致美国政府机构内部管理较为分散和复杂,不同部门对绩效实施有不同的目标期望,GPRA 不适应机构内部管理的分散性,导致预算部门、机构管理部门和国会的权限互相脱节,影响决策的合理性。GPRA 规定 OMB 承担执行 GPRA 的主要职责,为此 OMB 进行了名为"OMB2000"的机构重组计划,但是这项计划事实上却削弱了 OMB 的管理职能,导致 OMB 的管理职能衰退,在帮助机构实施 GPRA 时显得力不从心。

6. 受到政治因素影响与官僚主义的抵抗。政治因素经常被认为是影响
GPRA 有效性的最大威胁(James R ,2000)。GPRA 的各项规定如部门预
算与绩效直接挂钩,在法案颁布时反映的是总统和议会决策,但到了实施阶
段却成为了政党政策(Barry White ,2001)。实际上,在 GPRA 实施以后的
2000 年度的财政预算过程中,受政治因素影响而被驳回的预算比往年更多。
在部门项目实施过程中,受政治因素影响国会常常会通过法令、命令等方式
改变项目实施进程,与部门最初制定的战略目标和绩效计划不一致,影响
GPRA 的实施。政府内部存在的官僚风气向往的是稳定,然而 GPRA 倡导
的却是变化,他们往往通过巧妙地处理部门的计划和目标来抵触 GPRA 的
实施。

通过对 GPRA 的实施分析可以发现,在公共部门进行绩效改革过程中,
面临的巨大挑战就是如何在一个稳定的政府管理系统中设置法律制度来约
束政府行为。在我国亦是如此,如何在我国建立一套约束政府行为的绩效
管理制度,其中一个关键问题在于立法,因为政府绩效管理制度的建立直接
约束的对象就是政府行为,唯有立法的规范和约束才能使政府按照绩效管
理制度的要求来服务于社会。但是绩效立法的成败与否,与立法本身设计
的制度、立法实施的外部环境、利益相关者的沟通与协调、立法实施的管理
者之间的关系密切相关,GPRA 实施过程中遇到的这些问题在我国也可能
出现。

## 四、GPRA 对我国未来政府绩效立法的启示

我国目前还没有政府绩效方面的专门立法,相关立法主要有《审计法》
和科技、国有资本金评估等方面的一些立法,例如 1994 年天津市《关于市属
独立科研院所实行业绩考评分级管理的若干规定》、2000 年《科技评估管理
暂行办法》、1999 年《国有资本金绩效评价计分方法》等,这些都只是某一具
体领域的绩效评估立法,《审计法》也只是审计部门针对政府的财务状况的
审计。此外还有正在起草的《公务员法》,该法是从政府内部规范公务员的
行为规则,缺乏从外部对政府组织的评价。现实中,我国部分地方政府采取
了绩效管理改革措施,但由于没有专门立法的规范,存在着随意性较大、绩

效评估过程和结果不公开等问题。要在我国构建一套稳定完善的政府绩效管理制度,政府绩效专门立法是不可或缺的。在未来的政府绩效立法制定过程中,可以从以下几方面借鉴 GPRA 的经验和教训:

1. 要求政府部门制定明确的长远战略规划。长远战略规划例如 5 年、10 年规划,可以使部门明确自身使命和长远目标,减少部门决策时急功近利、忽视长远利益的情况。战略规划比年度计划更合理。在对政府部门实施绩效管理过程中,各个利益相关主体的意见和建议相当重要,只有很好地平衡各个利益相关主体的利益,才能真正实现政府绩效管理,应当通过草案的协商、公示等各种途径保证绩效管理的内外沟通协调机制。

2. 通过奖惩机制来督促部门领导重视本部门绩效。部门领导的重视程度对于绩效评价的实施至关重要,如果绩效评价的结果与部门利益、领导利益不相关,很难提高领导对部门绩效的重视程度。应当通过公布绩效排名结果、将部门绩效与部门下一年度预算挂钩、与领导政绩考核挂钩,并规定部门领导对本部门绩效负有直接责任。

3. 完善绩效数据收集系统和信息公开制度。绩效数据和信息的收集是评价政府绩效的依据,我国应不断完善政府上网工程、政府信息公开制度,建立和维护各级政府绩效数据库,并接受公众的监督,保证数据来源的真实、客观。

4. 评价主体多元化,尤其重视公众满意度的测量。政府部门提交的绩效计划应当通过人大、上级政府的审批,接受公众的监督和建议。评价主体应多元化,不但要由政府部门自己提供绩效计划和结果报告,还要由上级主管部门、同级人大以及公众来参与评价。尤其是要重视公众满意度的测评,赋予公众参与评价的权利,保证公正参与评价的途径畅通。

5. 明确政府内部监督和管理机构的职责。设置职责明确的监督和管理机构,例如在立法中规范人大及其常委会、预算管理部门、上级主管部门的监督和管理职责,各个监督和管理机构权限和责任不能存在交叉,赋予政府部门对绩效评估结果的申述的权利,保证整个过程的公开透明。

6. 从立法的推进看,有必要采用“自上而下”与“自下而上”相结合方式,其中自上而下的中央立法主要解决特定部门共性问题,而地方立法则侧重于特定区域绩效实践的有关问题。

# 参考文献

1. 吴建南. 地方政府绩效评价与最佳管理实践研究．国家自然科学基金项目申请书,2002（6）

2. 吴建南. 国家科技基础条件平台政策法规规划报告——国外政策法规汇编［R］. 2003（6）

3. Government Performance and Results Act ,1993

4. Berry White. Seizing the moment on GPRA［J］. Government Executive,Jan. 2001

5. Bery A. Radin . The Government Performance and Results Act and the Tradition of Federal. Management Reform：Square Pegs in Round Holes ［J］. Journal of Public Adminis tration Research and Theory, Jan. 2000

6. Bery A. Radin. The Government Performance and Results Act （GPRA）：Hydra-headed monster or flexible management tool［J］. Public Administration Review,Jul. 1998

7. Robert S. Kravchuk. Designing Effective Performance Measurement Systems under the Government Perfor2 mance and Results Acts of 1993 ［J］. Public Administration Review,Jul. 1996

8. Bery A. Radin. Intergovernmental Relationships and the Federal Performance Movement［J］. Public Administration Review,Oct. 2000

9. Colleen O' Hara. GPRA Poses Problems［J］. Federal Computer Week,Jun 2001

10. Anne Laurent. The Results Act：Playing Chicken［J］. Government Executive,Jan 1998

11. Jonathan D Breul. The Government Performance and Results Act-10 years late［J］. The Journal Of Government Financial Management, Spring 2003

12. Manuel R Gomez. Exposure Surveillance tools needed in agency GPRA plans ［J］. American Industrial Hygiene Association Journal, Jun 1998

13. Anne Laurent. The results act is dead ，Government Ex2 ecutive [J]. Washington，May 2000

14. kravchuk ，Robert S；Schack ，Ronald W ，Designing Effective Performance-Measurement Systems under the Government Performance and Results Act of 1993 ，Public Administration Review[J] . July 1996

15. William Matthews[J]. Federal computer week，Dec. 2001

16. Maurice Mctique ，putting a price on performance ，Vital Speeches of the Day[J]. New York ，Sep. 2000

（吴建南：西安交通大学公共政策与管理学院副院长，教授；

温挺挺：西安交通大学公共政策与管理学院硕士）

# 英国的政府绩效管理体制和几点启示

廖昆明

人们通常认为,法国是西方国家中央集权行政制度的典型。但实际上,英国中央集权的程度比法国有过之而无不及。这一点集中体现在英国中央政府对地方政府独特的绩效管理体制上。

英国中央政府对地方政府的绩效管理经历了长期的历史发展,目前已经形成了一套完整而严密的体系。英国也是当今世界上唯一一个在全国范围内实行统一的政府绩效管理体制和评估体系的国家。因此,研究英国的政府绩效管理体制和评估体系,对于我国行政体制改革的深化和政府管理的创新,无疑是有所裨益的。

## 一、英国政府绩效管理体制的历史发展

19世纪中叶以前,英国中央政府和地方政府的关系是以政治、司法监督和审计三种传统的责任机制为基础的。但这种监控的责任机制基本上是地方性的。19世纪中叶的改革运动改变了这种地方性的监控责任机制,代之以一种在中央政府和相关的独立委员会监督下、由地方官员履行职责的行政体制。而中央政府和相关委员会最初使用的监控方法就是监察和审计的方法。这种中央集权的监控模式影响了此后100多年英国中央政府与地方政府之间的关系。

## 二、英国中央政府对地方政府绩效管理功能的演变

在整个20世纪,尽管地方政府由当地选民选举产生,因而首先对当地选

民负责并承担提供公共服务的责任,英国中央政府及其代理机构(Agency)以及相关的独立委员会依然保留着对地方政府的高度监控权,如受理上诉、审批、监察、审计、指导、任命等等。其中监察和审计是英国中央政府对地方政府进行绩效管理的主要方式。

19世纪以来,英国中央政府对地方政府的监察功能是以效率为核心内容的。中央政府的监察人员拥有很大的权力。其主要表现是,如果监察结果表明某地方政府在某一项或几项职能上的服务效率和质量不符合标准,他们可以建议中央政府减少、甚至撤销对地方政府这些职能的财政拨款或补贴。到上世纪90年代初,中央政府监察的主要内容是教育、治安、消防和社会服务工作。监察工作主要由中央政府各部或其代理机构以及相关的独立委员会在其管辖领域内执行。

英国中央政府对地方政府的审计功能源于1834年通过的"济贫法"(Poor Law)。该法案规定必须对地方政府进行强制性的审计。审计的目的是保证地方政府财政的公正、廉洁和效益。此后,根据1844年的"济贫法"修正案,1846年成立了独立于地方政府的"县级审计署"(District Audit Service),监督检查地方政府的财政健康状况。一百多年以来,尽管审计人员的角色经常受到质疑并有所改变,但外部强制审计的基本功能却从未遇到挑战。

在英国,审计的职能从未仅仅限于检查地方政府财政的违规行为,它还涉及确保地方政府财政资源明智、有效和谨慎地使用,防止资源的浪费。在行使此类职能的长期过程中,审计部门逐渐开发出一套不仅分析财务状况,而且分析统计与管理信息的方法和技能。由此,从二次世界大战结束以来,以研究资金使用效益(VFM)[①]为基础的管理审计逐渐发展起来。

然而,管理审计的出现和实行引起了地方政府的不安。它们担心县级审计署会因此成为中央控制地方民选政府的工具。20世纪70年代末,英国议会也要求成立中央政府对地方政府的审计机构,以直接监督地方政府从中央政府得到的那部分资金的使用。在地方政府和立法机构的压力下,英国中央政府于1982年提交并经议会通过"地方政府财政法案",成立了"审计

---

① Value For Money,本意为钱花得值得。

委员会"①。

审计委员会是一个中央集权、但独立于中央政府的公共机构,是议会、中央政府和地方政府三方利益妥协的结果。

根据 1982 年的"地方政府财政法案",审计委员会不仅拥有对地方政府的财务审计权,而且拥有对它们进行管理审计的法定责任与权力,即检查它们所提供服务的成本、效率、效益(3E),同时评估中央政策对地方政府提供的各项服务的影响。审计委员会于 1983 年在英格兰和威尔士正式成立并履行职责,1988 年在苏格兰正式成立并履行职责。

1999 年的《地方政府法案》赋予中央政府确定和发布所有"最优价值当局"②(以下简称 BV 当局)都必须达到的绩效目标和标准,检查和评估地方政府是否达到其绩效目标和标准以及确定检查与评估方式的权力。"公共服务协议"(Public Service Agreement,以下简称 PSA),就是确定地方政府绩效目标的主要形式。

PSA 是当前在英国中央政府和地方政府之间通过协商谈判达成的涉及后者绩效管理目标的法律文件。其中确定的目标分为 2 类:一类是国家PSA 目标,一类是地方 PSA 目标。前者是所有 BV 当局都必须在一定期限内达到的绩效管理目标;后者是根据各 BV 当局的具体情况自行制定的、必须在一定期限内(通常为 2～3 年)达到的绩效管理目标。这些目标通常涉及地方政府和公共机构职能的若干方面,如财政、住房、交通事故、教育等。目标的内容十分具体,如 14 岁以上中学生的语文、数学水平在一定期限内达到某一级标准的比例,等等。

1999 年的《地方政府法案》标志着英国中央政府对地方政府的绩效管理进入了一个新时代。英国行政体系中央集权的性质得到进一步的强化。

### 绩效评估指标体系的演变

审计委员会的成立及其法定职能的扩大,必然导致审计内容的增加。审计委员会原先在财务、教育、政府采购等个别领域的审计标准已远远不能

---

① *Part III of the Local Government Finance Act*(《地方政府财政法案》),1982。

② 这是对英国政府绩效管理体系所涉及的所有地方政府和公共机构的称谓。见 *Local Government Act*,1999。

适应审计需要。因此,审计委员会一成立,就立即着手编制新的、更全面的审计指标体系。

1986 年,审计委员会发表了《地方政府绩效检查:地方当局与审计人员手册》①,第一次较全面地公布了绩效管理的指标。1992 年的《地方政府法案》进一步规定公布绩效指标是审计委员会的法定职责并且要求审计委员会对绩效指标做出适当的说明,以便使绩效管理所涉及的地方政府和公共机构能够进行横向和纵向的比较②。

这样,从 1983 年以来,英国中央政府和审计委员会密切合作,建立了一整套现在被称为"最优价值绩效指标体系"(The Family of BVPIs)③的绩效评估指标体系。这套指标体系由 4 个部分组成:

审计委员会绩效指标(Audit Commission Performance Indicators 或 ACPIs)。

审计委员会绩效指标是最早的绩效指标。其渊源可以追溯到中央政府对地方政府的审计功能出现之日。它是"最优价值绩效指标"的基础和内容的主要来源。目前这类指标依然存在,但主要是作为后者的补充,覆盖未被后者涉及的领域或提供有助于对后者进行解释的信息。

"最优价值绩效指标"(BVPIs)。

"最优价值绩效指标"由 2002 年成立的副首相办公厅(ODPM)④负责研究、设计、制定和发布,反映中央政府对地方政府为社会所提供的、涉及国家利益的各种服务之关注。它是目前最全面的、基础性的指标体系。

地方绩效指标(LPIs)。

地方绩效指标是在中央政府和审计委员会的鼓励和支持下,由各地方政府自行制定的补充性绩效指标。它们主要反映各地区的特殊性和特殊需求。地方绩效指标确定地方特殊的绩效管理目标并为当地政府管理者提供

---

① *"Performance Review in Local Government : A Handbook for Auditors and Local Authorities"*。见英国审计委员会网页:www. audit-commission. gov. uk/reports/。

② 见 *Local Government Act* 1992 的第一部分。

③ Best Value Performance Indicators。Best Value(姑且译为最优价值)在这里只是一种称谓。本考核体系所涉及的所有地方政府和公共服务机构在英国都被称为"最优价值当局"(Best Value Authority)。

④ Office of Deputy Prime Minister.

必要的绩效信息。中央政府和审计委员会在此的作用是对地方政府设计绩效指标进行指导,帮助其确定绩效目标并进行监督。

其他绩效指标。

中央政府各部委也有一些与其特定职能相关的绩效指标,用于计划和资源的分配。

"最优价值绩效指标"是整个指标体系的核心。其内容基本上都是十分具体的硬性指标,如地方政府的税收增长率,与全国平均数相比的街道照明耗电量,地方政府在收到企业或个人出具给它的发票后 30 天内的支付率,等等。

然而,以硬性指标为基本内容的审计委员会绩效指标和当前的"最优价值绩效指标"作为绩效评估的标准体系也引起了一些质疑,甚至争论。一方面,由于各地方政府所处的客观条件不同,许多指标的评估结果只能进行纵向比较,难以对各地方政府的绩效进行横向比较。而根据 1992 年《地方政府法案》的要求,绩效评估的结果必须同时具有横向和纵向的可比性。另一方面,硬性指标所反映的只是某地方政府或公共机构的绩效现状,它们并不必然等同于该政府或公共机构真实的执政能力、服务质量和内外形象。

为了弥补硬性指标体系的这一缺陷,英国中央政府和审计委员会经过多年研究,在保留和改进"最优价值绩效指标"的基础上,于 2002 年引入了一系列如"战略抱负"、"改进能力"等绩效评估的软指标,结合"最优价值绩效指标"中的一部分硬性指标,创造了一个新的绩效评估体系:"全面绩效评估"体系(CPA)[①]。

至此,英国中央政府拥有了两个相互平行又相互联系的地方政府绩效指标评估体系。前者主要通过静态指标评估地方政府的业绩本身;后者则是在前者的基础上,对地方政府的发展战略和发展计划、服务能力和质量、改进与创新能力、效率和效益等内容进行更全面、更深入的动态评估。

英国政府绩效管理的体制结构

如前所述,英国中央与地方政府的关系在其历史发展中形成了一种二重性,即政治上的分权与行政上的集权。前者主要表现在地方政府是民选的而非中央任命的,因而首先对选民负责;后者则主要表现为中央政府对地

---

① Comprehensive Performance Assessment (CPA)。

方政府的行政行为进行严密的监控①。其主要表现形式就是绩效管理。因此,在英国中央政府和地方政府都设有专门负责绩效管理的部门。

英国政府绩效管理的体制结构如图 1 所示:

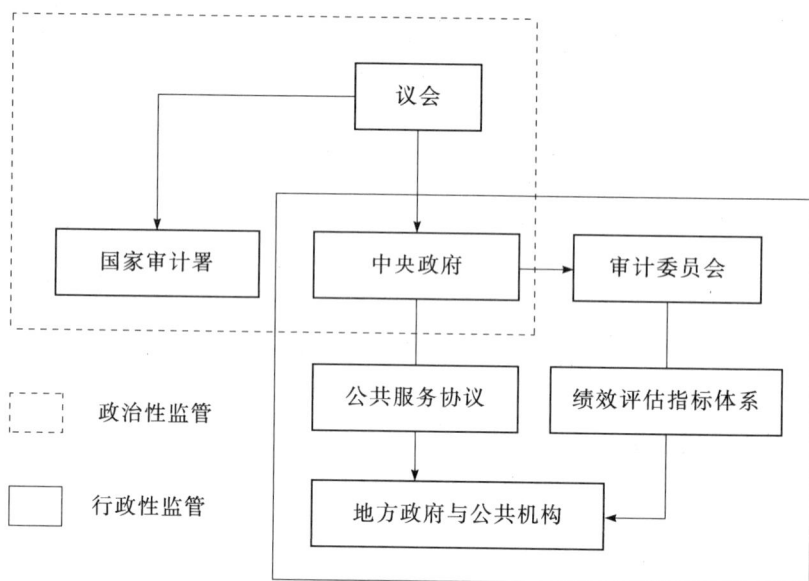

**图1　英国政府绩效管理的体制结构图**

在图 1 的结构中,左上部虚线框内的部分表示政治性的监管,即社会通过议会及其所属的国家审计署对中央政府进行绩效管理和评估。右下部实线框内的部分表示行政性的监管,即中央政府对地方政府和公共机构的绩效管理:中央政府与地方政府和公共机构通过协商谈判签订公共服务协议,规定后二者在一定期限内必须达到的绩效目标;然后,中央政府通过审计委员会运用"最优价值绩效指标"(BVPIs)和"全面绩效评估"(CPA)两个指标体系对地方政府和公共机构进行绩效评估。

英国行政性绩效管理体制中的主要行为者如下:

中央机构

英国中央政府中始终有一个部委负责与地方政府的关系。2002 年 5 月

---

①　这种监控的合法性主要在于中央政府给予地方政府的财政支持远远大于它从地方获得的税收。

以前,这项职能由交通、地方政府和地区部①负责。各地方政府就是与它签订涉及绩效管理目标的 PSA。2002 年 5 月以后,该部被分解。其与地方政府关系和对地方政府进行绩效管理的职能转归新成立的副首相办公厅。副首相办公厅与绩效管理有关的职能还包括管理一些公共服务部门,如警察、消防与救助等。在英国政府的绩效管理结构中,它既是决策部门,又肩负着研究、设计、修正考核体系的使命。"最优价值绩效指标"体系即由副首相办公厅负责研究、设计、制定、修改和发布。2006 年 5 月,英国副首相普雷斯科特(Prescott)丑闻败露后,副首相办公厅被撤销。其职能转归新成立的社会和地方政府部(Department of Communities and Local Government,简称 DCLG)。

审计委员会作为全国性的独立公共机构,是绩效评估体系的执行者。它同时负有收集信息反馈、研究、设计、制定、修正和发布全面绩效评估(CPA)体系的使命。尽管审计委员会的委员由中央政府(社会和地方政府部)任命,但其职能和预算都是由议会通过立法确定的。这就保证了审计委员会的独立性。

此外,政府各部委亦有权了解地方政府和公共机构在各相关领域的服务绩效并进行指导、监督。

地方政府的全国性机构

在地方政府方面应当首先提及的是地方政府联合会(Local government Association 或 LGA)。该联合会于 1997 年 4 月 1 日成立,代表英格兰和威尔士的所有地方政府②。它的一项基本职能就是帮助地方政府改善公共服务质量(提供咨询、培训等服务),并在国会与中央政府中作为地方政府和其他各种公共服务机构利益的代表(如警察、消防、交通管理当局等)。

地方政府联合会在绩效管理体系中的作用主要是通过它的一个代理机构"改进与开发署"(Improvement and Development Agency 或 IDeA)来实现的。该机构由英格兰和威尔士的地方政府共同创立,是一个独立于中央政府和立法机构的、自主运作的公共机构。

"改进与开发署"财政来源的 25% 来自地方政府联合会,75% 来自为地方政府提供各种服务的收费。它在地方政府的绩效管理方面不是垄断性的

---

① 该部在不同的时期具有不同的称谓。

② 其管辖与服务的国民超过 5000 万。

组织,必须面对其他私营咨询机构的竞争。

地方政府

英国的地方政府是政府绩效管理与评估的主要对象。因此,对其结构和职能的考察是理解英国政府绩效管理体制所必需的。

虽然没有成文宪法,英国地方政府的权力结构仍然基本相同,同时又与国家的权力结构类似。绝大部分地方政府没有直接民选的行政首长,如市长、县长等①。其地方权力机构由民选的地方议会(Council)构成。议会内设置若干个专门委员会,负责制定地方性的法规;议会的多数党或掌握议会多数的政党联盟推举若干个代表(除大城市外,通常不超过 10 个)组成议会内阁,即真正意义上的地方政府。每一位阁员负责若干个政府职能。内阁成员推举 1 名内阁领袖,通常由议会多数党的领袖担任。内阁领袖与其他阁员之间没有法律上和行政上的等级关系,主要负责地方政府各职能和内阁成员之间的协调工作。议会内阁聘任一名首席执行官。首席执行官对内阁负责,执行内阁的方针政策,代表内阁履行地方政府职能并管理日常行政事务。英国地方政府结构如图 2 所示:

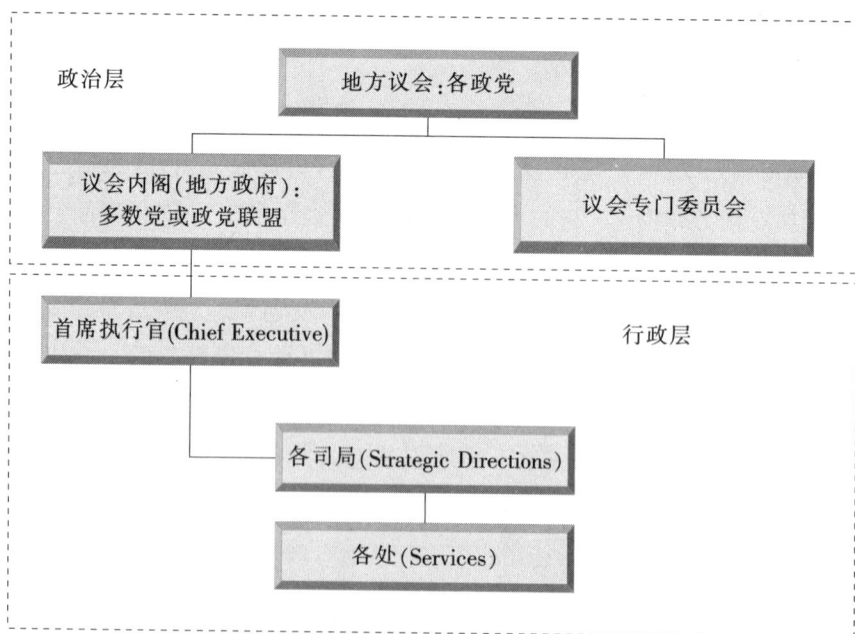

**图 2 英国地方政府结构图**

① 有些地方政府虽拥有行政首长,但只是礼仪性的职位,并无实权,如伦敦市长。

因此,英国的地方政府可以说是议政合一的。这也就是为什么英国人谈到地方政府时通常使用地方议会(Council)一词。这是英国地方行政体系的一大特色。

英国的地方政府具有不同的类型。不同类型的地方政府具有不同的行政机构和不同的职能。郡与县之间,市与区之间的隶属主要是地域上的隶属,而不是政治与行政上的等级隶属。它们的职能与其上级或下级政府是互补性的,而不是对应性的。这是英国地方行政体系的第二大特色。

概括起来,英国的地方政府有5类9种。具体如下表所示:

### 英国地方政府的类型

| 类型 | 数量 | 备注 |
|---|---|---|
| 一、传统类型 | | |
| 郡政府(County Councils) | 34 | |
| 县政府(District Councils) | 238 | 隶属于上述郡政府 |
| 北爱尔兰地方政府(Northern Ireland Councils) | 26 | |
| 二、单级类型(Unitary Local Authority) | | |
| 英格兰单级政府(English Unitary Governments)① | 46 | 部分地方政府 |
| 威尔士单级政府(Walsh Unitary Governments) | 22 | 全部地方政府 |
| 苏格兰单级政府(Scottish Unitary Governments) | 32 | 全部地方政府 |
| 三、都市类型(Metropolitan Councils) | 36 | 大、中城市,如利物浦 |
| 四、伦敦行政区政府(London Borough Councils) | 32 | |
| 五、伦敦市政府(London Corporation Council) | 1 | |
| 共计: | 467 | |

英国地方政府的基本职能主要包括以下各项:

教育

社会服务

本地交通

图书馆

消防与救助

地方计划

规划与更新

---

① 即只有一个行政层级,没有上级和下级地方政府。英国中央政府曾试图将英国所有地方政府变为单级政府,但在英格兰部分地区受到习惯于传统行政体制的居民反对而未能实行。

住房和土地使用

旅游、休闲、娱乐、艺术

垃圾与废品回收

环境与公共卫生

公园与绿化

如前所述,英国不同级的地方政府行使不同的职能。一般来说,单级和都市地方政府行使上述全部职能,而郡县地方政府则分别行使上述职能。通常,前五项职能由郡级地方政府行使,后五项职能属于县级地方政府。"地方计划"职能两级地方政府都有,而"规划与更新"的职能或者属于郡级政府,或者属于县级政府。

英国地方政府实行企业化的管理模式。首席执行官及其以下官员没有公务员的法律地位,属于地方政府的雇员,必须与地方政府签订聘用合同。首席执行官、议会内阁和议会之间的关系类似于企业中总经理、董事会和股东会之间的关系。这是英国地方行政体系的第三大特色。

由于英国地方政府权力结构中的政治层是民选产生的,主要向选民负责,所以中央政府对地方政府的绩效管理所涉及的机构和人主要是地方政府中的行政层。在政治层面,中央政府的绩效管理主要是研究地方议会及其内阁制定的政策法规对该地方政府服务与绩效的影响。

英国所有的地方政府内部(至少在本文作者调研过的近二十个政府和公共机构中)都设有一个3~5人的常设部门,专门负责搜集、研究、处理、发布与服务和绩效有关的信息,编制"最优价值绩效指标"和"全面绩效评估"等考核体系所需要的文件,为议会内阁和首席执行官改善政府服务和绩效表现的决策提供技术支持。

"最优价值绩效指标"体系

"最优价值绩效指标"是当前英国中央政府对地方政府进行绩效管理的基础性的指标体系。本文将要分析的是该体系的2005/2006年版,也是目前已公布的最新和最完全的版本①。该版本共有94个指标(如含亚指标共173个),分为2部分:一部分是一般性指标,称为"总体健康状态指标"(Corpo-

---

① ODPM,*Best Value Performance Indicators* 2005/2006。BVPIs 的完全版本通常每2~3年发布一次。

rate Health Indicators);另一部分是所提供服务的分类指标(Service Delivery Indicators),涉及地方政府和公共机构的主要职能。

"总体健康状态指标"。

这类指标共有 12 个(如含亚指标共 17 个),旨在为地方政府和公共机构的绩效和能力进行基本的定位并提供一个总体形象。其中每个指标都由若干个相互关联的问题组成。"总体健康状态指标"涉及下列 5 个方面的评估内容:

平等服务原则(涉及性别、种族、残疾人接受政府服务的平等权利);

平等服务标准的制定和落实;

税收状况;

准时支付状况(政府收到企业或个人出具的发票后是否按时支付,有无拖欠行为);

电子政府的建设。

分类服务指标。

这类指标共有 82 个(如含亚指标共 156 个)。它们主要反映中央政府对地方政府和公共机构所提供的各类服务的关注,被认为是涉及国家利益的指标。它们共分为以下几个部分:

教育:涉及公平原则、教育质量、成本与效率、公众满意度等方面的评估内容。

社会服务:涉及公平原则、对儿童和老年人服务质量、成本与效率、公众满意度等方面的评估内容。

住房:涉及公平原则、公共住房的管理质量、服务效果和租金的收取、成本与效率、公众满意度等方面的评估内容。

环境:涉及环保计划、生活垃圾的收集与处理、环境的清洁、道路管理、交通事故、公共场所的照明、各类污染及其改进状况、成本与效率、公众满意度等方面的评估内容。

文化与相关服务:涉及文物古迹的保护与管理,博物馆、图书馆的管理与使用、成本与效率、公众满意度等评估内容。

公共安全:涉及保障公共安全的计划、措施和效果,各类犯罪和暴力行为的统计等评估内容。

消防与救助:涉及各类火灾及其伤亡、预警体系、消防体制等方面的内容。

与 2003/2004 年版本比较,"最优价值绩效指标"2005/2006 年版本中各类指标越来越趋于具体化,量化程度也越来越高。

英国中央政府每年都向社会、地方政府和公共机构搜集对"最优价值绩效指标"体系的反馈意见,以便增删修改。修改后向社会公布,搜集反馈信息,在正式发布之前再次修改。这个过程保证了绩效指标内容和制定程序的透明度,增加了该指标体系的信度和效度。

"全面绩效评估"体系(CPA)

"全面绩效评估"体系于 2002 年被英国中央政府正式推行,是目前对地方政府进行绩效评估的主要方法,同时也是支持、促进地方政府改善对社会与人民服务的主要工具。"全面绩效评估"第一轮评估对象只涉及英格兰的 150 个郡级、单级、都市和伦敦各区政府以及公共机构。2003 年 6 月以来,该体系的评估对象扩展到英格兰和威尔士的全部地方政府和公共机构。

"全面绩效评估"的基本内容。

"全面绩效评估"体系使用与"最优价值绩效指标"体系不同的方法。它有四个评价维度。

首先是服务维度。服务维度使用"最优价值绩效指标"的若干组指标,对 BV 当局的绩效进行评价。这些指标所涉及的服务被称为"核心服务"。其主要内容是:对青少年和成年人的社会服务、住房、环境、文化和对社会保险基金的使用以及消防和救助。服务维度是所有其他维度的基础。

其次是资源使用维度。这个维度的主要评估内容是:财务状况、财务管理、各类财务报表、内部监控体系和资金的使用效益。目的是检查地方政府的行政成本和资源使用效益。

第三是整体评估维度。这个维度的主要内容有:战略抱负、优先领域、政府能力、绩效管理、工作成就。

以上三个维度是基本的评估维度。每个地方政府的绩效等级就是以此为基础评出的。在此基础上,CPA 还要评估地方政府绩效的改进状况。这就是被称为"发展方向"(Direction of Travel,简称 DoT)的第四个维度。

"全面绩效评估"体系根据对地方政府和公共机构上述四个维度的综合评价结果将它们分为优(Excellent)、良(Good)、中(Fair)、弱(Week)、差(Poor)5 类,分别用 4 颗星到 0 颗星来表示。

评估结果的运用。

英国中央政府对地方政府和公共机构的绩效评估结果虽然并不导致物质、金钱和职级方面的奖惩，但却会影响中央政府与地方政府、公共机构之间的关系。这种影响主要表现在中央政府对地方政府和公共机构的监控力度和频率上，因而体现为一种体制上的（正负）激励。

对于其绩效被评为优、良两类的地方政府与公共机构，英国中央政府将给予它们较多的行动自由、较少的监督检查并对它们行为持较为灵活和积极鼓励的态度。对于那些被评为弱、差两类的地方政府，中央政府则给予相反的对待。同时，如果中央政府认为必要，可以对地方政府表现特别差的职能实行中央接管，即由中央派员接管地方政府的某个职能，如教育、城市清洁等。接管期限由中央政府根据需要确定。在这种情况下，地方政府中原负责该职能的行政官员将被撤换。由于英国地方政府的行政官员都不是公务员，所以撤换不存在严重的法律障碍。但如果中央政府要接管首席执行官的职能，则需要与地方议会内阁协商，获得内阁的同意①。

更重要的是，评估结果对于各地方政府执政党的政治形象、吸引投资和人才具有直接的影响，并进而间接地影响到执政党的执政寿命。因此，目前各地方政府，无论其政治倾向如何，都非常重视这项工作，尽管它们对此评估体系带来的财政和工作负担有所报怨。

"全面绩效评估"体系的有效性和存在的问题。

作为英国中央政府对地方政府和公共机构进行全面绩效管理的指标体系，"最优价值绩效指标"体系的已有20多年的历史（仅从审计委员会成立算起）。经过20多年无间断的研究、实践、修改、完善，这套体系已经具有相当高的信度和效度。相比之下，"全面绩效评估"体系作为更高层次的绩效评估体系和全新的评估方法，在其5年的历史中，只在英格兰地区进行了4轮评估，在威尔士进行了3轮评估。因此，其信度和效度还需要经过更长时期实践的检验。

从目前英国审计委员会公布的相关信息看，"全面绩效评估"体系对于英国地方政府和公共机构所提供的服务及其绩效起到了积极的推动作用。以英格兰为例，2006年，绩效等级为"优"（4星级）和"良"（3星级）的地方政

---

① 见 *Local Government Act* 1999，Section 15（6）。

府均比 2005 年增加了 4 个百分点;绩效等级为"中"(2 星级)的地方政府比 2005 年减少了 7 个百分点;绩效等级为"弱"(1 星级)的地方政府因绩效等级的提高而比 2005 年减少了 3 个百分点;绩效等级为"差"(0 星级)的地方政府则已经不复存在。这说明被评估的地方政府绩效整体上有所改善,如图 3 所示①。

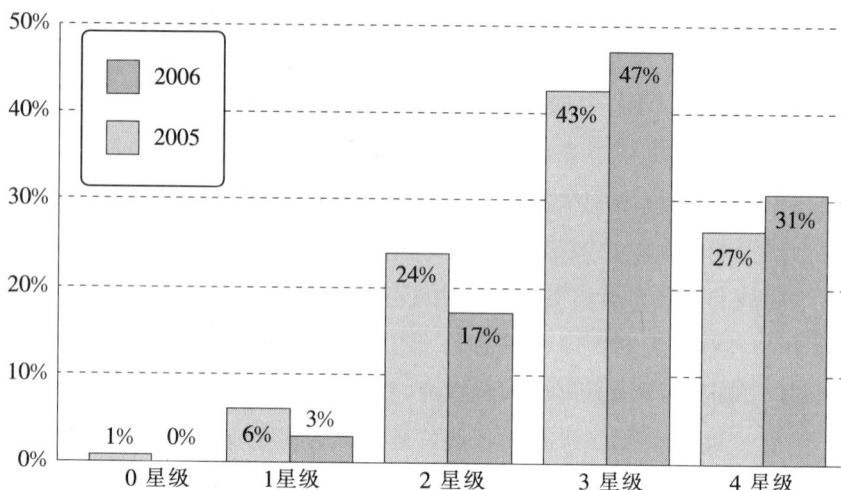

**图3 2005～2006 年英格兰地区全面绩效评估结果的比较**

然而,对"全面绩效评估"体系也存在负面的评价。在本文作者调研中接触到的地方议员和政府官员中,很多人在承认该评估体系有益于促进和改善政府的服务和绩效的同时,也对它提出批评。这些批评意见可以分为两类。一类是技术性的,主要是质疑某些指标的信度、效度,批评其评估难度。另一类是政治性的,主要是指责它是中央政府强加给地方政府的,是控制地方政府的工具,且过于复杂,过于官僚主义和文牍主义,给地方政府带来了沉重的工作和财务负担。

一般来说,英国保守党议员及其控制的地方政府对"全面绩效评估"体系抱有较强的敌意。作为最大的反对党,保守党的这种敌意使人怀疑一旦政权易手,"全面绩效评估"体系是否能够继续存在。不过,即使保守党人也承认,绩效评估体系确有其存在的理由。他们所主张的,不是取消绩效评

---

① 见英国审计委员会网站:www. audit-commission. gov. uk/products/national-report/。

估,只是减轻"全面绩效评估"体系给地方政府造成的负担。他们希望能够用一种更加轻灵、有效的方法取代现行的评估体系。

几点启示

从英国中央政府对地方政府进行绩效管理的历史实践中,我们可以得到以下几点启示:

1. 绩效管理和评估是行政权力的自我监控机制。它源于国家和社会对行政权力实施的政治、司法和舆论的外部监控以及行政权力应对这些监控的需求。由于它能够对政府的行为产生导向和规范作用,因而是涉及公共行政全局的战略问题。

2. 准确合理的政府职能定位是进行政府绩效管理,建立科学的政府绩效评估体系的理论前提。西方国家经过几百年的选举和由此产生的政府更迭,已基本完成了政府职能的界定。我国可以吸取他们的经验教训,力争在较短的时期内完成此项工作。

3. 建立一个相对完善的绩效指标体系是进行绩效管理和评估的前提。这个指标体系中应当既有代表国家利益的普遍性指标,又有顾及不同地方客观条件的特殊性指标;既有评估绩效的静态的硬性指标,又有评估改善服务和绩效能力的动态的软性指标。

4. 立法、管理机构、指标体系、评估程序和方法是政府绩效管理体制的四大基本构成要素。在这些方面,我国目前尚有许多亟待解决的问题,如尽快就政府绩效管理的问题立法,界定政府的职能,明确政府绩效的管理部门及其职能,建立和完善政府绩效评估的指标体系和程序、方法,等等。

5. 绩效管理行为所涉及的管理学理论不是精确科学,而是一种经验科学。这就意味着它没有理论上的最佳值,也没有本来意义上的、放之四海而皆准的客观标准。在这个领域中,不存在一蹴而就,达到一劳永逸之最佳状态的途径和方法。因此,在实践中,人们既不应奢求一次达成绩效管理与评估体系的完美无瑕,也不应因其存在缺陷而半途而废。相反,人们只能在实践、修正、再实践、再修正的长期过程中才能不断完善绩效管理体制和绩效评估体系,使之逐渐逼近最佳状态。

(廖昆明:国家行政学院公共管理教研部教授)

# 欧洲公共部门质量奖

## 孙迎春

　　在当今的全球市场上,制造者和消费者都要求保证产品和服务的质量,都需要展示自己能够持续提供高质量产品和服务的能力。这正是所有商界和公共组织不得不建立质量系统的原因。自20世纪50年代以来,质量奖已经成为公共部门特别是私人部门组织的一种重要的标杆工具,目的主要有两个:一是在缺乏市场竞争的公共和私人部门引入竞争因素,二是鼓励组织学习。因此,为了改进公共管理,满足公众日益提高的要求与期望,许多国家都纷纷开展了质量管理的相关探索。1951年,日本的科学家和工程师联盟设立了促进公司质量控制的"德明奖";1988年美国设立了著名的马尔科姆波特里奇国家质量奖;加拿大国家审计署也相继开展了"满意型绩效组织"运动;以英国和新西兰为代表在全球也掀起了以企业管理模式提高公共部门服务质量的新公共管理改革。在这种改革浪潮的推动下,欧盟各国也开始了质量管理与行政现代化的改革进程。1992年,欧洲地区相继出现了欧洲质量管理基金会卓越模式(EFQM Excellence Model)和施拜尔质量评估模式(Speyer Quality Model)。作为欧洲质量奖的基础,两种评估模式都是质量自我评估的工具,只是侧重点不同而已。卓越模式一经开发,在欧洲范围产生了很大的影响,对欧洲私人部门的质量管理和质量改进起到了关键的作用,后来也逐渐运用到公共部门,特别是在北欧和南欧影响非常大。卓越模式既是一种自我评估的工具,也是一种与其他组织进行标杆设定的途径,同时还是帮助组织认识自身改进领域的指南,是欧洲质量管理与评估通用语汇和思维方式的基础,为组织的管理系统提供了一整套评估框架。该模式分有9大标准,即5个能动标准:领导力、政策与战略、人员、伙伴关系与资源、过程和4个结果标准:绩效、顾客、人员和社会。而4个结果标准需要通过人员、伙伴关系与资源、过程这 3 个能动标准予以执行,同时还需要领导力驱动政策与战略予以实现。施拜尔质量评估模式虽然也是一种自我评估模式,但更侧重于公共部门,是本文重点介绍的内容之一。

# 一、施拜尔国际质量奖

## 1. 背景和发展历程

施拜尔质量奖创立于 1992 年,由德国施拜尔行政科学大学的赫尔曼·黑尔教授和赫姆特·克拉格斯教授共同研究创立,主要是为了支持德国的公共行政现代化改革。1947 年成立的德国施拜尔行政科学大学是德国唯一的公共行政大学,由德国联邦政府和 16 个州政府联合出资创办,致力于研究生教育、公务员培训和科研创新。大学内部设有联邦政府出资建立的公共行政研究所,负责根据国际国内理论和实践中的热点难点问题进行比较性研究,为教学提供最先进的理论成果,为政府提供最及时的政策咨询。1992 年第一次施拜尔质量奖就是在加拿大审计署一个名为"良好绩效组织"的研究成果之上融合美国和欧洲质量奖的精华开发创立的。在开发的同时,研究人员还借鉴了私人部门管理比较流行的 DIN EN ISO 9000 质量标准,德国地方政府管理委员会关于"新指导模式"的创意,德国新公共管理的实践经验以及德国伯特斯曼基金会国际国内地方政府改革网络的实践经验。可以说,最初的施拜尔质量奖既是理论与实践相结合的重要研究成果,也是后来欧洲公共部门质量奖的雏形。该奖基本上是两年评选一次,到目前为止一共评选了 7 次。但从 1996 年第三次质量奖评选开始,奥地利和瑞士的联邦政府申请加入,该奖也随后于 2002 年更名为"施拜尔国际质量奖",由德国内政部、奥地利公共绩效与体育部和瑞士财政部共同出资承办。同时,承办方还从微软、西门子、SAP 等大型跨国公司筹措资金,并由各出资方和相关专家共同组成的咨询委员会负责监督与保证该奖项的正常运行。通过参评活动,各个机构能够有机会按照国际质量标准认真审视自己的组织,设定标杆后进行相互学习,进一步改进和提高自身的质量管理水平。

## 2. 评奖程序和方法

从评奖的范围来看,施拜尔国际质量奖主要针对德国、奥地利和瑞士政府所有层级的公共部门机构,甚至还包括议会、大学、博物馆、法院、保险公司等公共企业和公司伙伴关系,唯一的前提条件就是要参加评选的组织具有一定的自主性和独立性。

从评奖的内容和题目来看,1992 年至 1998 年该奖项的主要内容是德国的全面现代化改革,所有题目都与行政现代化改革休戚相关。1996 年至1998 年,除了施拜尔奖外还添加了项目质量奖。2000 年至 2002 年该奖项开始划分为不同的领域或根据不同的主题进行评奖,题目主要包括:理念的质量、与通用现代化进程的连接程度、执行力或组织的成熟度、创新力、过程质量与项目管理、性别主流、利益和转化能力。自 2002 年以后,该奖项与欧洲通用绩效评估模式相结合,主要服务于欧洲地区通用性的现代化改革进程。2002 年的题目是:战略管理、政治与行政、以公民为导向、公私伙伴关系、电子政府、人力资源管理和知识管理。到 2005 年题目更新为:质量管理、预算与自然增长规划、反腐倡廉、公共部门的伙伴关系、电子政府以及人力资源管理。

从评奖的标准来看,2002 年以前的评估标准主要有以下几项:战略与资源管理、政界与行政之间的新型关系、结构与过程优化、关键资源中的“人事”管理、以公民/顾客为主的改良途径、与外部服务供应商/组织的合作、促进竞争的手段、应用现代沟通方式的程度、组织的现代化进程、各种结果的测评以及各种影响力的测评。以 2002 年为例,战略管理主要指的是通过在理论开发和实施过程中尽可能多地集合各个利益相关人,在一个公共组织中对各种决策和行动进行前瞻性和重点性排序。政治与行政指的是议会对行政的指导性作用,议会与行政之间的沟通与互动以及议会内部运转模式的改革。以公民为导向则意味着用公民的眼光评价政府行为,改善客户为导向的服务,创建公民参与的基础设施并在政府与公民之间建立网络。公私伙伴关系指的是公共部门和私人部门之间的合作,以实现共同的目标,共同承担责任。电子政府指的是利用信息沟通技术改善公共机构组织内部及其与公众和其他机构之间的组织结构和运行过程,包括电子行政、电子民主、电子立法和电子司法。人力资源管理是一种综合性理念,鼓励员工利用自身的潜力,发挥作用,为组织增光添彩。知识管理指的是一种系统的管理方式,主要是为了完成工作任务和目标而对整个组织及其伙伴的知识加以利用和分配。而 2002 年以后主要使用的是欧洲通用评估模式的评估标准:

即领导力、人力资源管理、政策与战略、外部伙伴关系或资源、过程与变革管理、员工结果、公民结果、社会影响力和关键绩效结果。

从评奖的时间和步骤来看,整个评选时间为一年,一般是在12月初召开第一次咨询委员会并进行项目启动或培训工作;12月至次年的3月之前,在必要的情况下召开行政研讨会,印制信息手册并将手册送交各个行政部门;7月31日是接收参选申请的截止日期;8月至10月由专家组对参评单位进行评估筛选,决定出实地考察的范围;10月31日召开第二次咨询委员会,最终决定获奖名单;12月召开官方颁奖仪式和质量大会,隆重授奖。评奖工作一共分7个步骤:(1)发出参评邀请;(2)申请之后,利用欧洲通用评估框架、国际质量认证9000系列和欧洲质量管理基金会卓越模式等工具进行组织的自我评估;(3)对各种申请进行评估和权衡;(4)由工作小组进行预选;(5)对预选出的申请单位进行实地考察;(6)由咨询委员会对评估结果做出最终决策;(7)在质量大会上宣布结果并颁奖。

从评奖的结果来看,2002年一共有54个参评单位(其中德国37,奥地利13,瑞士4)分别参加如下领域的评选:战略管理(16),政治与行政(4),以公民为导向(10),公私伙伴关系(2),电子政府(10),人力资源管理(8)和知识管理(4)。获奖结果分配如下:战略管理4个,电子政府和人力资源管理各3个,以公民为导向和知识管理各1个,政治与行政以及公私伙伴关系为0。而2005年一共有100个参评单位(德国59,奥地利32,瑞士9)分别参加如下领域的评选:公私伙伴关系(31),质量管理(22),电子化政府(22),预算与财政管理创新(11),人力资源管理(8),反腐倡廉(6)。评选结果分配如下:获奖单位共计28个,包括公私伙伴关系8个(德国3,奥地利3,瑞士2);管理质量6个(德国3,奥地利3);预算与财政管理创新4个(德国2,瑞士2);电子政府6个(德国1,奥地利5);人员管理2个(德国和奥地利各1);反腐倡廉2个(德国和奥地利各1)。另外还有16个受到表彰的单位,包括3个公私伙伴关系(德国1,奥地利2);4个管理质量(德国3,奥地利1);2个预算与财政管理创新(德国和奥地利各1);4个电子政府(德国1,奥地利2,瑞士1);1个人员管理(奥地利);2个反腐倡廉(德国)。

3. 重要意义和影响

施拜尔国际质量奖所遵循的原则是让参与各方均受益。参加评奖的单位可以根据自我评估、标杆设定和外部评估测定自身的现代化水平;通过交流思想、理念和最佳实践的方式成为行政创新领域的一部分;每一个参与单位在评选结束后都会得到一份书面的评估报告,在报告中可以明确看到自己与其他单位或标杆设定的平均现代化水平或最佳实践进行比较的结果,推进组织的不断改进。另外,该奖项的评奖与监督小组由公、产、学、商共同组成,有利于资源的有效保障和合理利用、科研成果的迅速转化与积累以及最佳实践的充分交流与促进。

另外,从参评的单位数量、层级和评选的结果可以看出,施拜尔国际质量奖在欧洲地区具有很重要的地位,特别是在欧洲的公共部门机构中,由于受到政府和商界的共同支持,参选单位的数量和层级都在持续增加和扩大。历经15年的摸索与发展,施拜尔国际质量奖的影响力也在不断地扩大和加深。特别是在欧洲一体化进程中,施拜尔国际质量奖在整个欧洲公共部门质量奖的发展道路上有着不可磨灭的功绩,因为在它的基础上,欧洲又开发出了通用评估框架和欧洲公共部门奖。特别是2007年11月将要设立的欧洲公共部门奖,将是欧洲一体化进程的又一个重要里程碑,因为它可以让欧洲各国的公共部门同处一个平台共同交流、共同学习、共同发展,对于整个欧洲公共行政一体化改革有着相当重要的现实意义。

## 二、欧洲公共部门奖

近几年来,欧洲地区成功运行着许多地区性和国家级的公共部门质量奖,例如施拜尔国际质量奖和英国、葡萄牙、丹麦、比利时、意大利、捷克等国的国家质量奖。但是,按照里斯本欧洲一体化战略进程的要求,欧盟各国还要进一步加强并统一这些国家奖项,推动欧洲整体行政的创新和现代化进程。正是在这样的背景下产生了欧洲公共部门奖,目的就是要集合不同背景和条件下产生的各种最佳和最具创新性的公共部门机构,建立第一个泛欧洲的公共行政学习平台,充分宣传并利用欧洲各国的宝贵经验,为全世界树立起学习和借鉴的榜样。基于这一背景,欧洲公共部门奖有意实现以下目标:

◇ 执行里斯本战略计划;

◇ 创建一个欧洲行政的共同空间;

◇ 针对新的行政问题寻找解决方案；

◇ 在公共部门组织之间形成建设性的竞争机制；

◇ 学习欧洲先进的经验；

◇ 鼓励公共部门根据欧洲的标杆来测评自己组织的绩效；

◇ 在国家奖项的基础上，从大欧洲的角度创造价值。

## 1. 参评的程序与条件

该奖项的整个评估时间需要将近一年。2007 年 3 月 14 日在柏林召开了启动仪式，4 月 15 日至 7 月 15 日是接受申请文件的时间，7 月 31 日停止接受申请，8 月至 10 月是实地考察，10 月底要召开委员会确定最终获奖者，11 月 12/13 日在瑞士召开质量大会并为获奖者颁奖，为入围者颁发证书，并正式宣布设立欧洲公共部门奖。

因为欧洲公共部门奖是一个全新的试验，到目前为止还没有成品。但从其主办方和组织工作来看，该奖项视野远大、资源丰富、组织严密、准备充分。欧洲公共部门奖的主办方共有三家：国际行政科学大会欧洲工作组（EGPA）、德国施拜尔行政科学大学（DHV）和德国伯特斯曼基金会。合作方为德国内政部和奥地利联邦总理办公室，另外还有十几个欧洲参与国家。从组织工作来讲，该奖项由评奖委员会和国际专家组负责监督评奖。评奖委员会由评奖办公室和学术指导委员会共同组成，负责做出所有关键决定并负责监督整个奖项的评选过程，包括在学术指导委员会的协助下选择评估主题。评奖办公室由伯特斯曼基金会负责，主要承担评奖的日常管理、申请程序和协调工作。学术指导委员会一共有四个专家组，分别由欧洲公共行政小组、德国联邦内政部、奥地利联邦总理办公室和瑞士联邦监察部各派一名专家组成。国际专家组的专家都是欧洲独立、知名的专家，由欧洲公共行政小组主席等 6 位知名国际专家组成。评奖申请会被送交国际专家组审核，审核通过后，由专家组筛选出实地考察的机构名单，最后由学术委员会向评奖委员会推荐候选获奖单位。同时，在评奖程序中，主办方也充分认识到欧洲多元的政治行政体制、文化、改革传统和现代化程度，所以，无论是大小委员会还是专家组的组成上，都会考虑国家、民族、性别、政府层级、经济发展状况、社会文明程度等因素。在最初的申请工作中，各个国家的联系点，一般是大学、组织学和行政学研究所、政府部门的代表或其他机构，负责完成宣传、培训、推荐和准备工作。申请文件最多不能超过 10 页纸,所使用的语言是英语、法语或德语,而且问题的回答要简明扼要。最关键的是,除了专家、学术委员会和评奖办公室外,参评单位的评奖内容一律对外保密。

从参加评选的申请程序上来说,参评单位还要详细注明参评单位的雇员人数、上级与下级情况、所管辖地区人口以及项目的标题,对项目的 3～4 句简要说明,地理范围说明,项目的起止时间,项目的预算经费等等,并需简要回答以下 7 个领域的 22 个问题(参见下表)。

**欧洲公共部门奖的标准问题**

| 项目开始情况和项目目标 | 1. 项目的起始位置是什么? 比方说需要解决什么问题?<br>2. 项目的目标是什么?<br>3. 谁会从项目中受益最多?<br>补充 |
|---|---|
| 主要活动与手段 | 4. 最重要的步骤和活动是什么?<br>5. 使用了哪些工具和方法?<br>6. 都有什么样的伙伴介入?<br>补充 |
| 问题和解决方案 | 7. 在执行过程中出现了什么问题?<br>8. 你是怎样解决问题的?<br>9. 项目是如何组织的?<br>10. 是否证明组织做这个项目很值得(项目的意义)?<br>补充 |
| 结果与影响力 | 11. 最重要的,也可以说可测量的结果是什么?<br>12. 项目在今天的意义如何?<br>13. 项目实现了什么?<br>14. 是否进行了项目评估? 是　不是<br>15. 如果是,评估的结果如何?<br>16. 项目又如何得以进一步发展?<br>补充 |
| 创新能力 | 17. 你认为项目最为创新的要素是什么?<br>18. 什么因素使项目获得如此成功?<br>补充 |
| 可持续性与多元性 | 19. 你是如何维护项目结果的可持续性的?<br>20. 项目的什么部分能够更好地转化进其他的公共行政机构?<br>补充 |
| 吸取的经验教训 | 21. 你从项目中得出了什么经验教训?<br>22. 你能给起始状况与你类似的行政机构提出哪些建议?<br>补充 |

从参评的范围来看,欧洲公共部门质量奖面向联邦、州、地区、行政区和市镇层级上的所有公共部门,也可以包括公共部门企业和合格的公私伙伴关系。参评单位的工作领域可以包括社会保障、卫生与就业;组织、人力资源与信息技术;公民/顾客的一般性服务;警察、公共安全与秩序;司法行政;税收、财政与海关;公共事业、交通与建设;环境、自然与能源;教育与科研;文化等。

2. 评奖的类型、内容与标准

欧洲公共部门奖共分两大类:创新奖和未来奖。创新奖更加重视公共服务的创新和最佳实践,而未来奖更加重视欧洲公共机构的未来职能和作用。创新奖的标准是既要代表战胜本国局限性而产生出的创新突破,又要代表能够予以转化的创新突破,可以鼓励欧洲其他国家学习和借鉴。未来奖代表一个政策领域或一级政府未来发展的新路径,也要求可以转化并供欧洲其他国家学习和借鉴。

欧洲公共部门奖一共分为三大内容,即协同治理、创造公共价值和人口挑战。协同治理指的是在可持续能力方面的协同决策。自我管理、公民和利益相关人在决策过程中的参与等公开透明的转化已经改变了公共行政以及政治机构决策准备和决策制定过程的模式。要求所提交的申请应该包括公共行政和其他机构在建立支持政府行政与政治有效工作的持续性网络方面的成功经验,内容可以是公私伙伴关系、体制形式、灵活和生动的公民参与、通过合作性自我管理而实施的新的治理形式等等。创造公共价值主要针对政府缩减的财政资源问题,通过财务管理的新方法提高和保证公共资产和资源从而促进公共产品的行动和政策。要求所提交的申请应该包括各种在创造公共价值这一明确目标指引下成功解决组织内部财政资源问题的管理和专业工具,可以是更好使用有限财政资源的创新性方式方法,或者危机管理、资产管理、生命周期管理、以成果为导向的财务管理以及相关的管理和组织变革等等。人口挑战指的是人口变化给欧洲带来的影响,这种挑战会波及欧洲每一个国家,只是影响的程度有深有浅而已。人口变化不仅会影响欧洲国家未来的服务供应和财政来源,还会影响公民对政府的期望值。要求所提交的申请应该包括公共服务递送的新形式,获得公共基础设施和公共服务的新的可能性,在流动性、关爱度和规划等相关政策领域的新的方式方法。

欧洲公共部门奖关注的是欧洲真正的公共部门创新组织,寻找的是最佳实践和最高水平的执行力,以便于直接作用于欧洲的改革进程。为此,该奖项遵循以下评奖标准:创新性、概念质量与战略、执行力和成熟度、利益和附加值、可转化性、价值保持力和价值导向、可持续性。

### 3. 参评的意义和奖项的影响力

参加欧洲公共部门奖的评选工作具有深远的重要意义。首先,参加评选可以让国家质量奖得主能够在欧洲统一标准的标杆基础上进行测评,也就是说,欧洲公共部门奖不是一般意义上的国家奖项,而是整个欧洲范围的首例奖项。因此参加这样的奖项评比具有划时代的历史意义。其次,不论参评机构的大小、类型或文化差异,候选单位都会受到国际专家的推荐并收到他们官方的意见反馈,详细分析组织的优缺点并提供改进建议。这在推进欧洲民主一体化进程中具有鲜明的政治意义。第三,除了弥补文化和体制差异之外,欧洲公共部门奖还将促进广泛的创新和公共改革,为欧洲各国提供系统性学习的机会。这对于共同促进欧洲公共行政创新与现代化改革具有明确的现实意义。第四,所有参加评选的机构都会因为在行业学报和评奖网站上公布参选结果而提升其知名度。除了获奖者之外,所有参与者也都会获得欧洲公共部门奖评奖委员会的证书确认。这对于参评单位来说具有实际的发展意义。另外,整个参选过程是免费的,而且申请程序也非常地简单和清晰明了。

到目前为止,已经有德国、英国、比利时、意大利、奥地利、葡萄牙、罗马尼亚、瑞典、瑞士、斯洛文尼亚、捷克等国家的公共行政组织积极参与评奖。虽然说欧洲公共部门奖是一颗冉冉升起的新星,但它的灵活性、创新性、通用性、前瞻性、国际性、经济性、时代性、简便性、可比性、可转化性、可持续性等特点,一定会让它成为欧洲乃至世界公共部门质量界的一颗耀眼明星。

## 参考文献

1. www. eps-award. eu

2. www. dhv-speyer. de

3. www. 4qconference. org

(孙迎春:国家行政学院国际部调研员、译审)

# 韩国政府绩效评估及其评价

## 胡税根　汪　菁　朴钟权

政府绩效评估是当今世界公共管理领域的一个重要的课题。和英、美等西方国家类似,韩国的政府绩效评估作为行政改革的重要内容而付诸实践。在韩国,政府绩效评估集中反映了成果控制这一改革走向,发展至今已经逐渐制度化,有了比较科学有效的评估体系、评估技术和评估方法,对于韩国政府内部管理的革新,业绩导向型和服务型政府的建立都发挥着积极的作用。

## 一、韩国政府绩效评估的发展与作用

### (一)韩国政府绩效评估的发展历程

第一阶段:按照基本运营计划审查分析(1962.9~1981.11)。1962年9月,陆军的基本运营计划制度被全方位引入于行政部门。国务总理室企划调整室负责实施审查分析该制度,各部门建立以每年预算为前提的基本运营计划,按季度进行审查分析。基本运营计划审查分析制度是韩国政府最早发挥对政府政策的评估功能的制度。虽然欠缺具体的评估方法,判断基准的体系也尚未确立和开发,在评价内容的价值性问题上着重于外形和量化标准,但还是对行政部门的内部文化产生了很大影响。

第二阶段:按照主要业务计划审查分析(1981.11~1994.12)。1981年11月,韩国政府在大幅度组织改编工作中,为审查分析功能的充实化而废除企划调整室,在经济企划院内新设审查分析局,废除了基本运营计划制度,而对主要业务施行计划实施审查分析,由各中央部门自行负责对自身业务的审查分析,经济企划院综合调整各部门的审查分析结果。这一时期,各中央部门政策评价工作的推进比较消极,对评价工作的投入也是微不足道的,因而这一评价制度被认为缺乏充实性和实效性。而国务总理室的政策评价制度则是以业绩中心的,过于以外部事实为中心而显得有些形式主义。

第三阶段:国务总理行政调整室的政府业务评价(1994.12~2000.1)。1994年12月,通过政府组织改编工作,原属于经济企划院的审查分析职能转移到国务总理行政调整室,与1990年4月设置于总理室的政策评价职能相整合,负责审查评价业务。其次,重新整顿之前的审查分析有关规定,并且定期或者不定期地改善审查评价制度。为了确保审查评价的客观性和专业性,聘用外部专家来操作审查评价工作。这些新的规定,从原来的以进度分析为主的内容改成综合评价工作计划、执行、成果等工作推进全过程,另外还新增了地方自治团体的审查评价制度运营的自律化。2001年5月起施行《有关政府业务等评价的基本法》,这部法律基本解决了审查评价上的这些问题,并且在审查评价上特别强化了总理的作用,另外,《基本法》在审查评价种类中新增机关评价,均衡地实施政策评价和机关评价。

第四阶段:绩效评估多元化发展(2000.1~2006.4)。在这一时期,除了政府业务评价制度之外,韩国政府先后引入和发展针对部门和公务员的多种绩效评价制度。成果管理制度的成功实施的核心是开发适合本国状况的制度。金大中政府执政后,成果主义预算制度被引入政府部门。此外,韩国政府从2000年开始以政府组织中具有事业性、执行性特征的机关为对象,引入和施行了责任运营机关制度。针对4级以上公务员进行绩效评价的目标管理制度从1994年就开始实施。2000年开始在财政部门引入成果管理制度之后,责任运营机关的负责人也被赋予了行政和财政上的自律责任。2004年开始对4级以上公务员实施职务成果契约制,评价个人的工作成绩,把绩效评价反映于晋升、奖金等激励机制中。

第五阶段:整合各种业务绩效评估制度(2006.4~)为了统合依据现有法令形成的个别的或者重复的各种评价,使之体系化,强化由自我评价为基础的政府业务评价能力,形成政府(包含公共机构)全方位的业务构筑统合性成果管理体系,提高政府业务运营绩效,从2006年4月开始,韩国政府开始施行《政府业务评价基本法》。《基本法》对韩国政府绩效评价的主体、内容、标准、程序等作了规定。目前,《政府业务评价基本法》还处于初步试行阶段,但是我们可以看到,韩国的绩效评估制度正日趋多维度和系统化。

## (二)韩国政府绩效评估的作用

### 1. 提高了政府管理水平

在政府内部管理方面,通过绩效评估而得到的绩效信息主要发挥了三个作用:第一,绩效信息有利于完善决策过程。只有执行者真正理解了绩效信息的价值,绩效管理才真正发挥了作用。第二,绩效信息的收集有利于促进资源合理分配。虽然将绩效成果直接与预算挂钩是危险且不妥当的,但是,有效的绩效信息毕竟成为韩国政府资源分配诸多参考因素中的十分重要的一个因素。第三,绩效信息有利于确保责任落实,绩效信息反映了政府部门或者公务员个人责任落实情况,进而也督促了其责任的进一步落实。

### 2. 推动了行政改革的进程

韩国政府主要实施了三方面的改革:机构改编、制度改革和行政文化再造。成果管理是制度改革的重要内容,目的在于提高绩效,由过程管理转变为成果管理。以成果管理为主要内容的韩国政府绩效评估制度,改变了立足于投入的控制和管理的传统做法,形成了从评价指标到战略计划书、成果计划书,再到成果报告和审计的一整套程序,并且通过颁布法令固定下来。绩效评估制度作为软件的改革,和作为硬件的机构改革相结合,推动了韩国行政改革全面深入地进行。

### 3. 强化了政府的服务功能

韩国政府绩效评估通过规范化、制度化的评估工作,在很大程度上推动了政府部门及公务员对社会、国民的需求及时做出反应,对行政结果负责。国民通过民意调查、意见收集等途径参与评价指标的制定,并且通过评价结果的公布,国民充分享有对行政事务和公共政策等的知情权。政府实现透明、公开的行政,通过国民对行政事务和公共政策等的意见反馈,调整政策、改进工作方法以满足国民需要。所以说政府绩效评估的实施过程推动了韩国政府向服务型政府转变。

## 二、韩国政府绩效评估制度及运作

政府业务评价制度、财政部门的成果管理制度、责任运营机关制度以及针对公务员个人工作绩效的职务成果契约制度构成了韩国政府绩效评估制度的主体。

(一)政府业务评价制度及运作

政府业务评价制度是韩国政府绩效评估体系中最为核心的制度,是最早引入且发展最完善的,针对中央和地方政府的一项绩效评估制度。政府业务评价制度的目的是综合评价分析政府业务的推进状况及执行成果,把结果反映于执行过程及今后工作计划的树立。如前所述,政府业务评价制度由 1962 年引入的审查分析制度发展而来。2001 年 5 月,随着《有关政府业务等评价的基本法》的颁布施行,原先的审查分析制度发展成为了综合管理全体机构的政府业务评价制度。2006 年 4 月,《政府业务评价基本法》的施行把原先依据不同法令进行的片面的或者重复的各种评价制度统合为一体,使之体系化,以期提高政府业务运营的绩效以及责任感。本制度每年由国务总理行政调整室政策评价委员会负责实施。例如,在 2005 年的评价中,总共对 43 个中央行政机构、16 个地方自治团体实施评价,对"国家基础通信网管理评价"等 10 个项目实施特定项目评价,总共提出 93 个改善措施事项。

政府业务评价制度的种类有中央行政机构评价、地方自治团体评价和特定项目评价。政府业务评价采用各行政部门自我评价与政策评价委员会的上位评价相结合的方法。

(二)成果管理制度及运作

成果管理制度是一项脱离了以投入为中心的预算,设定财政事业的目标和成果指标,依据指标评价事业目标和其成果完成情况,反映于预算编定,以期提高预算执行效率的绩效评估制度。成果管理制度由财政部的企划预算处负责推行。

自 2000 年该制度实施之后,进行了 3 年的试点,主要对审查成果报告书之间的一贯性、概略性技术指标(战略目标、成果目标、成果指标)的适合性和妥当性等进行了评价。成果管理与"预算编定—执行—结算"的预算周期一样以3年为周期,具体由"拟定成果计划书—年度事业执行—拟定成果报告书"过程组成。再细分为"战略目标—成果目标—成果指标"的体系化结构。这一体系化结构由包括机构的目标、价值、功能的机构任务,以及象征中长期重点政策方向的"战略目标",通过主要财政事业(或事业人)完成的作为"战略目标"的下位概念的多个具体"成果目标",还有作为判别成果目标完成与否的尺度"成果指标"所构成。

### (三)责任运营机关制度及运作

责任运营机关制度是一种为了保障责任运营机关负责人运营机关的独立性和自律性,给其成果赋予责任,谋求以提高行政的效率和行政服务质量的成果管理为基础的制度。20世纪80年代后期和90年代初期,经济合作发展组织(OECD)成员国广泛引入责任运营机关制度。在韩国,从2000年开始以政府组织中具有事业性、执行性为特征的机关为对象,引入和运营此制度,从2006年5月开始,厅级中央行政机构中的特许厅也被指定为责任运营机关进行运营。

根据正在修改实施的《责任运营机关设置运营法》,原统一指令性的管理机关实行责任运营以后,主要发展方向是独立性、自律性、契约性、经营性。机关人员的公务员身份仍继续维持不变;人事任用、报酬支付和组织管理方面由机构自我运筹;经协商后由行政自治部部长或厅长与责任运营机构的长官就事业发展计划、财政目标等形成协议;所属各中央行政机关分别设立"责任运营机关运营审议会"对责任运营机关实施评价。在行政自治部设立责任运营机关评价委员会,负责审议评价责任运营机关的存续与否及发送责任运营机关有关制度的重要事项。

### (四)职务成果契约制度及运作

职务成果契约制度是部长、副部长等机关的负责人和室、局长,室、局长和课长之间签署公文式的成果契约(Performance Agreement),协议成果目标及成果指标,根据当年《职务成果契约》评估个人的工作成绩,把评估结果反映于奖金、晋升过程的人事管理制度。该制度在 2004 年试点实施后,于 2005 年开始在所有部门实施。

职务成果契约制度的对象原则上限于 4 级以上的公务员,对公务员个人的成果目标和评价指标、主要推进等,以 1 年为期签订契约。订立成果契约的公务直接上级或前辈,根据被评价公务员的素质、能力及日常综合表现,按照评价标准来评价。为了促进个人成果目标的实现和适应环境变化,年中至少进行一次以上的部门内部中间检查,以 12 月 31 日为终点,在次年 1 月末进行最终评价。评价方法是评价者提出对被评价者的业绩相关情况及问题,通过讨论完成最终评价书。评价完了,如果被评价公务员要求公开评价结果,则设定一定的时限公开其评价结果。如果对自己的评价结果不满意,可以申诉。关于成果契约执行度的最终评价结果是记录于个人成果管理卡之上,反映在升迁、保职管理等人事管理,同时也是决定支付成果奖金的基础资料。

## 三、韩国政府绩效评估的评价

### (一)韩国政府绩效评估的经验和特色

#### 1. 绩效评估的目的和理念的明确化

在韩国,政府评估并非仅仅被当作是对公务员进行奖惩的简单手段,而主要被看作是收集信息、检讨战略计划的科学性和可行性的重要手段,这有利于决策者和高层管理者宏观地把握行政管理方向,有利于对管理过程进行及时和有效地控制。效率和公共责任应该是韩国政府绩效评估所遵循的两个基本理念。公共部门在社会竞争中提供公共服务,有助于提高效率、降低成本。通过科学合理的绩效评估和管理,能保证公共部门在竞争中对公众负责,提高服务质量。

#### 2. 绩效评估主体和对象的特定化

综观韩国政府的主要绩效评估制度都由相应的主体负责制度的具体运作。《政府业务评价基本法》明确规定"主要政策过程部分(国务总理行政调整室),财政成果部分(企划预算处),人事部分(中央人事委员会),组织部分

(行政自治部),信息化部分(情报通讯部),指定各评估总括关联机构"(施行令第 12 条)。国务总理行政调整室政策评价委员负责政府业务评价制度,企划预算处负责成果管理制度,中央人事委员会则负责职务成果契约制度。对于评估对象,即接受评估的部门和个人也是特定的有选择性的。评估的部门主要是那些具有事业性、执行性特征的公共部门,而那些所从事的项目的结果比较有偶然性的(比如防止犯罪、火灾、疾病等)公共部门则不是绩效评估制度的适用对象。同样地,针对公务员个人绩效的职务成果契约制度,原则上也仅限于 4 级以上的公务员。

### 3. 绩效评估指标的系统化

对成果的检查是韩国政府绩效评估的重要内容,成果检查常常体现于一个由战略目标、成果和绩效指标构成的任务框架中。绩效指标的类型包括投入指标、产出指标、成果指标和效率指标。其中成果指标最能体现出结果导向的理念。为了解绩效需求,合理科学制定指标,相关部门采用了集中访谈、与项目参与者(包括地方政府、营利或非营利组织)交流、角色扮演,以及一些逻辑模型。对于一些量化指标的衡量,其数据收集工作也较为科学和全面,来源包括项目和部门记录、外部统计值、顾客调查、专家意见、专业的观察者的评价以及运用技术设备的测量等。

### 4. 绩效评估运作的制度化

20 世纪 90 年代以来,韩国政府出台了一系列规范和推进绩效评估的规章和法令,如《有关政府业务等评价的基本法》、《责任运营机关设置运营法》、《政府业务评价基本法》等。同时也出台了一些旨在提高公共部门服务质量的动议,这些动议在要求公共部门制定服务标准、提高服务质量的过程中涉及了绩效评估,如《关于政府主要政策评价及调整的规定》。刚刚于 2006 年 4 月颁布的《政府业务评价基本法》则进一步将各种绩效评估制度统合为一个体系,对评估制度的分类、评估主体、对象、方法和指标体系,以及绩效信息的应用等都做出了明确的规定,使韩国政府绩效评估有了制度保障。

（二）韩国政府绩效评估的不足之处

韩国政府绩效评估制度已渐成体系，有其独到之处。但是与英美等政府绩效评估较为先行和发展完善的西方国家相比，它在评估的体系化、公众参与等方面还存在着一些不足，具体表现在：

1. 绩效评估的技术困境

因为公共部门需要为多样的利害关系者服务，很多的情况下，很难定义"什么是目的"。在审核部门预算时，各部门所设定的绩效目标往往都是具有非常普遍的、互相交织，难以衡量；甚至部长们会列出一大堆目标，在未来施政过程中，总能达到其中的若干目标，或者对这些目标根据自己的需要进行取舍；而且部长们还会以存在合理的误差为由，使目标变得不清晰。此外，由于政府提供的许多公共产品具有不可测量性和不可计算性，而韩国的绩效评估体系对成果的计量化过分执著，在现实中，使部门和公务员为了应付评估而出现了"策略性"行为，进而也妨碍了公众对政府部门的信任。

2. 各项评估制度尚未体系化

目前韩国政府绩效评估体系内有很多制度，各项制度有各自的对象、指标和流程等，或者交叉或者重合，交织于整个评估体系内。在政府部门中有不少公务员抱怨，接受的评估考核太多，他们需要花很多精力来应付这个考核评估，以至于不能正常工作。重复的和过剩的评估，主要是由于评估制度的统合和体系化程度不够。比如现在韩国政府绩效评估中，国务总理行政调整室和企划处分别承担着行政管理和预算的功能。而在美国、英国等国家都有一个部门来负责管理和预算，如美国的行政管理与预算局。这些方面的功能如果没有合理调整的话，就不可能避免会出现重复的评估。尽管韩国从2006年4月开始实施的《政府业务评价基本法》，试图解决这一问题，但是该制度主要针对的是政府业务评价制度的相关规定，而很少涉及其他几项绩效评估制度。仍然缺少类似于美国的《政府绩效与结果法案》这样的统一法规，将政府绩效评估的各项制度加以统合。

### 3. 公众参与不足

服务型政府是韩国行政改革的目标之一,即政府的行为要以顾客也就是公众的需求为导向。而韩国传统的行政所具备的自上而下、金字塔型的等级制模式,限制了市民参与在绩效评估中的作用。韩国的政府绩效评估的实际运作中也较少地引入公众的参与,大多数情况下,所评估的是政府部门自己所制定的成果目标的完成情况,或者由上级部门制定指标评价下属各部门的工作绩效。应该说,市民的参与通过将事实(硬件资料数据)与价值观(市民感觉如何)结合起来,增加了指标体系的社会相关性,有助于提高评价的客观性、合理性、全面性。因此,韩国政府绩效评估需要解决公众参与不足的问题,尽管在一定程度上,引入公众的参与,可能会带来评估效率、成本等方面的问题。

## 四、结语

由业务评价等四项制度为主干的政府绩效评估制度对韩国政府内部管理的革新、行政体制的改革、业绩导向型和服务型政府的建立都发挥着积极的作用。这些制度在主体和对象的确立、指标体系、评估方法和制度保障等方面有着鲜明的特色。但是和政府绩效评估较为先行和发展完善的西方国家相比,韩国政府绩效评估在评估体系的设计和统合、公众参与等方面还存在不足。尽管中国的实际情况和韩国有较大差异,但是在两国改革和发展的很多方面也存在着一些共同点和可比性。因此,韩国政府绩效评估制度的经验和不足也给中国政府绩效评估带来了几点启示。首先,政府绩效评估应明确评估的目的和理念;其次,应探索和发展符合本国实际的评估技术和方法;再次,应建立绩效的多重评估机制,以及法制化和规范化的评估制度;最后,还应该提高评估结果的使用价值。对韩国政府绩效评估的理念和实践的学习和借鉴,将有助于丰富中国政府绩效管理理论体系,进而有助于建立起适合中国国情的绩效评估理论框架。

## 参考文献

1.[韩]金信福.韩国行政的历史分析1968—1984[M].首尔:首尔大学

出版社,1987

2.[韩]金荣秤,崔炳善. 韩国行政改革的神话与逻辑[M]. 北京:国家行政学院出版社,2001

3.[美]凯瑟琳·纽科默等. 迎接业绩导向型政府的挑战[M]. 张梦中,李文星译. 广州:中山大学出版社,2003

4.[韩]朴鲁昱. 韩国财政部门成果管理制度的现状和发展方案[J]. 财政论坛,2005,12

5. 汪玉凯,马庆钰. 中国与韩国行政体制改革比较研究[M]. 北京:国家行政学院出版社,2005

6. 卓越. 公共部门绩效评估[M]. 北京:中国人民大学出版社,2004

7. 胡冰. 韩国行政绩效评估制度给我们的启示[J]. 江西行政学院学报,2004,6

8. Korea Development Institute, 2006. "Performance Management in Korean Government", www. kdi. re. kr, 2006. 2. 23

[胡税根:浙江大学公共管理学院政府绩效评估研究中心主任、教授;

汪　菁:浙江大学行政管理硕士研究生;

朴钟权(韩):浙江大学行政管理硕士研究生,韩国中央政府法务部行政事务官]

# 后　记

　　在深圳市委、市政府的大力支持下,作为中欧公共管理项目的一项活动,国家行政学院政府绩效评估中心于 2006 年 3 月在深圳市福田区开展了政府绩效评估试点。为推动政府绩效评估工作的开展,2007 年 4 月 2～4 日,国家行政学院政府绩效评估中心与深圳市福田区人民政府在深圳行政学院共同举办了"政府绩效评估与管理国际研讨会"。国家行政学院、国家监察部、国家审计署、深圳市政府、全国 13 个省市政府及其行政学院以及部分高校的领导和专家学者,欧盟驻华使团项目主管、中欧公共管理合作项目欧方主任、英国、荷兰与韩国的专家学者共 120 多人参加了这次研讨会。在研讨会上,中外专家从各自角度介绍了政府绩效评估的经验和做法,深入研究和探讨了政府绩效评估与管理的一系列重要的理论与实践问题,并对深圳市福田区政府绩效评估试点所取得的进展和成效给予了充分的肯定和高度的评价。

　　本论文集是中欧公共管理合作项目子项目五"机构测评与人员测评"的研究成果。论文集收录了这次国际研讨会的大部分论文和研究报告,同时也收录了国内部分专家学者对政府绩效评估与管理的最新研究成果。在这里,对有关部门的领导和专家学者、对欧盟等有关专家学者的大力支持表示衷心的感谢!

国家行政学院政府绩效评估中心

2007 年 8 月 28 日